U0856157

广东社会统计年鉴

GUANGDONG SOCIAL STATISTICAL YEARBOOK

2020

广 东 省 统 计 局

Statistics Bureau of Guangdong Province

图书在版编目（CIP）数据

广东社会统计年鉴. 2020 = Guangdong Social Statistical Yearbook 2020 / 广东省统计局编. -- 北京 : 中国统计出版社, 2020.11
ISBN 978-7-5037-9359-2

Ⅰ. ①广… Ⅱ. ①广… Ⅲ. ①社会统计－统计资料－广东－2020－年鉴 Ⅳ. ①C832.65-54

中国版本图书馆 CIP 数据核字(2020)第 217605 号

广东社会统计年鉴-2020

作　　者/ 广东省统计局
责任编辑/ 钟　钰
执行编辑/ 陈东清
装帧设计/ 广州市九禾教育信息咨询有限公司
出版发行/ 中国统计出版社有限公司
地　　址/ 北京市丰台区西三环南路甲 6 号
邮政编码/ 100073
电　　话/ 邮购（010）63376909　书店（010）68783171
网　　址/ http://www.zgtjcbs.com
印　　刷/ 广州星河印刷有限公司
经　　销/ 新华书店
开　　本/ 890mm×1240mm　1/16
字　　数/ 1120 千字
印　　张/ 32.5
版　　别/ 2020 年 11 月第 1 版
版　　次/ 2020 年 11 月第 1 次印刷
定　　价/ 360.00 元

本书附同版本 CD-ROM 一张，光盘内容以书面文字为准。
如有印装差错，由本社发行部调换。

《广东社会统计年鉴2020》
编辑委员会和编辑部

编者说明

《广东社会统计年鉴2020》（以下称《年鉴》）是广东省社会综合统计资料，主要收录了全省及各地级以上市、县（区）2014—2019年和部分1978年以来的社会各方面的统计数据，是一部全面反映广东社会发展情况的资料性年刊。

《年鉴》分为12个篇章，包括：一、基本情况；二、教育；三、卫生；四、文化；五、劳动就业和社会保障；六、社会安全；七、民政；八、体育；九、广播电影电视、出版、档案；十、社会参与；十一、基本公共服务主要指标;十二、分县（市、区）部分指标和主要指标全国对比。

《年鉴》由广东省统计局主编，共37个省有关单位参编，各篇章数据资料收集分工为：第一篇基本情况主要由省统计局、国家统计局广东调查总队等部门负责综合相关内容。第二篇教育由省教育厅、省人力资源社会保障厅负责。第三篇卫生由省卫生健康委、省农业农村厅、省水利厅负责。第四篇文化由省文化和旅游厅、省委办公厅（档案局）负责。第五篇劳动就业和社会保障由省人力资源社会保障厅、省医疗保障局、省社会保险局负责。第六篇社会安全由省检察院、省高级人民法院、省委网信办、省公安厅、省司法厅、省应急厅、省信访局、省消防救援总队等负责。第七篇民政由省民政厅、省退役军人事务厅负责。第八篇体育由省体育局负责。第九篇由省委宣传部（新闻出版、电影）、省广电局负责。第十篇社会参与由省人大常委会相关工作部门、省政协相关工作部门、省总工会、共青团广东省委、省妇联、省残联、省民族宗教委、省文联负责。第十一篇基本公共服务主要指标由省财政厅、省教育厅、省卫生健康委、省人力资源社会保障厅、省民政厅、省文化和旅游厅、省住房城乡建设厅、省市场监管局（食品安全）、省药品监督局、省扶贫办、省残联等基本公共服务均等化指标单位负责提供指标数据表，由编辑部负责综合。第十二篇分县（市、区）部分指标和主要指标全国对比由省教育厅、省卫生健康委、省民政厅和省统计局负责。

《年鉴》统计表中的符号使用说明：1. 数据表原则上只保留1位小数，但特殊情况除外；2. “…”表示数据不足本表最小单位数； 3. “#”表示其中主要项；4. “空格”表示该项统计指标数据不详或无该项数据；5. “①”表示本表下有注解。本书中因小数取舍而产生的误差均未做配平处理。

对各参编单位和参编人员的辛勤劳动，我们一并表示感谢。由于《年鉴》涉及面广，数据收集、审核难度极大，疏漏不足在所难免。敬请读者批评指正。

目 录

一、基本情况

二、教育

四、文化

五、劳动就业和社会保障

九、广播电影电视、新闻出版、档案

十、社会参与

一、基本情况

简要说明

1．本篇资料主要反映广东省经济社会基本概况。

2．本篇资料主要包括：

(1)行政区划、人口、经济、人民生活、社会综合等资料，主要包括人口数、地区生产总值、学生数、卫生机构数、社会保险人数等指标。

(2)地区分全省和 21 个地级以上市。

(3)年份有当年、近 5 年和 1978 年以来连续年份。

3．统计资料来源：本篇资料由广东省统计局、国家统计局广东调查总队等部门负责整理、审核、综合、提供。

1-1 行政区划（2019年）

单位：个

市 别	地级市	县级市	县	自治县	市辖区	市辖镇	乡	#民族乡	街道
全 省	**21**	**20**	**34**	**3**	**65**	**1114**	**4**	**7**	**481**
广 州	1				11	34			140
深 圳	1	2	4	1	3	94		1	10
珠 海	1				9				74
汕 头	1				3	15			9
佛 山	1		1		6	30			37
韶 关	1				5	21			11
河 源	1	4			3	61			12
梅 州	1	3	2		4	82	2		37
惠 州	1	3			2	86			25
汕 尾	1	1	4		3	87		1	16
东 莞	1		3		2	48		1	22
中 山	1	1	5		2	104			6
江 门	1	1	2		1	40			14
阳 江	1		5		1	94		1	6
湛 江	1	1	1		2	38			10
茂 名	1	2	2	2	2	77		3	5
肇 庆	1					28			4
清 远	1					18			6
潮 州	1		1		2	41			9
揭 阳	1	1	2		2	61	2		20
云 浮	1	1	2		2	55			8

注：本行政区划截至2019年底。

1-2 人口主要指标

项 目	单位	2000	2010	2015	2017	2018	2019
年末常住人口	**（万人）**	**8650.03**	**10440.94**	**10849.00**	**11169.00**	**11346.00**	**11521.00**
男性比例	(%)	50.90	52.15	52.29	52.49	52.18	52.27
女性比例	(%)	49.10	47.85	47.71	47.51	47.82	47.73
0-14岁人口比例	(%)	24.17	16.90	17.37	17.21	17.18	16.28
15-64岁人口比例	(%)	69.78	76.30	74.15	74.17	74.20	74.72
65岁及以上人口比例	(%)	6.05	6.80	8.48	8.62	8.62	9.00
城镇人口比例	(%)	55.00	66.17	68.71	69.85	70.70	71.40
人口密度	(人/平方公里)	486	581	604	621	631	641
户籍人口							
年末总户数	(万户)	1901.91	2296.61	2415.90	2468.29	2519.56	2577.14
年末总人口	(万人)	7498.54	8521.55	9008.38	9316.91	9502.12	9663.41
性别比	(女=100)	106.70	106.20	106.08	105.75	105.47	105.25
人口变动情况	**(‰)**						
出生率		12.91	11.18	11.12	13.68	12.79	12.54
死亡率		4.77	4.21	4.32	4.52	4.55	4.46
自然增长率		8.14	6.97	6.80	9.16	8.24	8.08
迁入率		16.59	12.07	8.34	14.40	17.02	15.48
迁出率		12.94	8.35	7.45	9.30	10.12	8.86
总迁移率		29.53	20.42	15.79	23.70	27.14	24.34
净迁移率		3.65	3.72	0.89	5.11	6.91	6.62
跨省净迁移率		1.01	2.52	0.80	4.69	6.61	6.19

1–3 各市年末常住人口数

单位：万人

市 别	2000	2005	2010	2014	2015	2016	2017	2018	2019
全 省	**8650.03**	**9194.00**	**10440.94**	**10724.00**	**10849.00**	**10999.00**	**11169.00**	**11346.00**	**11521.00**
广 州	994.80	949.68	1270.96	1308.05	1350.11	1404.35	1449.84	1490.44	1530.59
深 圳	701.24	827.75	1037.20	1077.89	1137.87	1190.84	1252.83	1302.66	1343.88
珠 海	123.65	141.57	156.16	161.42	163.41	167.53	176.54	189.11	202.37
汕 头	467.78	494.45	539.62	552.37	555.21	557.92	560.82	563.85	566.48
佛 山	534.05	580.03	719.91	735.06	743.06	746.27	765.67	790.57	815.86
韶 关	273.65	292.26	283.02	290.89	293.15	295.61	297.92	299.76	303.04
河 源	226.78	278.24	295.82	306.32	307.35	308.10	309.11	309.39	310.56
梅 州	380.52	411.84	424.46	432.33	434.08	436.08	437.43	437.88	438.30
惠 州	321.80	370.69	460.11	472.66	475.55	477.50	477.70	483.00	488.00
汕 尾	245.71	279.87	293.90	300.66	302.16	303.66	297.76	299.36	301.50
东 莞	644.84	656.07	822.48	834.31	825.41	826.14	834.25	839.22	846.45
中 山	236.47	243.46	312.27	319.27	320.96	323.00	326.00	331.00	338.00
江 门	395.24	410.29	445.08	451.14	451.95	454.40	456.17	459.82	463.03
阳 江	217.20	232.14	242.53	249.95	251.12	252.84	254.29	255.56	257.09
湛 江	603.43	668.95	700.38	721.24	724.14	727.30	730.50	733.20	736.00
茂 名	524.82	584.04	582.64	604.90	608.08	612.32	620.41	631.32	641.15
肇 庆	337.69	367.60	392.22	403.58	405.96	408.46	411.54	415.17	418.71
清 远	314.98	359.37	370.38	381.91	383.45	384.60	386.00	387.40	388.58
潮 州	240.44	252.01	267.21	272.04	264.05	264.60	265.08	265.66	265.98
揭 阳	524.61	559.69	588.30	603.54	605.89	609.40	608.60	608.94	610.50
云 浮	215.49	233.99	236.29	244.46	246.05	248.08	250.54	252.69	254.52
按经济区域分									
珠 三 角	4289.78	4547.14	5616.39	5763.38	5874.27	5998.49	6150.54	6300.99	6446.89
东 翼	1478.54	1586.02	1689.03	1728.61	1727.31	1735.58	1732.26	1737.81	1744.46
西 翼	1345.45	1485.13	1525.55	1576.09	1583.35	1592.46	1605.20	1620.08	1634.24
山 区	1411.42	1575.7	1609.97	1655.91	1664.07	1672.47	1681.00	1687.12	1695.00

注：1.2000年全省数据含根据普查误差率推算的漏登人口。
2.2006—2009年年末常住人口根据2010年第六次全国人口普查快速汇总数据进行平滑调整。
3.2017年开始，深圳市包含深汕合作区人口数。

1-4 就业人员年末人数

单位：万人

年份	就业人员年末人数	#城镇单位就业人员	国有单位	城镇集体单位	其他单位	#城镇私营企业就业人员年末人数	#城镇个体就业人员年末人数
1978	2275.95	515.85	369.04	146.81			
1979	2304.95	535.37	378.57	156.80			
1980	2367.78	563.62	400.19	163.43			
1981	2423.79	587.34	422.03	165.31			
1982	2521.38	608.12	443.43	164.69			
1983	2569.70	612.65	446.51	166.14			
1984	2637.49	631.77	429.65	197.89	4.23		
1985	2731.11	660.82	449.40	203.32	8.10		
1986	2811.92	686.20	465.59	208.85	11.76		
1987	2910.99	720.34	485.59	216.16	18.59		
1988	2994.72	747.67	503.20	216.96	27.51		
1989	3041.27	762.61	511.88	212.50	38.23		
1990	3118.10	785.49	528.13	207.62	49.74		
1991	3259.20	827.58	544.55	216.86	66.17	19.58	121.63
1992	3367.21	858.12	559.71	216.57	81.84	26.21	146.75
1993	3433.91	877.16	563.63	199.99	113.54	39.51	191.30
1994	3493.15	901.57	568.80	202.86	129.91	58.22	209.90
1995	3551.20	931.58	565.48	204.12	161.98	76.00	168.90
1996	3641.30	920.55	565.68	193.24	161.63	89.40	241.76
1997	3701.90	912.74	556.56	181.44	174.74	105.80	250.71
1998	3783.87	897.98	521.34	161.50	215.13	126.42	265.08
1999	3796.32	793.54	449.87	122.70	220.97	132.95	268.00
2000	3989.32	759.21	425.52	105.97	227.73	161.73	278.40
2001	4058.63	737.12	400.12	91.33	245.67	182.09	280.71
2002	4134.37	751.23	382.91	82.81	285.51	303.07	295.68
2003	4395.93	781.14	376.56	78.47	326.11	443.70	346.56
2004	4681.89	830.72	374.34	72.28	384.10	541.21	365.38
2005	5022.97	904.27	380.19	68.70	455.38	660.05	369.17
2006	5177.02	954.44	384.78	67.25	502.41	666.04	324.98
2007	5341.50	1001.46	381.00	65.49	554.97	733.14	371.53
2008	5471.72	1007.87	385.14	60.64	562.09	761.43	375.79
2009	5688.62	1055.03	389.17	58.33	607.53	834.06	433.40
2010	5870.48	1118.52	400.65	57.66	660.21	896.69	429.99
2011	6064.41	1238.22	423.88	62.83	751.51	1089.18	946.47
2012	6189.85	1303.98	430.33	55.28	818.38	1167.33	973.51
2013	6320.94	1966.98	402.75	58.52	1505.71	1225.25	991.63
2014	6499.16	1973.28	396.20	56.69	1520.39	1376.03	1039.71
2015	6641.74	1948.04	388.81	50.34	1508.89	1501.60	1051.88
2016	6797.73	1957.57	387.75	47.83	1521.99	1621.16	1069.72
2017	6962.71	1963.10	384.09	45.46	1533.56	1745.78	1095.34
2018	7132.99	1994.14	375.11	42.62	1576.41	1934.50	1128.28
2019	7150.25	2064.59	385.06	37.94	1641.59	1987.99	1136.24

注：2006—2010年就业人员人数，根据第六次全国人口普查资料作了相应调整。2011—2018年根据第四次全国经济普查结果对就业人员数据进行平滑修正。1993年及以前城镇单位就业人员为城镇单位职工人数。

1-5 各市城镇单位就业人员工资总额和在岗职工年平均工资（2019年）

市　别	就业人员工资				在岗职工工资			
	合计	国有单位	城镇集体单位	其他单位	合计	国有单位	城镇集体单位	其他单位
总额　（亿元）								
全　省	**20510.02**	**5121.88**	**231.69**	**15156.46**	**19945.83**	**5041.31**	**221.06**	**14683.47**
广　州	4749.75	1393.40	47.50	3308.85	4586.48	1370.70	45.40	3170.38
深　圳	6264.41	964.68	5.73	5294.00	6110.96	946.98	5.51	5158.48
珠　海	763.97	131.69	1.93	630.35	740.58	129.13	1.86	609.59
汕　头	391.96	173.10	16.70	202.16	377.71	168.71	16.02	192.97
佛　山	1308.85	240.95	19.98	1047.92	1267.58	238.35	19.87	1009.37
韶　关	258.25	146.55	4.21	107.50	249.09	144.83	4.18	100.08
河　源	195.11	97.88	3.96	93.27	191.38	97.61	3.93	89.84
梅　州	218.31	136.90	3.22	78.19	212.24	136.46	3.21	72.57
惠　州	844.92	219.05	5.35	620.52	819.00	215.87	5.31	597.82
汕　尾	135.12	69.37	5.60	60.15	133.28	68.64	5.30	59.34
东　莞	2172.24	252.49	53.08	1866.67	2140.24	249.12	51.85	1839.27
中　山	655.08	160.24	7.60	487.25	640.14	158.86	7.54	473.74
江　门	464.91	149.36	11.84	303.71	446.83	145.59	10.99	290.25
阳　江	146.14	76.56	5.61	63.96	140.69	74.96	5.07	60.66
湛　江	351.34	213.41	5.80	132.13	333.72	207.15	5.46	121.11
茂　名	352.32	174.32	12.84	165.16	344.10	172.98	12.36	158.76
肇　庆	276.10	137.13	2.37	136.60	268.49	133.98	2.30	132.21
清　远	274.83	146.55	2.25	126.03	269.63	146.00	2.07	121.55
潮　州	120.44	60.22	8.11	52.11	115.23	59.26	5.06	50.91
揭　阳	155.17	98.17	6.41	50.58	152.27	96.85	6.20	49.22
云　浮	144.07	79.86	1.60	62.61	139.57	79.27	1.57	58.73
平均工资　（元）								
全　省	**98889**	**134291**	**60649**	**91611**	**100689**	**137123**	**62239**	**93065**
广　州	119453	175585	67245	106325	123498	179244	70585	109901
深　圳	125612	199751	76453	117732	127757	207654	75138	119411
珠　海	99967	166835	68552	92362	100878	170543	68740	92966
汕　头	75468	97915	44648	66243	76697	99573	44511	67229
佛　山	85481	128642	76234	79530	86401	129371	76640	80304
韶　关	84556	110743	54249	65019	87326	113088	54586	66936
河　源	70791	90199	53683	58396	71939	90670	53883	59465
梅　州	76972	93267	45864	60231	79652	93770	45953	63689
惠　州	82270	126019	64601	73443	83639	128885	65187	74395
汕　尾	74560	92231	48017	63751	75334	93829	48766	63876
东　莞	73709	153868	80181	68710	74017	157562	82188	68878
中　山	84854	180907	61032	72616	85691	183499	61535	73084
江　门	79022	108513	66802	70146	80332	111315	68505	70898
阳　江	74401	86641	40333	67948	76293	89146	39642	69302
湛　江	77863	85986	44948	69492	81168	88657	46030	73117
茂　名	71756	88392	54369	61132	73057	89431	55368	62196
肇　庆	78768	102760	57100	64153	80271	106001	57992	64772
清　远	84320	114759	68535	64647	86026	115229	77760	66041
潮　州	71769	94019	42003	61697	74574	96870	42534	62510
揭　阳	64886	78335	35762	52755	65614	79427	35896	53006
云　浮	75970	95989	41262	61045	78144	97132	41345	63013

1-6 教育、科技主要指标

指 标	单位	2000	2010	2015	2017	2018	2019
在校学生数	(万人)						
普通本专科		29.95	142.66	185.64	192.58	196.32	205.40
成人本专科		20.14	46.40	66.45	65.31	74.92	93.15
中等学校		541.72	939.23	736.79	700.12	697.17	716.50
#普通中学		460.69	709.05	560.72	545.37	556.18	572.77
高等教育毛入学率	(%)	11.35	28.00	33.00	38.71	42.43	48.80
高中毛入学率	(%)	38.70	86.20	95.70	96.48	96.70	96.88
小学毕业生升学率	(%)	96.15	95.51	95.85	96.04	96.18	96.50
学龄儿童入学率	(%)	99.70	99.95	99.98	99.99	99.97	100.00
每万人口普通高校在校学生数	(人)	41.19	140.83	173.10	175.09	175.77	181.03
科技研究机构数	(个)		4452	8164	23318	25484	32347
研究与实验发展(R&D)人员	(万人)		44.66	68.02	87.99	102.31	109.15
R&D人员全时当量	(万人年)	7.11	36.47	50.17	56.53	76.27	80.32
研究与实验发展(R&D)经费内部支出	(亿元)	107.12	808.75	1798.17	2343.63	2704.70	3098.49
#基础研究			16.72	54.21	109.42	115.18	141.86
应用研究			37.32	165	215.6	230.53	247.28
试验发展			754.70	1478.96	2018.61	2358.99	2709.36
#政府资金		101.38	65.76	145.85	240.40	287.68	397.26
企业资金		86.44	708.93	1606.21	2047.59	2369.05	2649.95
R&D经费支出占地区生产总值比例	(%)	0.99	1.74	2.43	2.61	2.71	2.88
研究与实验发展(R&D)课题（项目)数	(个)		72747	112680	170214	184118	224904
省级及以上科技奖励成果	(项)	289	296	269	284	216	223
专利申请受理量	(件)	21123	152907	355939	627819	793819	807700
#发明专利		1760	40866	103941	182639	216469	203311
专利申请授权量	(件)	15799	119346	241176	332648	478082	527389
#发明专利		261	13691	33477	45740	53259	59742
技术合同成交额	(亿元)	48.21	242.5	663.53	949.48	1387.00	2272.78

注：1.全省小学毕业生升学率，按照教育部统一口径，根据教育统计报表，当年本省初中招生数除以小学毕业生数计算，不考虑学生跨省流动。
2.R&D经费支出占地区生产总值比例指标历史数据，已根据修订后的地区生产总值数据进行调整。

1-7 文化、体育主要指标

指　　标	单位	2000	2010	2017	2018	2019
电影放映单位	(个)	1626	1392	2323	2490	2666
艺术表演团体	(个)	138	133	74	74	72
文化馆	(个)	118	129	146	145	145
公共图书馆	(个)	125	133	143	143	146
公共图书馆藏量	(万册、件)	2330	4615	8708	9548	10543
博物馆（含美术馆）	(个)	131	169	197	199	259
博物馆藏品数(含美术馆)	(万件)	49.09	84.46	106.81	110.49	131.12
全省每万人拥有公共文化设施面积	(平方米)		416	1194.52	1325.86	1460.50
档案馆	(个)	161	205	192	188	189
利用档案	(万卷次)	36.32	301.00	510.00	560.00	661.00
图书出版量	(万册)	26978	23134	30202	35257	39467
杂志出版量	(万册)	26299	21201	11428	10753	10480
报纸出版量	(亿份)	34.63	45.59	27.47	22.12	17.16
广播电台	(座)	106	22	22	22	2
电视台	(座)	67	24	24	24	3
广播电视台	(座)	83	79	79	79	95
广播综合人口覆盖率	(%)	96.0	98.0	99.9	99.9	99.9
电视综合人口覆盖率	(%)	96.4	98.0	99.9	99.9	99.9
举办全民健身活动次数	(次)		9477	4680	4700	5971
全省人均拥有公共体育设施面积	(平方米)	1.91	2.01	2.30	2.42	2.46

注：1.由于统计口径出现变化，已对2012年全省公共图书馆藏量数进行了调整。
2.由于文化部门改制，2012年起只统计事业单位和省直企业中的文化部门艺术表演团体。自2013年起，艺术表演团体口径进行调整，分为公有制艺术表演团体(事业)和公有制艺术表演团体(企业)。
3.2019年博物馆的统计范围增加了民办博物馆。
4.2019年起，广播电台、电视台数据只包含独立的广播电台和电视台，广播电台和电视台合并机构纳入广播电视台统计。

1-8 卫生、社会福利和其他主要指标

指　　标	单位	2000	2010	2017	2018	2019
医疗卫生机构数	(个)	8984	44880	49926	51527	53928
#医院、卫生院		2426	2444	2666	2745	2817
医疗卫生机构床位数	(万张)	16.81	30.01	49.21	51.70	54.52
#医院、卫生院床位		15.72	27.71	45.30	47.75	50.39
卫生技术人员数	(万人)	26.50	45.55	70.99	75.78	79.51
#执业(助理)医师		11.12	17.51	25.89	27.74	29.21
平均每千人口有卫生机构床位数	(张)	1.94	2.87	4.41	4.56	4.73
平均每千人口有卫生技术人员数	(人)	3.07	4.36	6.36	6.68	6.90
#执业(助理)医生		1.29	1.68	2.32	2.44	2.54
优抚收养性单位收养人数	(人次)	1785	3179	3745	4102	
社会救济总人数	(万人)	154.70	288.00	211.48	177.62	176.64
全省常住人口社保卡持卡率	(%)					
登记结婚件数	(对)	562118	857146	758123	713814	674522
离婚总数	(对)	47521	127048	220343	228815	248061
执业律师人数	(人)	7292	20230	35045	43434	48971
公证人员数	(人)	1380	1694	2309	2512	2524
人民调解委员会调解人员数	(人)	135192	194224	181441	170775	172280
亿元生产总值生产安全事故死亡率		1.08	0.15	0.04	0.03	0.03
交通事故发生数	(起)	66072	30480	24138	24293	23630
交通事故损失折款	(万元)	27526	8051	10553	7977	7689
火灾事故发生数	(起)	8622	6065	16501	13064	13197
火灾事故损失折款	(万元)	10065	17500	28017	27172	31738

注：1.2010年起医疗卫生机构、人员数总数含村卫生室数，千人口数据分母为常住人口。
2.2019年火灾事故发生数不含森林、草原、军队、矿井地下部分快报数。

1–9 全省居民家庭基本情况

指　　标	单位	2013	2014	2015	2016	2017	2018	2019
调查户数	**(户)**	**7795**	**7825**	**7972**	**8154**	**8082**	**7900**	**7900**
平均每户常住人口	(人)	2.88	2.92	2.99	3.06	3.08	3.26	3.28
平均每户就业人口	(人)	1.67	1.69	1.74	1.76	1.77	1.75	1.74
人均住房建筑面积	**(平方米)**	**31.81**	**34.29**	**35.44**	**36.30**	**36.94**	**38.46**	**39.75**
人均可支配收入	**(元)**	**23420.75**	**25684.96**	**27858.86**	**30295.80**	**33003.29**	**35809.90**	**39014.28**
1.工资性收入		17282.35	18439.35	19878.15	21361.90	23052.87	24749.04	26554.30
2.经营净收入		3094.25	3458.11	3748.05	4101.77	4420.89	4734.49	5154.72
3.财产净收入		1977.29	2376.20	2683.22	3096.49	3602.02	4131.44	4776.88
4.转移净收入		1066.87	1411.30	1549.43	1735.64	1927.50	2194.94	2528.38
人均消费支出	**(元)**	**17421.00**	**19205.50**	**20975.70**	**23448.42**	**24819.63**	**26053.98**	**28994.71**
1.食品烟酒		6097.33	6589.77	7236.65	8015.09	8317.04	8480.76	9369.21
2.衣着		951.06	1014.62	1103.37	1209.90	1230.32	1135.31	1192.23
3.居住		3962.71	4300.16	4677.06	5247.05	5790.91	6643.30	7329.07
4.生活用品及服务		999.30	1116.53	1245.27	1401.95	1447.45	1440.79	1560.23
5.交通通信		2400.12	2795.14	3020.19	3296.50	3380.02	3423.87	3833.63
6.教育文化娱乐		1810.95	1964.98	2117.29	2451.16	2620.37	2750.89	3244.44
7.医疗保健		728.89	890.45	976.08	1144.87	1319.46	1520.81	1770.41
8.其他用品和服务		470.63	533.85	599.79	681.91	714.05	658.23	695.50
全省居民每百户主要耐用消费品拥有量								
家用汽车	(辆)	19.46	20.71	24.58	29.36	31.58	36.94	41.27
摩托车	(辆)	50.22	57.61	60.75	62.78	64.24	67.25	66.44
助力车	(台)	16.93	19.66	23.05	27.17	30.88	34.60	39.65
洗衣机	(台)	60.62	64.06	69.28	75.09	78.18	89.73	92.65
电冰箱(柜)	(台)	67.56	70.79	76.10	80.69	84.44	94.41	97.64
微波炉	(台)	31.83	32.62	33.96	36.11	38.13	39.16	41.12
彩色电视机	(台)	97.92	102.85	104.27	104.84	106.91	109.07	110.19
空调	(台)	104.91	109.39	122.24	136.18	145.24	176.07	187.85
热水器	(台)	74.33	77.31	81.98	85.23	88.72	99.43	101.52
排油烟机	(台)	47.19	48.68	49.98	52.67	55.35	65.54	68.33
移动电话	(部)	209.69	220.78	233.72	241.86	248.76	268.23	270.56
计算机	(台)	64.54	67.88	70.90	73.94	75.83	69.34	72.59
照相机	(台)	30.14	29.81	28.36	24.74	24.61	15.88	16.26

注：2013年国家统计局实行城乡住户一体化调查改革，将过去城镇与农村分别开展的调查体系，按照统一指标、统一方法、统一标准、统一调查、统一程序的原则，整合为城乡一体化住户调查新体系。从2013年开始正式对外发布全省居民人均可支配收入与支出数据。

1-10 城镇居民家庭基本情况

指 标	单位	2013	2014	2015	2016	2017	2018	2019
调查户数	**(户)**	**4761**	**5221**	**5453**	**5542**	**5477**	**5550**	**5550**
平均每户常住人口	(人)	2.59	2.69	2.77	2.83	2.87	3.18	3.21
平均每户就业人口	(人)	1.54	1.59	1.63	1.66	1.67	1.73	1.73
人均住房建筑面积	**(平方米/人)**	**30.27**	**31.88**	**32.25**	**32.74**	**33.09**	**34.49**	**35.73**
城镇居民人均可支配收入	**(元)**	**29537.29**	**32148.11**	**34757.16**	**37684.25**	**40975.14**	**44340.97**	**48117.55**
1.工资性收入		23031.59	24315.60	26136.85	27965.30	30087.32	32180.07	34151.93
2.经营净收入		3117.21	3547.42	3823.19	4203.91	4560.78	4872.61	5473.77
3.财产净收入		2762.22	3376.82	3799.54	4374.77	5077.21	5816.63	6686.19
4.转移净收入		626.27	908.27	997.58	1140.27	1249.83	1471.66	1805.66
城镇居民人均消费支出	**(元)**	**21621.46**	**23611.74**	**25673.08**	**28613.33**	**30197.91**	**30924.31**	**34424.12**
食品烟酒		7254.04	7850.17	8533.35	9421.58	9711.65	9780.22	10757.48
衣着		1283.22	1344.75	1453.68	1583.42	1587.10	1415.27	1480.82
居住		4987.86	5291.47	5715.35	6410.37	7127.84	8147.75	8961.55
生活用品及服务		1235.16	1365.10	1526.29	1721.85	1782.84	1726.24	1894.85
交通和通信		3139.02	3625.42	3905.05	4198.09	4285.55	4107.31	4597.13
教育文化娱乐		2315.55	2468.37	2671.54	3103.40	3284.28	3335.67	3984.46
医疗保健		793.62	988.32	1096.42	1304.48	1503.56	1591.33	1882.96
其他用品和服务		612.98	678.14	771.41	870.14	915.10	820.52	864.87
城镇居民每百户主要耐用消费品拥有量								
家用汽车	(辆)	23.10	25.53	29.67	34.65	36.69	42.92	47.63
摩托车	(辆)	32.56	39.21	40.15	41.38	42.62	46.42	45.55
助力车	(台)			20.20	24.00	28.10	34.08	39.31
洗衣机	(台)	63.44	67.57	70.91	75.32	78.08	91.84	93.75
电冰箱	(台)	68.06	71.67	75.30	79.17	83.18	95.04	97.91
微波炉	(台)	36.98	38.52	39.40	41.49	43.69	44.28	46.14
彩色电视机	(台)	92.61	98.68	99.53	99.57	101.97	105.94	107.57
空调	(台)	125.63	132.26	144.26	155.97	164.88	202.39	212.11
热水器	(台)			83.50	85.34	88.81	101.71	102.99
排油烟机	(台)			57.50	59.30	61.90	72.47	75.09
移动电话	(部)	200.43	210.70	221.45	228.18	234.79	258.88	263.99
计算机	(台)	77.45	81.55	84.45	86.96	88.29	83.66	86.82
照相机	(台)			37.10	32.20	32.00	20.50	21.21

1-11 农村居民家庭基本情况

指　　标		2013	2014	2015	2016	2017	2018	2019
调查户数	**（户）**	**3034**	**2604**	**2602**	**2612**	**2605**	**2350**	**2350**
平均每户常住人口	（人）	3.71	3.54	3.60	3.69	3.65	3.45	3.47
平均每户就业人口	（人）	2.03	1.98	2.04	2.07	2.03	1.81	1.76
农村居民人均住房建筑面积	**（平方米）**	**34.92**	**39.32**	**42.14**	**43.92**	**45.27**	**47.13**	**48.68**
农村居民人均可支配收入	**（元）**	**11067.79**	**12245.56**	**13360.44**	**14512.15**	**15779.74**	**17167.74**	**18818.42**
1.工资性收入		5671.20	6220.34	6724.01	7255.30	7854.63	8510.68	9698.75
2.经营净收入		3047.86	3272.39	3590.14	3883.59	4118.65	4432.67	4446.89
3.财产净收入		392.04	295.53	337.01	365.76	414.81	448.93	541.04
4.转移净收入		956.69	2457.30	2709.27	3007.50	3391.65	3775.47	4131.74
农村居民人均消费支出	**（元）**	**8937.76**	**10043.21**	**11103.03**	**12414.84**	**13199.62**	**15411.31**	**16949.43**
食品烟酒		3761.23	3968.92	4511.34	5010.47	5303.94	5641.17	6289.27
衣着		280.23	328.15	367.13	411.96	459.47	523.56	552.01
居住		1892.33	2238.82	2494.84	2761.88	2902.43	3355.77	3707.36
生活用品及服务		522.97	599.65	654.65	718.56	722.83	817.03	817.87
交通和通信		907.84	1068.68	1160.44	1370.48	1423.58	1930.41	2139.79
教育文化娱乐		791.85	918.22	952.41	1057.80	1185.96	1473.04	1602.67
医疗保健		598.17	686.95	723.15	803.88	921.72	1366.73	1520.71
其他用品和服务		183.15	233.82	239.09	279.81	279.70	303.60	319.75
农村居民每百户主要耐用消费品拥有量								
家用汽车	（辆）	8.97	7.48	10.67	14.63	17.57	22.73	26.01
摩托车	（辆）	101.20	108.06	116.95	122.27	123.63	116.73	116.58
助力车	（台）			30.80	36.00	38.50	35.84	40.49
洗衣机	（台）	52.45	54.43	64.82	74.43	78.46	84.71	89.98
电冰箱	（台）	66.10	68.36	78.29	84.90	87.93	92.94	97.00
微波炉	（台）			19.10	21.10	22.90	27.01	29.09
彩色电视机	（台）	113.24	114.28	117.22	119.49	120.47	116.51	116.47
空调	（台）	45.04	46.67	62.15	81.17	91.33	113.53	129.63
热水器	（台）	64.98	69.36	77.71	84.93	88.49	94.02	97.99
排油烟机	（台）			29.50	34.30	37.30	49.07	52.12
移动电话	（部）	236.45	248.41	267.18	279.89	287.12	290.44	286.34
计算机	（台）	27.23	30.40	33.93	37.73	41.61	35.29	38.45
照相机	（台）			4.50	4.10	4.20	4.88	4.38

1-12 全省、城镇、农村居民人均可支配收入及消费支出（2013-2019年新口径）

年 份	人 均 可支配收入 (元)	实际增长 (%)	人 均 消费支出 (元)	实际增长 (%)	恩格尔系数 (%)
全省居民					
2013	23420.75	7.4	17421.00	6.2	35.0
2014	25684.96	7.2	19205.50	7.7	34.3
2015	27858.86	6.9	20975.70	7.6	34.5
2016	30295.80	6.3	23448.42	9.3	34.2
2017	33003.29	7.3	24819.63	4.2	33.5
2018	35809.90	6.2	26053.98	2.7	32.6
2019	39014.28	5.3	28994.71	7.6	32.3
城镇居民					
2013	29537.29	6.9	21621.46	5.3	33.6
2014	32148.11	6.4	23611.74	6.7	33.2
2015	34757.16	6.4	25673.08	7.0	33.2
2016	37684.25	5.9	28613.33	8.8	32.9
2017	40975.14	6.9	30197.91	3.7	32.2
2018	44340.97	5.9	30924.31	0.2	31.6
2019	48117.55	5.2	34424.12	8.0	31.2
农村居民					
2013	11067.79	7.8	8937.76	9.0	42.1
2014	12245.56	8.3	10043.21	10.1	39.5
2015	13360.44	7.7	11103.03	9.2	40.6
2016	14512.15	6.5	12414.84	9.6	40.4
2017	15779.74	7.8	13199.62	5.5	40.2
2018	17167.74	6.8	15411.31	14.6	36.6
2019	18818.42	4.8	16949.43	5.2	37.1

注：2013年国家统计局实行城乡一体化调查改革，由于新老调查体系在调查范围和对象、城乡划分标准、样本抽选方法、计算和汇总方式、指标名称和口径等都发生了一定变化，前后数据存在不可比因素。2013年用新口径计算。

1-13 各市全体、城镇、农村居民人均可支配收入和消费支出(2019)

单位：元

市别	全体居民人均可支配收入	全体居民人均消费支出	城镇居民人均可支配收入	城镇居民人均消费支出	农村居民人均可支配收入	农村人均消费支出
广州	60073.8	42308.7	65052.1	45049.3	28867.9	22521.9
深圳	62522.4	43112.7	62522.4	43112.7		
珠海	52495.1	38211.8	55219.3	40030.5	29069.3	22573.0
汕头	26612.8	20944.5	31415.8	23853.7	17735.3	15373.1
佛山	54042.7	37160.3	55232.8	37970.2	31503.4	21822.5
韶关	25805.5	18727.2	32633.9	22472.7	16940.1	13864.3
河源	21052.3	15604.9	27128.5	18227.6	16030.3	13437.2
梅州	22903.9	16822.5	29235.3	19447.4	16447.2	14145.7
惠州	37159.6	26610.7	42999.4	30008.8	23027.4	18387.4
汕尾	22782.9	17834.1	28051.3	21421.5	16304.7	13422.8
东莞	53657.2	35729.7	55155.9	36198.4	35904.5	27720.6
中山	50477.6	33959.0	52502.4	35173.2	35121.6	24750.6
江门	32323.3	21647.4	38595.2	25679.4	19873.3	13643.5
阳江	25131.1	18918.8	31255.7	22838.0	18331.9	14603.2
湛江	23320.4	16312.4	31240.7	21058.9	17343.0	12730.1
茂名	23179.0	16517.1	29404.9	19256.0	18482.2	14450.9
肇庆	26121.5	17021.7	33259.8	21685.4	19217.0	12510.3
清远	24362.0	17981.4	31597.1	21620.2	16523.8	14039.3
潮州	22542.4	16840.8	25827.7	18569.1	16359.6	13588.0
揭阳	21341.1	15140.1	26745.5	17183.7	15675.4	12997.6
云浮	20938.1	14882.9	26806.5	17638.7	16646.2	12867.5

注：农村因深圳完全城市化，无相关数据。

主要统计指标解释

总人口 指一定时点、一定地区范围内有生命的个人的总和。按不同的统计范围可分为常住人口和户籍人口，统计时点通常为每年 12 月 31 日 24 时。

城镇人口比例 指城镇人口与同期总人口之比，反映该区域人口的城镇化水平。通常以百分比表示。

国内(地区)生产总值 指按市场价格计算的一个国家(或地区)所有常住单位在一定时期内生产活动的最终成果。国内(地区)生产总值有 3 种计算方法，即生产法、收入法和支出法。3 种方法分别从不同的方面反映国内生产总值及其构成。

二、教育

简要说明

1．本篇资料主要反映广东省教育概况。

2．本篇资料主要包括：

(1)高等教育、成人教育、中等职业教育、普通高中、义务教育及幼儿学前教育，主要包括学校数、在校生数、招生数、毕业生数、教职工数和专任教师数等。

(2)地区分全省和 21 个地级以上市。

(3)年份有当年、近 5 年和 1978 年以来连续年份。

3．统计资料来源：本篇资料由广东省教育厅负责整理、审核、提供。

落实教育优先发展战略，推动教育事业不断取得新进步

一、基础教育优质资源覆盖面不断扩大。国家反馈首次对省政府履行教育职责评价结果，我省获得“优秀”等次。一是全省共有幼儿园 1.99 万所，在园幼儿 464.50 万人，园长和教师共 33.75 万人，学前教育毛入园率达到 111.57%。增加出台《广东省城镇小区配套幼儿园治理工作方案》，召开学前教育推进现场会，推动落实乡镇中心幼儿园、村级幼儿园、小区配套幼儿园建设，促进我省学前教育质量提升，公办幼儿园和普惠性民办幼儿园在园幼儿占比达 78.98%。二是全省共有小学 1.06 万所，在校生 1033.43 万人，专任教师 55.32 万人，小学五年巩固率 99.93%。全省共有初中 3,712 所，在校生 389.03 万人，专任教师 29.16 万人，初中三年巩固率 96.44%。全省普通高中 1008 所，在校生 183.74 万人，专任教师 14.88 万人。出台《广东省教育厅推进落实乡村振兴战略教育行动计划（2019—2021 年）》，全面加强乡村小规模学校和乡镇寄宿制学校建设。大力推进消除“大班额”，全面消除 66 人以上超大班额。开展优化基础教育资源均衡配置改革试点，推进集团化办学，目前组建中小学、幼儿园教育集团 260 多个。义务教育质量监测全省覆盖，在全国发布首份义务教育质量监测报告。强化高中阶段学校招生统筹，坚持普通高中和中职招生规模大体相当，落实优质普通高中招生指标分配到初中学校等要求，全省高中阶段教育毛入学率持续稳定在 95%以上。适应普通高中育人方式改革和高考综合改革，印发《广东省推进普通高中全面提升行动方案》《广东省教育厅关于加强普通高中学生发展指导工作的意见》《广东省教育厅关于做好普通高中教育教学管理工作的指导意见》等文件。全省 18218 所义务教育学校（含教学点）达到国家“20 条底线”要求，达标率 100%，圆满完成“全面改薄”收尾工作。全省推进教育现代化先进县（市、区）覆盖率达到 100%，提前一年完成省政府工作任务。

二、职业教育扩容提质加快推进。全省中职学校数（含技工学校）共 589 所。在校生 143.74 万人，专任教师 6.71 万人。印发并组织落实《广东省职业教育“扩容、提质、强服务”三年行动计划（2019—2021 年）》。完成高职扩招 12.5 万人，超额完成国家下达的扩招任务。14 所高职院校入选国家“双高”计划。制定《省属职业院校集团办学实施方案》，组织第一批集团办学学校开展对接。印发《关于进一步优化中等职业学校布局结构的意见》，推动中等职业学校办学资源整合。实施一流高职院校结对帮扶“19+18”计划，加强对经济欠发达地区职业教育的支持。省职业教育城首期工程投入使用，2019 年 10 月入驻新生近 2 万人，二期工程顺利开工，三期工程正积极谋划。职业院校学生参加全国技能大赛获奖数列全国前三，教师获一、二等奖数量蝉联全国第一。推进“粤菜师傅”“南粤家政”“广东技工”工程，服务脱贫攻坚、乡村振兴、高端制造业转型、创新驱动发展。我省职业教育发展成效显著，2019 年上半年受到国务院办公厅督查激励表扬通报，2019 年 11 月，国务院在深圳召开职业教育高质量发展现场会。

三、高等教育高质量发展势头良好。全省共有普通高等学校和成人高等学校 168 所，全省各类高等教育在学总规模达到 325.08 万人，高等教育毛入学率达到 48.80%。其中，普通高等学校 154 所，成人高等学校 14 所。普通高校中本科院校 67 所，高职（专科）院校 87 所。研究生在校生 13.62 万人，其中，博士生 1.94 万人，硕士 11.01 万人，在职人员攻读硕士学位 0.66 万人。普通本专科在校生 205.40 万人，其中，本科 115.98 万人，专科 89.42 万人。普通高等学校教专任教师 11.47 万人。制定实施《广东省提高高等教育毛入学率的实施方案》，着力加强高校规划和建设，改善高校办学条件，扩大办学规模，预计 2019 年高等教育毛入学率将达到 46%以上。省政府批准成立广东江门幼儿师范高等专科学校、广东财贸职业学院。两所民办高职院校获教育部批准更名为职业技术大学。完成广东舞蹈戏剧职业学院等 13 所院校成建制划转省教育厅管理工作。顺利完成“十三五”高等学校设置规划中期调整。粤东粤西粤北地区新建迁建高校项目加快推进，协调华南理工大学等 8 所高校进行对帮扶。深入实施高等教育“冲一流、补短板、强特色”提升计划。联合省科技厅印发《关于科教融合协同推进高校科技创新能力提升工作计划》，对高校科技创新研究领域和发展方向进行整体布局。大力加强重点学科建设，打造一流学科。2019 年，入选 ESI 全球排名前 1%学科数较 2018 年增加 8 个；软科中国最好学科排名我省高校总入榜数 329 个，较 2017 年增加 39 个，增量居全国首位。大力开展专业认证，全省本科高校通过权威认证专业点达 104 个。开展一流本科专业建设，遴选 145 个省级一流本科专业建设点，234 个专业入选国家级一流本科专业建设点，名列全国前茅。强化一流课程建设，立项建设新工科、新师范等 10 余类在线开放课程 85 门。创新创业教育取得新成效，第五届中国“互联网+”大学生创新创业大赛广东金银奖获奖总数位居全国第三。

撰稿：魏天翔　李伟书

2-1 各级各类教育基本情况(2019)

指 标	学校数 (所)	毕业生数 (人)	招生数 (人)	在校生数 (人)	教职工数 (人)	专任教师数 (人)
一、高等教育						
研究生	30	30178	46576	129572		
普通本专科	154	522094	640056	2053977	160253	114700
本科	67	267550	305879	1159808		
专科	87	254544	334177	894169		
成人本专科	14	225670	425138	931474	4027	2519
本科		64615	119783	275580		
专科		161055	305355	655894		
网络本专科		37349	48761	129206		
二、中等职业教育	426	279317	314820	859668	56252	44034
三、普通高中	1008	628523	639413	1837399	497285	148775
四、普通初中	3712	1149457	1380301	3890283		291619
五、小学	10565	1430339	1944213	10334303	612020	553241
六、幼儿教育	19885	1783537	1808192	4645041	582390	307952
七、特殊教育	141	5179	10149	52869	6570	5326
八、工读学校	3	145	170	344	176	136

注：1．研究生学校数为培养研究生单位数，普通本专科、成人本专科学校数为普通高校、成人高校学校数。中等职业教育不含技工数。2014年起中国科学院大学所辖的广州化学研究所、南海海洋研究所、华南植物研究所、广州能源研究所和广州地球化学研究所的教育事业统一归口中国科学院大学管理。从2014年起研究生数据均不含以上培养研究生单位数据。

2．普通本专科学生数和教职工数包含独立学校数。

3．普通本专科教职工取校本部教职工数(下同)。

4．普通高中教职工数包含普通初中教职工数。

2-2 高等教育基本情况(2019)

项 目	学校数(所)	毕业生数(人)	招生数(人)	在校学生数(人)	教职工数(人)	#专任教师
合 计	**154**	**522094**	**640056**	**2053977**	**160253**	**114700**
#女性						
按隶属关系分	**154**	**522094**	**640056**	**2053977**	**160253**	**114700**
中央属	4	22682	24581	95563	14957	9763
地方属	150	499412	615475	1958414	145296	104937
按学校类别分						
综合大学	70	246410	286023	918834	71866	50847
理工院校	35	129994	177325	523989	35921	26477
农业院校	4	21736	28034	94383	6905	5153
医药院校	10	21793	28512	106049	12144	8981
师范院校	8	26842	35352	122012	12024	7598
语文院校	2	7024	7400	28991	3094	2025
财经院校	14	56109	62356	210745	13071	10526
政法院校	2	2885	3557	11269	995	526
体育院校	3	3234	3854	12427	1366	808
艺术院校	6	6067	7643	25278	2867	1759

2-3 中等教育基本情况(2019)

项 目	学校数（所）	毕业生数（人）	招生数（人）	在校学生数（人）	教职工数（人）	#专任教师
中等职业教育	**426**	**279317**	**314820**	**859668**	**56252**	**44034**
调整后中等职业学校	264	167895	191695	532182	34458	26306
普通中专学校	55	43797	38997	112121	6409	4559
成人中专学校	5	1206	1710	4464	283	244
职业高中学校	102	59685	73018	186474	13985	12020
其他机构	32	5033	7511	19451	1117	905
附设中职班	22	1701	1889	4976		
技工学校	163	184825	212843	577688	30910	23111
普通中学	**4720**	**1777980**	**2019714**	**5727682**	**497285**	**440394**
#高中	1008	628523	639413	1837399	168348	148775

注：1.高中教职工数为折算后高中教职工数

2.中等技术学校、中等师范学校归并到普通中等学校

2-4 技工学校基本情况(2019)

项 目		合计	地方劳动保障部门办	行业办	企业办	国务院部委办	民办
技工学校个数	(所)	163	69	11	11		72
招生学校数	(所)	151	66	10	8		67
在职教职工人数	(人)	30910	19272	1420	781		9437
文化技术理论课教师		15267	10470	806	332		3659
#高级讲师		2703	2068	191	45		399
生产实习指导老师		7844	4794	277	294		2479
#高级实习指导教师		562	415	31	11		105
一体化教师		11062	8051	447	244		2320
兼职教师	(人)	2652	1176	51	92		1333
文化技术理论课教师		1425	660	36	49		680
生产实习指导老师		1143	515	15	43		570
招生人数	(人)	212843	117620	5062	3714		86447
高级班学生		96830	72343	2865	1249		20373
技师和预备技师班学生		3208	2358	398			452
在校生人数	(人)	577688	345825	15423	11347		205093
高级班学生		289264	220764	9249	4017		55234
技师和预备技师班学生		10339	8696	933			710
毕业生人数	(人)	184825	109255	6275	5298		63997
高级班学生		70822	48943	1872	1082		18925
技师和预备技师班学生		2322	2102	99			121
就业人数	(人)	179896	105653	6157	5250		62836
高级班学生		69456	47822	1830	1062		18742
技师和预备技师班学生		2322	2102	99			121
培训社会人员数	(人)	264110	137357	39114	41405		46234
培训社会人员结业人数	(人)	213306	108108	22654	40396		42148
获取初级职业资格证		22487	15114	3207	43		4123
获取中级职业资格证		36879	18383	2035	828		15633
获取高级职业资格证		20046	9763	1856	184		8243
获取技师和高级技师资格证		1926	1706	5	23		192

2–5 各市普通高等教育基本情况(2019)

市别	学校数(所)	毕业生数(人)	招生数(人)	在校学生数(人)	教职工数(人)	专任教师数(人)
合计	**154**	**522094**	**640056**	**2053977**	**160253**	**114700**
广州	81	286777	356273	1140949	93506	66773
深圳	8	20680	27189	83653	10278	5844
珠海	7	32294	31508	116575	7105	5308
汕头	3	4720	7267	20765	2682	1598
佛山	6	20316	26925	77920	5158	3770
韶关	2	10581	10538	36035	2400	1721
河源	1	4094	5023	13352	769	599
梅州	1	7701	8742	25969	1736	1271
惠州	5	11629	17011	49160	3645	2350
汕尾	1	1835	3149	7823	539	435
东莞	7	22968	26905	91597	6201	4566
中山	3	9181	11809	35143	2123	1631
江门	5	11394	16260	47991	3073	2493
阳江	1	3019	3533	11123	634	486
湛江	6	27939	27965	113319	7912	6100
茂名	5	11972	18731	54067	3293	2719
肇庆	5	19298	24236	75379	5311	4238
清远	3	3974	5846	14408	907	641
潮州	1	5083	4808	18318	1598	1106
揭阳	2	3676	3157	10793	820	606
云浮	1	2963	3181	9638	563	445

注：以学校为单位统计，含分校区数据。

2-6 各市中等职业教育基本情况(2019)

市别	学校数(所)	毕业生数(人)	招生数(人)	在校学生数(人)	教职工数(人)	专任教师数(人)
合计	**426**	**279317**	**314820**	**859668**	**56252**	**44034**
广州	82	58192	63539	180990	11357	7926
深圳	15	12861	13835	39442	3584	2747
珠海	8	7059	6744	18493	1123	916
汕头	21	10749	11021	31061	2165	1744
佛山	31	21167	27862	64974	4625	3827
韶关	14	6905	11856	29730	2017	1613
河源	13	6619	8108	21202	1395	1123
梅州	20	9232	9282	26206	1731	1408
惠州	25	16611	16775	48687	2674	1945
汕尾	13	3118	5737	13618	910	805
东莞	21	18574	19515	56962	4391	3030
中山	11	7193	8535	23847	1847	1570
江门	18	13228	11719	33725	2274	2016
阳江	5	5061	4990	13379	731	586
湛江	42	21235	22337	58386	3013	2263
茂名	17	15932	23566	63120	3505	3073
肇庆	17	18291	20496	54052	3186	2590
清远	14	8880	10379	28771	1879	1622
潮州	10	3129	2970	8825	855	744
揭阳	16	8469	9207	25980	1904	1569
云浮	13	6812	6347	18218	1086	917

注：中等职业教育数据不含技工学校数据。

2–7 各市普通高中基本情况(2019)

市别	学校数(所)	毕业生数(人)	招生数(人)	在校学生数(人)	教职工数(人)	专任教师数(人)
合计	**1008**	**628523**	**639413**	**1837399**	**497285**	**148775**
广州	119	56484	53127	159355	50679	14475
深圳	83	41739	49206	137539	46615	11930
珠海	20	9670	10948	31909	8378	2650
汕头	95	46199	47522	137056	32543	10510
佛山	60	38582	42129	120734	29618	9368
韶关	25	17115	17270	50560	13538	4272
河源	32	20902	23203	65276	18144	5414
梅州	59	30065	28794	83306	21843	7454
惠州	43	30256	34029	95151	25865	7062
汕尾	37	20769	18090	54116	14915	4265
东莞	42	27135	30221	85561	29984	6147
中山	19	15401	17175	47790	13717	3698
江门	48	24460	28250	78321	17590	5976
阳江	17	14979	16382	45261	12058	3504
湛江	59	50126	42050	130920	34363	10864
茂名	65	59376	53686	156727	34876	12851
肇庆	33	25754	24850	70345	17927	5655
清远	32	23091	23337	66805	17587	5371
潮州	34	16854	16879	48745	12590	4441
揭阳	64	44262	46411	126271	31870	9383
云浮	22	15304	15854	45651	12066	3485

注：教职工数取中学学校教职工折算数

2-8 各市普通初中基本情况(2019)

市　别	学校数(所)	毕业生数(人)	招生数(人)	在校学生数(人)	专任教师数(人)
合　计	**3712**	**1149457**	**1380301**	**3890283**	**291619**
广　州	415	107563	131578	366867	29704
深　圳	334	91131	124848	339851	26431
珠　海	57	19694	24773	68705	4897
汕　头	213	70967	80053	229953	18048
佛　山	152	68438	83566	235575	17037
韶　关	126	34312	35845	107503	8187
河　源	166	38614	49784	137742	11109
梅　州	173	47523	53431	155353	12779
惠　州	234	63259	84317	232574	15791
汕　尾	127	37962	40535	118749	8993
东　莞	204	69066	97821	263482	16854
中　山	84	34633	40883	117270	8066
江　门	145	43479	49560	141788	10270
阳　江	98	27993	34935	98398	7258
湛　江	256	83228	95900	271742	20899
茂　名	198	91760	97592	281404	20265
肇　庆	154	49718	56675	161919	10728
清　远	155	41876	52201	143504	10490
潮　州	106	25359	29969	84057	7020
揭　阳	231	73931	81642	237009	19226
云　浮	84	28951	34393	96838	7567

2–9 各市小学基本情况(2019)

市 别	学校数 (所)	毕业生数 (人)	招生数 (人)	在校学生数 (人)	教职工数 (人)	专任教师数 (人)
合 计	**10565**	**1430339**	**1944213**	**10334303**	**612020**	**553241**
广 州	980	147700	210895	1104714	67672	60035
深 圳	340	139895	203957	1068992	68309	58511
珠 海	131	25385	34809	181989	10384	9399
汕 头	741	81173	103070	564301	30831	28190
佛 山	417	82950	117468	616570	36125	32754
韶 关	204	35884	48233	260813	14983	14419
河 源	364	48120	53484	312719	21650	20191
梅 州	454	52114	68412	370951	22115	21316
惠 州	554	86235	113801	609393	34037	30587
汕 尾	450	40358	53850	276450	18154	16268
东 莞	331	112400	160064	837399	50578	40157
中 山	212	44465	61802	326422	19062	16668
江 门	326	50390	63474	348700	18385	17259
阳 江	154	34874	46019	256665	15854	14755
湛 江	940	95264	138902	715299	40629	38023
茂 名	1377	95863	128529	679448	38492	37208
肇 庆	233	57164	72484	400466	21844	20463
清 远	342	51351	77100	394825	22564	21243
潮 州	596	32328	36989	207118	11503	10417
揭 阳	1245	81786	102471	542455	33899	30764
云 浮	174	34640	48400	258614	15469	14614

注：教职工数取小学教职工折算数

2-10 各市学前教育基本情况(2019)

市别	学校数(所)	毕业生数(人)	招生数(人)	在校学生数(人)	教职工数(人)	专任教师数(人)
合计	**19885**	**1783537**	**1808192**	**4645041**	**582390**	**307952**
广州	1966	172364	193130	527648	79236	37912
深圳	1836	185842	179844	545032	82647	39912
珠海	346	27826	28601	81459	12934	6415
汕头	993	73735	67795	191402	24332	15664
佛山	1016	110009	113278	318480	46352	23408
韶关	583	46629	41256	118349	14330	7188
河源	575	54394	49494	119402	12917	6786
梅州	843	69103	70747	156989	15227	9085
惠州	780	97539	94644	229843	28589	14632
汕尾	495	43843	50163	98430	11161	6385
东莞	1171	134962	121328	364816	52019	25443
中山	544	51681	53369	147946	19038	9629
江门	632	53103	52072	143662	18560	9757
阳江	651	46611	41082	104267	13181	7077
湛江	2163	145661	139969	355463	33674	20929
茂名	1464	127041	172729	334761	30790	19188
肇庆	652	68006	69017	156408	18154	9390
清远	797	73071	70307	172595	20249	10565
潮州	656	36578	32320	100437	12322	7332
揭阳	1256	113993	114575	263554	24618	14590
云浮	466	51546	52472	114098	12060	6665

2-11 各市特殊教育基本情况(2019)

市别	学校数(所)	毕业生数(人)	招生数(人)	在校学生数(人)	教职工数(人)	专任教师(人)
合计	**141**	**5179**	**10149**	**52869**	**6570**	**5326**
广州	20	710	958	4938	1177	1019
深圳	8	270	573	2347	565	418
珠海	2	63	125	859	211	146
汕头	8	278	767	3776	279	224
佛山	7	286	448	2230	389	326
韶关	8	267	389	2243	220	164
河源	7	362	629	3549	287	232
梅州	9	293	666	3382	222	199
惠州	7	231	419	2003	288	237
汕尾	5	49	209	867	140	116
东莞	2	121	197	1116	290	191
中山	2	113	273	1429	258	229
江门	7	281	409	2001	246	228
阳江	5	137	309	1438	135	128
湛江	9	324	688	3809	387	332
茂名	7	355	863	4631	448	320
肇庆	8	362	556	3003	268	239
清远	7	319	588	3155	350	253
潮州	4	52	192	1207	81	70
揭阳	5	223	629	3426	164	129
云浮	4	83	262	1460	165	126

2-12　各级各类学校教育经费支出情况(2019)

指　　标	国家财政性教育经费(亿元)		民办学校中举办者投入经费(亿元)	社会捐资经费(亿元)	事业收入合计(亿元)		其他收入(亿元)
		一般公共预算安排的教育经费				学费和杂　费收　入	
合　计	**3820.7**	**3751.3**	**24.4**	**10.6**	**1168.0**	**1071.1**	**56.9**
按学校隶属关系分							
中央	**139.9**	**137.7**		**0.9**	**41.8**	**19.3**	**14.0**
地方	**3680.8**	**3613.6**	**24.4**	**9.7**	**1126.2**	**1051.8**	**42.9**
按学校类别分							
高等教育	**761.0**	**726.0**	**1.1**	**6.8**	**379.6**	**305.9**	**36.3**
普通高等学校	751.1	716.2	1.1	6.8	370.9	298.3	36.2
成人高等学校	9.9	9.8			8.7	7.6	0.1
高中阶段教育	**671.8**	**661.3**	**2.4**	**1.1**	**139.5**	**131.6**	**6.9**
中等专业学校	123.0	120.6	0.2	0.1	13.2	10.8	1.0
职业高中	53.4	53.2	0.1	0.1	3.4	2.9	0.5
技工学校	72.4	71.7	0.3	0.1	20.9	19.0	1.5
成人中等学校	3.0	3.0			0.3	0.2	0.0
普通高中	420.0	412.8	1.8	0.8	101.7	98.7	3.9
义务教育	**2118.8**	**2099.3**	**12.2**	**1.8**	**330.5**	**324.9**	**8.9**
初级中学	758.2	751.0	5.3	0.6	118.2	116.0	3.9
小学	1339.2	1327.1	6.9	1.2	212.1	208.8	4.9
特殊教育学校	21.4	21.2		0.0	0.2	0.1	0.1
学前教育	**125.1**	**124.4**	**8.7**	**0.8**	**312.5**	**308.2**	**3.5**
幼儿园	125.1	124.4	8.7	0.8	312.5	308.2	3.5
其他	**144.0**	**140.3**		**0.1**	**5.9**	**0.5**	**1.3**

2-13 各级各类学校情况(2013-2019年)

项 目	2013	2014	2015	2016	2017	2018	2019
高等学校							
学校数 (所)	138	141	143	149	151	153	154
毕业生数 (人)	412315	440952	476901	489397	511222	523936	522094
本科 (人)	200491	211422	224145	233592	245563	253961	267550
专科 (人)	211824	229530	252756	255805	265659	269975	254544
招生数 (人)	526162	545132	561456	549822	570775	589034	640056
本科(人)	258079	267205	275399	280433	285585	293747	305879
专科(人)	268083	277927	286057	269389	285190	295287	334177
在校学生数 (人)	1709881	1794188	1856355	1892878	1925775	1963170	2053977
本科(人)	949585	998186	1040784	1076753	1105754	1133292	1159808
专科(人)	760296	796002	815571	816125	820021	829878	894169
教职工数 (人)	128161	135226	139888	142864	148059	153126	160253
#专任教师 (人)	91099	95193	98897	101160	104381	108222	114700
中等职业教育							
学校数 (所)	502	495	481	468	459	444	426
毕业生数 (人)	488286	457010	417278	389163	342297	318470	279317
招生数 (人)	474927	417047	395377	351909	322267	297190	314820
在校学生数 (人)	1408894	1282205	1172119	1065745	993850	867254	859668
教职工数 (人)	58927	58051	57760	57472	58112	56750	56252
#专任教师 (人)	45443	45216	44972	44776	45197	44105	44034
技工学校							
学校数(所)	243	243	163	166	162	162	163
毕业生数 (人)	127105	142165	144631	161419	146514	165103	184825
招生数 (人)	272962	202518	199406	186303	188840	190560	212843
在校学生数 (人)	876154	622614	588570	532587	553727	542661	577688
教职工数 (人)	28491	28743	29439	29249	30362	30397	30910
#专任教师 (人)	19839	20840	21011	21624	22610	22917	23111
普通中学							
学校数(所)	4366	4399	4434	4510	4566	4627	4720
毕业生数 (人)	2240211	2111685	2019599	1916488	1791237	1739826	1777980
招生数 (人)	2030640	1892418	1828856	1861368	1878201	1924497	2019714

2-13 续表

项　　目	2013	2014	2015	2016	2017	2018	2019
在校学生数 (人)	6252379	5907698	5607203	5452167	5453670	5561808	5727682
教职工数 (人)	470314	473585	475396	478451	484846	490666	497285
#专任教师 (人)	421533	426872	426648	427488	431256	436368	440394
小学							
学校数 (所)	11824	10731	10126	10178	10258	10308	10565
毕业生数 (人)	1370411	1243469	1214916	1270381	1319106	1372693	1430339
招生数 (人)	1500473	1536722	1658031	1711845	1743657	1888110	1944213
在校学生数 (人)	8079381	8319147	8688785	9052214	9419581	9883724	10334303
教职工数 (人)	486056	497687	514405	535967	560350	585423	612020
#专任教师 (人)	437532	454377	468608	486578	507788	530291	553241
学龄儿童入学							
学龄儿童总数 (万人)	901	1127	1146	1184	896	940	983
已入学学龄儿童数(万人)	898	1125	1144	1183	896	940	983
学龄儿童入学率 (%)	100.0	100.0	100.0	100.0	100.0	100.0	100.0
小学毕业生升学率							
小学毕业生人数 (人)	1370411	1243469	1214916	1270381	1319106	1372693	1430339
已升学人数 (人)	1299856	1195611	1164480	1218075	1266817	1320273	1380301
小学毕业生升学率 (%)	94.9	96.2	95.8	95.9	96.0	96.2	96.5
幼儿园							
幼儿园数 (所)	13793	15416	16368	17288	18048	18953	19885
在园幼儿数 (人)	3545757	3793381	4022844	4216668	4414144	4491112	4645041
教职工数 (人)	336666	387991	436203	469367	515112	549904	582390
#专任教师 (人)	188182	213800	240749	256471	281656	292853	307952
特殊教育学校							
特殊教育学校数 (所)	99	104	116	127	133	135	141
招生数 (人)	3862	5300	7303	6853	8893	9055	10149
在校学生数 (人)	21799	28285	36048	37756	44084	47912	52869

注：1.1995年以来小学毕业生升学率采用教育部口径，即升学率＝初中招生数/小学毕业生数。
2.2019年，教育部规范了统计报表幼儿园“招生”定义，仅指首次进入学前教育的幼儿人数，由其他园转入的幼儿不计，因此2019年学前教育招生数有所降低
3.2019年，教育部规范了统计报表幼儿园“离园”定义，仅指完成学前教育离开幼儿园的幼儿人数，由本园转出到其他园的幼儿不计，因此2019年学前教育毕业生数有所降低。
4.高中阶段毕业生数不包括技工学校毕业生数。

2-14 研究生教育情况(2013-2019年)

项　　目	2013	2014	2015	2016	2017	2018	2019
培养单位数 （个）	**32**	**28**	**28**	**28**	**28**	**28**	**30**
高等学校	24	25	25	25	25	25	27
科研单位	8	3	3	3	3	3	3
招生数 （人）	**29255**	**29769**	**30650**	**32393**	**38832**	**42515**	**46576**
攻读博士学位	3566	3559	3540	3742	3997	4752	5697
高等学校	3368	3551	3532	3734	3989	4744	5689
科研单位	198	8	8	8	8	8	8
攻读硕士学位	25689	26210	27110	28651	34835	37763	40879
高等学校	25342	26134	27018	28555	34732	37659	40751
科研单位	347	76	92	96	103	104	128
在校学生数 （人）	**85180**	**86568**	**89404**	**92875**	**102912**	**114830**	**129572**
攻读博士学位	14351	14169	14474	14990	15686	16978	19430
高等学校	13659	14136	14443	14958	15658	16950	19404
科研单位	692	33	31	32	28	28	26
攻读硕士学位	70829	72399	74930	77885	87226	97852	110142
高等学校	69863	235	74682	77614	86929	97545	109800
科研单位	966	72164	248	271	297	307	342
毕业生数 （人）	**24353**	**25538**	**26174**	**27155**	**27148**	**28878**	**30178**
攻读博士学位	2907	2837	2947	2947	3055	3120	3085
高等学校	2732	2830	2937	2940	3047	3110	3075
科研单位	175	7	10	7	8	10	10
攻读硕士学位	21446	22701	23227	24208	24093	25758	27093
高等学校	21170	22627	23151	24134	24018	25665	26999
科研单位	276	74	76	74	75	93	94

注：2014年起中国科学院大学所辖的广州化学研究所、南海海洋研究所、华南植物研究所、广州能源研究所和广州地球化学研究所的教育事业统一归口中国科学院大学管理，从2014年起研究生数据均不含以上培研究生单位数据。

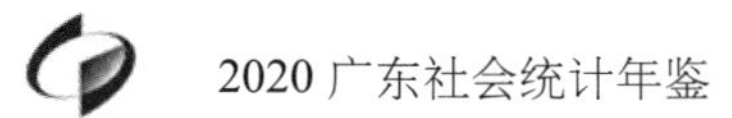

2-15　各级各类成人教育在校学生数(2013-2019年)

单位：人

项　　目	2013	2014	2015	2016	2017	2018	2019
成人高等教育	**534376**	**626927**	**664495**	**651963**	**653103**	**749161**	**931474**
成人高等学校	16803	16055	17556	18905	29546	85988	194092
广播电视大学	9196	8799	10256	13326	23925	79710	185641
职工高等学校	5498	5166	5411	5579	5621	6278	8451
管理干部学院							
教育学院	2109	2090	1889				
普通高校附设	517573	610872	646939	633058	623557	663173	737382
函授部	185880	235440	281334	319929	319662	322401	332878
夜大学	331693	375432	365605	312884		340772	404504
成人脱产班	0	0	0	245			
成人中等教育	20951	13774	7443	5011			
成人中专学校	29544	11743	7341	4682	4156	4405	4560
成人中学	1219	2031	102				
成人初等教育							
职工初等教育							
农民初等教育							
#扫盲班							

2-16 各市中等职业技术教育招生基本情况(2013—2019年)

单位：人

市别	2013	2014	2015	2016	2017	2018	2019
合计	**474927**	**417047**	**395377**	**351909**	**322267**	**297190**	**314820**
广州	86776	88650	80281	67560	63027	66026	63539
深圳	12076	13628	13691	13964	13005	12875	13835
珠海	7073	7837	7556	7795	5906	6217	6744
汕头	29699	19615	30462	19004	14604	11095	11021
佛山	25180	26068	25074	23903	20946	18527	27862
韶关	9983	7212	9000	9103	9719	10028	11856
河源	9557	8800	8293	8098	7547	7276	8108
梅州	20208	15604	10373	10345	9760	8716	9282
惠州	22082	22176	20074	19833	19143	17398	16775
汕尾	10663	5523	4243	4701	4126	5203	5737
东莞	17618	19414	20014	21697	20703	20433	19515
中山	9529	8167	8129	7856	8173	8315	8535
江门	17655	16649	15298	14776	12938	11576	11719
阳江	7462	6449	4860	5539	4942	4072	4990
湛江	45619	36275	26636	24564	21656	18473	22337
茂名	30648	19352	18451	18514	21172	23529	23566
肇庆	22932	22212	19264	20451	18335	18346	20496
清远	17450	13382	11868	11933	11145	10035	10379
潮州	6634	6556	3584	3460	3075	3164	2970
揭阳	51476	42648	49240	30692	24271	9748	9207
云浮	14607	10830	8986	8121	8074	6138	6347

注：中等职业教育数据不含技工学校数据。

2-17 各市中等职业技术教育在校生基本情况(2013-2019年)

单位：人

市别	2013	2014	2015	2016	2017	2018	2019
合计	**1408894**	**1282205**	**1172119**	**1065745**	**993850**	**867254**	**859668**
广州	241321	245434	237919	216974	196796	184094	180990
深圳	33618	36870	38145	39665	39234	38922	39442
珠海	21734	21756	21326	21597	20117	18962	18493
汕头	109853	85327	81172	64729	58701	38299	31061
佛山	77497	76322	73773	71963	66878	60002	64974
韶关	35083	27892	25003	24888	25339	25979	29730
河源	32715	31071	24933	22354	21896	20992	21202
梅州	63255	55795	40439	32523	29074	27308	26206
惠州	64998	61765	57523	55446	53284	51440	48687
汕尾	42521	30923	18438	12211	11289	11965	13618
东莞	47910	50220	53434	57243	57964	58459	56962
中山	24739	25189	24563	23139	23133	23243	23847
江门	49780	46441	45009	43523	40419	36898	33725
阳江	22240	17776	14345	14607	14399	13766	13379
湛江	116154	103765	84010	71251	65433	59927	58386
茂名	96954	64333	52187	48905	51168	57808	63120
肇庆	67243	64359	59057	58290	55274	53771	54052
清远	45000	42553	39222	32763	30935	29023	28771
潮州	25554	20446	13897	11030	9472	9248	8825
揭阳	150572	138706	135759	117899	100097	27277	25980
云浮	40153	35262	31965	24745	22948	19871	18218

注：中等职业教育数据不含技工学校数据。

2-18 各市普通高中招生基本情况(2013-2019年)

单位：人

市 别	2013	2014	2015	2016	2017	2018	2019
合 计	**730784**	**696807**	**664376**	**643293**	**611384**	**604224**	**639413**
广 州	60452	60116	60267	58260	54406	52401	53127
深 圳	39637	39872	42329	42615	43575	46037	49206
珠 海	9501	9815	10144	9902	10493	10388	10948
汕 头	55810	52132	49270	47233	46429	44699	47522
佛 山	38447	38684	39525	39384	39117	40922	42129
韶 关	22059	21006	19375	17576	16990	16622	17270
河 源	24017	22974	19887	20975	20844	21316	23203
梅 州	39927	36762	32241	30792	27964	26452	28794
惠 州	33025	29977	29378	30966	30262	30551	34029
汕 尾	27445	25653	23478	21626	18688	17831	18090
东 莞	26039	26741	26720	27153	27916	27956	30221
中 山	15332	16188	16365	15758	15528	15447	17175
江 门	28777	26788	26581	26061	26047	26568	28250
阳 江	19453	16412	15734	15536	14381	15000	16382
湛 江	66222	62168	57502	49910	46711	42552	42050
茂 名	71388	67806	60321	60886	52966	51056	53686
肇 庆	29443	29302	26814	26679	23131	23570	24850
清 远	25620	24133	22851	23765	22626	21764	23337
潮 州	24864	21119	19378	17512	16288	16287	16879
揭 阳	54215	51724	50928	44995	41704	41672	46411
云 浮	19111	17435	15288	15709	15318	15133	15854

2-19 各市普通高中在校生基本情况(2013-2019年)

单位：人

市 别	2013	2014	2015	2016	2017	2018	2019
合 计	**2204473**	**2140193**	**2054033**	**1973727**	**1892669**	**1837141**	**1837399**
广 州	177227	178106	178564	176275	170676	163838	159355
深 圳	113639	114797	120073	124216	127099	131102	137539
珠 海	31430	30008	29609	29285	29991	30588	31909
汕 头	161614	160793	154794	146265	140639	136527	137056
佛 山	113746	113747	115268	116350	116913	118529	120734
韶 关	64125	63917	60709	56167	52754	50541	50560
河 源	73345	70632	65393	62652	60983	62477	65276
梅 州	124487	115909	106609	98209	89626	84086	83306
惠 州	96918	94257	91082	90261	90562	91095	95151
汕 尾	86886	82783	74174	68964	62544	56995	54116
东 莞	77045	78053	78905	79851	81052	82710	85561
中 山	46733	46957	47506	47851	47212	46218	47790
江 门	84532	81702	79182	76293	75599	76002	78321
阳 江	63587	56507	50595	47250	44955	44216	45261
湛 江	198448	193675	183055	167483	153396	139252	130920
茂 名	218544	211857	196688	186683	172257	162880	156727
肇 庆	88210	88027	84247	81513	75326	72363	70345
清 远	79605	75688	71005	69236	67981	67151	66805
潮 州	77779	66222	61968	56528	51911	49160	48745
揭 阳	168633	161058	153878	144808	135635	126054	126271
云 浮	57940	55498	50729	47587	45558	45357	45651

2-20 各市普通初中招生基本情况(2013-2019年)

单位：人

市别	2013	2014	2015	2016	2017	2018	2019
合计	**1299856**	**1195611**	**1164480**	**1218075**	**1266817**	**1320273**	**1380301**
广州	122175	113479	110824	116292	122090	122121	131578
深圳	91523	90897	92997	101066	108820	118051	124848
珠海	20786	19391	18997	20647	21968	22818	24773
汕头	87123	78048	74081	75283	75766	78601	80053
佛山	66939	64414	65850	71944	77255	78341	83566
韶关	32050	31388	31996	34987	35724	36222	35845
河源	38852	36670	36625	39579	42053	46669	49784
梅州	48595	45990	45083	47517	50100	51314	53431
惠州	62619	60994	62207	68713	73063	81600	84317
汕尾	49263	42259	39481	39356	38589	41302	40535
东莞	74131	75371	76593	83528	87838	95860	97821
中山	34702	33743	34155	37043	39170	39727	40883
江门	48871	45454	44764	45992	47201	48234	49560
阳江	28211	25274	25909	28435	30859	33572	34935
湛江	119199	97962	87218	85880	88491	90310	95900
茂名	109469	99654	93417	93977	92112	93591	97592
肇庆	62299	53928	51386	51072	52874	53756	56675
清远	43837	41153	41334	43781	45553	48242	52201
潮州	30590	28110	26598	26716	27967	27495	29969
揭阳	97449	83693	77029	76659	78257	80196	81642
云浮	31173	27739	27936	29608	31067	32251	34393

2-21　各市普通初中在校生基本情况(2013−2019年)

单位：人

市　别	2013	2014	2015	2016	2017	2018	2019
合　计	**4047906**	**3767505**	**3553170**	**3478440**	**3561001**	**3724667**	**3890283**
广　州	369714	354764	336664	329410	338751	350590	366867
深　圳	258096	263893	265148	272239	290542	316902	339851
珠　海	62456	60538	57950	57643	60246	64395	68705
汕　头	277122	252158	231265	221311	219152	224709	229953
佛　山	201867	194022	190744	197004	210765	224004	235575
韶　关	102929	96761	94080	97295	101780	106296	107503
河　源	122384	114779	110961	112461	117433	127383	137742
梅　州	165197	147971	139563	138294	142636	149026	155353
惠　州	190399	182052	179645	184770	196955	217033	232574
汕　尾	158783	140079	124591	117432	114810	117054	118749
东　莞	201244	206595	208677	215902	229117	249653	263482
中　山	105902	100528	98245	100831	107244	113181	117270
江　门	149752	141250	134963	132318	134515	138265	141788
阳　江	89651	81478	78541	78997	84814	92276	98398
湛　江	390165	347100	297605	266084	258281	261919	271742
茂　名	347954	318182	298459	283966	277491	277313	281404
肇　庆	197486	178141	165154	154138	153379	156036	161919
清　远	138584	128103	123469	123627	128450	135165	143504
潮　州	103198	91362	83212	79430	79292	80307	84057
揭　阳	311894	276804	248730	230994	227652	231177	237009
云　浮	103129	90945	85504	84294	87696	91983	96838

2–22 各市小学招生基本情况(2013–2019年)

单位：人

市别	2013	2014	2015	2016	2017	2018	2019
合计	**1500473**	**1536722**	**1658031**	**1711845**	**1743657**	**1888110**	**1944213**
广州	167919	173884	178035	180334	191092	206514	210895
深圳	147097	162498	172097	173804	181516	206327	203957
珠海	25299	28020	27963	27872	29876	32644	34809
汕头	84428	86580	92881	96016	92085	100787	103070
佛山	84423	86118	89702	95733	105318	113894	117468
韶关	36084	36124	40370	44216	44973	48337	48233
河源	49628	50902	54892	53177	50569	53681	53484
梅州	53005	56929	60014	63905	60806	64736	68412
惠州	89068	87966	96841	100177	102481	112594	113801
汕尾	41497	37977	45019	45429	45441	50234	53850
东莞	127237	125039	140495	138184	142485	158396	160064
中山	47295	50068	51422	53432	55626	59426	61802
江门	52693	52625	55769	57310	58859	64395	63474
阳江	35559	36777	42092	44202	43892	45701	46019
湛江	96596	99124	111734	119341	120170	130776	138902
茂名	97251	98093	109481	115143	115751	120189	128529
肇庆	58402	59447	65658	67228	67796	70714	72484
清远	51532	53812	59359	64161	68151	72588	77100
潮州	35277	34278	35303	36377	33029	35475	36989
揭阳	84921	82517	88187	91788	89769	95004	102471
云浮	35262	37944	40717	44016	43972	45698	48400

2-23 各市小学在校生基本情况(2013—2019年)

单位：人

市 别	2013	2014	2015	2016	2017	2018	2019
合 计	**8079381**	**8319147**	**8688785**	**9052214**	**9419581**	**9883724**	**10334303**
广 州	859263	900072	937870	968531	1004695	1058455	1104714
深 圳	730232	793178	864841	910974	964510	1027969	1068992
珠 海	131577	140593	148795	155269	162238	172071	181989
汕 头	485143	487220	500404	516195	526460	545223	564301
佛 山	463667	474382	490146	512455	543598	580066	616570
韶 关	206775	210459	218150	227248	236257	248414	260813
河 源	247677	260471	277545	291572	299994	307634	312719
梅 州	289871	298971	312546	330179	341593	354868	370951
惠 州	445608	472152	504066	530498	556985	584251	609393
汕 尾	247257	240454	244762	250227	255489	263472	276450
东 莞	659138	687269	719263	738686	765120	803482	837399
中 山	257539	267907	276744	285941	297389	311717	326422
江 门	295745	299322	306211	313894	322934	337381	348700
阳 江	181498	192121	206912	221471	233790	245787	256665
湛 江	550561	549528	570321	602486	633240	672313	715299
茂 名	568011	563247	577167	598560	620850	646820	679448
肇 庆	327739	332450	342841	356373	369217	385169	400466
清 远	269770	282153	299721	320395	343170	367865	394825
潮 州	184134	187458	192524	198443	199304	203516	207118
揭 阳	492418	484782	491090	502299	510277	522235	542455
云 浮	185758	194958	206866	220518	232471	245016	258614

2-24 各市学前教育招生基本情况(2013-2019年)

单位：人

市别	2013	2014	2015	2016	2017	2018	2019
合计	**1709973**	**1846417**	**1868715**	**1950684**	**2024707**	**2008699**	**1808192**
广州	126112	137608	164102	174280	179411	191685	193130
深圳	143792	174195	159728	173978	202474	193675	179844
珠海	18513	22577	27641	27740	29318	29861	28601
汕头	71220	80208	79188	82978	80734	80222	67795
佛山	74527	84010	94990	101328	104132	112895	113278
韶关	52084	47280	48550	51294	49722	42690	41256
河源	77100	66762	64522	69610	62950	58460	49494
梅州	83848	87519	94566	89617	95640	88463	70747
惠州	88817	90106	98785	106591	106535	102913	94644
汕尾	37591	42653	43737	45695	52381	61984	50163
东莞	110484	126185	132911	134681	133053	137320	121328
中山	35525	44845	46290	45289	47257	50047	53369
江门	51144	51195	51422	50268	50123	45591	52072
阳江	53942	60203	51348	50363	52253	51209	41082
湛江	150459	175155	178434	188233	184372	179880	139969
茂名	174335	193630	175883	190408	216213	206027	172729
肇庆	74568	66344	65277	66424	70946	70163	69017
清远	70652	72273	72530	72455	73453	69683	70307
潮州	44931	46641	42179	46211	42743	43444	32320
揭阳	111841	121112	114295	119501	127560	136422	114575
云浮	58488	55916	62337	63740	63437	56065	52472

2-25 各市学前教育在校生基本情况(2013-2019年)

单位：人

市　别	2013	2014	2015	2016	2017	2018	2019
合　计	**3545757**	**3793381**	**4022844**	**4216668**	**4414144**	**4491112**	**4645041**
广　州	378728	404261	445218	463037	483497	498127	527648
深　圳	368937	399014	438498	463319	504955	524193	545032
珠　海	54809	58346	66666	71727	77854	79055	81459
汕　头	162260	175588	179226	182473	185089	184649	191402
佛　山	236542	251361	268740	282112	294356	304035	318480
韶　关	107913	112750	119343	123078	121856	119502	118349
河　源	123308	120117	119081	123578	125297	122057	119402
梅　州	129613	136897	145804	152762	160294	156837	156989
惠　州	163139	175808	193674	207214	224848	224216	229843
汕　尾	56181	58005	60926	65526	74670	81573	98430
东　莞	277777	290548	314449	331710	347381	355587	364816
中　山	110688	122768	129617	133357	139477	143555	147946
江　门	128413	132851	139386	144031	144611	141283	143662
阳　江	88490	99316	99284	102762	106419	105968	104267
湛　江	238106	278984	295880	315783	328901	338065	355463
茂　名	258450	273446	285363	297805	307681	312547	334761
肇　庆	136407	140417	145801	148792	153934	157943	156408
清　远	136754	148397	156763	164497	171927	173774	172595
潮　州	96419	100639	98227	102275	103651	102650	100437
揭　阳	199104	217759	218798	231308	243460	251614	263554
云　浮	93719	96109	102100	109522	113986	113882	114098

2-26 历年普通高等教育基本情况

年份	学校数 (所)	毕业生数 (人)	招生数 (人)	在校生数 (人)	教职工数 (人)	专任教师数 (人)
1978	23	5125	11430	30705	20139	9047
1979	26	1876	8706	37892	21736	9709
1980	27	7595	9654	41004	24223	9480
1981	28	5491	9817	44723	25591	9832
1982	30	15311	11732	40931	28024	11165
1983	33	10411	14588	45592	29592	11974
1984	34	10615	19979	54730	31523	11629
1985	41	11004	25955	69897	34141	13586
1986	44	16284	25464	78346	36956	14824
1987	44	20552	28624	86297	37526	14979
1988	45	25277	36878	97224	38783	15706
1989	45	26248	29317	100393	39008	15762
1990	45	33663	29613	95929	38841	15735
1991	41	32627	30541	92655	38416	15470
1992	43	30294	35519	97432	38894	15076
1993	45	27670	47560	116957	40169	15734
1994	47	25999	47573	137458	40870	16134
1995	42	34830	49419	151788	41464	16552
1996	41	42644	55680	164017	42355	16899
1997	42	44134	57059	174740	42816	16939
1998	43	49270	60976	185047	42683	17053
1999	50	47988	94114	229583	44645	18489
2000	52	49714	120784	299475	46827	20433
2001	62	58835	139050	381926	51057	23467
2002	71	84696	176135	467807	60305	32961
2003	77	105533	225837	587779	70394	40192
2004	94	125229	264569	726866	79820	46951
2005	102	157082	306956	874686	90771	54257
2006	105	196036	344150	1008577	100317	61119
2007	109	233129	354885	1119655	108190	67091
2008	125	282469	390732	1216390	111780	69223
2009	129	309190	438583	1334089	108598	73943
2010	131	334187	440167	1426624	114018	78569
2011	134	357521	473647	1527254	119351	82916
2012	138	404011	510856	1616838	124085	87402
2013	138	412315	526162	1709881	128161	91099
2014	141	440952	545132	1794188	135226	95193
2015	143	476901	561456	1856355	139888	98897
2016	149	489397	549822	1892878	142864	101160
2017	151	511222	570775	1925775	148059	104381
2018	153	523936	589034	1963170	153126	108222
2019	154	522094	640056	2053977	160253	114700

注：2008年以后学校数包含独立学院校数。普通高校学校数含2016年10月、12月教育部批准设立的深圳北理莫斯科大学、广东以色列理工学院。

2–27 历年成人高等教育基本情况

年 份	学校数 (所)	毕业生数 (人)	招生数 (人)	在校生数 (人)	教职工数 (人)	专任教师数 (人)
1990	61	20043	17899	87153	8561	3897
1991	62	32018	16775	78807	8715	3831
1992	54	23171	22745	75685	8760	3897
1993	57	16275	52608	125213	9417	4294
1994	58	15768	33441	137014	10220	4891
1995	61	41587	46737	135053	11407	5408
1996	61	31593	28535	125780	11552	5611
1997	61	40798	50643	131155	11683	5736
1998	57	36125	51290	146334	11846	6041
1999	54	43980	60709	166291	12345	5472
2000	41	45316	85635	201410	10037	5636
2001	40	56437	97087	233032	10291	7726
2002	37	67432	125537	288992	13505	7259
2003	34	87088	140235	209246	12673	7033
2004	30	97547	137215	258364	12281	5401
2005	20	33000	144159	295618	9172	5586
2006	19	110337	149345	404451	9253	5382
2007	19	129749	140543	424232	9028	5503
2008	19	129315	159472	444980	9223	5503
2009	15	135010	166462	463395	9262	5685
2010	15	144427	161757	463987	9831	6115
2011	15	151953	161819	460467	4573	2835
2012	15	145810	189069	489117	4656	2814
2013	15	156277	215771	534376	4612	2742
2014	15	152627	264058	626927	4424	2619
2015	15	183503	241193	664495	4286	2552
2016	14	210813	224860	651963	4009	2438
2017	14	236540	254854	653103	4180	2509
2018	14	209757	326377	749161	4117	2474
2019	14	225670	425138	931474	4027	2519

2-28　历年技工学校基本情况

单位：所，万人

年　份	学校数	在校生数	招生数	毕业生数	教职工总数	
						专任教师数
1979	80	0.7	0.7		0.4	0.2
1980	82	1.6	0.9	1.0	0.4	0.2
1981	87	1.4	0.5	0.7	0.5	0.2
1982	85	1.0	0.5	0.8	0.5	0.2
1983	85	0.9	0.5	0.5	0.5	0.2
1984	92	1.0	0.6	0.5	0.5	0.2
1985	97	1.5	0.8	0.4	0.5	0.2
1986	95	2.0	1.1	0.5	0.5	0.2
1987	107	2.6	1.3	0.6	0.6	0.3
1988	109	3.4	1.5	0.6	0.7	0.3
1989	124	3.9	1.6	1.0	0.8	0.4
1990	127	5.2	2.1	0.6	0.9	0.4
1991	136	5.6	2.2	1.7	1.0	0.4
1992	145	6.3	2.7	1.7	1.0	0.5
1993	151	7.7	3.5	1.9	1.1	0.5
1994	159	9.5	3.9	2.2	1.1	0.5
1995	171	11.1	4.7	2.8	1.2	0.6
1996	178	12.3	4.8	3.4	1.3	0.7
1997	186	13.2	5.2	3.5	1.2	0.7
1998	190	13.5	4.8	4.0	1.3	0.8
1999	194	15.6	5.6	4.2	1.3	0.7
2000	186	15.5	5.8	4.5	1.2	0.7
2001	159	16.7	7.1	4.1	1.1	0.7
2002	156	17.8	8.2	4.4	1.1	0.8
2003	186	24.0	10.0	4.3	1.3	0.9
2004	186	28.1	11.5	5.5	1.4	1.0
2005	191	32.8	12.9	7.1	1.5	1.0
2006	202	38.2	15.1	8.2	1.6	1.1
2007	217	45.8	18.1	9.5	2.0	1.5
2008	228	53.5	20.3	10.3	2.1	1.6
2009	242	64.1	26.7	12.5	2.5	1.9
2010	246	75.6	28.2	12.8	2.8	2.0
2011	246	85.1	30.2	13.2	2.8	2.0
2012	243	88.5	30.1	14.1	2.8	2.1
2013	243	87.6	27.3	12.7	2.9	2.0
2014	243	62.3	20.3	14.2	2.9	2.1
2015	163	58.9	19.9	14.5	2.9	2.1
2016	166	53.3	18.6	16.1	2.9	2.2
2017	162	55.4	18.9	14.7	3.0	2.3
2018	162	54.3	19.1	16.1	3.0	2.3
2019	163	57.8	21.3	18.5	3.1	2.3

2-29 历年普通高中基本情况

年 份	学校数 (所)	毕业生数 (人)	招生数 (人)	在校生数 (人)	教职工数 (人)	专任教师数 (人)
1978	1956	371403	268527	680311	180435	33194
1979	1500	361183	216048	472943	172721	26235
1980	1243	233699	189538	402135	166183	23614
1981	1124	191494	155023	334525	157390	22150
1982	1001	154486	141872	296630	148225	20443
1983	843	113285	126638	283878	145883	18963
1984	820	85740	128431	318630	150582	19506
1985	832	96998	121376	333154	158714	20722
1986	828	98771	121661	350285	165276	21393
1987	825	112049	126351	352768	170755	22422
1988	823	111825	125114	350799	175715	23602
1989	821	108253	123574	351594	176967	23764
1990	837	110310	129526	361234	178487	24693
1991	826	113317	121255	359955	182901	25562
1992	822	114171	116294	348588	190186	26131
1993	802	118953	119641	331501	199399	25871
1994	824	103398	130256	346647	208805	25148
1995	836	102593	155585	389031	223091	26255
1996	848	108762	181399	450928	238141	28738
1997	882	119086	206983	524717	247891	32118
1998	900	142876	226833	590404	256390	35778
1999	914	165284	241505	641074	265253	39187
2000	947	182354	286825	725276	275686	43941
2001	1000	206752	332084	842763	289103	50124
2002	1012	228122	385020	984104	305781	57475
2003	995	274956	442596	1137234	323075	66190
2004	998	318190	508059	1313116	339997	75330
2005	981	374445	569753	1489863	360341	86079
2006	1005	429856	607748	1634639	377490	95581
2007	1019	479969	606934	1724319	395636	103445
2008	1018	534880	668073	1817646	412718	110689
2009	1020	568989	717900	1924412	429596	118549
2010	1026	567648	755881	2089462	445335	125069
2011	1012	630863	777547	2204135	457435	137112
2012	1017	688461	773249	2259282	466859	141835
2013	1015	723659	730784	2204473	470314	144756
2014	1012	728690	696807	2140193	473585	148361
2015	1019	726690	664376	2054033	475396	150861
2016	1031	703300	643293	1973727	478451	151612
2017	1030	676686	611384	1892669	484846	151435
2018	1013	646488	604224	1837141	490666	149931
2019	1008	628523	639413	1837399	497285	148775

注：普通高中教职工数包含普通初中教职工数，且经过折算得来。

2-30 历年普通初中基本情况

年 份	学校数（所）	毕业生数（人）	招生数（人）	在校生数（人）	专任教师数（人）
1978	280	725718	985826	2452877	121377
1979	947	655264	842119	2214375	117938
1980	1438	431480	784691	2118968	111346
1981	1941	468396	695854	1852548	101063
1982	2271	392887	662130	1705273	92334
1983	2651	377206	680684	1712052	90874
1984	2705	387346	734342	1888312	93553
1985	3017	436284	747799	2031394	99566
1986	3108	505781	742515	2149010	103438
1987	3313	573271	743567	2173253	106675
1988	3246	616436	723707	2091518	109171
1989	3107	610937	691086	2005700	109359
1990	3042	602594	704083	1979067	110035
1991	2996	591590	758299	2022810	113265
1992	2961	577866	880805	2201651	119239
1993	2964	589105	956982	2440376	128072
1994	2993	637122	1047969	2727104	137655
1995	3009	755564	1156238	3005525	149486
1996	3034	837696	1221333	3280949	160091
1997	3007	933232	1273310	3483818	167975
1998	2979	1035789	1317264	3645724	173199
1999	3000	1091006	1374296	3797987	179712
2000	3017	1135845	1424737	3881614	184661
2001	2917	1140968	1426843	4054225	189195
2002	2932	1220166	1467948	4149939	197320
2003	3184	1282353	1548622	4321843	205339
2004	3243	1314006	1586418	4495533	213640
2005	3301	1368854	1626601	4627044	221224
2006	3327	1425940	1706870	4758296	228956
2007	3297	1434350	1743138	4829437	238399
2008	3334	1429971	1803636	4978825	247359
2009	3322	1481488	1756780	5036732	256571
2010	3308	1534663	1663662	5001040	266445
2011	3316	1619069	1540940	4790565	268008
2012	3309	1619805	1402496	4424650	273493
2013	3351	1516552	1299856	4047906	276777
2014	3387	1382995	1195611	3767505	278511
2015	3415	1292909	1164480	3553170	275787
2016	3479	1213188	1218075	3478440	275836
2017	3536	1114551	1266817	3561001	279821
2018	3614	1093338	1320273	3724667	286437
2019	3712	1149457	1380301	3890283	291619

2-31 历年小学基本情况

年 份	学校数 (所)	毕业生数 (人)	招生数 (人)	在校生数 (人)	教职工数 (人)	专任教师数 (人)
1978	23820	1142691	1515195	7430209	303467	260933
1979	24458	1062960	1565500	7438125	322562	274065
1980	24981	1043244	1493077	7488593	331390	281403
1981	24728	1042564	1371758	7347804	329762	280398
1982	24916	1044479	1302235	7230311	323942	275502
1983	25037	1143228	1188139	7053368	321185	272479
1984	24821	1166653	1140879	6927289	317692	269535
1985	24630	1141197	1088948	6712468	316431	268120
1986	24566	1064129	1198284	6706215	313210	263428
1987	24651	996946	1227785	6773671	314803	267111
1988	24611	916060	1243156	6887228	320208	269478
1989	24625	836679	1270805	7151532	324942	273601
1990	24610	824945	1299348	7472928	329460	277262
1991	24633	877430	1337393	7789333	336576	283465
1992	24654	1022360	1386454	8039814	343299	289920
1993	24686	1086876	1463095	8321421	351947	298601
1994	24718	1146583	1531761	8622146	360320	305946
1995	24628	1215578	1515530	8831914	376759	321434
1996	24688	1272996	1493611	8976384	392034	338242
1997	24730	1330786	1532419	9113410	402805	346423
1998	24724	1374593	1493285	9351270	404037	347886
1999	24556	1433779	1498378	9209566	414314	357429
2000	24202	1484833	1557286	9299314	420385	364118
2001	23611	1484451	1604435	9529844	428614	371283
2002	23314	1529035	1687362	9796069	437121	379755
2003	22792	1586749	1729914	10253706	447013	389262
2004	21944	1628669	1684682	10496221	455679	396487
2005	21228	1674305	1641550	10670304	463715	403824
2006	20512	1754494	1556420	10569906	467730	407584
2007	19891	1803140	1438722	10176170	474573	414470
2008	19271	1867640	1315880	9564740	476680	416608
2009	18506	1835297	1274186	8876522	477034	418311
2010	16806	1741881	1359159	8485498	487773	430735
2011	15148	1619684	1408922	8220577	488280	432451
2012	13396	1499644	1452959	8082401	486028	432374
2013	11824	1370411	1500473	8079381	486056	437532
2014	10731	1243469	1536722	8319147	497687	454377
2015	10126	1214916	1658031	8688785	514405	468608
2016	10178	1270381	1711845	9052214	535967	486578
2017	10258	1319106	1743657	9419581	560350	507788
2018	10308	1372693	1888110	9883724	585423	530291
2019	10565	1430339	1944213	10334303	612020	553241

2-32　历年学前教育基本情况

年　份	学校数（所）	毕业生数（人）	在校生数（人）	教职工数（人）	专任教师数（人）
1978	7331		438528	30371	16782
1979	5690		395646	26949	14881
1980	6513		479193	28880	15333
1981	6340		487477	30893	16545
1982	6678		585354	34611	19263
1983	6646		634201	37518	20906
1984	6254		771137	41489	24415
1985	6104		929877	43531	28319
1986	6912		1048760	48024	30024
1987	7379		1263029	56064	35270
1988	7249	675080	1327988	58426	37452
1989	7280	733732	1419233	62754	40897
1990	7469	803576	1500521	65195	42905
1991	6335	976754	1657423	68626	45115
1992	6917	1087165	1775729	73770	49308
1993	6533	1189012	1905347	78482	53534
1994	7243	1154865	1918458	85560	57790
1995	7923	1419777	2000082	90904	59344
1996	8582	1390978	2018878	96599	64339
1997	9425	1376406	2027578	104353	68651
1998	10147	1323611	2036463	111288	73096
1999	11836	1345465	2130453	123815	79748
2000	12027	1337009	2141789	129060	83552
2001	9790	1392440	2209151	131919	76490
2002	10135	1183264	2115525	135608	77731
2003	10067	1145873	2125196	143381	82186
2004	10213	1143651	2131994	149289	85805
2005	10359	1082389	2139186	158971	91789
2006	10622	1042662	2192932	169126	98396
2007	10594	1033175	2226430	179061	104541
2008	10533	975273	2323511	191444	111597
2009	11018	978931	2494689	210313	122470
2010	11161	1036468	2772293	236760	136321
2011	11785	981433	3078104	269963	149764
2012	12720	1139751	3307177	303996	168842
2013	13793	1082455	3545757	336666	188182
2014	15416	1142897	3793381	387991	213800
2015	16368	1293693	4022844	436203	240749
2016	17288	1403768	4216668	469367	256471
2017	18048	1435015	4414144	515112	281656
2018	18953	1802791	4491112	549904	292853
2019	19885	1783537	4645041	582390	307952

2-33 历年各级各类学校在校学生数

单位：万人

年 份	高等学校	高中阶段教育			义务教育		学前教育
		中等职业教育学校	技工学校	普通高中	初级中学	小学	幼儿园
1978	3.1	3.6		76.2	245.3	743.0	43.9
1979	3.8	4.5	0.7	53.5	221.4	743.8	39.6
1980	4.1	6.3	1.6	46.5	211.9	748.9	47.9
1981	4.5	6.1	1.4	38.4	185.3	734.8	48.7
1982	4.1	6.5	1.0	34.5	170.5	723.0	58.5
1983	4.6	10.0	0.9	33.1	171.2	705.3	63.4
1984	5.5	13.0	1.0	36.8	188.8	692.7	77.1
1985	7.0	18.0	1.5	38.8	203.1	671.3	93.0
1986	7.8	28.2	1.5	41.0	214.9	670.6	104.9
1987	8.6	34.3	2.6	41.1	217.3	677.4	126.3
1988	9.7	37.6	3.4	35.1	209.2	688.7	132.8
1989	10.0	42.1	3.9	35.2	200.6	715.2	141.9
1990	9.6	45.3	5.2	36.1	197.9	747.3	150.1
1991	9.3	44.7	5.6	36.0	202.3	788.9	165.7
1992	9.7	46.3	6.6	34.9	220.2	809.0	177.6
1993	11.7	50.2	7.7	33.2	244.0	832.1	190.5
1994	13.8	55.9	9.6	34.7	272.7	862.2	191.8
1995	15.2	66.7	11.1	38.9	300.6	883.2	200.0
1996	16.4	67.3	12.3	45.1	328.1	897.6	201.9
1997	17.5	72.7	13.3	52.5	348.4	911.3	202.8
1998	18.5	70.5	14.5	59.0	364.6	918.0	203.6
1999	22.1	69.5	23.0	64.1	379.8	921.0	213.0
2000	30.0	65.6	15.5	72.5	388.2	929.9	214.2
2001	38.2	62.0	16.7	84.3	405.4	953.0	220.9
2002	46.8	61.2	17.8	98.4	415.0	979.6	211.6
2003	58.8	63.1	23.9	113.7	432.2	1025.4	212.5
2004	72.7	65.5	28.1	131.3	449.6	1049.6	213.2
2005	87.5	71.0	32.8	149.0	462.7	1067.0	213.9
2006	100.9	80.8	38.2	163.5	475.8	1057.0	219.3
2007	112.0	90.8	45.8	172.4	482.9	1017.6	222.6
2008	121.6	100.1	53.5	181.8	497.9	956.5	232.4
2009	133.4	120.5	65.0	192.4	503.7	887.7	249.5
2010	142.7	154.8	75.4	208.9	500.1	848.5	277.2
2011	152.7	152.1	79.5	220.4	479.1	822.1	307.8
2012	161.7	149.6	88.5	225.9	442.5	808.2	330.7
2013	171.0	140.9	87.6	220.4	404.8	807.9	354.6
2014	179.4	128.2	62.3	214.0	376.8	831.9	379.3
2015	185.6	117.2	58.9	205.4	355.3	868.9	402.3
2016	189.3	106.6	53.3	197.4	347.8	905.2	421.7
2017	192.6	99.4	55.4	189.3	356.1	942.0	441.4
2018	196.3	86.7	54.3	183.7	372.5	988.4	449.1
2019	205.4	86.0	57.8	183.7	389.0	1033.4	464.5

注：1．高等学校人数指普通本、专科人数，下同。
2．1986年后中等职业教育学校包括普通中专、成人中专、职业高中，1986年前缺成人中专数据。

2-34 分地区各级教育生均一般公共预算教育经费增长情况

地 区	中等职业学校(元)			普通高中(元)			普通初中(元)		
	2018年	2019年	增减(%)	2018年	2019年	增减(%)	2018年	2019年	增减(%)
广东省	**17,961.78**	**19,872.37**	**10.64**	**19,149.20**	**21,657.89**	**13.10**	**19,562.29**	**21,688.02**	**10.87**
广州市	25,530.41	28,787.19	12.76	39,010.07	44,268.09	13.48	36,062.84	40,073.23	11.12
韶关市	11,603.74	13,836.11	19.24	14,608.95	15,783.75	8.04	14,599.03	14,795.19	1.34
深圳市	45,002.15	47,969.00	6.59	55,668.24	61,469.01	10.42	52,882.75	56,946.80	7.69
珠海市	42,194.49	43,195.70	2.37	39,884.15	49,142.12	23.21	37,148.66	47,893.21	28.92
汕头市	15,436.70	18,164.77	17.67	11,012.49	12,555.32	14.01	12,071.11	12,978.24	7.51
佛山市	23,055.49	23,071.45	0.07	19,424.79	20,462.11	5.34	18,640.48	19,024.26	2.06
江门市	10,596.59	11,511.01	8.63	14,678.24	16,022.06	9.16	16,206.11	16,842.29	3.93
湛江市	9,089.52	10,274.18	13.03	10,805.50	12,035.05	11.38	11,012.16	11,731.21	6.53
茂名市	10,144.63	10,642.55	4.91	10,012.41	11,191.71	11.78	10,972.24	11,728.56	6.89
肇庆市	8,544.82	10,296.77	20.50	11,281.11	12,887.23	14.24	11,351.27	12,529.12	10.38
惠州市	12,037.30	12,077.81	0.34	17,869.34	18,770.13	5.04	14,608.30	16,759.50	14.73
梅州市	8,712.87	9,725.56	11.62	14,369.16	14,577.04	1.45	16,469.63	16,790.40	1.95
汕尾市	18,910.83	18,938.10	0.14	16,724.39	19,067.39	14.01	12,909.39	14,567.62	12.85
河源市	14,529.16	16,649.56	14.59	13,159.38	14,309.50	8.74	18,347.86	19,080.01	3.99
阳江市	13,605.94	11,494.68	-15.52	10,014.50	11,213.22	11.97	13,193.60	14,166.99	7.38
清远市	11,287.81	13,646.30	20.89	13,981.28	15,968.39	14.21	14,291.77	15,750.80	10.21
东莞市	30,097.79	30,160.79	0.21	32,234.51	34,777.05	7.89	29,963.89	34,152.37	13.98
中山市	17,194.40	24,225.31	40.89	21,999.81	31,098.95	41.36	18,446.48	22,983.94	24.60
潮州市	15,839.28	16,888.45	6.62	13,386.00	15,987.48	19.43	13,548.95	15,569.50	14.91
揭阳市	8,802.62	10,628.04	20.74	8,444.09	9,244.53	9.48	11,291.90	12,064.16	6.84
云浮市	9,386.48	12,452.29	32.66	10,615.78	12,797.30	20.55	13,067.18	14,412.21	10.29

2-34 续表

地　区	普通小学(元)			幼儿园(元)		
	2018年	2019年	增减(%)	2018年	2019年	增减(%)
广东省	**12,964.59**	**14,234.73**	**9.80**	**4,600.67**	**6,039.55**	**31.28**
广州市	20,938.25	22,530.94	7.61	12,463.72	13,873.93	11.31
韶关市	10,658.85	10,470.27	-1.77	6,642.09	7,325.88	10.29
深圳市	31,008.54	35,207.54	13.54	25,145.03	38,664.27	53.77
珠海市	22,482.66	29,929.49	33.12	14,643.48	21,089.94	44.02
汕头市	7,746.43	7,952.61	2.66	2,732.82	3,464.76	26.78
佛山市	12,869.28	13,101.48	1.80	2,873.20	3,704.04	28.92
江门市	11,188.06	11,855.56	5.97	1,292.77	1,708.07	32.12
湛江市	8,598.17	8,952.87	4.13	2,071.87	2,515.66	21.42
茂名市	8,038.48	8,623.79	7.28	3,387.97	4,152.38	22.56
肇庆市	7,696.00	8,550.08	11.10	2,165.37	2,727.78	25.97
惠州市	11,038.19	12,316.72	11.58	2,255.11	3,069.19	36.10
梅州市	10,102.70	10,542.06	4.35	2,526.03	2,891.79	14.48
汕尾市	10,584.52	11,624.18	9.82	4,179.10	6,052.56	44.83
河源市	10,277.07	11,312.70	10.08	2,582.25	3,355.01	29.93
阳江市	8,505.99	9,054.22	6.45	2,787.00	3,192.72	14.56
清远市	10,034.11	11,009.81	9.72	4,136.87	5,481.29	32.50
东莞市	20,201.59	23,000.12	13.85	4,716.72	5,337.76	13.17
中山市	13,045.58	16,124.82	23.60	2,902.58	3,043.57	4.86
潮州市	9,425.14	9,565.12	1.49	3,999.12	4,069.36	1.76
揭阳市	7,612.74	7,803.52	2.51	1,890.99	2,606.63	37.84
云浮市	8,224.95	8,838.09	7.45	2,161.70	2,393.59	10.73

主要统计指标解释

教育经费支出 分为事业经费和基建支出两部分。1．事业经费支出分为“个人部分支出”和“公用部分支出”两个部分。个人部分支出：指用于公办、民办教职工，离退休人员，学生等个人方面的支出。包括基本工资、补助工资、其他工资、职工福利费、社会保障费及奖贷助学金。公用部分支出包括：公务费、业务费、设备购置费、修缮费、其他属于公用性质的经费支出。2．基建支出：指属于基建投资额度范围内的，并列入各级计划部门基建计划，由学校和教育事业单位经批准用教育基建拨款和其他自筹资金安排的基本建设，并专存银行基建专户的支出。

普通高等学校 是指按国家规定的设置标准和审批程序批准举办的，通过全国普通高等教育统一招生考试，招收高中毕业生为主要培养对象，实施高等学历教育的全日制大学、独立设置的学院和高等专科学校、高等职业学校和其他机构。大学、独立设置的学院主要实施本科及本科层次以上教育。高等专科学校、高等职业学校实施专科层次教育。其他机构是承担国家普通招生计划任务不计校数的机构，包括普通高等学校分校和批准筹建的普通高等学校等。

中等职业教育学校 是指按国家规定的设置标准和审批程序批准成立的实施中等职业教育的学校(机构)，包括原属普通中等专业学校、成人中等专业学校、职业高中及技工学校。

初中学生毛入学率 指初级中学(普通初中和职业初中)在校生总数占初中学龄人口数的比重。

高中阶段教育入学率 是指当年初中毕业生进入高中阶段(包括普通高中、职业高中、中等专业学校、技工学校、成人中等专业学校、成人高中)学习的比重。

高等教育毛入学率 是指高等教育阶段(包括国家承认学历的各类高等教育：普通高校本专科、高等学历文凭考试、电视大学注册视听生、自学考试本科专科、军事院校本专科研究生教育)在校学生折合总数占高等教育学龄(18～22 岁)人口数的比重。

三、卫生

简要说明

1．本篇资料主要反映广东省卫生事业发展情况。

2．本篇资料主要包括：

(1)级各类卫生机构基本情况、卫生技术人员数、床位及使用情况、医疗业务开展情况、医疗设备拥有和使用情况及农村卫生情况等。

(2)地区全省和 21 个地级以上市。

(3)年份主要有当年、近 5 年连续年份。

3．统计资料来源：本篇资料由广东省卫健委、省农业农村厅、省水利厅负责整理、审核、提供。

3-1 各类卫生机构基本情况(2019)

卫生机构名称	机构数量(个)	实有床位(张)	卫生人员(人)				
			合计	卫技人员	其他技术人员	管理人员	工勤人员
合　计	**53928**	**545190**	**964914**	**795132**	**52181**	**35157**	**82444**
一、医院	1631	441895	579412	483048	18602	23414	54348
二、卫生院	1186	61998	96179	82222	3637	2051	8269
街道卫生院	6	504	937	833	17	17	70
乡镇卫生院	1180	61494	95242	81389	3620	2034	8199
三、疗养院	14	716	1257	694	47	128	388
四、社区卫生服务中心(站)	2625	9336	58154	51100	1456	1416	4182
社区卫生服务中心	1136	9315	51028	44451	1377	1265	3935
社区卫生服务站	1489	21	7126	6649	79	151	247
五、门诊部	4618	38	55033	47587	1217	2103	4126
六、诊所、卫生所、医务室	16847		50976	48489	690	893	904
诊所	13848		41080	38913	606	800	761
卫生所、医务室	2999		9531	9259	69	80	123
七、急救中心(站)	40		796	452	43	151	150
八、采供血机构	54		2984	2193	161	191	439
九、妇幼保健院(所、站)	130	25398	53758	45253	1740	2025	4740
十、专科疾病防治院(所、站)	130	5809	9343	7196	655	444	1048
十一、疾病预防控制中心	134		10990	8178	912	628	1272
十二、卫生监督所(中心)	189		4749	3473	185	583	508
十三、医学科学研究机构	12		212	31	65	103	13
十四、医学在职培训机构	9		546	199	234	46	67
十五、健康教育所(站、中心)	30		351	151	92	77	31
十六、其他卫生机构	152		4594	2304	460	530	1300
十七、村卫生室	25788		32640	10830	21810		

注：合计中含村卫生室数，下同。

3-2 各类卫生机构卫生技术人员情况(2019)

单位：人

卫生机构名称	执业(助理)医师	注册护士	药师(士)	检验技师(士)	影像技师(士)	其他卫生技术人员
合　计	**292128**	**356784**	**43374**	**27806**	**9369**	**65671**
一、医院	157813	237612	26281	16297	6719	38326
二、卫生院	31509	30318	6170	2798	1238	10189
街道卫生院	299	360	74	35	9	56
乡镇卫生院	31210	29958	6096	2763	1229	10133
三、疗养院	277	255	51	48	29	34
四、社区卫生服务中心(站)	22022	19298	4466	1602	326	3386
社区卫生服务中心	19072	16530	3966	1490	304	3089
社区卫生服务站	2950	2768	500	112	22	297
五、门诊部	21804	21366	1629	825	388	1575
六、诊所、卫生所、医务室	26549	17977	1555	134	29	2245
诊所	21759	14439	1351	62	16	1286
卫生所、医务室	4787	3242	204	72	13	941
七、急救中心(站)	98	239	2	8		105
八、采供血机构	272	1273	25	479		144
九、妇幼保健院(所、站)	14406	21730	2176	2508	396	4037
十、专科疾病防治院(所、站)	2850	2333	603	615	118	677
十一、疾病预防控制中心	4326	974	208	1710	63	897
十二、卫生监督所(中心)						3473
十三、医学科学研究机构	16	3	6	3		3
十四、医学在职培训机构	59	72	18	4		46
十五、健康教育所(站、中心)	78	16	5	6		46
十六、其他卫生机构	632	657	31	678	58	248
十七、村卫生室	8678	2152				

注：合计中含村卫生室数；村卫生室只列出执业(助理)医师、注册护士数。

3-3 医院 、卫生院卫生技术人员情况(2019)

单位：人

卫生机构名称	执业(助理)医师	注册护士	药师(士)	检验技师(士)	影像技师(士)	其他卫生技术人员
医院、卫生院合计	**189322**	**267930**	**32451**	**19095**	**7957**	**48515**
一、医院	157813	237612	26281	16297	6719	38326
综合医院	117027	177925	18016	12364	4984	26335
中医医院	21851	28669	5228	1904	860	5632
中西医结合医院	2185	2711	378	174	80	483
专科医院	16550	27858	2622	1843	795	5798
口腔医院	1911	2441	82	27	60	384
眼科医院	1206	2024	192	87	30	558
耳鼻喉科医院	116	142	14	10	5	36
肿瘤医院	1442	2670	227	145	205	441
心血管病医院	224	336	26	24	18	31
胸科医院	251	436	54	58	18	8
妇产(科)医院	1169	2127	181	193	58	218
儿童医院	702	1086	136	130	30	239
精神病医院	2705	6498	634	295	106	1161
传染病医院	996	1532	152	152	41	111
皮肤病医院	257	302	77	55		15
麻风病医院	66	50	21	13	1	23
职业病医院	13	6	2	9	1	2
骨科医院	741	1187	120	73	52	326
康复医院	1121	1742	213	110	38	1050
整形外科医院	9	12				
美容医院	732	1137	50	46	9	131
其他专科医院	2889	4130	441	416	123	1064
护理院	200	449	37	12		78
二、卫生院	31509	30318	6170	2798	1238	10189

3-4 各市各类卫生技术人员数(2019)

单位：人

市别	执业(助理)医师	注册护士	药师(士)	检验技师(士)	影像技师(士)	其他卫生技术人员
合计	**292128**	**356784**	**43374**	**27806**	**9369**	**65671**
广州	58671	77812	9220	6089	2306	13958
深圳	40338	44289	4214	3935	1255	8800
珠海	7740	8824	983	697	239	1290
汕头	10980	11011	1312	848	207	1894
佛山	20937	27108	3715	1997	626	3832
韶关	7655	10397	1255	855	302	1610
河源	6593	8426	1235	787	225	1793
梅州	9661	10256	1942	1075	339	2177
惠州	13992	15969	1678	1314	362	2797
汕尾	4760	4396	565	456	191	1300
东莞	20818	27096	3144	1960	553	3761
中山	9321	11892	1321	815	255	1794
江门	10934	15018	2063	1039	398	2558
阳江	5738	7171	973	525	165	2062
湛江	13517	18569	2095	1159	552	4777
茂名	13257	15497	1668	920	361	2315
肇庆	8471	11266	1894	858	259	2908
清远	8718	10995	1333	881	258	1695
潮州	4815	3866	965	438	126	608
揭阳	10344	10719	1081	730	249	1913
云浮	4868	6207	718	428	141	1829

注：含村卫生室数。

3-5 各市村卫生室情况(2019)

市别	村卫生室数(个)	执业(助理)医师(人)	注册护士(人)	乡村医生和卫生员(人)		
				合计	乡医	卫生员
全省	**25788**	**8678**	**2152**	**21810**	**21161**	**649**
广州	931	555	295	619	590	29
珠海	134	145	176	112	41	71
汕头	613	451	104	580	465	115
佛山	43	36	21	21	21	
韶关	1365	325	29	1115	1104	11
河源	1531	500	61	1124	1121	3
梅州	2155	676	85	1752	1730	22
惠州	1295	600	254	767	759	8
汕尾	1223	273	5	1067	1059	8
中山	17	25	46	16	9	7
江门	878	335	222	730	712	18
阳江	1234	355	17	1089	1012	77
湛江	2111	623	264	2370	2199	171
茂名	3463	1015	176	3173	3133	40
肇庆	2184	470	76	1897	1883	14
清远	1552	607	123	1097	1072	25
潮州	1585	535	26	1361	1351	10
揭阳	2542	755	53	1916	1912	4
云浮	932	397	119	1004	988	16

3-6 各市村卫生室乡村医生学历分布(2019)

单位：%

市别	大专及以上学历	中专学历	中专水平	其他
全省	**7.9**	**71.3**	**7.7**	**13.1**
广州	11.5	77.8	2.7	8.0
深圳				
珠海	17.1	63.4		19.5
汕头	15.7	51.2	5.6	27.5
佛山	4.8	47.6	28.6	19.0
韶关	13.3	75.2	7.6	3.9
河源	5.5	78.9	11.4	4.2
梅州	6.6	67.1	6.8	19.5
惠州	18.5	73.1	4.7	3.7
汕尾	9.3	58.8	9.0	22.9
东莞				
中山	11.1	33.3	55.6	
江门	8.3	46.6	12.9	32.2
阳江	7.7	78.9	3.6	9.9
湛江	7.8	72.6	7.0	12.6
茂名	4.4	75.5	8.5	11.7
肇庆	4.3	73.6	10.0	12.1
清远	9.0	76.2	7.8	7.0
潮州	9.6	70.7	7.3	12.4
揭阳	8.5	65.1	9.7	16.6
云浮	4.0	81.4	2.0	12.6

3-7 全省及各市医院机构、床位、人员数(2019年)

地 区	机构数(个)	床位数(张)	人员数(人)	卫生技术人员(人)						其他技术人员(人)	管理人员(人)	工勤人员(人)
				小计	执业(助理)医师	注册护士	药师(士)	检验技师(士)	影像技师(士)			
全 省	**1631**	**441895**	**579412**	**483048**	**157813**	**237612**	**26281**	**16297**	**6719**	**18602**	**23414**	**54348**
广 州	269	90940	139190	114819	35785	56676	6198	3717	1838	5336	6290	12745
深 圳	144	44738	79720	65513	23908	29859	2839	2581	1004	3876	3700	6631
珠 海	44	9186	14183	11615	4089	5576	570	377	181	320	917	1331
汕 头	52	16872	20162	17431	6427	8548	834	505	160	518	554	1659
佛 山	127	35530	46930	39192	12865	19317	2534	1353	529	1226	1333	5179
韶 关	56	14263	15276	12771	3792	6828	703	416	168	434	448	1623
河 源	61	10243	10878	9136	2824	4477	562	337	125	277	432	1033
梅 州	49	13430	16377	14057	4586	6776	890	592	245	546	435	1339
惠 州	78	16354	21607	18259	6244	8985	878	606	240	389	1019	1940
汕 尾	36	7277	7823	6291	2036	3026	312	228	126	224	368	940
东 莞	110	32181	46222	37851	12680	18650	2119	1453	479	1047	2021	5303
中 山	67	16008	21797	18735	6354	9147	1009	670	224	638	556	1868
江 门	48	17632	20663	17782	5446	9229	1082	517	238	547	583	1751
阳 江	61	12348	11431	9520	2994	4595	530	257	84	300	424	1187
湛 江	111	28501	28703	23854	7000	12206	1285	648	325	826	1770	2253
茂 名	76	22536	18682	16468	5451	8776	837	425	180	541	403	1270
肇 庆	59	13791	16642	13250	3780	6488	1060	442	143	513	474	2405
清 远	62	12665	13832	11617	3593	5933	655	379	146	328	643	1244
潮 州	32	5497	6349	5161	1811	2440	383	226	63	126	276	786
揭 阳	66	15272	15231	13055	4302	6733	606	363	134	393	490	1293
云 浮	23	6631	7714	6671	1846	3347	395	205	87	197	278	568

3-8 年全省及各市卫生院机构、床位、人员数(2019)

地区	机构数(个)	床位数(张)	人员数(人)	卫生技术人员(人)						其他技术人员(人)	管理人员(人)	工勤人员(人)
				小计	执业(助理)医师	注册护士	药师(士)	检验技师(士)	影像技师(士)			
广东省	**1186**	**61998**	**96179**	**82222**	**31509**	**30318**	**6170**	**2798**	**1238**	**3637**	**2051**	**8269**
广州市	31	1892	5193	4477	1628	1897	382	190	100	124	235	357
深圳市	2	60	164	99	35	38	10	3	1	19	13	33
珠海市	12	331	977	833	351	341	60	33	11	33	49	62
汕头市	33	1713	3775	3204	1407	862	229	98	21	186	86	299
佛山市	6	335	611	510	174	205	64	26		17	8	76
韶关市	98	3157	4573	4019	1439	1583	355	205	83	123	65	366
河源市	97	4304	5971	5092	1798	1902	471	190	60	295	70	514
梅州市	118	4677	7099	6192	2569	1951	671	218	65	234	186	487
惠州市	69	3192	5848	4796	1832	1713	353	229	64	222	166	664
汕尾市	46	2162	4132	3246	1441	933	169	120	44	157	111	618
江门市	63	4395	6587	5889	2076	2381	543	176	106	153	112	433
阳江市	39	1960	3740	3075	991	1089	237	110	51	148	112	405
湛江市	94	7298	9098	7599	2393	2955	436	208	165	606	150	743
茂名市	99	10483	10203	8819	3683	3449	466	215	131	397	170	817
肇庆市	97	2756	5547	4713	1567	1635	426	127	61	172	83	579
清远市	121	4517	7072	6338	2295	2755	469	266	83	186	107	441
潮州市	42	1696	3398	2733	1247	780	311	117	55	148	95	422
揭阳市	66	4373	8065	7087	3296	2469	337	194	99	236	184	558
云浮市	53	2697	4126	3501	1287	1380	181	73	38	181	49	395

3-9 全省及各市妇幼保健机构、床位、人员数(2019年)

地 区	机构数(个)	床位数(张)	人员数(人)	卫生技术人员(人)						其他技术人员(人)	管理人员(人)	工勤人员(人)
				小计	执业(助理)医师	注册护士	药师(士)	检验技师(士)	影像技师(士)			
广东省	**130**	**25398**	**53758**	**45253**	**14406**	**21730**	**2176**	**2508**	**396**	**1740**	**2025**	**4740**
广州市	12	3580	8409	7359	2419	3541	353	414	68	183	325	542
深圳市	10	3167	7463	6329	2343	2844	216	342	70	263	331	540
珠海市	2	596	1630	1427	454	621	58	89	14	30	147	26
汕头市	4	721	887	750	235	348	51	59	4	19	44	74
佛山市	4	1743	3826	3327	979	1711	160	175	22	153	67	279
韶关市	9	980	1834	1465	473	682	74	86	17	35	60	274
河源市	7	1379	1911	1617	514	809	71	96	16	99	49	146
梅州市	9	926	2107	1776	585	744	128	146	13	86	36	209
惠州市	7	1333	3277	2718	832	1357	103	146	24	156	104	299
汕尾市	5	341	704	563	191	230	36	45	5	38	25	78
东莞市	1	700	1556	1297	388	675	52	74	9	42	16	201
江门市	6	1267	2965	2362	741	1134	127	130	12	115	49	439
阳江市	5	971	2144	1760	493	909	85	81	17	11	167	206
湛江市	10	1479	3205	2692	811	1381	123	118	24	85	159	269
茂名市	5	1643	2743	2302	698	1198	113	116	24	127	116	198
肇庆市	10	1505	3140	2588	759	1215	174	125	28	74	157	321
清远市	8	1160	1713	1460	485	672	69	87	10	54	56	143
潮州市	4	289	724	542	187	254	34	38	4	35	39	108
揭阳市	6	864	1812	1490	453	783	60	67	10	76	46	200
云浮市	6	754	1708	1429	366	622	89	74	5	59	32	188

注：妇幼保健机构含妇幼保健院、所(站)。

3-10 全省及各市中医医院机构、床位、人员数(2019年)

地区	机构数(个)	床位数(张)	人员数(人)	卫生技术人员(人)						其他技术人员(人)	管理人员(人)	工勤人员(人)
				小计	执业(助理)医师	注册护士	药师(士)	检验技师(士)	影像技师(士)			
广东省	**184**	**59124**	**81982**	**70155**	**24036**	**31380**	**5606**	**2078**	**940**	**2228**	**3072**	**6527**
广州市	35	14234	22365	19175	6557	8458	1641	566	273	802	750	1638
深圳市	11	4371	7463	6479	2593	2679	362	191	83	224	414	346
珠海市	5	1964	2888	2561	978	1160	120	77	28	39	217	71
汕头市	5	933	1261	1081	446	383	91	34	8	16	50	114
佛山市	12	5318	6838	5768	1806	2721	435	157	87	216	89	765
韶关市	9	1941	2260	1976	635	909	155	65	34	67	43	174
河源市	9	1846	2122	1840	585	780	157	61	27	50	86	146
梅州市	9	2280	3967	3267	1121	1329	348	149	66	128	158	414
惠州市	9	1431	2390	2072	740	829	187	80	26	52	102	164
汕尾市	5	379	515	392	138	143	35	10	12	21	22	80
东莞市	7	1571	2243	1812	657	802	165	58	26	27	137	267
中山市	3	1970	2856	2489	909	1235	125	53	31	47	69	251
江门市	8	4042	5243	4596	1443	2128	359	103	44	109	185	353
阳江市	4	1875	2338	2035	649	979	151	63	18	46	109	148
湛江市	11	2795	3245	2707	825	1241	261	81	27	64	179	295
茂名市	7	3998	3580	3197	1159	1596	204	79	42	80	50	253
肇庆市	10	2355	3694	2994	864	1355	324	91	44	94	97	509
清远市	9	2086	2408	2079	629	1042	172	64	36	43	171	115
潮州市	3	310	699	442	196	127	73	14	1	8	37	212
揭阳市	9	2098	1920	1716	633	778	117	37	15	42	46	116
云浮市	4	1327	1687	1477	473	706	124	45	12	53	61	96

注：中医医院含中西医结合医院。

3-11 全省及各市专科疾病防治机构、床位、人员数(2019年)

地 区	机构数(个)	床位数(张)	人员数(人)	卫生技术人员(人)						其他技术人员(人)	管理人员(人)	工勤人员(人)
				小计	执业(助理)医师	注册护士	药师(士)	检验技师(士)	影像技师(士)			
广东省	**130**	**5809**	**9343**	**7196**	**2850**	**2333**	**603**	**615**	**118**	**655**	**444**	**1048**
广州市	7	106	870	644	274	189	66	65	5	78	68	80
深圳市	8	180	1445	1092	497	261	58	111	16	171	70	112
珠海市	1	120	327	284	77	121	24	18	1	39	4	
汕头市	6	36	270	206	114	30	19	29	4	9	14	41
佛山市	5	385	613	485	178	181	51	42	8	32	12	84
韶关市	7	415	550	420	126	208	18	24	11	34	14	82
河源市	7	805	345	267	87	111	25	21	6	19	11	48
梅州市	12	595	496	379	144	97	49	24	7	19	20	78
惠州市	10	254	662	480	200	116	46	61	4	58	28	96
汕尾市	6	130	164	124	71	18	8	8	4	8	11	21
东莞市	1	160	281	213	73	82	20	19	4		34	34
中山市	2											
江门市	9	214	514	394	154	121	44	37	9	30	24	66
阳江市	2	110	109	82	36	32	3	5		8	1	18
湛江市	11	273	612	457	190	136	30	30	7	51	28	76
茂名市	5	1133	701	593	214	274	33	28	12	31	24	53
肇庆市	8	124	327	271	85	102	34	22	9	12	4	40
清远市	7	648	496	375	113	146	39	35	5	34	41	46
潮州市	4		115	80	49	7	11	7	2	8	12	15
揭阳市	6	106	250	196	111	41	18	17	1	11	13	30
云浮市	6	15	196	154	57	60	7	12	3	3	11	28

注：专科疾病防治机构含专科疾病防治院、所(站)。

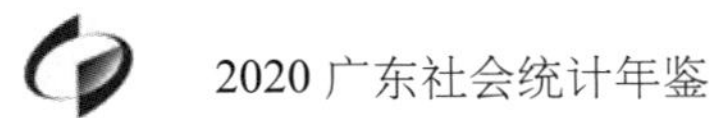

3-12　全省及各市采供血机构、人员数(2019年)

地　区	机构数(个)	人员数(人)	卫生技术人员(人)						其他技术人员(人)	管理人员(人)	工勤人员(人)
			小计	执业医师	执业(助理)医师	注册护士	药师(士)	检验技师(士)			
广东省	**54**	**2984**	**2193**	**239**	**33**	**1273**	**25**	**479**	**161**	**191**	**439**
广州市	5	573	409	35	4	251	4	64	45	44	75
深圳市	3	343	260	13	2	144	1	64	20	18	45
珠海市	1	57	46	8	1	26		10	5	6	
汕头市	5	169	118	18	4	56	2	28	11	21	19
佛山市	6	242	182	28		92		56	13	15	32
韶关市	1	97	62	7	1	30	1	17	8	9	18
河源市	2	80	60	4	2	34	2	16	3	5	12
梅州市	6	104	76	8	3	47	2	15	2	8	18
惠州市	1	116	86	4		64		14	3	4	23
汕尾市	1	64	48	5	3	24	1	13	1		15
东莞市	1	137	110	11		64		32	11	1	15
中山市	1	69	61	14	1	31	3	12	4	1	3
江门市	1	91	70	7		47		15		10	11
阳江市	1	53	37	1	2	21		9	4	3	9
湛江市	3	135	88	8	5	50	4	19	8	8	31
茂名市	2	145	105	17	3	60	3	20	1	14	25
肇庆市	4	186	135	18		90	1	22	13	3	35
清远市	3	97	76	14		44		16	2	8	11
潮州市	2	38	28	3		13		11		5	5
揭阳市	4	109	76	11	1	39	1	20	7	6	20
云浮市	1	79	60	5	1	46		6		2	17

3-13 医疗机构入院与诊疗人次数(2019年)

单位：万人次

机构分类	入院人次数	总诊疗人次数	门诊、急诊人次			健康检查人次数
				门诊人次	急诊人次	
总 计	**1816.3**	**89104.6**	**87120.5**	**79844.1**	**7276.4**	**5202.8**
一、医院	1465.6	40131.7	39589.1	34364.7	5224.4	3025.7
二、卫生院	190.1	7427.3	7169.2	6248.6	920.6	671.3
三、疗养院	0.2	27.2	27.2	26.6	0.6	19.5
四、社区卫生服务中心(站)	15.1	13616.0	13115.4	12626.8	488.5	544.7
社区卫生服务中心	15.1	11296.0	10819.8	10397.5	422.3	514.5
社区卫生服务站	0.0	2320.0	2295.6	2229.3	66.3	30.2
五、门诊部	0.0	3011.6	2953.9	2953.9		351.3
六、诊所.卫生所.医务室		7795.6	7769.7	7769.7	0.0	0.9
诊所		6050.8	6050.8	6050.8		
卫生所、医务室		1744.4	1744.4	1744.4		
七、妇幼保健院(所、站)	139.1	4555.5	4444.4	3812.2	632.3	413.1
妇幼保健院	139.1	4552.3	4441.3	3809.0	632.3	413.1
八、专科疾病防治院(所、站)	6.2	658.4	623.6	615.0	8.6	130.7
九、临床检验机构						45.6
十、村卫生室		11881.2	11429.1	11429.1		

3-14 各市医院入院与诊疗人次数(2019年)

单位：万人次

市别	入院人次	健康检查人次数	总诊疗人次数	门诊、急诊人次		
					门诊人次	急诊人次
广东省	**1465.6**	**3025.7**	**40131.7**	**39589.1**	**34364.7**	**5224.4**
广州市	311.9	606.3	9962.4	9863.3	8854.0	1009.4
深圳市	161.7	653.7	5376.4	5352.2	4666.2	686.0
珠海市	33.3	123.5	881.7	875.7	768.3	107.4
汕头市	54.7	100.8	979.4	923.1	822.5	100.6
佛山市	126.8	295.8	5144.2	5070.5	4292.6	777.9
韶关市	47.8	48.8	690.4	682.9	591.8	91.1
河源市	28.7	22.5	446.8	442.3	374.1	68.2
梅州市	48.0	42.2	733.6	720.2	635.7	84.6
惠州市	52.5	135.9	1649.7	1622.9	1358.4	264.5
汕尾市	18.4	12.9	331.2	327.5	265.6	62.0
东莞市	111.6	406.1	3856.7	3826.2	3245.0	581.2
中山市	58.1	188.3	2514.0	2488.5	2076.9	411.6
江门市	55.6	65.5	1808.3	1789.9	1529.1	260.8
阳江市	30.7	31.3	495.8	484.4	423.2	61.2
湛江市	87.4	61.6	1136.0	1096.1	947.6	148.4
茂名市	68.3	41.2	836.3	813.2	711.6	101.6
肇庆市	37.1	53.9	995.2	984.7	838.1	146.6
清远市	46.8	51.4	865.5	849.7	748.4	101.4
潮州市	15.2	19.9	321.0	303.0	291.0	12.1
揭阳市	49.8	35.6	546.4	520.7	461.3	59.4
云浮市	21.2	28.5	560.7	552.1	463.5	88.6

3-15 各市卫生院入院与诊疗人次数(2019年)

单位：万人次

市 别	入院人次数	健康检查人次数	总诊疗人次数	门诊、急诊人次	门诊人次	急诊人次
广东省	**190.1**	**671.3**	**7427.3**	**7169.2**	**6248.6**	**920.6**
广州市	7.4	35.1	517.4	507.4	386.0	121.4
深圳市	0.1	1.8	26.6	26.6	21.9	4.8
珠海市	0.3	11.2	171.5	167.7	126.3	41.4
汕头市	2.7	37.3	167.4	151.5	135.0	16.5
佛山市	0.7	4.4	108.7	107.2	90.7	16.5
韶关市	7.8	41.5	273.1	259.5	238.9	20.6
河源市	10.1	69.3	320.8	310.2	287.3	22.9
梅州市	15.1	29.2	372.9	358.6	344.9	13.6
惠州市	5.7	31.5	595.0	556.4	445.2	111.2
汕尾市	4.7	8.3	118.6	111.9	99.7	12.2
东莞市						
中山市						
江门市	11.1	35.1	848.1	816.0	642.2	173.8
阳江市	6.8	8.8	232.3	222.3	203.1	19.2
湛江市	23.4	75.3	538.3	520.2	471.0	49.2
茂名市	43.4	134.4	1189.0	1153.3	1060.6	92.7
肇庆市	5.0	42.2	448.4	444.5	382.1	62.4
清远市	18.8	30.4	592.6	582.5	510.3	72.2
潮州市	4.8	22.3	259.9	245.1	234.4	10.7
揭阳市	14.7	29.8	234.0	217.9	200.2	17.6
云浮市	7.3	23.2	412.6	410.4	368.9	41.5

3-16　各市妇幼保健机构入院与诊疗人次数(2019年)

单位：万人次

市　别	入院人次数	健康检查人次数	总诊疗人次数	门诊、急诊人次	门诊人次	急诊人次
广东省	**139.1**	**413.1**	**4555.5**	**4444.4**	**3812.2**	**632.3**
广州市	20.4	86.0	867.2	831.1	693.0	138.1
深圳市	20.2	106.9	731.3	696.8	623.6	73.2
珠海市	3.4	8.6	127.9	127.9	114.7	13.2
汕头市	2.0	8.9	60.4	59.8	57.9	1.9
佛山市	10.8	20.7	489.1	484.9	385.7	99.2
韶关市	4.6	19.7	132.2	131.9	122.5	9.4
河源市	6.4	0.2	147.4	144.9	128.8	16.1
梅州市	4.2	11.6	113.0	107.0	102.9	4.1
惠州市	7.8	24.4	242.1	230.9	196.5	34.5
汕尾市	1.6	2.2	35.8	35.2	35.1	0.1
东莞市	4.6	1.8	181.2	181.2	158.8	22.4
江门市	7.5	23.7	293.0	290.7	241.3	49.5
阳江市	5.6	6.6	123.4	122.3	103.7	18.6
湛江市	8.5	21.8	198.0	192.6	174.9	17.7
茂名市	9.2	11.9	164.6	164.6	143.1	21.4
肇庆市	6.2	30.5	235.2	235.0	180.9	54.1
清远市	5.4	17.1	125.7	120.4	97.8	22.7
潮州市	1.4	0.8	39.7	39.3	38.8	0.4
揭阳市	4.7	2.0	96.5	96.5	95.5	1.0
云浮市	4.7	7.8	151.8	151.2	116.6	34.6

3-17 各市医院、妇幼保健院、专科疾病防治院万元以上设备台数(2019年)

单位：台

地 区	合计	10万元以下	10～49万元	50～99万元	100万元以上
广东省	**626010**	**456073**	**127238**	**21184**	**21515**
广州市	167065	121838	34067	5476	5684
深圳市	13859	10080	2937	425	417
珠海市	130124	94061	26552	4649	4862
汕头市	15239	10951	3222	517	549
佛山市	15859	11575	3137	538	609
韶关市	51231	37438	10456	1659	1678
河源市	16910	12779	3219	492	420
梅州市	21505	15821	4308	699	677
惠州市	14195	9716	3308	591	580
汕尾市	13399	9904	2656	461	378
东莞市	21024	15023	4375	833	793
中山市	9833	6923	2171	341	398
江门市	4279	3115	879	140	145
阳江市	10455	8049	1848	278	280
湛江市	9224	6440	1965	427	392
茂名市	14470	10311	3200	468	491
肇庆市	48463	36838	8546	1553	1526
清远市	25267	19588	4238	733	708
潮州市	5063	3766	1029	116	152
揭阳市	9992	6906	2212	443	431
云浮市	8554	4951	2913	345	345

3-18 全省卫生技术人员性别、年龄、学历、职称构成(2019年)

单位：%

分 组	合计	执业(助理)医师			注册护士	药剂师(士)	技师(士)		其他
		小计	执业医师	执业助理医师			小计	检验技师(士)	
总 计	**100.0**	**100.0**	**100.0**	**100.0**	**100.0**	**100.0**	**100.0**	**100.0**	**100.0**
按性别分									
男	29.7	58.1	58.1	58.6	2.8	32.7	44.4	40.2	42.1
女	70.3	41.9	41.9	41.4	97.2	67.3	55.6	59.8	57.9
按年龄分									
25岁以下	10.2	0.5	0.0	3.3	17.3	4.4	6.7	5.0	19.9
25–34	39.9	26.7	25.6	32.9	48.2	42.1	41.5	40.9	50.1
35–44	27.2	34.7	35.1	32.3	22.6	29.7	29.1	31.2	16.9
45–54	14.8	21.7	21.5	22.7	10.0	16.4	16.1	16.9	8.8
55–59	3.9	7.2	7.8	4.1	1.5	5.0	4.3	4.1	2.2
60岁及以上	4.0	9.2	9.9	4.7	0.5	2.4	2.2	1.8	2.1
按工龄分									
5年以下	23.2	14.4	12.9	23.5	26.9	15.1	20.9	17.8	48.7
5–9年	23.8	18.4	18.6	17.6	28.9	23.6	22.9	22.9	20.1
10–19年	25.8	28.5	29.3	24.4	24.8	29.9	27.2	29.3	15.7
20–29年	17.3	21.5	21.1	24.1	14.7	19.7	19.1	20.6	9.8
30年及以上	9.9	17.0	18.2	10.5	4.7	11.6	9.9	9.5	5.7
按技术资格分									
正高	2.3	5.5	6.5	0.0	0.3	0.8	2.1	2.7	0.5
副高	7.1	14.5	17.0	0.1	2.6	3.8	7.5	8.8	1.3
中级	18.6	26.3	30.7	0.8	14.9	18.7	20.5	22.8	4.7
助理/师级	31.2	40.1	41.1	34.1	25.4	36.4	32.4	33.1	19.3
员/士	33.3	10.0	1.4	59.7	51.2	34.6	30.0	26.1	38.4
无职称	7.5	3.6	3.3	5.3	5.6	5.8	7.5	6.5	35.7
按聘任技术职务分									
正高	2.1	5.0	5.9	0.0	0.3	0.7	1.8	2.3	0.5
副高	6.8	14.0	16.4	0.1	2.4	3.6	7.1	8.4	1.3
中级	17.9	25.8	30.1	0.8	13.8	17.8	19.8	22.0	4.5
助理/师级	30.9	40.7	40.7	40.8	25.3	35.6	31.3	32.3	15.9
员/士	31.4	9.8	2.4	52.9	48.9	34.1	29.6	26.4	29.2
待聘	10.7	4.6	4.5	5.4	9.3	8.1	10.5	8.6	47.0
不祥	0.1								1.6
按学历分									
研究生	7.5	17.6	20.6	0.2	0.2	3.4	5.6	6.8	7.6
大学本科	33.0	44.6	50.7	9.6	22.4	36.9	40.6	43.6	33.5
大专	33.1	25.0	20.1	53.2	39.9	31.8	33.8	31.2	31.7
中专及中技	25.1	11.5	7.7	33.5	36.9	23.7	18.7	17.5	24.7
技校	0.1	0.1	0.0	0.2	0.2	0.2	0.1	0.1	0.2
高中及以下	1.1	1.2	0.8	3.4	0.4	4.1	1.1	0.8	2.4

注：本章统计截止日期：2019年1月；本表不含村卫生室数据。

3-19 各市卫生机构数(2014-2019年)

单位：个

市 别	2014	2015	2016	2017	2018	2019
广东省	**48087**	**48367**	**49124**	**49926**	**51527**	**53928**
广州市	3749	3724	3806	4058	4598	5093
深圳市	3185	3606	3957	4049	4380	5010
珠海市	673	692	721	742	838	936
汕头市	1311	1320	1377	1435	1492	1628
佛山市	1429	1475	1469	1715	1932	2097
韶关市	2195	2139	2130	2119	2118	2114
河源市	2080	2181	2131	2062	2037	2033
梅州市	3426	3357	3290	3198	3053	2985
惠州市	2658	2654	2668	2725	2764	3013
汕尾市	1689	1693	1678	1705	1625	1596
东莞市	2194	2237	2344	2446	2722	3055
中山市	620	673	727	806	894	986
江门市	1716	1681	1590	1608	1652	1658
阳江市	1778	1773	1793	1843	1804	1778
湛江市	3463	3448	3487	3400	3478	3471
茂名市	3772	3703	4025	4061	4084	4127
肇庆市	3120	3128	3096	3079	3111	3175
清远市	2557	2415	2389	2393	2435	2522
潮州市	2325	2333	2332	2322	2290	2292
揭阳市	2732	2755	2798	2858	2910	3004
云浮市	1415	1380	1316	1302	1310	1355

注：1.含村卫生室数；
2.2013年起，计划生育服务机构纳入统计。

3-20 各市医院类机构数(2014-2019年)

单位：个

市　　别	2014	2015	2016	2017	2018	2019
广 东 省	**1420**	**1482**	**1543**	**1626**	**1716**	**1796**
广 州 市	240	245	258	257	269	283
深 圳 市	144	145	151	154	158	162
珠 海 市	40	44	43	45	47	47
汕 头 市	42	42	43	48	52	56
佛 山 市	105	107	110	115	125	132
韶 关 市	67	69	67	64	64	66
河 源 市	35	40	52	60	65	70
梅 州 市	47	50	50	56	60	63
惠 州 市	70	77	79	81	85	87
汕 尾 市	30	32	34	38	40	41
东 莞 市	103	100	91	99	104	112
中 山 市	47	47	53	59	62	67
江 门 市	45	48	47	50	54	54
阳 江 市	43	47	50	57	63	67
湛 江 市	94	104	105	115	120	122
茂 名 市	63	68	72	79	81	84
肇 庆 市	58	59	63	63	65	69
清 远 市	57	61	66	69	70	74
潮 州 市	26	27	27	31	32	36
揭 阳 市	41	46	56	58	70	74
云 浮 市	23	24	26	28	30	30

注：医院类机构包括医院、妇幼保健院、专科疾病防治院

3-21 各市卫生院数(2014-2019年)

单位：个

市 别	2014	2015	2016	2017	2018	2019
广东省	**1222**	**1216**	**1201**	**1202**	**1193**	**1186**
广州市	31	30	30	30	31	31
深圳市	2	2	2	2	2	2
珠海市	12	12	12	12	12	12
汕头市	33	33	32	33	33	33
佛山市	11	14	10	9	9	6
韶关市	103	103	103	103	100	98
河源市	98	97	97	97	97	97
梅州市	121	119	118	118	118	118
惠州市	76	76	74	74	70	69
汕尾市	47	47	47	47	46	46
江门市	69	68	65	65	63	63
阳江市	39	39	39	39	39	39
湛江市	95	94	95	95	94	94
茂名市	99	99	99	99	99	99
肇庆市	98	96	96	97	97	97
清远市	120	120	120	120	121	121
潮州市	45	45	42	42	42	42
揭阳市	68	67	66	66	66	66
云浮市	55	55	54	54	54	53

3-22 各市妇幼保健机构数(2014-2019年)

单位：个

市 别	2014	2015	2016	2017	2018	2019
广东省	**130**	**130**	**129**	**128**	**129**	**130**
广州市	16	16	14	12	12	12
深圳市	9	10	9	10	10	10
珠海市	2	2	2	2	2	2
汕头市	4	4	4	4	4	4
佛山市	5	4	4	4	4	4
韶关市	9	10	9	9	9	9
河源市	6	6	6	6	7	7
梅州市	9	9	9	9	9	9
惠州市	6	6	7	7	7	7
汕尾市	5	5	5	5	5	5
东莞市	1	1	1	1	1	1
江门市	6	6	6	6	6	6
阳江市	5	5	5	5	5	5
湛江市	11	10	10	10	10	10
茂名市	5	5	5	5	5	5
肇庆市	7	7	9	9	9	10
清远市	9	9	9	8	8	8
潮州市	4	4	4	4	4	4
揭阳市	6	6	6	6	6	6
云浮市	5	5	5	6	6	6

3-23 各市社区卫生服务机构数(2014-2019年)

单位：个

市 别	2014	2015	2016	2017	2018	2019
广东省	**2527**	**2554**	**2566**	**2543**	**2602**	**2625**
广州市	320	315	342	325	331	325
深圳市	586	591	591	605	615	647
珠海市	125	121	123	118	118	118
汕头市	42	43	47	51	52	50
佛山市	365	366	361	363	380	382
韶关市	33	31	19	15	13	13
河源市	6	28	23	20	20	21
梅州市	12	13	11	11	11	11
汕尾市	10	10	10	10	10	10
东莞市	397	398	399	396	396	396
中山市	252	266	267	266	267	262
江门市	31	23	24	23	28	27
阳江市	60	60	60	62	61	61
湛江市	55	55	55	51	60	60
茂名市	59	61	60	60	61	58
肇庆市	29	34	35	31	31	32
惠州市	79	78	78	78	80	84
清远市	17	16	15	12	12	12
潮州市	10	10	11	11	11	11
揭阳市	29	27	27	27	26	26
云浮市	10	8	8	8	19	19

3-24 各市村卫生室数(2014-2019年)

单位：个

市 别	2014	2015	2016	2017	2018	2019
广东省	**28162**	**27178**	**26886**	**26459**	**25996**	**25788**
广州市	1081	1051	932	932	928	931
珠海市	151	151	149	140	137	134
汕头市	619	609	616	622	615	613
佛山市	162	161	58	52	48	43
韶关市	1534	1514	1493	1431	1404	1365
河源市	1700	1699	1642	1593	1540	1531
梅州市	2478	2434	2404	2341	2195	2155
惠州市	1490	1455	1423	1303	1292	1295
汕尾市	1309	1335	1347	1341	1250	1223
东莞市	811	231	35	4		
中山市	55	50	31	21	18	17
江门市	938	944	893	887	877	878
阳江市	1341	1291	1302	1291	1261	1234
湛江市	2238	2212	2211	2156	2159	2111
茂名市	3270	3187	3477	3495	3486	3463
肇庆市	2290	2261	2252	2228	2203	2184
清远市	1765	1612	1592	1579	1561	1552
潮州市	1531	1579	1599	1599	1587	1585
揭阳市	2362	2385	2435	2485	2500	2542
云浮市	1037	1017	995	959	935	932

3-25 各市卫生人员数(2014-2019年)

单位：人

市别	2014	2015	2016	2017	2018	2019
广东省	**734345**	**771034**	**821880**	**866925**	**921703**	**964914**
广州市	147993	154153	166537	175714	188695	202725
深圳市	87389	93506	97644	104351	114866	125142
珠海市	16702	17584	18673	20128	22168	23690
汕头市	25165	25395	27092	28269	29648	30904
佛山市	49814	52143	56230	60078	64931	68092
韶关市	22707	23349	24663	25525	26882	27114
河源市	16910	18287	19932	20869	21999	23458
梅州市	26749	27485	28855	29796	30628	31337
惠州市	33523	34576	36879	39408	41399	43040
汕尾市	13242	13690	14499	15770	16060	15687
东莞市	53013	54950	57167	60197	64349	68014
中山市	22813	23788	25171	26505	28069	29171
江门市	28467	31412	32990	34531	36201	37841
阳江市	16320	17306	18420	19877	20990	21116
湛江市	40327	43406	45970	48239	50869	51015
茂名市	33481	34564	39732	41792	43202	41903
肇庆市	27390	28600	29802	30949	32254	32947
清远市	22838	23590	25189	26035	26883	28520
潮州市	12633	12826	13421	13551	13666	14546
揭阳市	22441	25500	27432	28993	30937	31187
云浮市	14428	14924	15582	16348	17007	17465

注：本表含村卫生室数据。

3-26 各市卫生技术人员数(2014-2019年)

单位：人

市别	2014	2015	2016	2017	2018	2019
广东省	**584356**	**620004**	**667525**	**709894**	**757840**	**795132**
广州市	121120	126891	137953	145045	156497	168056
深圳市	70485	75417	79307	85256	93643	102831
珠海市	14077	14891	15741	16962	18430	19773
汕头市	20198	20788	22210	23537	24987	26252
佛山市	41632	43641	47618	51314	55398	58215
韶关市	17569	18302	19700	20619	21892	22074
河源市	12619	14146	15708	16625	17612	19059
梅州市	20909	21609	22954	24122	24908	25450
惠州市	27068	28115	30124	32953	34800	36112
汕尾市	9396	9942	10628	11802	12187	11668
东莞市	43091	45226	47668	50600	54317	57332
中山市	19050	19960	21412	22904	24419	25398
江门市	23208	25840	27353	28885	30479	32010
阳江市	12303	13391	14371	15590	16429	16634
湛江市	30631	33766	36071	38232	40620	40669
茂名市	25589	26865	31448	33652	35193	34018
肇庆市	20106	21316	22708	23844	25032	25656
清远市	18493	19145	20651	21392	22248	23880
潮州市	9031	9234	9798	10127	10131	10818
揭阳市	16793	20039	21853	23470	24951	25036
云浮市	10988	11480	12249	12963	13667	14191

注：本表含村卫生室数据。

3-27 各市执业(助理)医师数(2014-2019年)

单位：人

市 别	2014	2015	2016	2017	2018	2019
广东省	**217376**	**229389**	**244139**	**258889**	**277362**	**292128**
广州市	40807	42600	46791	49747	54134	58671
深圳市	27081	29225	30757	33293	36309	40338
珠海市	5185	5470	5806	6427	7090	7740
汕头市	8626	8772	9341	9741	10469	10980
佛山市	14954	15427	16534	18134	20001	20937
韶关市	6629	6922	7303	7387	7684	7655
河源市	4431	5258	5679	5742	5992	6593
梅州市	9133	9358	9562	9548	9546	9661
惠州市	10163	10458	11283	12582	13339	13992
汕尾市	4703	4533	4783	5153	5316	4760
东莞市	15081	15889	16680	17506	19516	20818
中山市	6384	6682	7425	8115	8800	9321
江门市	7767	8927	9298	9859	10298	10934
阳江市	4360	4519	4787	5201	5631	5738
湛江市	11230	11968	12377	12810	13651	13517
茂名市	11017	11666	12635	13362	13993	13257
肇庆市	6149	6629	7151	7620	8140	8471
清远市	6993	7256	7484	7493	7858	8718
潮州市	4279	4261	4397	4600	4597	4815
揭阳市	8400	9380	9746	10172	10373	10344
云浮市	4004	4189	4320	4397	4625	4868

注：本表含村卫生室数据。

3-28 各市乡村医生和卫生员数(2014-2019年)

单位：人

市　别	2014	2015	2016	2017	2018	2019
广东省	**28512**	**26012**	**24991**	**24051**	**23064**	**21810**
广州市	1372	1107	820	723	693	619
深圳市						
珠海市	183	162	129	126	120	112
汕头市	707	645	628	611	593	580
佛山市	115	111	32	26	23	21
韶关市	1394	1324	1284	1234	1194	1115
河源市	1825	1536	1414	1342	1245	1124
梅州市	2008	1967	1946	1890	1841	1752
惠州市	1313	1088	979	864	819	767
汕尾市	1396	1283	1252	1218	1106	1067
东莞市	544	112	12			
中山市	57	53	35	22	17	16
江门市	976	909	846	787	756	730
阳江市	1595	1310	1309	1269	1177	1089
湛江市	2790	2681	2662	2589	2472	2370
茂名市	3544	3364	3523	3461	3373	3173
肇庆市	2116	2048	2008	1970	1948	1897
清远市	1611	1405	1325	1271	1206	1097
潮州市	1437	1442	1441	1397	1389	1361
揭阳市	2150	2134	2107	2081	2008	1916
云浮市	1379	1331	1239	1170	1084	1004

3-29 各市医疗机构床位数(2014-2019年)

单位：张

市别	2014	2015	2016	2017	2018	2019
广东省	**405707**	**435666**	**465228**	**492113**	**516973**	**545190**
广州市	77011	82022	87959	90222	95134	100080
深圳市	31151	34009	37106	39777	43215	48145
珠海市	7993	8558	8806	9394	9899	10233
汕头市	15407	15512	17143	18075	18985	19595
佛山市	29821	33133	34798	35273	37227	38085
韶关市	15285	16048	16856	17125	18183	19156
河源市	10994	12090	13363	14538	15882	17255
梅州市	14558	15547	16654	17789	18845	19785
惠州市	20135	21879	22460	22589	21452	21852
汕尾市	7435	7928	8565	9241	9951	10231
东莞市	26704	27457	28138	29866	31059	33041
中山市	13246	13259	13754	15256	15802	16124
江门市	18455	19838	21329	22774	23482	24248
阳江市	9830	10914	11346	13208	14200	15542
湛江市	28151	31037	32216	35091	36692	38496
茂名市	24838	26723	30774	33579	34947	36529
肇庆市	13953	15088	16039	16612	17347	18477
清远市	14368	15066	15806	16710	17825	19205
潮州市	6014	6270	6354	6710	6682	7494
揭阳市	12907	15515	16870	18332	19956	21238
云浮市	7451	7773	8892	9952	10208	10379

3-30 各市医院床位数(2014-2019年)

单位：张

市 别	2014	2015	2016	2017	2018	2019
广东省	**319729**	**345258**	**371602**	**393449**	**416282**	**441895**
广州市	68685	73313	79037	81747	86011	90940
深圳市	29068	31617	34936	36798	39837	44738
珠海市	7004	7526	7864	8335	8849	9186
汕头市	12738	13159	14398	15343	16283	16872
佛山市	27255	30560	32187	32646	34508	35530
韶关市	11378	11980	12547	12546	13500	14263
河源市	5328	5872	6956	7922	8927	10243
梅州市	9528	10155	10900	11811	12616	13430
惠州市	13470	15198	15737	15550	15916	16354
汕尾市	4908	5291	5690	6339	7010	7277
东莞市	25994	26715	27450	29046	30239	32181
中山市	13123	13161	13656	15140	15685	16008
江门市	13473	14434	15487	16605	17079	17632
阳江市	7275	8190	8648	10119	10929	12348
湛江市	19343	21706	22730	25338	26850	28501
茂名市	15601	16579	18952	20383	21502	22536
肇庆市	10333	11171	12172	12678	13426	13791
清远市	9110	9843	10435	11005	11775	12665
潮州市	3751	4058	4195	4568	4569	5497
揭阳市	7838	9971	11878	12871	14165	15272
云浮市	4526	4759	5747	6659	6606	6631

3-31 各市卫生院床位数(2014-2019年)

单位：张

市 别	2014	2015	2016	2017	2018	2019
广东省	**52908**	**55487**	**56821**	**59573**	**61244**	**61998**
广州市	1880	1825	1730	1684	2058	1892
深圳市	81	106	81	81	80	60
珠海市	459	452	353	353	348	331
汕头市	1488	1482	1589	1785	1793	1713
佛山市	509	706	636	511	511	335
韶关市	2662	2713	2882	2992	3031	3157
河源市	3971	4009	4102	4274	4349	4304
梅州市	3569	3916	4244	4464	4727	4677
惠州市	3628	3739	3646	3727	3341	3192
汕尾市	1847	1916	2073	2117	2161	2162
东莞市						
中山市						
江门市	3349	3615	3857	4159	4469	4395
阳江市	1664	1722	1754	1816	1936	1960
湛江市	6465	6862	6865	6992	7260	7298
茂名市	6810	7500	8665	9603	9805	10483
肇庆市	2543	2688	2674	2795	2758	2756
清远市	4033	3887	3934	4189	4243	4517
潮州市	1843	1848	1779	1752	1727	1696
揭阳市	4031	4386	3807	3961	4077	4373
云浮市	2076	2115	2150	2318	2570	2697

3-32 各市妇幼保健机构床位数(2014-2019年)

单位：人

市 别	2014	2015	2016	2017	2018	2019
广东省	**18692**	**19993**	**21152**	**23126**	**24462**	**25398**
广州市	2501	2726	3448	3146	3588	3580
深圳市	1836	2104	1832	2748	3148	3167
珠海市	530	580	589	586	582	596
汕头市	372	372	478	650	691	721
佛山市	1680	1489	1539	1702	1729	1743
韶关市	655	666	713	826	911	980
河源市	1020	1248	1341	1298	1432	1379
梅州市	747	762	897	901	906	926
惠州市	1192	1162	1162	1336	1315	1333
汕尾市	330	352	352	330	330	341
东莞市	590	622	568	700	700	700
中山市						
江门市	981	1164	1274	1252	1131	1267
阳江市	600	693	652	913	972	971
湛江市	1246	1285	1346	1471	1429	1479
茂名市	1184	1343	1473	1704	1736	1643
肇庆市	721	791	749	728	752	1505
清远市	833	935	964	980	1181	1160
潮州市	396	340	340	350	350	289
揭阳市	643	674	701	821	875	864
云浮市	635	685	734	684	704	754

3–33　各市医院病床使用率(2014–2019年)

单位：%

市　别	2014	2015	2016	2017	2018	2019
广东省	**85.3**	**83.5**	**83.9**	**84.0**	**83.0**	**82.2**
广州市	90.7	87.2	86.9	89.0	86.4	85.7
深圳市	84.9	83.4	85.1	84.2	83.4	82.1
珠海市	74.8	73.9	77.7	81.8	82.1	88.3
汕头市	86.7	90.2	90.5	86.1	85.4	86.5
佛山市	95.1	88.5	85.4	85.3	82.3	82.8
韶关市	86.3	83.0	85.2	84.3	86.7	85.7
河源市	75.3	72.4	74.8	73.5	69.5	70.0
梅州市	84.0	80.9	86.6	86.1	82.1	81.0
惠州市	75.0	69.5	72.9	75.5	78.4	79.3
汕尾市	82.3	81.2	77.3	76.3	73.0	67.8
东莞市	79.7	77.7	78.0	78.4	78.9	81.2
中山市	89.6	87.7	89.4	83.3	78.8	78.3
江门市	91.3	85.7	85.0	82.7	82.8	85.0
阳江市	54.3	77.1	86.3	88.1	85.4	74.6
湛江市	85.5	84.4	87.0	87.0	89.3	87.1
茂名市	93.6	95.0	87.4	87.4	86.9	81.0
肇庆市	81.9	79.4	79.3	80.2	77.8	73.2
清远市	79.2	75.4	79.2	81.3	82.3	79.9
潮州市	73.7	71.3	69.8	70.0	74.7	79.6
揭阳市	83.8	83.3	80.5	83.4	81.2	81.1
云浮市	80.4	80.5	79.3	73.2	79.3	81.7

3-34 各市医院出院者平均住院日(2014-2019年)

单位：床日

市　别	2014	2015	2016	2017	2018	2019
广东省	**8.8**	**8.8**	**8.8**	**8.7**	**8.9**	**8.4**
广州市	9.7	9.5	9.4	9.2	10.1	8.6
深圳市	8.0	8.1	8.0	7.9	7.9	7.7
珠海市	8.8	8.6	8.5	8.5	8.4	8.4
汕头市	9.7	10.2	10.3	10.0	9.5	9.4
佛山市	8.7	8.7	8.5	8.2	8.8	8.1
韶关市	8.8	8.8	10.2	8.8	8.7	8.7
河源市	7.0	7.1	7.4	7.2	7.3	7.6
梅州市	8.7	8.3	8.3	8.2	7.6	7.5
惠州市	8.5	8.4	9.0	8.6	9.6	9.4
汕尾市	9.0	9.1	9.0	9.4	9.2	8.9
东莞市	8.5	8.6	8.5	8.6	8.5	8.1
中山市	7.0	6.9	7.0	7.0	7.0	7.1
江门市	9.3	9.3	9.0	9.3	9.1	9.2
阳江市	8.4	8.8	9.1	10.0	9.2	8.0
湛江市	9.1	9.2	9.2	9.8	9.5	9.1
茂名市	10.0	9.8	9.5	9.5	9.3	9.3
肇庆市	9.5	9.5	10.0	9.7	9.4	9.9
清远市	7.5	7.4	7.3	7.0	7.3	7.6
潮州市	7.3	8.2	8.4	8.3	8.4	8.7
揭阳市	8.7	8.1	8.1	8.2	8.3	8.2
云浮市	8.4	8.3	8.4	7.9	7.5	8.3

3-35 各市医院入院病人病死率(2014-2019年)

单位：%

市 别	2014	2015	2016	2017	2018	2019
广东省	**0.6**	**0.6**	**0.6**	**0.6**	**0.6**	**0.6**
广州市	0.9	0.9	0.9	0.8	0.8	0.8
深圳市	0.5	0.5	0.0	0.4	0.4	0.4
珠海市	0.8	0.9	0.9	0.8	0.7	0.7
汕头市	0.5	0.5	0.4	0.4	0.4	0.4
佛山市	0.4	0.4	0.4	0.4	0.5	0.5
韶关市	1.1	1.3	1.1	1.1	1.1	1.1
河源市	0.6	0.6	0.8	0.9	0.9	0.9
梅州市	0.6	0.6	0.6	0.6	0.6	0.5
惠州市	0.7	0.7	0.7	0.7	0.6	0.6
汕尾市	0.2	0.2	0.2	0.2	0.2	0.2
东莞市	0.4	0.4	0.4	0.4	0.4	0.4
中山市	0.3	0.3	0.3	0.3	0.3	0.3
江门市	0.8	0.9	0.9	0.8	0.9	0.9
阳江市	0.5	0.4	0.4	0.5	0.5	0.5
湛江市	0.5	0.5	0.5	0.5	0.4	0.4
茂名市	0.5	0.5	0.6	0.5	0.5	0.5
肇庆市	0.9	0.9	0.9	0.8	0.8	0.8
清远市	0.7	0.7	0.7	0.6	0.6	0.7
潮州市	0.2	0.2	0.2	0.2	0.3	0.2
揭阳市	0.3	0.3	0.3	0.2	0.2	0.2
云浮市	1.1	1.0	0.9	0.8	0.7	0.7

3-36 各市医院万元以上设备台数(2014-2019年)

单位：台

市 别	2014	2015	2016	2017	2018	2019
广东省	**337843**	**385348**	**419177**	**475411**	**517527**	**568868**
广州市	99198	115771	124258	131393	145139	155786
深圳市	60167	72798	78596	89389	104674	117847
珠海市	6404	6933	7317	9558	12010	13483
汕头市	9534	11570	11660	13240	13947	15211
佛山市	26116	29264	33424	36281	39307	45693
韶关市	7163	7854	9392	8789	10921	11822
河源市	2778	3168	3737	21459	7613	7933
梅州市	5299	5519	5979	7263	8345	8342
惠州市	9942	11009	12424	14364	15477	17537
汕尾市	2536	2606	3238	3779	4121	3937
东莞市	34038	36796	37190	39385	44612	45904
中山市	16254	17197	20582	22500	23340	25267
江门市	11246	12259	12711	14218	11748	14286
阳江市	4029	4353	4738	5293	5754	7855
湛江市	11388	13065	14660	16558	18207	20137
茂名市	6342	7236	7886	9451	10350	11892
肇庆市	9317	8964	10139	10777	11497	12231
清远市	6664	7854	8752	8573	11405	12629
潮州市	2799	3324	3412	3571	3974	4517
揭阳市	2863	3800	4606	5086	8901	9017
云浮市	3766	4008	4476	4484	6185	7542

3-37 妇幼工作基本情况(2014-2019年)

项 目	2014	2015	2016	2017	2018	2019
广东省						
婴儿死亡率（‰ ）	2.86	2.64	2.53	2.53	1.92	2.08
孕产妇死亡率(1/10万)	12.00	11.56	12.69	11.03	11.44	11.22
新生儿死亡率(‰)	1.66	1.47	1.40	1.37	1.24	1.20
全国						
婴儿死亡率（‰ ）	8.9	8.1	7.5	6.8	6.8	5.6
孕产妇死亡率(1/10万)	21.7	20.1	19.9	19.6	18.3	17.8
新生儿死亡率(‰)	5.9	5.4	4.9	4.5	4.5	

3-38 广东省农村无害化卫生厕所普及率(2014-2019年)

单位：%

市 别	2014	2015	2016	2017	2018	2019
合 计	**84.9**	**87.2**	**90.3**	**93.0**	**97.0**	**99.7**
广 州	97.6	97.8	98.3	98.7	98.8	100.0
深 圳	100.0	100.0	100.0	100.0	100.0	56.9
珠 海	97.2	97.2	98.2	97.1	91.5	100.0
汕 头	94.8	94.7	94.8	91.4	98.2	99.9
佛 山	99.9	100.0	100.0	99.9	98.6	99.8
韶 关	85.3	91.7	94.2	95.8	97.3	99.4
河 源	74.4	79.1	83.1	88.8	96.5	99.7
梅 州	78.6	81.9	87.5	89.9	97.1	99.8
惠 州	94.2	95.0	96.1	97.3	99.8	100.0
汕 尾	84.9	86.3	87.4	92.3	98.6	100.0
东 莞	100.0	100.0	100.0	100.0	99.9	100.0
中 山	100.0	100.0	100.0	100.0	99.9	100.0
江 门	82.7	85.7	89.3	94.4	97.0	99.3
阳 江	82.4	83.6	85.7	87.3	94.9	99.4
湛 江	73.5	73.8	83.5	86.4	94.6	99.1
茂 名	69.0	70.5	78.4	87.4	98.9	99.7
肇 庆	80.4	83.1	88.3	92.4	94.8	100.0
清 远	79.5	85.9	88.5	92.5	91.9	99.2
潮 州	93.9	95.0	95.3	96.5	96.6	99.9
揭 阳	93.2	93.8	95.4	95.8	98.0	100.0
云 浮	76.9	87.7	88.7	91.6	97.8	99.3

3-39 广东省农村自来水普及率(2015-2019年)

单位：%

市 别	2015	2016	2017	2018	2019
合 计	**83.4**	**85.8**	**88.9**	**91.5**	**91.9**
广 州	98.6	98.6	98.6	100.0	100.0
深 圳	100.0	100.0	100.0	100.0	99.5
珠 海	100.0	100.0	100.0	100.0	100.0
汕 头	92.9	93.1	97.0	97.2	97.2
佛 山	99.2	99.2	99.2	100.0	100.0
韶 关	73.4	78.2	88.7	90.0	92.5
河 源	78.9	82.5	78.8	86.8	86.8
梅 州	70.8	75.6	78.2	86.7	89.0
惠 州	88.7	89.3	95.6	97.0	98.4
汕 尾	90.5	90.8	91.3	92.5	92.5
东 莞	100.0	100.0	100.0	100.0	100.0
中 山	100.0	100.0	100.0	100.0	100.0
江 门	86.6	87.6	93.2	95.0	95.0
阳 江	67.6	72.7	86.5	90.0	90.0
湛 江	73.2	77.7	80.2	80.5	80.5
茂 名	51.0	70.7	76.4	83.0	83.0
肇 庆	81.5	82.2	82.5	87.0	87.0
清 远	82.7	83.5	84.3	88.0	88.0
潮 州	93.0	93.5	94.4	95.0	95.5
揭 阳	79.1	82.2	90.4	92.6	92.6
云 浮	89.3	89.8	90.5	91.0	91.0

3-40 广东省农村集中供水率(2015-2019年)

单位：%

市 别	2015	2016	2017	2018	2019
合 计	**84.7**	**87.1**	**91.7**	**95.7**	**95.8**
广 州	99.4	99.4	100.0	100.0	100.0
深 圳	100.0	100.0	100.0	100.0	99.5
珠 海	100.0	100.0	100.0	100.0	100.0
汕 头	99.0	99.0	99.0	99.0	99.0
佛 山	99.5	99.5	100.0	100.0	100.0
韶 关	73.4	78.3	89.3	95.2	95.2
河 源	85.0	88.6	91.6	94.0	94.0
梅 州	71.6	75.6	80.2	91.0	91.0
惠 州	88.7	89.3	97.2	99.9	99.9
汕 尾	96.0	96.0	98.0	100.0	100.0
东 莞	100.0	100.0	100.0	100.0	100.0
中 山	100.0	100.0	100.0	100.0	100.0
江 门	86.6	87.6	94.9	98.0	98.0
阳 江	74.5	79.6	86.5	95.5	95.5
湛 江	73.2	78.0	88.0	91.0	91.0
茂 名	64.0	72.5	83.1	91.4	91.4
肇 庆	87.4	88.2	88.4	91.2	91.2
清 远	83.8	85.6	87.7	93.0	93.0
潮 州	94.3	94.8	95.5	95.5	95.8
揭 阳	79.2	82.2	90.4	94.2	94.2
云 浮	90.5	91.0	91.4	96.4	96.4

注：农村集中供水率：某区域农村集中式供水工程与城市供水管网延伸工程供水人口占该区域农村供水总人口的比例。供水人口指某区域农村户籍人口或常住人口、取高值。(来源：《农村饮水安全评价准则》(T/CHES 18-2018))

主要统计指标解释

卫生机构 是指从卫生部门取得“医疗机构执业许可证”，或从民政、工商行政、机构编制管理部门取得法人单位登记证书，为社会提供医疗保健、疾病控制、卫生监督服务或从事医学科研、医学教育等的卫生单位和卫生社会团体。

卫生技术人员 是指从事卫生技术工作并在卫生事业机构领取劳动报酬的专业人员。包括中医师、西医师、中西医结合高级医师、护师、中药师、西药师、检验师、其他技师、中医士、西医士、护士、助产士、中药剂士、西药剂士、检验士、其他技士、其他中医、护理员、中药剂员、西药剂员、检验员以及其他初级卫生技术员。

低出生体重儿发生率 是指年内出生的活产婴儿中，出生 1 小时内测量其体重小于 2500 克的活产婴儿数占当年活产婴儿总数的比例。

婴儿死亡率 是指某地年内每 1000 名活产儿中未满 1 周岁的婴儿死亡人数占当年活产儿的比重。

孕产妇死亡率 是指某地区 1 年内每 10 万名活产儿中孕产妇死亡数。孕产妇死亡数是指产妇从妊娠开始至产后 42 天内死亡者，不论妊娠时间与部位，包括内外科原因、计划生育手术、宫外孕及葡萄胎死亡者，但不包括意外原因(车祸、中毒)死亡者。

四、文化

简要说明

1．本篇资料主要反映广东省文化事业的基本情况。

2．本篇资料主要包括：

(1)各级各类文化产业机构及人员基本情况，艺术表演团体和场馆基本情况，公共图书馆、博物馆、群艺馆基本情况，文化设施情况等。

(2)地区全省和 21 个地级以上市。

(3)年份主要有当年、近 5 年和 1978 以来连续年份。

3．统计资料来源：本篇资料由广东省文化和旅游厅负责整理、审核、提供。

2019 年广东省文化和旅游事业发展概述

2019 年，全省文化和旅游系统以习近平新时代中国特色社会主义思想为指导，以高质量发展为目标，以融合发展为主线，以改革创新为动力，加快建设文化和旅游强省。主要情况如下：

一是深入推进文化和旅游融合发展，推动体制机制改革创新。将“推动文化和旅游融合发展”作为全省重点工作，推进文化和旅游在机构职能与机制、事业与产业、产品与业态等方面的深度融合，发挥“1+1>2”的功能。加大“放管服”改革力度，对原有的 88 个省级行政权力事项压减 45 项，压减幅度达到 51%、即办率近 70%。推进县级文化馆、图书馆总分馆制改革和公共文化机构法人治理结构改革，全省 151 个图书馆、博物馆、文化馆和美术馆建立理事会，涌现韶关风度书房、佛山南海读书驿站等 700 多家新型阅读空间。

二是艺术精品创作展演日益繁荣。起草《广东省属文艺院团振兴提升三年行动计划》，深入实施“庆祝新中国成立 70 周年”主题创作计划，全年创作生产大型剧节目超过 45 部，创作或复排舞剧《风雨红棉》《剑舞丹青》、话剧《深海》、粤剧《红头巾》等精品剧目。开展“岭南风华”舞台艺术精品展、“艺术院团演出季”等品牌活动，举办 211 场艺术精品惠民巡演，开展戏曲进校园演出 850 场。全省被文化和旅游部选入全国美术馆馆藏精品展出季的展览项目占总数 1/4。设计广东彩车“扬帆大湾”获评“匠心奖”，圆满完成庆祝建国 70 周年各项展演活动。

三是公共文化和旅游服务水平更加完善。加快基层“三馆一站两中心”建设，全省建成文化馆、图书馆总馆 169 个、分馆 1481 个，村（社区）综合性文化服务中心覆盖率达到 99.95%。广东美术馆、广东非物质文化遗产展示中心、广东文学馆“三馆合一”工程项目正式立项，省级投资规模达 23 亿元。推动群众文艺创作，建设 12 个群文作品创排基地，举办百歌颂中华、劳动者歌唱大赛、群众艺术花会、“三百工程”等省级品牌活动。深入推进“厕所革命”，全年新建及改扩建旅游厕所 927 座。

四是文化和旅游产业发展不断壮大。加强对龙头企业和重点项目支持力度，扶持奖补高端旅游项目、文化产业园区、文旅融合发展示范区等 32 家，设立文旅消费专项资金。开展产业投融资对接会，组织发起 100 亿元规模的“文化和旅游产业投资基金”。举办 2019 广东国际旅游产业博览会，吸引 50 多个国家或地区、50 多万人次参展参会，成为政府投入资金最少、市场化程度最高、观众人次最多的展会。举办 2019 广东旅游文化节，开展文化旅游体育产业博览会、两广城市旅游合作联席会议、东坡文化论坛等 40 多场活动。制定《广东省乡村旅游提质升级行动实施方案》，推出 100 条乡村旅游精品线路、100 个文化和旅游特色村、6 个省级旅游度假区。

五是文化遗产保护与活化利用稳步推进。新增全国重点文物保护单位 33 处、省级文物保护单位 174 处，南粤“左联”与中央红色秘密交通线、杨家祠（杨匏安旧居）等史迹的保护利用扎实推进。“南海Ⅰ号”出水文物总数达 18 万件（套），创全国单个考古项目发掘数量之最。承办“文化和自然遗产日”全国非遗宣传展示主会场活动，推荐 35 个项目申报第五批国家级非遗代表性项目，举办广东非遗周暨佛山秋色巡游等品牌活动。推动南粤古驿道活化利用，开展古驿道沿线文旅资源宣传片制作、少儿绘画大赛、文创大赛。

六是对外和对港澳台交流合作广泛深入。贯彻《粤港澳大湾区发展规划纲要》，加强粤港澳文艺精品、文创产品和旅游产品的开发供给，推出 6 条“一程多站”精品线路、3 条“潮玩湾区”市场线路，建成 5 条大湾区文化遗产游径。举办首届粤港澳大湾区文化艺术节、粤港澳大湾区艺术精品巡演等品牌活动。实施外国人 144 小时过境免签政策，组织开展“欢乐春节美国行”、“一带一路”国际音乐季等交流活动，与南方航空合作加强境外推广，讲好广东故事、湾区故事。

七是市场秩序和安全监管有效落实。深化综合执法改革，推进扫黑除恶专项斗争，开展旅游市场乱象百日行动、非法港澳游整治等系列行动，共巡查、暗访文旅经营场所和企业超过 200 家，整治问题隐患 90 处。全省出动行政执法 18.9 万人次，检查经营场所 7.8 万家次。推出“文明旅游 为中国加分——出行有礼”等主题活动，加大对经营主体、活动场馆、假日市场等重点领域和环节的安全监管，保障文旅市场安全有序发展。

撰稿：宁天

4-1　文化事业机构及人员基本情况(2019年)

指　　标	机构数(个)	从业人员(人)	文化部门		其他部门	
			机构数(个)	从业人员(人)	机构数(个)	从业人员(人)
合　计	**16327**	**263463**	**2569**	**38329**	**13758**	**225134**
艺术业	612	16746	112	5390	500	11356
图书馆业	146	4729	146	4729		
#少儿图书馆	5	226	5	226		
群众文化服务业	1759	12752	1759	12752		
省级文化馆	1	42	1	42		
地市级文化馆	23	623	23	623		
县区级文化馆	121	1984	121	1894		
文化站	1614	10193	1614	10193		
艺术展览创作机构	20	354	19	351	1	3
#美术馆	18	323	17	320	1	3
艺术教育业	2	238	2	238		
#高等职业学校	2	238	2	238		
文化市场经营机构(不含非公有制艺术表演团体和场馆)	13147	206977			13147	206977
文艺科研	7	96	7	96		
#文化科技研究机构	3	46	3	46		
综合性艺术研究机构	3	43	3	43		
地方戏艺术研究机构	1	7	1	7		
文化行政主管部门	153	7203	153	7203		
其他文化机构	123	8295	78	2196	45	6099
#文化市场执法机构	14	250	14	250		
文物业	358	6073	293	5374	65	699
文物科研机构	4	162	4	162		
文物保护管理机构	31	304	29	304	2	
博物馆	241	4472	178	3773	63	699
文物商店	2	61	2	61		
其他文物机构	80	1074	80	1074		

4-2 各市文化、文物事业机构数（2019年）

单位：个

市别	艺术表演团体	文化馆	公共图书馆	博物馆
合计	**528**	**145**	**146**	**241**
广州	29	12	13	28
深圳	64	8	11	49
珠海	8	4	3	2
汕头	18	8	9	7
佛山	3	7	6	21
韶关	2	11	11	11
河源	28	7	7	7
梅州	24	9	10	10
惠州	4	6	5	9
汕尾	59	6	4	5
东莞	11	1	1	16
中山	12	1	1	8
江门	16	8	8	9
阳江	1	5	5	4
湛江	125	10	10	8
茂名	70	6	6	7
肇庆	3	9	9	8
清远	4	10	10	13
潮州	5	4	4	6
揭阳	20	6	6	6
云浮	10	6	6	5
省直	12	1	1	2

4-3 各市文化、文物事业机构人员情况(2019年)

单位：人

市 别	艺术表演团体	公共图书馆	群众艺术馆、文化馆	文化站	博物馆
合 计	**13902**	**4729**	**2559**	**10193**	**4472**
广 州	947	790	236	1026	724
深 圳	823	1376	368	892	682
珠 海	176	102	84	173	63
汕 头	708	114	116	386	89
佛 山	100	350	163	515	611
韶 关	85	98	182	284	126
河 源	606	111	105	247	121
梅 州	481	137	134	506	108
惠 州	136	135	114	428	179
汕 尾	1926	56	55	168	81
东 莞	165	173	79	2401	435
中 山	251	55	35	446	132
江 门	339	129	95	392	134
阳 江	46	67	65	168	128
湛 江	2847	95	106	351	138
茂 名	1833	139	66	323	77
肇 庆	98	177	123	438	180
清 远	68	102	135	320	114
潮 州	222	45	72	167	73
揭 阳	560	107	105	371	67
云 浮	196	69	79	191	49
省 直	1289	302	42		161

4−4 艺术表演团体基本情况(2019年)

指　　标	剧团数(个)	从业人员(人)	国内演出场次(万场次)	农村演出场次	国内观众人次(万人次)	演出收入(千元)
合　计	**528**	**13902**	**6.06**	**4.80**	**3134.99**	**488092.00**
按隶属关系分						
#省级	9	1167	0.12	0.05	106.77	72988.00
地市级	23	1597	0.30	0.10	315.13	101146.00
县区级	496	11138	5.64	4.66	2713.09	313958.00
按登记注册类型分						
#国有剧团	72	4168	0.96	0.58	1027.10	216779.00
集体经营剧团						
其他	456	9734	5.10	4.22	2107.89	271313
按剧种分						
话剧、儿童剧、滑稽剧团	40	718	0.34	0.08	160.73	38684.00
歌舞、音乐类	87	2638	0.58	0.27	448.38	135134.00
京剧、昆曲类	2	22			2.00	641.00
地方戏曲类	261	8498	4.20	3.92	1836.17	234251.00
杂技、魔术、马戏类	8	214	0.03	0.01	36.35	7471.00
曲艺类	48	503	0.44	0.30	153.62	17331.00
综合性艺术表演团体	82	1309	0.47	0.22	497.60	54580.00

4−5 艺术表演场馆基本情况(2019年)

指　　标		合　计	剧场、影剧院	省级	地市级	县、区级
机构数	(个)	84	53	2	19	63
从业人员数	(人)	2844	1277	128	844	1872
座席数	(个)	79637	55102	3185	20095	56357
演(映)出场次	(场)	11370	10000	610	2840	7920
#艺术演出场次	(场)	3740		470	1770	1500
#艺术演出观众人次	(万人次)	313.83	142.00	40.67	123.30	149.86
#财政补助收入	(千元)	245201	102158	16488	122292	106421
艺术演出收入	(千元)	676651	66923	36397	80959	559295

4-6 公共图书馆基本情况(2019年)

指 标	合 计	少儿图书馆	省级	地市级	县、区级
机构数 (个)	146	5	1	27	118
从业人员 (人)	4729	226	302	1728	2699
总藏量 (万册、件)	10542.52	728.51	949.67	4563.45	5029.40
#图书 (万册)	9068.03	690.19	729.54	4113.82	4224.66
报刊 (万册)	542.73	6.59	152.22	203.38	187.13
微缩制品 (万件)	2.78		2.54	0.02	0.21
其他 (万册)	562.70	0.04	0.38	58.61	503.71
本年新购藏量 (万册、件)	936.60	62.25	41.35	324.27	570.98
电子图书 (万册)	7507.39	49.26	2.46	2711.29	4793.64
公用房屋建筑面积 (万米2)	151.11	4.03	9.10	65.52	76.49
#书库	29.17	0.32	1.88	10.62	16.68
阅览室	48.73	1.65	1.53	21.37	25.84
阅览室座席数 (个)	109862	3208	8012	37614	64236
总流通人次 (万人次)	12200.50	422.17	1392.92	4525.39	6282.20
#书刊文献外借人次	2348.91	116.17	164.04	962.85	1222.02
书刊文献外借册次 (万册次)	7932.52	882.41	399.50	4085.48	3447.54
计算机 (台)	18103	676	946	6803	10354
网站访问量 (页次)	184884021	551395	1268857	165352592	18262572
为读者举办各种活动次数(次)	22749	3605	408	9198	13143
参加人次 (万人次)	2917.88	201.81	277.14	1078.54	1562.20

4-7　文化馆(站)基本情况(2019年)

指　　标		合计	文化馆	文化站
机构数	(个)	1759	145	1614
从业人员	(人)	12752	2559	10193
举办各种活动				
举办展览	(个)	9731	2315	7416
组织文艺活动次数	(次)	75484	14947	60537
举办训练班班次	(次)	85036	36560	48476
训练班培训人次	(万人次)	478	184	294
组织公益性讲座	(次数)	2055	2055	
公共房屋建筑面积	(万米2)	425.38	72.16	353.22
本年收入合计	(千元)	3689504.00	1321851.00	2367653.00
#财政补助收入		379703.00	140395.00	239308.00
事业收入		1616.00	1616.00	
本年支出合计	(千元)	388200.00	1335744.00	2546256.00

4-8　博物馆基本情况(2019年)

指　　标	藏品(件)		举办陈列展览	参观人次	门票收入
	合计	文物藏品	(个)	(万人次)	(千元)
合　计	**1218419**	**686468**	**2394**	**6860.85**	**214511**
综合类	766650	500584	1129	2250.75	14220
历史类	201841	104793	440	3132.84	44122
艺术类	60268	14109	194	344.69	9652
自然科技类	12871	461	342	90.40	
其　他	176789	66521	289	1042.17	146517

4−9 文物商店基本情况(2019年)

指　　标	库存文物 (件/套)	营业成本金额 (千元)	营业收入金额 (千元)
合　计	**226379**	**54172.00**	**54096.00**
省　级	173105	14731.00	14327.00
地市级	53274	39441.00	39769.00
县区级			

4−10 文化市场经营机构综合情况(2019年)

指　　标	机构数 (个)	从业人员 (人)	营业收入 (千元)	营业利润 (千元)
合　　计	**13642**	**218136**	**261804280.5**	**40263198.9**
按城乡分				
城　市	6206	153161	250392203.4	39013072.7
县　城	3309	37845	5744231.5	994655.6
县以下	4127	27130	5667845.6	255470.7
按经营范围分				
娱乐场所	4473	66780	6187795.0	620490
互联网上网服务营业场所(网吧)	6390	20852	1685765.7	113526.9
非公有制艺术表演团体	456	9734	341538.8	-21159.0
非公有制艺术表演场馆	39	1425	612782.0	17845.0
经营性互联网文化单位	1265	106987	198032661.0	17028833.0
艺术品经营机构	418	1297	335411.0	-51377.0
演出经纪机构	601	11061	54608327.0	22555040.0

4−11 各市文化市场经营机构综合情况(2019年)

市 别	机构数 (个)	从业人员 (人)	营业收入 (千元)	营业利润 (千元)
合 计	**13642**	**218136**	**261804281**	**40263199**
广州市	1565	18740	44092179	21403323
深圳市	2072	82535	110857691	8488652
珠海市	366	5103	1299568	5106
汕头市	384	3657	587427	-66765
佛山市	852	6084	602576	49017
韶关市	168	1250	70081	14740
江门市	622	3670	303772	1134
湛江市	540	7258	483784	31770
茂名市	258	3584	127404	14142
肇庆市	266	2149	147744	12315
惠州市	811	5601	516472	817
梅州市	310	2297	185451	29580
汕尾市	239	2728	96109	6699
河源市	85	862	36690	3894
阳江市	105	1815	124337	12181
清远市	263	2016	198175	-2489
东莞市	1896	11837	1139201	178695
中山市	771	5263	514127	-7525
潮州市	125	1119	74387	3684
揭阳市	372	3272	255465	18763
云浮市	190	2167	136138	-7350
广东省本级	1382	45129	99955508	10072816

4−12 娱乐场所综合情况(2019年)

项 目	机构数 (个)	从业人员 (人)	营业收入 (千元)	营业利润 (千元)
合 计	**4473**	**66780**	**6187795**	**620490**
按城乡分				
城 市	1637	30870	3215478	284197
县 城	1236	19725	1547244	155105
县以下	1600	16185	1425073	181188
按经营范围分				
歌舞娱乐场所	3658	63775	5618999	509387
游艺娱乐场所	779	2617	531186	112961
其 他	36	388	37609	-1858

4-13 各市娱乐场所综合情况(2019年)

市 别	机构数(个)	从业人员(人)	营业收入(千元)	营业利润(千元)
合 计	**4473**	**66780**	**6187795**	**620490**
广州市	420	7469	834434	61717
深圳市	647	13678	1429848	207995
珠海市	125	2473	225416	22640
汕头市	179	2378	351977	7404
佛山市	438	4317	300176	27225
韶关市	92	1093	61283	13024
江门市	316	2633	238111	1660
湛江市	148	3438	313438	36124
茂名市	93	1477	91085	11957
肇庆市	147	1696	91750	15140
惠州市	275	3516	347231	23612
梅州市	138	1515	145004	27859
汕尾市	81	814	43223	1650
河源市	24	351	29004	3515
阳江市	72	1653	107870	10466
清远市	126	1562	161229	-4447
东莞市	438	6970	643226	135310
中山市	297	3447	347361	-14261
潮州市	63	862	62168	4786
揭阳市	162	2313	160340	11985
云浮市	129	1750	108717	11391
广东省本级	63	1375	94909	3738

4-14 互联网上网服务营业场所(网吧)综合情况(2019年)

项 目	机构数(个)	从业人员(人)	营业收入(千元)	营业利润(千元)
合 计	**6390**	**20852**	**1685765.7**	**113526.9**
按城乡分				
城 市	2674	8307	767753.7	34879.0
县 城	1448	5347	371109	38218.8
县以下	2268	7198	546903.1	40429.1

4-15 各市互联网上网服务营业场所(网吧)综合情况(2019年)

市　别	机构数 (个)	从业人员 (人)	营业收入 (千元)	营业利润 (千元)
合　计	**6390**	**20852**	**1685766**	**113527**
广州市	788	3256	217334	19121
深圳市	1098	3074	384523	16318
珠海市	140	791	59804	2783
汕头市	170	547	34582	-271
佛山市	351	1259	87033	-1157
韶关市	69	148	8745	1796
江门市	252	540	32797	2749
湛江市	254	970	63062	-2803
茂名市	100	369	20129	770
肇庆市	92	296	23878	3500
惠州市	464	1518	101163	4182
梅州市	146	449	27002	4249
汕尾市	80	178	10069	1288
河源市	22	26	968	-575
阳江市	28	135	13181	1491
清远市	114	331	17592	618
东莞市	1396	4349	403674	45020
中山市	397	1242	100145	8392
潮州市	56	149	8656	815
揭阳市	188	520	25354	1859
云浮市	44	188	11338	1734
广东省本级	141	517	34737	1648

4-16 文物业基本情况(2019年)

项 目	机构数(个)	从业人员(人)	专业技术人才(人)	文物藏品合计(件)	举办陈列、展览(个)	参观人次(万人次)	业务用房(万米2)
合 计	**358**	**6073**	**2332**	**1561236**	**2494**	**7284.052**	**171.263**
文物科研机构	4	162	99	63236	6	4.628	3.494
文物保护管理机构	31	304	82	19124	94	418.571	10.422
博物馆	241	4472	2107	1218419	2394	6860.853	148.007
文物商店	2	61	29	226379			1.03
其他文物机构	80	1074	15	34078			8.31
省 级	7	278	197	365988	29	255.116	8.997
地市级	98	2708	1348	736509	795	4266.696	78.987
县市级	253	3087	787	458739	1670	2762.24	83.279

4-17 文化部门文化产业增加值情况(2019年)

项 目	总产出(千元)	增加值(千元)	营业盈余(千元)
总 计	**17897043**	**10,304,071**	**54095**
艺术业	1081437	944,593	27241
其中：艺术表演团体	710001	715,558	6709
艺术表演场馆	371436	229,035	20532
图书馆	3642520	2,499,634	6
群众文化	2951519	2,501,215	7
艺术教育	105142	90,828	134
文艺科研	49699	37,219	1
文物业	2946818	1,374,255	13523
其他	7119908	2,856,327	13183

4-18 各市公共图书馆机构数(2014-2019年)

单位：个

市　别	2014	2015	2016	2017	2018	2019
合　计	**138**	**140**	**142**	**143**	**143**	**146**
广　州	14	13	13	13	13	13
深　圳	11	11	11	11	11	11
珠　海	3	3	3	3	3	3
汕　头	9	9	9	9	9	9
佛　山	6	6	6	6	6	6
韶　关	9	9	10	10	10	11
江　门	7	7	7	7	7	8
湛　江	8	8	9	9	9	10
茂　名	5	5	5	6	6	6
肇　庆	9	9	9	9	9	9
惠　州	5	5	5	5	5	5
梅　州	10	10	10	10	10	10
汕　尾	4	4	4	4	4	4
河　源	7	7	7	7	7	7
阳　江	4	5	5	5	5	5
清　远	9	10	10	10	10	10
东　莞	1	1	1	1	1	1
中　山	1	1	1	1	1	1
潮　州	4	4	4	4	4	4
揭　阳	6	6	6	6	6	6
云　浮	5	6	6	6	6	6
省　直	1	1	1	1	1	1

4-19　各市群艺馆(文化馆)机构数(2014-2019年)

市　别	2014	2015	2016	2017	2018	2019
合　计	**147**	**146**	**146**	**146**	**145**	**145**
广　州	13	12	12	12	12	12
深　圳	8	8	8	8	8	8
珠　海	4	4	4	4	4	4
汕　头	8	8	8	8	8	8
佛　山	7	7	7	7	7	7
韶　关	11	11	11	11	11	11
江　门	8	8	8	8	8	8
湛　江	11	11	11	11	10	10
茂　名	7	7	6	6	6	6
肇　庆	**9**	9	9	9	9	9
惠　州	6	6	6	6	6	6
梅　州	9	9	9	9	9	9
汕　尾	6	6	6	6	6	6
河　源	7	7	7	7	7	7
阳　江	5	5	5	5	5	5
清　远	9	9	10	10	10	10
东　莞	1	1	1	1	1	1
中　山	1	1	1	1	1	1
潮　州	4	4	4	4	4	4
揭　阳	**6**	6	6	6	6	6
云　浮	6	6	6	6	6	6
省　直	1	1	1	1	1	1

4-20 各市博物馆机构数(2014-2019年)

单位：个

市　别	2014	2015	2016	2017	2018	2019
合　计	**176**	**177**	**177**	**184**	**184**	**241**
广　州	30	30	29	29	29	28
深　圳	16	16	16	16	15	49
珠　海	2	2	2	2	2	2
汕　头	6	6	6	7	7	7
佛　山	16	16	17	17	17	21
韶　关	9	9	9	9	9	11
江　门	8	8	8	8	8	9
湛　江	6	6	6	8	8	8
茂　名	6	6	6	6	6	7
肇　庆	7	8	8	8	9	8
惠　州	6	6	6	7	7	9
梅　州	10	10	10	10	10	10
汕　尾	5	5	5	5	5	5
河　源	6	6	6	7	7	7
阳　江	3	3	3	3	3	4
清　远	11	11	11	11	11	13
东　莞	7	7	7	7	7	16
中　山	5	5	5	5	5	8
潮　州	4	4	4	6	6	6
揭　阳	6	6	6	6	6	6
云　浮	5	5	5	5	5	5
省　直	2	2	2	2	2	2

注：2019年博物馆的统计范围增加了民办博物馆。

4-21 各市文化站机构数(2014-2019年)

单位：个

市别	2014	2015	2016	2017	2018	2019
合计	**1599**	**1596**	**1602**	**1610**	**1610**	**1614**
广州	161	161	167	169	169	170
深圳	57	57	57	61	61	67
珠海	24	24	24	24	24	24
汕头	71	71	71	71	71	71
佛山	32	32	32	32	32	32
韶关	107	107	107	107	107	107
江门	80	79	79	79	79	74
湛江	119	118	118	120	120	121
茂名	109	109	109	109	109	111
肇庆	104	104	104	104	104	104
惠州	73	73	73	73	73	73
梅州	112	112	112	112	112	112
汕尾	57	57	57	57	57	56
河源	101	101	101	101	101	101
阳江	46	46	46	46	46	46
清远	87	87	87	87	87	87
东莞	33	33	33	33	33	33
中山	24	24	24	24	24	24
潮州	50	50	50	50	50	50
揭阳	88	88	88	88	88	88
云浮	64	63	63	63	63	63

4-22 各市公共图书馆公用房屋面积(2014-2019年)

单位：平方米

市 别	2014	2015	2016	2017	2018	2019
合 计	**1127730**	**1257580**	**1288770**	**1340190**	**1370660**	**1511120**
广 州	232860	280070	270930	271960	271960	275080
深 圳	233274	234500	248420	267280	267030	274730
珠 海	23291	23290	47440	48900	48900	51840
汕 头	43981	43680	43680	45290	46090	45790
佛 山	61103	87820	87820	93600	98070	98870
韶 关	28633	28630	29630	29630	26580	37150
江 门	32774	33070	33070	46010	46010	58880
湛 江	37360	37360	39360	39360	39360	43110
茂 名	42572	42550	42550	44550	44550	42290
肇 庆	43219	43450	43450	43830	43830	43830
惠 州	41165	43940	44240	44440	44440	47850
梅 州	36024	36020	34980	36280	36280	40120
汕 尾	18995	22580	23000	23000	23000	23000
河 源	11944	43730	43790	47500	47240	53530
阳 江	20172	21670	21670	21670	22150	25550
清 远	34917	34490	34730	36660	36660	37940
东 莞	53654	53650	53650	53650	53650	53650
中 山	2363	2360	1760	1760	1760	71680
潮 州	9052	9050	9050	9270	37570	41650
揭 阳	27782	27780	27780	27780	27780	35880
云 浮	13911	17610	17490	17490	17490	17710
省 直	78684	90280	90280	90280	90280	91000

4-23 各市群艺馆(文化馆)公用房屋面积(2014-2019年)

单位：米2

市 别	2014	2015	2016	2017	2018	2019
合 计	**599642**	**718350**	**687970**	**682680**	**674500**	**721590**
广 州	68195	68050	65450	66530	71020	72190
深 圳	130604	215270	136470	123420	114070	117410
珠 海	15673	15670	41330	41330	41330	40800
汕 头	24950	24950	24950	24440	24950	31200
佛 山	73416	82240	82240	86880	71810	66040
韶 关	20904	27490	26850	26630	29860	33670
江 门	31867	33870	33870	33170	40570	47690
湛 江	20108	21610	24660	24660	24660	32150
茂 名	16730	18990	16270	16270	16270	19830
肇 庆	27338	27070	27070	31210	31210	33660
惠 州	22923	22920	22920	22920	22920	27800
梅 州	19313	23210	23210	23210	23210	22900
汕 尾	6846	11250	11250	11250	11250	12750
河 源	17492	20370	20370	19720	19720	22470
阳 江	17530	17530	17530	17530	17530	23970
清 远	26406	28410	25550	25550	25550	26410
东 莞	5550	5550	24300	24300	24300	24300
中 山	7192	7190	7190	7190	7190	7190
潮 州	11219	11220	13300	13300	13300	13900
揭 阳	15600	15700	15900	15900	15900	17400
云 浮	17998	18000	18000	8000	18600	19740
省 直	1788	1790	9290	9290	9290	8110

4-24 各市博物馆公用房屋面积(2014-2019年)

单位：米2

市别	2014	2015	2016	2017	2018	2019
合计	**1099668**	**1126490**	**1179930**	**1282430**	**1295850**	**1480070**
广州	207391	207390	225010	1052740	234260	232660
深圳	120975	121280	157700	191290	199210	288180
珠海	10788	10750	10750	10750	10750	10750
汕头	46501	46500	47750	48720	49720	53510
佛山	108408	108120	120670	116670	116990	124700
韶关	30674	37230	37920	37920	37920	44980
江门	33233	33230	33230	78300	72760	75760
湛江	67849	67850	67840	68160	68160	68160
茂名	24606	24810	24810	24810	24810	13470
肇庆	19333	31530	34420	34420	34420	34470
惠州	35420	35470	32880	36020	33020	47580
梅州	50782	53150	53150	53150	53950	53950
汕尾	11406	12610	12610	12610	12610	12610
河源	15080	15080	22170	24580	24580	28290
阳江	22609	22610	22610	25060	25060	29930
清远	32778	33050	33050	36850	36850	40390
东莞	73632	73630	51160	57930	65320	113420
中山	28834	28830	28830	28830	28830	40610
潮州	27383	27380	27380	29470	29470	29470
揭阳	48935	48940	48940	49090	49090	49090
云浮	14071	14070	14070	15070	15070	15070
省直	68980	72980	72980	73040	73040	73040

4-25 各市文化站公用房屋面积(2014-2019年)

单位：米2

市别	2014	2015	2016	2017	2018	2019
合 计	**3063456**	**3176100**	**3236300**	**3268340**	**3317640**	**3532210**
广 州	432554	431590	457610	463530	459290	460560
深 圳	251866	245860	241040	267670	300320	339830
珠 海	69205	70950	73050	75830	75880	81760
汕 头	155916	156060	157980	143400	158460	154570
佛 山	236379	322370	323950	323950	323830	323830
韶 关	75991	78330	80020	80650	80780	81840
江 门	115063	124610	130610	130870	137950	132930
湛 江	141230	136020	146600	142540	138590	144780
茂 名	125508	126700	126970	128340	111110	115140
肇 庆	113187	124490	124850	125920	130430	132590
惠 州	157258	158100	156740	148290	147470	150040
梅 州	136719	139700	140500	140160	140000	142520
汕 尾	33356	36990	36990	36990	36990	35880
河 源	62075	69460	69750	70570	72010	72010
阳 江	45167	47280	47800	48270	48510	53290
清 远	66948	72640	75880	81610	83220	96350
东 莞	470758	470760	480660	495550	506920	621690
中 山	163590	163700	161890	162070	162070	165900
潮 州	44977	44980	46450	45090	46580	53700
揭 阳	86601	86550	87730	87730	87930	96980
云 浮	79108	68960	69230	69310	69310	76020

4-26 各市人均拥有公共图书馆藏书册数(2014-2019年)

单位：册

市　别	2014	2015	2016	2017	2018	2019
合　计	**0.59**	**0.65**	**0.72**	**0.78**	**0.84**	**0.92**
广　州	1.77	1.84	1.95	1.45	1.61	1.76
深　圳	1.26	1.37	1.62	1.64	1.65	1.79
珠　海	0.90	0.97	0.98	1.06	1.08	1.18
汕　头	0.26	0.26	0.27	0.32	0.34	0.36
佛　山	0.51	0.57	0.66	0.74	0.79	0.83
韶　关	0.48	0.57	0.62	0.65	0.73	0.79
江　门	0.48	0.51	0.53	0.58	0.67	0.72
湛　江	0.20	0.21	0.21	0.23	0.27	0.28
茂　名	0.17	0.19	0.20	0.26	0.28	0.29
肇　庆	0.50	0.51	0.54	0.61	0.64	0.68
惠　州	0.36	0.37	0.44	0.48	0.50	0.48
梅　州	0.37	0.38	0.41	0.45	0.47	0.50
汕　尾	0.09	0.10	0.10	0.11	0.26	0.29
河　源	0.20	0.29	0.43	0.50	0.58	0.70
阳　江	0.31	0.35	0.37	0.41	0.44	0.49
清　远	0.30	0.35	0.35	0.41	0.51	0.63
东　莞	0.28	0.31	0.32	0.34	0.36	0.38
中　山	0.48	0.53	0.58	0.70	0.76	0.85
潮　州	0.18	0.20	0.21	0.22	0.34	0.38
揭　阳	0.17	0.17	0.18	0.20	0.21	0.25
云　浮	0.34	0.40	0.42	0.46	0.49	0.52

注：人均藏书册数按常住人口计算。

4-27 各市公共图书馆人均购书费(2014—2019年)

单位：元

市别	2014	2015	2016	2017	2018	2019
合计	**1.74**	**2.18**	**2.70**	**2.94**	**2.92**	**3.29**
广州	6.99	6.43	8.86	6.44	5.53	7.55
深圳	4.17	6.78	7.75	7.84	8.03	8.84
珠海	3.52	4.23	4.70	4.36	3.92	4.92
汕头	0.23	0.26	0.19	0.86	0.52	0.42
佛山	1.83	2.39	2.60	3.09	3.68	2.66
韶关	1.16	1.14	1.25	0.68	1.30	0.59
江门	0.72	0.81	0.84	0.92	1.18	1.34
湛江	0.11	0.21	0.20	0.47	0.58	0.39
茂名	0.24	0.14	0.11	0.20	0.56	0.49
肇庆	0.72	1.12	0.50	1.29	0.80	0.99
惠州	0.54	0.82	0.49	1.19	0.84	0.74
梅州	0.36	0.90	0.47	0.81	0.60	0.87
汕尾	0.08	0.09	0.07	0.20	2.92	0.57
河源	0.08	2.33	3.49	0.64	0.97	1.69
阳江	0.52	0.90	1.08	1.79	1.58	1.41
清远	0.30	0.31	0.46	1.10	1.15	1.25
东莞	1.01	0.90	0.86	0.98	0.95	0.96
中山	0.37	1.43	2.80	5.50	5.32	5.75
潮州	0.15	0.17	0.17	0.19	3.82	0.72
揭阳	0.16	0.16	0.34	0.47	0.35	0.38
云浮	0.16	0.24	0.51	0.45	0.53	0.31

注：人均购书经费按常住人口计算。

4-28 各市文化文物事业费(2014-2019年)

单位：万元

市　别	2014	2015	2016	2017	2018	2019
合　计	**556973**	**680475**	**837741**	**1046025**	**1264101.7**	**1498244.4**
广　州	123343	147192	183838	228049	251704	248534.2
深　圳	117283	132582	157902	234416	299189.4	275325.4
珠　海	16687	32091	51084	57525	46330.2	232272.6
汕　头	8360	11766	14307	21020	25410.2	49256.5
佛　山	38072	46428	56148	74613	91176.7	108710.7
韶　关	8093	9532	14017	14232	15746.4	33438.6
江　门	11730	13394	17487	21672	30548.2	44945.6
湛　江	6688	10938	10813	11281	103226.3	22603.5
茂　名	5041	5260	5785	7223	12676.1	16894.9
肇　庆	11823	11612	17154	17833	19583	22132.4
惠　州	19313	32425	30762	36680	31956.4	50799.6
梅　州	12803	14496	20500	20367	17528.1	20606
汕　尾	3927	7137	6922	7155	11634.2	6888
河　源	5920	10516	10172	12828	14815.8	17758.1
阳　江	6190	6209	13404	9374	10344	12665.9
清　远	8115	9338	14149	15575	18696.9	20919.1
东　莞	57004	64717	77358	94633	99267.2	119044.4
中　山	18714	19334	22429	33805	28908.1	35410.8
潮　州	4337	6247	8846	12503	16944.3	16957.9
揭　阳	4596	5759	6762	7877	8400.3	13698.7
云　浮	5305	5733	6490	8552	6141	5932.6
省　直	63632	77769	91413	98813	103874.9	123448.9

4-29　历年文化文物事业机构数

单位：个

年 份	艺术表演团体（公有制）	艺术表演场所	博物馆	公共图书馆	群众艺术馆、文化馆	文化站
1978	172	7	30	76		15
1979	197	47	25	86	2	1650
1980	195	42	26	97	13	1766
1981	190	40	36	103	14	1802
1982	190	38	45	108	13	1880
1983	186	39	61	108	15	1966
1984	178	38	87	114	15	2006
1985	171	38	106	117	15	1989
1986	159	96	106	117	15	2046
1987	155	92	106	118	16	2046
1988	131	83	101	100	16	1753
1989	131	82	101	102	19	1788
1990	130	83	106	103	20	1809
1991	122	78	107	104	20	1839
1992	125	80	108	108	20	1920
1993	126	81	108	110	20	1957
1994	132	78	111	111	20	1927
1995	134	79	113	114	21	1957
1996	136	69	114	115	137	1878
1997	138	75	117	119	139	1923
1998	139	76	122	120	139	1913
1999	140	76	128	121	139	1902
2000	138	76	131	125	140	1902
2001	139	69	140	129	140	1868
2002	141	71	140	131	142	1802
2003	144	70	144	129	139	1700
2004	140	69	143	128	141	1601
2005	139	68	146	129	139	1586
2006	138	67	147	129	142	1589
2007	128	46	153	130	143	1597
2008	127	48	152	132	143	1600
2009	119	45	152	133	145	1594
2010	111	44	164	133	144	1594
2011	89	40	161	134	154	1596
2012	58	28	168	137	145	1599
2013	75	45	175	137	147	1599
2014	72	44	176	138	147	1599
2015	72	66	177	140	146	1596
2016	72	75	177	142	146	1602
2017	74	83	184	143	146	1610
2018	74	86	184	143	145	1610
2019	72	84	241	146	145	1614

4-30 历年公共图书馆业务活动情况

年 份	机构数（个）	总藏量（万册、件）		总流通人次（万人次）		书刊文献外借册次（万册次）	发放借书证数（万个）
			书 刊		外借人次		
1986	117	1096	1096	804		928	37
1990	103	1261	1261	903		1441	50
1991	104	1327	1319	1241	480	663	49
1992	108	1408	1396	1452	478	607	32
1993	110	1494	1479	1432	469	619	36
1994	111	1591	1570	1631	527	666	43
1995	114	1651	1633	1447	504	687	49
1996	115	1860	1840	1500	586	858	35
1997	119	1901	1879	1634	660	983	42
1998	120	2027	2000	1857	737	1142	45
1999	121	2088	2051	2026	734	1136	44
2000	125	2330	2296	2517	840	1234	44
2001	129	2239	2186	2505	880	1236	89
2002	131	2300	2227	2627	992	2843	119
2003	129	2498	2431	2635	1032	3132	129
2004	128	2740	2637	3021	1021	1636	141
2005	129	3119	3059	3543	1511	2037	144
2006	129	3454	3316	4695	1777	3097	173
2007	130	3698	3540	3819	1115	1851	190
2008	132	3995	3904	4101	1173	2081	209
2009	133	4367	4112	4565	1238	2536	245
2010	133	4615	4336	4540	1166	2267	258
2011	134	5890	4713	6072	1329	2618	300
2012	137	6567	5096	6418	1459	3070	342
2013	137	6101	5629	7357	1588	3499	410
2014	138	6367	5997	7657	1698	3848	438
2015	140	7008	6616	7855	1697	4377	524
2016	142	7900	7229	8335	1954	5219	620
2017	143	8708	7958	9147	2111	6851	680
2018	143	9548	8730	10518	2161	7213	747
2019	146	10543	9611	12201	2349	7933	860

注：1.表中1986年数包括海南行政区。
　　2.书刊是指古籍、报刊、图书。

4-31 历年群众文化事业业务活动、经费收支及设施情况

年 份	机构数 (个)	举办展览 个数 (个)	组织文艺 活动次数 (次)	举办 培训班次 (次)
1986	152	839	2151	1290
1990	145	724	2338	1808
1991	142	668	3472	2235
1992	146	833	2634	1846
1993	184	665	2902	2197
1994	948	1279	4093	3247
1995	1100	1619	5377	3949
1996	2015	5228	18031	10811
1997	2062	6304	21200	10734
1998	2052	5778	21327	13802
1999	2041	7076	21327	10941
2000	2024	6918	22969	11932
2001	2008	6523	22980	13611
2002	1944	6569	22099	13218
2003	1839	6997	21824	13190
2004	1742	6609	23658	14735
2005	1725	7228	23132	14288
2006	1731	7392	25285	19613
2007	1740	7268	34004	17924
2008	1743	7760	30555	20817
2009	1739	7536	29983	27522
2010	1738	7399	32382	29041
2011	1740	7930	37970	29590
2012	1744	7627	38842	30198
2013	1746	8176	41121	31158
2014	1746	7979	47791	45111
2015	1742	8199	50270	45679
2016	1748	8758	57166	52333
2017	1756	8774	56705	62429
2018	1755	8879	62742	69550
2019	1759	9731	75484	85036

4-31 续表

年 份	收入合计（万元）	财政补助收入	支出合计（万元）	公用房屋建筑面积（万米2）
1986	192		912	9
1990	414		1478	19
1991	1990	1250	1846	13
1992	2500	1448	2198	15
1993	3676	2064	3108	15
1994	5312	2854	4864	46
1995	6714	3514	5937	26
1996	17187	5551	17005	138
1997	21005	6847	20497	140
1998	24696	8757	25189	159
1999	27976	11805	27814	180
2000	26414	12113	27213	193
2001	27827	14671	26853	193
2002	32250	18455	32677	207
2003	43554	25682	42018	288
2004	49354	31799	47538	232
2005	61089	40125	57669	238
2006	72577	47583	69416	235
2007	79486	56138	76499	261
2008	85678	64876	84031	284
2009	92396	75038	89841	278
2010	109816	85211	101362	270
2011	129786	116226	137740	332
2012	154069	136560	150638	346
2013	166169	143041	161075	357
2014	173539	152669	170951	366
2015	203182	181570	193291	389
2016	243539	221674	230000	392
2017	281003	265738	279593	395
2018	407841	394114	330415	399
2019	368950	355110	388200	425

4-32 历年博物馆业务活动情况

年 份	机构数（个）	藏品数（件）		参观人次（万人次）	
			文物藏品一级品		未成年人次
1985	106	342909	1470	633	
1986	106	354569	1573	688	
1990	106	412249	1708	666	
1991	107	418321	1448	715	
1992	108	444682	1443	1198	
1993	108	461828	1565	594	
1994	111	459243	952	562	
1995	113	458864	1062	550	
1996	114	466919	1105	655	
1997	117	464157	1353	732	
1998	122	463131	1180	703	
1999	128	472204	1491	731	
2000	131	490948	1843	822	
2001	140	492298	1174	839	266
2002	140	530249	1200	866	223
2003	144	542982	1195	826	132
2004	143	592570	1136	1002	303
2005	146	662177	1120	1036	288
2006	147	712703	1163	1071	281
2007	153	703627	1172	1130	249
2008	152	710814	1186	1251	297
2009	152	828060	1296	1891	488
2010	164	807102	1289	2457	521
2011	161	838181	1321	2761	562
2012	168	982169	1318	3204	618
2013	175	996706	1362	3599	782
2014	176	1080018	1352	4021	904
2015	177	958465	1353	4252	912
2016	177	953330	1374	4727	1082
2017	184	1004848	1414	5111	1370
2018	184	1038580	1414	5512	1448
2019	241	1218419	1559	6861	1837

主要统计指标解释

文化机构 是指专门从事文化工作并具有法人资格，独立核算的事业、企业单位以及单独核算，附属于事业单位的经营性专业文化活动单位。包括从事艺术、图书馆、群众文化、文物管理、文化艺术教育、娱乐等机构以及其他文化机构。

艺术表演团体 是指从事戏曲、音乐、舞蹈、杂技等专业艺术表演，具有独立账户，实行单独核算的团体，不包括半工半艺、半农半艺和民间职业剧团。

艺术表演场所 是指由各级文化主管部门、文化单位和其他部门(除部队系统外)举办的，具有观众厅、舞台、灯光设备，经常供专业艺术表演团体演出，并在工商、税务部门登记，公开售票的营业场所。

图书馆 是指通过文献、信息的收集、整理、存储和利用，为社会读者服务的文化、教育与科学机构。

图书馆总藏量 是指本馆已编目的古籍、图书、期刊和报纸的合订本、小册子、手稿以及缩微制品、录像带、录音带、光盘等视听文献资料数量之和。

文物机构 包括文物管理机构、博物馆(综合类博物馆、历史类博物馆、艺术类博物馆、自然科技类博物馆及其他博物馆)和文物店的文物专业机构。

藏品 藏品是文博机构根据收藏品的文化属性、自然属性等情况，所划分的文物藏品、模型藏品(含具有收藏、展示价值的雕塑、绘画等艺术作品)和复制品藏品的总和。

五、劳动就业和社会保障

简要说明

1．本篇资料主要反映广东省劳动就业和社会保险的基本情况。

2. 本篇资料主要包括：

(1)劳动合同签订情况，劳动争议仲裁情况，职业介绍情况，就业和失业情况，基本养老、职工医疗、失业、工伤、生育保险情况以及社会保险基金收入、支出、结余等情况。

(2)地区全省 21 个地级以上市。

(3)年份主要为 2013—2019 年数据。

3．统计资料来源：本篇资料由广东省人力资源和社会保障厅、广东省社会保险基金管理局、广东省医疗保障局负责整理、审核、提供。

2019年广东省社会保障概述

2019年，广东以保障改善民生为根本出发点和落脚点，以底线民生保障建设为重点，不断健全覆盖城乡居民的社会保障体系，社会保险规模日益壮大，社会保障受益人群持续增加，社会保障待遇、服务水平不断提高，社会保障事业取得取得新进展、新突破、新成效。

一、社会保险覆盖面不断扩大

至2019年底，全省城镇职工养老保险、城乡居民养老保险、失业保险、工伤保险参保人数分别达4633万人、2642万人、3501万人、3816万人，基金总收入6088亿元、总支出4190亿元，基金累计结余13706亿元。截至2019年底，全省基本医保参保人数为1.08亿人，总体参保率稳定在98%以上，其中职工医保4376万人，居民医保6407万人。生育保险参保人数3669万人。扎实推进社保扶贫，截至2019年底，政府代缴贫困人员城乡居民养老保险费119.4万人，代缴金额1.5亿元，贫困人员领取待遇66.4万人。

二、 底线民生保障水平不断提高

圆满完成2019年省“十件民生实事”涉民政事项的提标任务，全省月人均城乡低保标准分别为810元、680元，月人均城乡低保补差分别为619元、311元；特困人员基本生活供养标准分别为年人均15881元、13189元，全自理、半失能、失能特困人员月人均照料护理标准分别为73元、726元、1280元；集中供养和散居孤儿最低基本生活保障标准分别为每人每月1685元、1025元；困难残疾人生活补贴和重度残疾人护理补贴标准分别为每人每月165元、220元，各项救助和福利保障水平均居全国前列。

三、 社会保险体制机制改革深入推进，社会保险基金运行平稳

职工养老保险制度改革深入推进，工伤保险基金省级统筹基本实现，省级统筹改革后，全省统筹工伤保险基金284亿元，伤残待遇“托底线”提高20%，长期待遇提高15%，待遇基数差距从2.04倍缩至1.24倍；平均费率降至0.17%，为企业减负约50亿元；业务办理时间压减15日，申报材料减少40%。养老、失业、工伤保险基金运行稳中向好。2019年全省城镇职工基本养老保险、城乡居民基本养老保险、失业保险、工伤保险基金征缴收入分别为4810.9亿元、39.0亿元、95.9亿元、43.9亿元；基金累计结余分别为12343.6亿元、457.1亿元、631亿元、274.8亿元，基金可支付情况良好。医保基金运行平稳，医保基金收入、支出均保持增长，年年基金略有结余，截至2019年基本医保基金累积结余为3481亿元，其中职工医保累计结余为3066亿元，居民医保累计结余415亿元。此外生育保险累计结余91.75亿元。

四、各项费率不断降低，实体经济发展支撑有力

2019年，广东降低养老保险缴费基数上限，进一步降低失业保险费率，三是降低工伤保险平均费率，发挥失业保险援企稳岗功能。2019年共向32.77万家参保企业稳岗返还失业保险费17.47亿元，惠及职工1171.04万人。向634家受影响企业返还失业保险费5.43亿元，惠及职工7.04万人。从失业保险基金中安排资金用于创业担保贷款担保基金和贴息支出资金共计35.0亿元。

五、社会保险待遇稳步提高，人民群众获得感持续增强

2019年，全省企业退休人员基本养老金、城乡居保基础养老金最低标准、失业保险金、工伤伤残津贴月人均标准分别提高至2721元、170元、1692元、3866元。全省享受城镇职工养老保险离退休待遇人数 671 万人、城乡居民养老保险领取待遇人数 871 万人、领取失业保险金人数 44 万人、享受工伤保险待遇人数 16 万人。2019 年享受职工医保待遇一共 2048 万人，享受居民医保待遇 1883 万人。财政对医保的支持力度加大，居民医保各级财政补助资金提高到每人每年 520 元。职工医保、居民医保政策规定的住院费用支付比例分别为 87%、76%。

六、残疾人社会保障事业持续推进

截至 2019 年底，广东城乡残疾居民参加社会养老保险人数达 991536 名；60 岁以下参保重度残疾人 388354 名，其中得到政府参保扶助 380488 名，享受代缴比例达到 98%；119129 名非重度残疾人也享受了全额或部分代缴优惠缴费政策。领取养老金的残疾人达 378538 人。

撰稿人：陈东清　徐延明　何倩颖　赵媛英子　王倩　于红娜　杨佳烨

5-1 劳动人事争议仲裁情况(2019年)

项 目		合计	国有企业	集体企业	港澳台及外资企业	私营企业	机关	事业单位	社会团体	军队文职人员单位聘用	其他
上年末结争议案件数	(件)	9322	61	17	490	7471	10	51	19		1203
当期立案受理情况											
立案受理案件总数	(件)	148695	823	264	9898	118083	275	865	114	33	18340
集体劳动争议	(件)	3505	11	7	265	2783	1	11			427
劳动者申诉	(件)	144490	800	255	9524	119400	259	804	104	33	17811
按争议类型分											
劳动报酬	(件)	67049	304	82	2209	55174	45	144	60	7	9024
社会保险	(件)	12326	80	17	982	9400	12	73	1		1761
确认劳动关系	(件)	8222	64	84	871	6451	25	89	5	3	630
工作时间及休假	(件)	2783	67	1	283	2178	3	12			239
解除、终止劳动合同	(件)	46276	239	53	4642	35793	168	377	38	18	4948
履行聘用合同	(件)	15						4			11
解除人事关系	(件)	94					2	11			81
其他	(件)	11930	69	27	911	9087	20	155	10	5	1646
立案受理案件涉及劳动者人数	(人)	233224	1035	403	20532	181138	301	1174	115	33	28493
集体劳动争议	(人)	85679	214	148	10705	64284	15	294			10019
案件处理情况											
结案数	(件)	146532	842	259	9921	116206	273	851	114	33	18033
按处理方式分											
仲裁调解	(件)	65429	291	56	3743	52991	167	333	45	18	7785
仲裁裁决	(件)	71846	496	162	5654	56074	91	480	62	12	8815
其他	(件)	9257	55	41	524	7141	15	38	7	3	1433
按处理结果分											
用人单位胜诉	(件)	13184	117	63	1544	9815	31	184	19	2	1409
劳动者胜诉	(件)	25944	117	39	1960	20706	47	96	4	4	2971
双方部分胜诉	(件)	77209	488	92	4518	60995	140	386	75	24	10491
其他	(件)	30195	120	65	1899	24690	55	185	16	3	3162
期末累计未结案数	(件)	11485	42	22	467	9348	12	65	19		1510
案外调解案件数	(件)	191181	735	638	17715	157657	29	3987	172	1	10247

5-2 各市职业技能鉴定综合情况(2013-2019年)

市别	期末职业技能鉴定机构（个）						
	2013	2014	2015	2016	2017	2018	2019
合计	**557**	**563**	**554**	**575**	**455**	**423**	**404**
广州	94	94	95	93	57	54	53
深圳	51	51	51	52	52	24	15
珠海	7	7	8	7	10	9	10
汕头	7	7	7	7	6	5	5
佛山	26	19	28	35	33	32	34
韶关	12	13	12	11	8	10	8
河源	12	12	11	15	15	16	16
梅州	14	14	15	15	15	15	14
惠州	23	25	27	25	25	25	22
汕尾	6	6	6	6	7	6	8
东莞	7	11	7	15	15	15	19
中山	8	11	8	10	10	9	9
江门	20	21	17	21	22	22	21
阳江	10	10	7	7	9	9	5
湛江	16	17	17	17	17	17	17
茂名	11	11	10	10	10	10	11
肇庆	20	20	19	21	22	21	19
清远	11	12	14	15	15	15	15
潮州	10	10	10	10	8	8	8
揭阳	15	16	14	16	16	16	16
云浮	12	12	12	10	11	11	12
省直	165	164	159	157	72	74	67
珠三角	256	259	260	279	318	285	250
东翼	38	39	37	39	37	35	37
西翼	37	38	34	34	36	36	33
山区	61	63	64	66	64	67	84

5-2 续表1

市别	本期参加鉴定考核(人)						
	2013	2014	2015	2016	2017	2018	2019
合计	**1747737**	**1655521**	**1683826**	**1312832**	**1045362**	**742270**	**702789**
广州	360743	347785	284727	259881	192331	125101	98305
深圳	61311	70205	82173	52244	93698	34280	23488
珠海	21232	20689	26757	17978	14310	12274	12206
汕头	18388	21997	15245	6890	7494	7848	6185
佛山	96853	60349	72157	66362	49022	50080	54679
韶关	48861	29674	33427	18255	18877	11882	10123
河源	25318	21462	20239	29521	9533	6586	7343
梅州	47203	22156	29644	33261	16254	15440	23462
惠州	36105	46824	36014	30217	23234	18103	18952
汕尾	5512	5489	3042	6762	15493	10548	9586
东莞	22720	27812	52345	52932	23959	21062	18813
中山	27653	23648	33340	24516	18982	12763	13259
江门	45826	35631	43943	42327	27424	20203	17838
阳江	37883	10962	5409	4936	7813	10321	8440
湛江	49996	43932	42957	40734	32221	25319	27766
茂名	46116	23912	34215	23905	32467	28373	36039
肇庆	41618	20521	34636	36971	33362	20246	16022
清远	29981	45643	58955	40403	23738	20037	19932
潮州	13409	15188	15887	15048	6486	4516	4365
揭阳	21236	17835	9019	10554	19241	9236	11796
云浮	37050	52108	9527	17620	12930	8984	13784
省直	652723	691699	740168	481515	366493	269068	250406
珠三角	714061	653464	666092	583428	476322	314112	273562
东翼	58545	60509	43193	39254	48714	32148	31932
西翼	133995	78806	82581	69575	72501	64013	72245
山区	188413	171043	151792	139060	81332	62929	74644

5-2 续表2

市别	本期获取职业资格证书(人)						
	2013	2014	2015	2016	2017	2018	2019
合计	**1352527**	**1234363**	**1156563**	**867702**	**649818**	**445885**	**441370**
广州	298792	283719	219693	202142	149279	96089	74609
深圳	26755	29907	32613	29758	39876	19389	16896
珠海	17692	16630	18886	11361	9273	7274	7538
汕头	15357	17962	12422	4903	5390	5250	4576
佛山	74418	34478	42107	42120	32558	32579	39866
韶关	42007	23329	24021	15379	16005	9169	7809
河源	21388	16243	13458	18562	5702	4514	4958
梅州	41951	18987	19751	25885	11833	11391	18843
惠州	30728	41469	31997	20550	16277	10612	13833
汕尾	4466	4486	2191	5647	12915	8536	7153
东莞	15188	20777	37010	37200	15815	12956	12006
中山	25011	21010	27867	18081	15658	10860	11105
江门	38322	27192	30031	24659	18733	12504	11132
阳江	33745	9305	3505	2959	5133	6163	5890
湛江	43467	37949	37238	35137	25362	17477	19756
茂名	34588	18925	25823	16100	23420	19095	27210
肇庆	37142	18395	26888	25413	21783	12841	10091
清远	26726	37733	39407	25110	14794	10703	10021
潮州	11698	13678	13995	12386	5276	3551	3397
揭阳	19067	15529	7580	8862	15755	7539	9265
云浮	31506	44129	7778	14382	10354	6472	11429
省直	462513	482531	482302	271106	178627	120921	113987
珠三角	564048	493577	467092	411284	319252	215104	197076
东翼	50588	51655	36188	31798	39336	24876	24391
西翼	111800	66179	66566	54196	53915	42735	52856
山区	163578	140421	104415	99318	58688	42249	53060

5-3 各市就业再就业进展情况(2013-2019年)

市别	城镇新增就业人数						
	2013	2014	2015	2016	2017	2018	2019
合计	**1645396**	**1596011**	**1555421**	**1470549**	**1488981**	**1476511**	**1399571**
广州	536170	495003	432578	427346	413825	407783	337337
深圳	84342	93010	96930	103117	100844	109174	160302
珠海	43308	45876	47585	46968	46923	47095	40856
汕头	61644	61026	60615	54806	61845	53923	49130
佛山	90961	82363	82699	80852	85918	85741	86570
韶关	53904	51754	51410	34846	35001	33414	30342
河源	49050	41643	42755	40587	43453	45839	36426
梅州	32374	31939	31052	30679	30726	25788	22085
惠州	65603	72883	75066	71685	75408	73443	71577
汕尾	45503	46488	48902	48633	48634	50477	50051
东莞	84835	83956	84667	83269	85011	95362	94977
中山	50882	55965	65915	47128	61073	62009	57094
江门	47065	47354	49088	47520	48227	48810	47118
阳江	44630	42506	42468	41919	39321	36756	33121
湛江	73119	77284	77637	78482	79831	79821	73809
茂名	75015	71286	71269	71252	70566	64743	60124
肇庆	47196	48113	49622	43516	42740	43791	44684
清远	52756	51952	51215	46356	47838	44111	37139
潮州	31273	25013	23775	20213	18733	15181	15179
揭阳	35816	35015	35993	30952	32029	32633	31615
云浮	39950	35582	34180	20423	21035	20617	20035

5-3 续表1

市别	城镇失业人员再就业人数						
	2013	2014	2015	2016	2017	2018	2019
合计	**677163**	**686746**	**672233**	**624716**	**619507**	**538976**	**551269**
广州	215894	268866	274968	248239	232280	138313	177177
深圳	43271	32592	21500	22402	28651	31500	29485
珠海	13352	13252	12809	13106	12695	12868	10433
汕头	31152	28270	29045	29187	31490	28257	25295
佛山	43384	40433	38712	34573	36247	35416	35548
韶关	42543	40555	39109	29652	28535	29635	22752
河源	10800	10227	9310	8014	8421	8549	8754
梅州	28975	27151	25472	24070	24262	24591	16814
惠州	21198	20514	18703	18816	19183	18955	18859
汕尾	23222	22834	20983	20061	21887	20582	22013
东莞	8213	8343	9276	10136	11441	19844	19931
中山	7681	5477	7355	8721	8835	11213	10666
江门	34187	32058	32680	31958	32762	33421	31953
阳江	29729	27452	24398	23057	22223	21880	13324
湛江	43479	39305	37848	37362	35146	36329	42471
茂名	21291	17740	17082	17070	17134	19122	17049
肇庆	11286	12696	14107	12560	12401	12711	13236
清远	15329	13350	13327	13138	13311	13247	15074
潮州	8112	4027	4526	4028	4163	4062	4026
揭阳	12605	12277	12202	11154	11207	11163	10091
云浮	11460	9327	8821	7412	7233	7318	6318

5-3 续表2

市 别	就业困难人员实现再就业人数						
	2013	2014	2015	2016	2017	2018	2019
合 计	**201651**	**187459**	**183981**	**169938**	**172589**	**167950**	**138871**
广 州	118208	115488	115633	109736	117333	113904	90690
深 圳	26190	18942	10663	10855	10050	7140	5065
珠 海	2286	2188	2576	2273	2230	2265	2203
汕 头	3176	3163	3012	2935	2922	2750	2591
佛 山	11883	8098	8547	6960	7197	6768	7219
韶 关	3598	3101	4062	2666	2717	2561	2317
河 源	2140	2133	2278	3211	2325	2087	2391
梅 州	3511	3289	3533	3242	2660	2533	1652
惠 州	3453	3579	3632	3231	3501	3162	3196
汕 尾	2209	2213	2107	2079	2301	2413	2316
东 莞	2723	2637	2604	2203	2213	4493	2733
中 山	1349	1257	1824	1336	1308	1297	1280
江 门	2854	2647	5231	3199	2883	3022	2885
阳 江	3495	2721	2913	2429	2270	2152	2098
湛 江	1891	1729	1677	1252	1057	1016	1070
茂 名	3522	3688	3236	2245	2083	2420	2243
肇 庆	1848	2109	2667	2072	1928	2475	2074
清 远	1110	3020	1453	1227	1359	1360	1363
潮 州	1389	1014	1773	2289	1098	1028	1021
揭 阳	2098	2058	2256	2102	2050	2040	1542
云 浮	2718	2385	2304	2396	1104	1064	922

5-4 各市城镇登记失业人数(2013-2019年)

单位：人

市 别	2013	2014	2015	2016	2017	2018	2019
合 计	**370119**	**368318**	**369667**	**379866**	**371337**	**365500**	**368729**
广 州	66121	57597	53090	53602	44013	34795	35350
深 圳	38787	38752	41697	42583	41370	44551	49996
珠 海	10972	11077	11095	11188	10972	11301	11042
汕 头	16781	15475	14778	17816	18369	18875	18571
佛 山	21580	21917	22389	22926	23127	24566	24874
韶 关	12965	13641	13031	13098	13800	12938	10920
河 源	10289	8992	9504	9251	9135	9042	8906
梅 州	13173	13955	14013	14029	14062	12983	12949
惠 州	17317	18772	19705	21468	23125	22798	24068
汕 尾	11961	12281	12621	12856	13196	13358	13562
东 莞	11226	12026	12893	13822	13687	13378	11724
中 山	8973	9444	9276	10672	10562	10887	11560
江 门	24827	24833	24972	24839	24874	24822	26005
阳 江	11519	12302	12506	12832	12930	12444	12250
湛 江	20416	20700	20885	21185	21434	21187	19107
茂 名	24096	26396	27832	28164	27879	31275	32103
肇 庆	12781	12585	12543	12440	12248	11641	11450
清 远	13672	13550	13621	13773	13894	13938	13744
潮 州	8711	9246	8483	8555	8034	6346	5871
揭 阳	8863	9173	9008	8968	8845	8773	8865
云 浮	5089	5604	5725	5799	5781	5602	5812

5-5 就业及城镇登记失业情况(2013-2019年)

指　　标		2013	2014	2015	2016	2017	2018	2019
城镇登记失业情况								
城镇新登记失业人员数	(万人)	60.9	66.4	65.4	61	58.9	46.8	49.2
就业转失业	(万人)	21.7	21.4	22.5	22.5	21.4	21.1	25.8
高校毕业生	(万人)	12.9	8.2	6	5.8	5.2	5.5	5.1
城镇失业人员就业数	(万人)	60.5	63.1	62.5	56.2	54.5	45.6	44.8
城镇登记失业人员期末实有人数	(万人)	37.0	36.8	37	38	37.1	36.6	36.9
长期失业者	(万人)	4.6	6	5.4	5.6	5.1	4.5	3.6
城镇登记失业率	(%)	2.4	2.44	2.45	2.47	2.47	2.41	2.25

5-6 各市职业介绍工作情况(2009-2019年)

年 份	期末职业介绍机构(个)	本期单位登记招聘(人)	本期登记求职(人)	本期职业指导(人)	本期介绍成功(人)
2009	1850	11226180	10023535	3537443	3921215
2010	1817	8951958	7306739	2540150	2382833
2011	1803	8927994	6516529	2514776	2156377
2012	1755	11585779	10757844	3626594	3832113
2013	1419	5374076	3044225	713675	1216890
2014	1661	5533418	3258464	901833	1446366
2015	1482	6405494	3971046	1025018	1346625
2016	1562	6606302	3117370	810308	1018032
2017	1820	6220386	3468471	757998	
2018	1655	5861408	3233291	843232	
2019	1509	5428000	3228467	798546	

注：根据人社部统计调查制度，从2017年起不再统计“本期职业介绍成功人次”。

5-7 各市养老、失业、工伤保险参保人数(2019年)

单位：人

市别	基本养老保险	城镇职工基本养老保险	企业+其他	城乡居民基本养老保险	失业保险	工伤保险
合　计	**72757651**	**46334397**	**43257786**	**26423254**	**35008121**	**38158480**
广　州	9090879	7689932	7335424	1400947	6442012	7322657
深　圳	12147133	12136911	11924058	10222	11666407	11861454
珠　海	1445576	1350415	1288284	95161	1086178	1104234
汕　头	3097498	940740	793286	2156758	877314	852824
佛　山	4384333	3855516	3681306	528817	2832250	3165081
韶　关	1728750	683112	550745	1045638	321094	423356
河　源	1788786	464854	368730	1323932	242288	304105
梅　州	2624481	934517	767539	1689964	364331	530918
惠　州	2943774	1866355	1714546	1077419	1373199	1464841
汕　尾	1268846	286896	206564	981950	236790	232032
东　莞	5930761	5866039	5771314	64722	4311632	4485281
中　山	2275132	2272298	2200589	2834	1579360	1626753
江　门	3009529	1480297	1347773	1529232	890409	1011607
阳　江	1624864	383890	295045	1240974	188783	335047
湛　江	3782151	1017840	829052	2764311	466493	518364
茂　名	3413522	783671	601192	2629851	314557	353804
肇　庆	2337577	736651	599800	1600926	542182	568515
清　远	2386517	771255	651038	1615262	437655	465866
潮　州	1505539	449383	376342	1056156	377396	406707
揭　阳	2973055	564012	419507	2409043	265203	235853
云　浮	1526768	327633	248485	1199135	192588	223575
省　直	1472180	1472180	1287167			665606
按经济区域分						
珠三角	43564694	37254414	35863094	6310280	30723629	32610423
东　翼	8844938	2241031	1795699	6603907	1756703	1727416
西　翼	8820537	2185401	1725289	6635136	969833	1207215
山　区	10055302	3181371	2586537	6873931	1557956	1947820

注：本章各区域不包括省直，下同。

5-8 各市城镇职工基本养老保险参保人数(2013-2019年)

单位：人

市　　别	2013	2014	2015	2016	2017	2018	2019
合　　计	**41830372**	**48094651**	**50865270**	**53924323**	**52870775**	**49196558**	**46334397**
广　　州	6029256	9255618	10082417	11022950	8647125	7835244	7689932
深　　圳	8349147	8700187	9536284	10288926	11335302	11569970	12136911
珠　　海	1077967	1098172	1119736	1149873	1217071	1295362	1350415
汕　　头	1278801	1479812	1549391	1610806	1399337	1345533	940740
佛　　山	3519813	3941387	4330233	4831894	4817252	4254980	3855516
韶　　关	617485	657828	678239	691724	713473	784726	683112
河　　源	449296	730407	755554	789619	591848	502914	464854
梅　　州	917931	964969	980987	1018088	1056752	1074669	934517
惠　　州	2068017	2129107	2121840	2257171	2300054	2204588	1866355
汕　　尾	452740	504331	519194	578165	363834	345850	286896
东　　莞	5292575	6307614	6706260	6779214	6870729	5902927	5866039
中　　山	2170032	2196658	2385219	2420049	3082839	2563779	2272298
江　　门	1812026	1861874	1919834	1935710	1862082	1678236	1480297
阳　　江	529491	553305	569981	584853	461330	511594	383890
湛　　江	992790	1065665	1111628	1148860	1217082	1253212	1017840
茂　　名	879206	852293	966861	1050009	1064936	1026408	783671
肇　　庆	720716	744478	763506	819604	820873	893674	736651
清　　远	753357	1026356	1071102	1116053	1184815	843750	771255
潮　　州	622371	571101	583203	600681	561727	603853	449383
揭　　阳	933835	942865	961179	989222	749724	765418	564012
云　　浮	347014	419677	435193	448280	428961	346450	327633
省　　直	2016506	2090947	1717429	1792572	2123629	1593421	1472180
按经济区域分							
珠 三 角	31039549	36235095	38965329	41505391	40953327	38198760	37254414
东　　翼	3287747	3498109	3612967	3778874	3074622	3060654	2241031
西　　翼	2401487	2471263	2648470	2783722	2743348	2791214	2185401
山　　区	3085083	3799237	3921075	4063764	3975849	3552509	3181371

5-9 各市城镇职工基本养老保险(执行企业养老保险制度)参保人数(2013-2019年)

单位：人

市别	2013	2014	2015	2016	2017	2018	2019
合计	**40146329**	**46360502**	**49172179**	**52479874**	**50745794**	**46259117**	**43257786**
广州	6029256	9255618	10082417	11022950	8647125	7512575	7335424
深圳	8288069	8640601	9470021	10240743	11188089	11385332	11924058
珠海	989613	1006941	1027078	1149873	1195361	1241975	1288284
汕头	1185569	1388184	1458401	1518963	1291594	1209218	793286
佛山	3398934	3825892	4214209	4702652	4658312	4077792	3681306
韶关	547084	584221	605315	618343	630403	662158	550745
河源	385714	665823	693973	724374	506337	415324	368730
梅州	828700	875579	893697	930798	918350	914049	767539
惠州	1954508	2033153	2023751	2257171	2164117	2062369	1714546
汕尾	405922	455975	470847	514467	300136	270129	206564
东莞	5238314	6253061	6706260	6705561	6781806	5809857	5771314
中山	2170032	2116574	2290617	2420049	3018414	2495650	2200589
江门	1696284	1748845	1807120	1822333	1748257	1545312	1347773
阳江	473627	497873	520268	535436	408250	431040	295045
湛江	868875	943710	987168	1027338	1097590	1065093	829052
茂名	773090	747377	862293	947900	962491	854444	601192
肇庆	613591	636179	664705	714956	718232	761290	599800
清远	691769	965201	1010282	1116053	1110105	733207	651038
潮州	572906	522006	534294	551914	512793	541917	376342
揭阳	803295	814464	823561	850559	610502	627863	419507
云浮	301013	379972	392134	401178	355350	269600	248485
省直	1930164	2003253	1633768	1706263	1922180	1372923	1287167
按经济区域分							
珠三角	30378601	35516864	38286178	41036288	40119713	36892152	35863094
东翼	2967692	3180629	3287103	3435903	2715025	2649127	1795699
西翼	2115592	2188960	2369729	2510674	2468331	2350577	1725289
山区	2754280	3470796	3595401	3790746	3520545	2994338	2586537

5-10 各市城乡居民基本养老保险参保人数(2013-2019年)

单位：人

市　别	2013	2014	2015	2016	2017	2018	2019
合　计	**23515774**	**24337298**	**24997176**	**25432218**	**25867477**	**26564636**	**26423254**
广　州	1237724	1233208	1292677	1252938	1255678	1242198	1400947
深　圳	6261	6761	7075	7422	7877	7754	10222
珠　海	152980	111068	93974	92352	92295	92509	95161
汕　头	1854750	1896394	1958199	2002678	2064778	2122283	2156758
佛　山	624911	643830	626288	588878	566245	544136	528817
韶　关	871385	892564	910984	944389	972098	1029806	1045638
河　源	1191364	1221315	1241684	1259906	1268495	1319624	1323932
梅　州	1666879	1667234	1671201	1671201	1673523	1694914	1689964
惠　州	1015869	1108416	1089687	1089995	1120917	1137680	1077419
汕　尾	897287	1174001	1390160	1418141	1418253	1435460	981950
东　莞	95091	89510	84405	79080	74143	69457	64722
中　山	519	779	1033	1148	1193	2348	2834
江　门	1582414	1577209	1552372	1560060	1554064	1543147	1529232
阳　江	1087341	1123708	1156077	1179607	1194376	1228992	1240974
湛　江	2366441	2438635	2517433	2550360	2593951	2725661	2764311
茂　名	1998590	2115450	2201817	2418808	2492738	2605107	2629851
肇　庆	1387299	1446731	1494867	1527130	1562145	1591048	1600926
清　远	1412188	1448038	1476552	1493897	1511455	1578043	1615262
潮　州	860440	884244	911129	935148	970257	1023363	1056156
揭　阳	2081119	2113365	2156844	2191394	2298802	2374232	2409043
云　浮	1124922	1144838	1162718	1167686	1174194	1196874	1199135
省　直							
按经济区域分							
珠三角	6103068	6217512	6242378	6199003	6234557	6230277	6310280
东　翼	5693596	6068004	6416332	6547361	6752090	6955338	6603907
西　翼	5452372	5677793	5875327	6148775	6281065	6559760	6635136
山　区	6266738	6373989	6463139	6537079	6599765	6819261	6873931

注：城乡居民基本养老保险2009年起开展试点，2011年全面建立，2012年实现制度和人群全覆盖。

5-11 各市失业保险参保人数(2013-2019年)

单位：人

市　别	2013	2014	2015	2016	2017	2018	2019
合　计	**27050903**	**28401826**	**29301287**	**30200988**	**31636678**	**33617475**	**35008121**
广　州	4132275	4417340	4740721	5021366	5407969	6087077	6442012
深　圳	9304475	9421817	9746880	10261264	10894867	11273563	11666407
珠　海	874204	892406	895909	921908	981782	1046865	1086178
汕　头	697680	725649	750370	723237	799929	858995	877314
佛　山	2088290	2201481	2223240	2298121	2448370	2639945	2832250
韶　关	280313	283371	291472	292648	297982	319198	321094
河　源	269066	274493	285627	289073	293935	302580	242288
梅　州	234978	242923	256098	270135	299203	333599	364331
惠　州	1273804	1307447	1273875	1246426	1252443	1276225	1373199
汕　尾	150279	166019	200091	200214	210190	225015	236790
东　莞	3224378	3925945	4121413	4091081	4040060	4186677	4311632
中　山	1494161	1510826	1418121	1402273	1432420	1540294	1579360
江　门	712397	739990	747178	768675	818075	865596	890409
阳　江	196967	206978	211165	212395	165221	175931	188783
湛　江	363820	365886	384017	396236	424573	443176	466493
茂　名	261282	261305	257868	261589	278202	289046	314557
肇　庆	410538	415387	430477	436433	450171	519519	542182
清　远	355813	368076	354238	364132	376464	430326	437655
潮　州	366237	310979	317797	325576	341528	359507	377396
揭　阳	192216	192910	219564	240003	240018	260059	265203
云　浮	167730	170598	175166	178203	183276	184282	192588
省　直							
按经济区域分							
珠三角	23514522	24832639	25597814	26447547	27726157	29435761	30723629
东　翼	1406412	1395557	1487822	1489030	1591665	1703576	1756703
西　翼	822069	834169	853050	870220	867996	908153	969833
山　区	1307900	1339461	1362601	1394191	1450860	1569985	1557956

5-12 各市工伤保险参保人数(2013-2019年)

单位：人

市别	2013	2014	2015	2016	2017	2018	2019
合计	**30572534**	**30925925**	**31227245**	**32461732**	**34020266**	**35924892**	**38158480**
广州	4153885	4153258	4314000	4954809	5793067	6398682	7322657
深圳	9879598	9986876	10324941	10833673	11006848	11403799	11861454
珠海	883880	903897	908714	943526	997980	1065589	1104234
汕头	676518	703793	725406	700098	782480	875277	852824
佛山	2181318	2244812	2256874	2314321	2460516	2647134	3165081
韶关	400516	411949	383526	385190	388548	409830	423356
河源	270441	281008	287180	304202	324024	330166	304105
梅州	247689	281846	287528	358181	425643	515061	530918
惠州	1424805	1454069	1478558	1482971	1481650	1495757	1464841
汕尾	160122	185927	200075	205520	212122	220962	232032
东莞	4960279	4922846	4644604	4450691	4305484	4374817	4485281
中山	1511092	1528092	1434899	1453195	1552222	1578629	1626753
江门	738552	769738	778938	840582	933338	1056879	1011607
阳江	220014	232166	235988	240110	280143	302419	335047
湛江	369386	394295	409753	414484	444140	467964	518364
茂名	312356	318233	358141	343662	342645	349702	353804
肇庆	431364	442620	450303	456663	471223	542716	568515
清远	404210	413761	422757	424944	428773	472408	465866
潮州	364419	307268	315049	324269	341799	362116	406707
揭阳	190242	199024	211003	210694	212877	213026	235853
云浮	172111	175904	182582	186401	194362	205937	223575
省直	619737	614543	616426	633546	640382	636022	665606
按经济区域分							
珠三角	26164773	26406208	26591831	27730431	29002328	30564002	32610423
东翼	1391301	1396012	1451533	1440581	1549278	1671381	1727416
西翼	901756	944694	1003882	998256	1066928	1120085	1207215
山区	1494967	1564468	1563573	1658918	1761350	1933402	1947820

5-13 各市城镇职工基本养老保险缴费人数(2013-2019年)

单位：人

市别	2013	2014	2015	2016	2017	2018	2019
合计	**29348594**	**30409491**	**30356915**	**30828841**	**32525667**	**35360363**	**37279199**
广州	3679428	3965515	4275127	4538704	4944402	5797147	6231097
深圳	7550538	7697924	8153177	8832324	9766488	10507063	11124399
珠海	991587	1003956	1006727	1022538	1080406	1150255	1194186
汕头	688866	703891	551319	474270	560386	595356	630553
佛山	2279439	2377632	2387429	2498508	2638790	2845788	3057459
韶关	389744	405807	396361	411936	355478	420754	445189
河源	319049	351381	248995	262197	256807	313227	331095
梅州	555124	563749	427171	353487	442887	526970	564505
惠州	1520505	1540061	1437824	1289119	1403085	1491824	1576862
汕尾	318114	306143	247043	256955	133938	187853	176086
东莞	3715184	4403342	4523447	4529515	4548764	4637913	4793097
中山	1877698	1875603	1735626	1703698	1756029	1816738	1802957
江门	1038099	903774	907900	924766	951585	1006682	1036429
阳江	284096	267351	272990	218805	209767	241144	268538
湛江	599625	589286	551339	555611	583491	606913	629295
茂名	504751	566357	577651	426505	339437	449234	498040
肇庆	451739	437701	398572	419530	374312	490440	521184
清远	542619	457302	373269	381515	447232	524118	570078
潮州	295606	236222	228870	205747	204537	243466	262490
揭阳	629760	603729	511316	400020	354578	335995	361180
云浮	206768	241914	224104	182228	203203	216908	238025
省直	910255	910851	920658	940863	970065	954575	966455
按经济区域分							
珠三角	23104217	24205508	24825829	25758702	27463861	29743850	31337670
东翼	1932346	1849985	1538548	1336992	1253439	1362670	1430309
西翼	1388472	1422994	1401980	1200921	1132695	1297291	1395873
山区	2013304	2020153	1669900	1591363	1705607	2001977	2148892

5-14 各市城镇职工基本养老保险离退休人数(2013-2019年)

单位：人

市别	2013	2014	2015	2016	2017	2018	2019
合计	**4213018**	**4458614**	**4732539**	**5245801**	**5690455**	**6366195**	**6712032**
广州	785604	829400	871625	911042	954887	1092749	1142993
深圳	210101	231772	255480	280728	309573	357686	407107
珠海	86380	94216	113009	127335	136665	145107	156229
汕头	195494	204667	215271	221432	254759	275882	288303
佛山	465829	494921	525500	553526	583814	618112	653396
韶关	136354	143984	150146	155943	174262	209238	218329
河源	59930	63418	68381	72470	95163	102618	105307
梅州	216511	233561	245612	259784	318670	334394	347958
惠州	91952	96531	102907	110122	121582	152424	161682
汕尾	46601	49541	58240	65106	69257	90829	97852
东莞	73457	76842	84646	341695	363704	388547	413014
中山	269578	279676	293046	304128	320382	336047	349804
江门	256308	280657	299152	314959	337499	375480	393765
阳江	61918	64721	69797	73353	77016	98453	102122
湛江	240313	254007	268408	289583	302077	359484	369058
茂名	141808	147710	154399	162692	172410	221965	233691
肇庆	118518	125255	133892	141770	149078	183650	192084
清远	105968	114496	119707	126926	132391	167290	174044
潮州	112175	119333	126806	139671	145524	167970	178670
揭阳	127833	132721	144949	151766	159040	162433	176366
云浮	46041	48382	51430	54420	73561	76705	79537
省直	364345	372803	380136	387350	439141	449132	470721
按经济区域分							
珠三角	2357727	2509270	2679257	3085305	3277184	3649802	3870074
东翼	482103	506262	545266	577975	628580	697114	741191
西翼	444039	466438	492604	525628	551503	679902	704871
山区	564804	603841	635276	669543	794047	890245	925175

5-15 各市领取失业保险金人数(2013-2019年)

单位：人

市 别	2013	2014	2015	2016	2017	2018	2019
合 计	**189025**	**281414**	**424390**	**452934**	**444502**	**405265**	**443252**
广 州	62458	64430	92488	106137	127712	96851	103778
深 圳	9474	50977	74678	95772	85227	102177	117953
珠 海	5493	9187	17690	17158	16489	12246	13495
汕 头	5228	4705	5346	5859	5765	5025	4558
佛 山	29266	32653	38739	41430	41350	37527	36912
韶 关	6383	5175	6835	7713	6274	4737	4343
河 源	4078	4071	5295	4899	4291	3631	3815
梅 州	5799	3447	7182	6030	4750	4531	4758
惠 州	5953	7671	13267	16242	13742	12475	15985
汕 尾	1449	1019	1087	1228	6490	1512	1638
东 莞	7868	42521	89163	73331	57767	54434	58766
中 山	6545	14024	24265	29136	29547	30041	35418
江 门	10594	14179	17484	17173	15748	14761	16159
阳 江	4934	3460	2589	2952	3009	2736	2661
湛 江	7433	6544	6476	5952	6091	5089	4432
茂 名	3964	3369	3754	4027	3401	3407	3334
肇 庆	4636	5419	7632	7023	5871	5636	6602
清 远	4424	5905	7508	7308	6109	4734	5782
潮 州	1660	1565	1726	2043	2495	1984	1241
揭 阳	27	42	44	172	290	325	281
云 浮	1359	1051	1142	1349	2084	1406	1341
省 直							
按经济区域分							
珠 三 角	142287	241061	375406	403402	393453	366148	405068
东 翼	8364	7331	8203	9302	15040	8846	7718
西 翼	16331	13373	12819	12931	12501	11232	10427
山 区	22043	19649	27962	27299	23508	19039	20039

5-16 各市享受工伤保险待遇人数(2013-2019年)

单位：人

市　别	2013	2014	2015	2016	2017	2018	2019
合　计	**167458**	**171285**	**168347**	**145110**	**145294**	**145435**	**155760**
广　州	20189	14965	15302	14727	15146	15599	15884
深　圳	41875	39573	38974	36573	36252	33746	32215
珠　海	5666	6652	6827	6319	6628	6907	7278
汕　头	825	685	752	656	964	1048	1081
佛　山	19314	18531	17225	15173	14079	12371	18300
韶　关	4528	5722	5213	7186	7393	7074	7377
河　源	1445	1601	1631	1593	1424	1596	1756
梅　州	1886	1972	2314	1810	1912	2080	2230
惠　州	5336	5779	6134	5846	6678	7816	9175
汕　尾	160	254	271	336	344	332	358
东　莞	34583	43339	40936	24594	23001	24028	27383
中　山	14788	14952	14623	12774	13066	13532	12864
江　门	4414	5038	5613	5715	5564	6454	6244
阳　江	801	847	815	884	913	1057	953
湛　江	703	878	1338	1157	1190	1356	1331
茂　名	1245	1307	1138	1185	1403	1303	1536
肇　庆	2340	2247	2184	2230	2401	2510	2698
清　远	2953	3400	3088	2997	3070	1950	3174
潮　州	506	545	457	453	467	519	438
揭　阳	503	493	551	167	558	271	261
云　浮	1646	742	844	751	811	1579	1589
省　直	1752	1763	2117	1984	2030	2307	1635
按经济区域分							
珠三角	148505	151076	147818	123951	122815	125270	132041
东　翼	1994	1977	2031	1612	2333	2170	2138
西　翼	2749	3032	3291	3226	3506	3716	3820
山　区	12458	13437	13090	14337	14610	14279	16126

5-17 各市养老、失业、工伤保险基金收入情况(2019年)

单位：万元

市别	城镇职工基本养老保险	企业+其他	城乡居民基本养老保险	失业保险	工伤保险
合计	**70350114**	**53480408**	**2842978**	**1612668**	**1412228**
广州	12554329	8408303	608433	589652	132718
深圳	12896443	11891216	4450	469019	198307
珠海	2037412	1422904	39273	57203	38138
汕头	1662652	878823	145971	25114	12036
佛山	3509896	2896196	142352	81867	83481
韶关	1302148	681066	93213	11266	24568
河源	738289	246553	104847	7219	7799
梅州	1079483	549647	159605	9419	11345
惠州	2362511	1441130	128056	31696	43116
汕尾	410789	199005	91966	5088	7285
东莞	5020453	4745299	35200	132085	138888
中山	2255370	1695317	513	46334	42743
江门	1949375	867728	140076	24261	26417
阳江	505088	250916	94461	2596	6009
湛江	1709489	1196461	204375	14485	10347
茂名	1018439	608144	213017	12868	10129
肇庆	1173765	443036	137180	15119	14905
清远	958238	400109	154045	16004	13382
潮州	827223	399982	80966	4912	4003
揭阳	822883	312005	175014	6488	4181
云浮	416966	179111	89966	4853	7999
省直	15138873	13767455		45120	574432
按经济区域分					
珠三角	43759553	33811130	1235533	1447237	718713
东翼	3723548	1789815	493917	41601	27506
西翼	3233016	2055521	511852	29949	26485
山区	4495124	2056487	601676	48761	65093

5-18 各市养老、失业、工伤保险基金支出情况(2019年)

单位：万元

市别	城镇职工基本养老保险	企业+其他	城乡居民基本养老保险	失业保险	工伤保险
合计	**58202471**	**40964293**	**2500551**	**1158918**	**1545634**
广州	10078671	6009929	552861	220140	193804
深圳	6311272	5359996	4182	425025	295695
珠海	1443004	762669	27159	56546	44543
汕头	1465233	731628	123640	27237	16231
佛山	3043270	2423994	174113	93883	114579
韶关	1137205	513751	74376	6711	25040
河源	744260	225637	86730	13650	10326
梅州	1164714	675469	145995	7783	15783
惠州	1799268	812388	96075	34537	57587
汕尾	418595	213260	73656	5195	6329
东莞	2766611	2524554	34965	128789	181425
中山	1891468	1150583	362	61695	59054
江门	2064107	929277	123809	28405	32274
阳江	467443	227939	76932	3907	7517
湛江	1553058	910976	183305	5765	14904
茂名	931799	539476	179181	5445	16554
肇庆	1227651	495477	115497	8266	20594
清远	963206	380376	110701	9276	16658
潮州	830421	381959	74743	6566	6770
揭阳	829390	345897	161954	945	4902
云浮	451420	190327	80313	7050	9269
省直	16620404	15158729		2100	395798
按经济区域分					
珠三角	30625323	20468868	1129023	1057288	999554
东翼	3543640	1672745	433994	39943	34231
西翼	2952300	1678392	439419	15117	38975
山区	4460804	1985560	498116	44470	77075

5−19 各市养老、失业、工伤保险基金征收收入情况(2019年)

单位：万元

市别	城镇职工基本养老保险	企业+其他	城乡居民基本养老保险	失业保险	工伤保险
合计	**48109116**	**35241604**	**389890**	**958755**	**438923**
广州	10618022	7613652	110503	272773	86623
深圳	10865519	9963335	867	274480	102718
珠海	1421836	1147973	6616	33471	14161
汕头	1097011	461737	17722	15071	7580
佛山	3143284	2608045	16516	62549	37329
韶关	592897	288744	14945	8730	9161
河源	714014	230415	10407	5718	4296
梅州	776880	355066	22499	6936	5403
惠州	2141555	1289573	16808	30066	24159
汕尾	320410	111274	20173	3652	3445
东莞	4544051	4279725		126354	63151
中山	2126088	1549392	195	41218	18895
江门	1582463	817397	15152	17794	13033
阳江	406522	178808	12570	2154	3787
湛江	910816	427961	23453	12267	5934
茂名	680151	295334	19793	10148	5356
肇庆	930923	358299	20423	10101	7983
清远	862421	376639	27887	12413	7486
潮州	519235	174808	6804	3969	2541
揭阳	558886	242614	16839	4615	2926
云浮	363671	146573	9719	4277	4022
省直	2932461	2324243			8937
按经济区域分					
珠三角	37373742	29627391	187080	868806	368051
东翼	2495542	990432	61539	27306	16492
西翼	1997488	902102	55816	24569	15076
山区	3309882	1397436	85456	38074	30367

5-20 各市养老、失业、工伤保险基金累计结余情况(2019年)

单位：万元

市别	城镇职工基本养老保险	企业+其他	城乡居民基本养老保险	失业保险	工伤保险
合计	**123435702**	**115972587**	**4570597**	**6310093**	**2747980**
广州	11183221	10899379	1649362	2094750	507242
深圳	55650618	53385250	3795	1712539	483093
珠海	5333762	5045397	113954	236577	67941
汕头	313632	123223	186434	183676	49865
佛山	6500608	5985413	210561	268393	293553
韶关	225703	132432	149045	95064	18172
河源	551578	431960	107208	35025	13419
梅州	439427	296036	118636	34768	22860
惠州	4744723	4571297	286042	114435	114031
汕尾	209300	99084	57117	29183	25299
东莞	21050514	20473932	1005	343867	204311
中山	5204220	5053912	304	160174	77823
江门	863873	747792	215186	147676	42642
阳江	397225	234938	152867	24841	14570
湛江	434655	190428	242868	112422	36661
茂名	404460	199321	239441	134837	56363
肇庆	376335	246163	216179	102162	33859
清远	729711	673052	247705	96267	27482
潮州	67738	49419	68911	44374	27466
揭阳	292246	130885	159227	50337	15639
云浮	298606	188351	144751	35051	16233
省直	8163546	6814923		253674	599458
按经济区域分					
珠三角	110907875	106408536	2696387	5180574	1824495
东翼	882916	402611	471689	307570	118269
西翼	1236340	624687	635176	272100	107593
山区	2245025	1721830	767345	296175	98165

5-21 各市城镇职工基本养老保险基金收入情况(2013-2019年)

单位：万元

市别	2013	2014	2015	2016	2017	2018	2019
合计	**19611779**	**23091156**	**27996015**	**30800029**	**37878710**	**51294038**	**70350114**
广州	3391649	3569506	4346791	4693848	5604423	7754148	12554329
深圳	4871676	5832053	7067413	7553667	10652718	12188664	12896443
珠海	696916	683885	960320	1038801	1084283	1695532	2037412
汕头	384972	515343	522147	585927	716945	747915	1662652
佛山	1476450	1510882	1861449	2262476	2836121	3391296	3509896
韶关	245384	384760	354438	430116	474988	607731	1302148
河源	144851	185936	201481	235129	280711	374204	738289
梅州	250119	309691	348917	657653	536068	1032191	1079483
惠州	455267	599744	896493	897983	1216881	1668360	2362511
汕尾	98563	141572	154547	163432	166455	240726	410789
东莞	1758836	2054413	3302955	3635971	3899621	5133382	5020453
中山	653194	881715	1188409	1248758	1757281	1858777	2255370
江门	601947	652834	696540	771176	924666	1047336	1949375
阳江	128463	169315	190862	230948	223043	321554	505088
湛江	390250	700729	668238	726310	811009	842614	1709489
茂名	330425	452035	441410	473612	428065	689666	1018439
肇庆	271705	343306	365161	431060	412167	615727	1173765
清远	251228	318326	318327	390727	367964	550344	958238
潮州	167625	251073	246780	277248	287104	416835	827223
揭阳	257475	362263	369252	410055	419954	553413	822883
云浮	114226	134841	145300	180534	223720	278778	416966
省直	2670555	3036934	3348787	3504598	4554525	9284844	15138873
按经济区域分							
珠三角	14177640	16128338	20685531	22533740	28388160	35353222	43759553
东翼	908635	1270251	1292726	1436662	1590458	1958890	3723548
西翼	849138	1322079	1300510	1430870	1462117	1853834	3233016
山区	1005808	1333554	1368463	1894159	1883451	2843248	4495124

5-22 各市城镇职工基本养老保险(执行企业养老保险制度)基金收入情况(2013-2019年)

单位：万元

市别	2013	2014	2015	2016	2017	2018	2019
合计	**18784195**	**22211570**	**26641751**	**29248777**	**34008784**	**43608840**	**53480408**
广州	3391649	3569506	4146467	4693848	5604363	7054687	8408303
深圳	4831233	5775366	6989932	7437427	9106248	11331032	11891216
珠海	596629	584084	824540	885386	929727	1292070	1422904
汕头	360830	488433	495594	565006	657863	531804	878823
佛山	1376037	1407594	1763025	2101464	2212530	2757383	2896196
韶关	221966	362442	330629	405575	458001	372641	681066
河源	121935	161286	175568	201285	241416	250319	246553
梅州	229888	287096	321143	639520	464415	643130	549647
惠州	424317	561842	849143	871008	1121562	1353340	1441130
汕尾	87986	127294	136836	146793	148055	167712	199005
东莞	1737691	2032529	3175743	3278824	3656096	4836467	4745299
中山	599789	828583	1121800	1164388	1485777	1674633	1695317
江门	533252	581826	612100	672902	797504	819399	867728
阳江	117524	158914	177986	215688	178338	201616	250916
湛江	356352	667514	618428	686766	759655	692270	1196461
茂名	302990	422032	404204	432630	384880	490459	608144
肇庆	240761	308104	316879	363728	355070	390535	443036
清远	234541	297639	311878	388484	342362	369248	400109
潮州	156931	237024	233989	265046	268573	325261	399982
揭阳	161989	248122	223651	257727	246730	333744	312005
云浮	99749	123416	134551	149363	148403	147176	179111
省直	2600155	2980924	3277665	3425917	4441214	7573914	13767455
按经济区域分							
珠三角	13731358	15649434	19799629	21468975	25268878	31509546	33811130
东翼	767736	1100873	1090070	1234572	1321221	1358521	1789815
西翼	776866	1248460	1200618	1335084	1322873	1384345	2055521
山区	908079	1231879	1273769	1784227	1654598	1782514	2056487

5-23 各市城乡居民基本养老保险基金收入情况(2013-2019年)

单位：万元

市 别	2013	2014	2015	2016	2017	2018	2019
合 计	**1417086**	**1806131**	**2067315**	**1847977**	**1881695**	**2158325**	**2842978**
广 州	502531	655935	383467	268065	265271	253841	608433
深 圳	2633	2363	2876	2749	3052	3572	4450
珠 海	30179	32948	36193	31304	30332	36145	39273
汕 头	55045	72554	95686	95497	91483	112051	145971
佛 山	97521	90348	327773	107597	128632	158930	142352
韶 关	36540	39861	60576	66492	70907	79934	93213
河 源	39625	51186	62226	69081	62496	84307	104847
梅 州	42134	66951	91187	139003	95133	121271	159605
惠 州	66435	82339	99343	103743	109851	125471	128056
汕 尾	26270	28997	39180	47631	55921	75553	91966
东 莞	32442	31232	37921	32751	34837	35409	35200
中 山	37	57	121	165	188	332	513
江 门	67277	76231	98332	107045	114813	124621	140076
阳 江	37598	46129	72282	72684	63777	75670	94461
湛 江	78719	113524	124195	148051	130495	183062	204375
茂 名	71952	100434	131300	135599	136773	177382	213017
肇 庆	42309	72899	97069	93835	105084	113478	137180
清 远	47234	56798	77561	86873	156285	115082	154045
潮 州	29752	35977	51828	53047	52082	65421	80966
揭 阳	74106	97666	100489	116971	108588	140608	175014
云 浮	36746	51701	77709	69793	65694	76185	89966
省 直							
按经济区域分							
珠三角	841364	1044352	1083095	747254	792061	851800	1235533
东 翼	185173	235194	287183	313146	308074	393633	493917
西 翼	188269	260087	327777	356334	331044	436113	511852
山 区	202279	266497	369259	431242	450515	476779	601676

5-24 各市失业保险基金收入情况(2013-2019年)

单位：万元

市　别	2013	2014	2015	2016	2017	2018	2019
合　计	**1299176**	**1405541**	**1590628**	**1064441**	**1162470**	**1249585**	**1612668**
广　州	351536	333433	341084	226562	268221	256921	589652
深　圳	516328	543081	594319	330226	390480	450447	469019
珠　海	53455	56764	48629	41687	42132	51742	57203
汕　头	30640	46615	33388	20717	26953	28211	25114
佛　山	65600	69732	69884	65285	56431	66173	81867
韶　关	19087	16735	19321	13758	13157	12576	11266
河　源	9289	9710	10152	7018	6907	8690	7219
梅　州	6111	9909	13266	8933	8395	8169	9419
惠　州	13767	22645	30181	27953	33991	37577	31696
汕　尾	5020	5523	6738	4189	5633	4252	5088
东　莞	44983	75679	186278	117223	120946	134604	132085
中　山	30262	45664	46793	50188	53769	47129	46334
江　门	29555	32325	38068	26330	28621	21709	24261
阳　江	6870	3943	2771	4488	5732	6864	2596
湛　江	15948	19600	25603	14084	16364	14634	14485
茂　名	20290	20075	22567	13850	15720	16288	12868
肇　庆	19235	17813	20537	16367	10507	15567	15119
清　远	16039	17362	16607	15705	14502	16818	16004
潮　州	9465	8699	8980	5594	5191	5354	4912
揭　阳	5687	5615	7181	5498	6338	5923	6488
云　浮	7042	7215	7653	5092	4671	5518	4853
省　直	22969	37402	40629	43693	27808	34420	45120
按经济区域分							
珠 三 角	1124721	1197136	1375773	901821	1005098	1081868	1447237
东　翼	50812	66452	56287	35998	44115	43740	41601
西　翼	43108	43618	50941	32422	37816	37786	29949
山　区	57568	60931	66999	50506	47632	51771	48761

5-25 各市工伤保险基金收入情况(2013-2019年)

单位：万元

市别	2013	2014	2015	2016	2017	2018	2019
合计	**609660**	**697542**	**732539**	**633851**	**766577**	**775958**	**1412228**
广州	97287	98922	99932	90447	144848	114146	132718
深圳	123730	133537	168512	119444	189104	205103	198307
珠海	20622	21230	19736	17000	17968	22941	38138
汕头	7086	8854	8480	8073	10671	9765	12036
佛山	57017	66747	68815	70691	65101	63412	83481
韶关	8815	24712	19109	17794	11172	20259	24568
河源	3878	4709	4700	3576	4864	6904	7799
梅州	4918	8579	7762	7650	7443	9238	11345
惠州	16933	26786	30372	24012	35937	41438	43116
汕尾	2015	2668	3747	4596	3602	5406	7285
东莞	121083	136260	132896	119483	124306	100058	138888
中山	34337	43548	46155	38070	27836	27613	42743
江门	11564	13744	14097	14841	16934	19663	26417
阳江	2207	2347	2939	5043	6401	6553	6009
湛江	5343	7622	9161	6517	11725	8952	10347
茂名	9155	10169	11652	8986	10439	10310	10129
肇庆	8062	8772	10392	9051	11586	14264	14905
清远	9442	10042	7023	9324	10454	12192	13382
潮州	4232	4854	5265	3658	3851	3937	4003
揭阳	2381	2826	2878	2495	2165	3370	4181
云浮	2942	3617	4568	4563	5589	7256	7999
省直	56610	56998	54348	48535	44581	63175	574432
按经济区域分							
珠三角	490635	549546	590907	503039	633621	608639	718713
东翼	15714	19202	20370	18822	20289	22479	27506
西翼	16705	20138	23752	20546	28565	25815	26485
山区	29995	51659	43162	42907	39521	55850	65093

5-26 各市城镇职工基本养老保险基金征收收入情况(2013—2019年)

单位：万元

市别	2013	2014	2015	2016	2017	2018	2019
合计	**17477823**	**19233875**	**22730817**	**26222045**	**31432847**	**36871967**	**48109116**
广州	3252917	3354970	3855343	4526504	5370892	6832165	10618022
深圳	4751820	5363531	6162593	6940615	9406328	9790062	10865519
珠海	603533	625518	857145	936862	1039517	1209049	1421836
汕头	324657	328519	369127	409173	440743	633190	1097011
佛山	1392568	1392348	1652417	2136346	2627195	2897180	3143284
韶关	214027	238925	238311	273791	280554	445229	592897
河源	128775	140144	165294	198577	252628	349666	714014
梅州	212655	235298	235426	542788	382557	808311	776880
惠州	438096	531906	797856	866162	1106323	1437130	2141555
汕尾	86778	98282	112074	118483	133759	213126	320410
东莞	1553632	1903826	2881681	3273690	3593552	4116476	4544051
中山	616209	834511	1097050	1185614	1446309	1616473	2126088
江门	555756	600201	618339	686677	808377	972352	1582463
阳江	112334	110715	141211	163200	187928	273417	406522
湛江	316569	317597	356761	402622	419980	542362	910816
茂名	256701	261929	291901	317761	327724	474281	680151
肇庆	247003	252590	281936	324950	353225	533955	930923
清远	227491	249045	256878	307316	337877	516411	862421
潮州	150629	155259	163745	172521	180120	244749	519235
揭阳	196787	212710	239204	288382	360549	433679	558886
云浮	98562	104379	115652	146123	203212	263745	363671
省直	1740322	1921673	1840871	2003886	2173496	2268958	2932461
按经济区域分							
珠三角	13411534	14859401	18204360	20877420	25751719	29404843	37373742
东翼	758851	794770	884150	988559	1115171	1524744	2495542
西翼	685604	690241	789873	883583	935632	1290060	1997488
山区	881510	967791	1011561	1468595	1456828	2383362	3309882

5-27 各市城镇职工基本养老保险(执行企业养老保险制度)基金征收收入情况(2013-2019年)

单位：万元

市别	2013	2014	2015	2016	2017	2018	2019
合计	**16771968**	**18472881**	**21758167**	**24837514**	**28015152**	**31721717**	**35241604**
广州	3252917	3354970	3855343	4526504	5370833	6478160	7613652
深圳	4721046	5316526	6097101	6837075	7868517	8954880	9963335
珠海	516333	531774	727173	793927	887222	976731	1147973
汕头	303308	306348	343639	388836	418547	447877	461737
佛山	1297478	1296947	1563575	1986576	2122553	2299444	2608045
韶关	195131	220353	217748	252006	268642	280008	288744
河源	109818	120752	142301	169429	220036	223428	230415
梅州	194727	215023	214117	530220	316895	449387	355066
惠州	407162	497040	757809	839585	1016409	1132807	1289573
汕尾	76734	88137	100757	105650	120775	141900	111274
东莞	1537138	1885441	2764329	2917280	3351742	3829228	4279725
中山	568767	782454	1031656	1105967	1304648	1436905	1549392
江门	497755	539028	553505	617314	728565	766964	817397
阳江	101538	100549	128593	150818	153924	159679	178808
湛江	283155	288276	322956	367124	373624	395818	427961
茂名	231782	234209	258290	281971	288939	293193	295334
肇庆	219130	221520	246627	287833	312807	322858	358299
清远	212370	231889	251919	307300	314408	341970	376639
潮州	140337	143278	151820	160961	168432	165542	174808
揭阳	121941	130811	144172	160497	210915	274071	242614
云浮	85782	95080	105581	116509	129693	134029	146573
省直	1697620	1872476	1779155	1934132	2067026	2216838	2324243
按经济区域分							
珠三角	13017726	14425700	17597118	19912061	22963295	26197977	29627391
东翼	642320	668574	740388	815944	918670	1029389	990432
西翼	616475	623034	709839	799913	816487	848690	902102
山区	797828	883097	931666	1375464	1249674	1428822	1397436

5-28 各市城乡居民基本养老保险基金征收收入情况(2013-2019年)

单位：万元

市　别	2013	2014	2015	2016	2017	2018	2019
合　计	**438886**	**600113**	**614487**	**388669**	**398325**	**356239**	**389890**
广　州	231808	325303	110934	95050	76430	85315	110503
深　圳	875	458	374	408	645	731	867
珠　海	10816	13387	6761	6885	7300	7420	6616
汕　头	16121	22427	22996	21356	18991	20359	17722
佛　山	24924	27739	244301	18626	14543	18329	16516
韶　关	10307	9215	14902	19382	19822	14754	14945
河　源	7949	10629	10955	10605	10534	11243	10407
梅　州	6537	9880	19333	53132	12285	16097	22499
惠　州	12507	14003	18593	16341	17862	20084	16808
汕　尾	1831	2223	5146	5155	9296	14089	20173
东　莞							
中　山	1	2	5	6	10	111	195
江　门	18029	14655	15100	15685	21711	20389	15152
阳　江	8134	10650	10586	13905	11238	12025	12570
湛　江	21178	31306	3670	23376	25214	25376	23453
茂　名	15308	28603	33045	23166	18546	23187	19793
肇　庆	11095	25899	31770	17128	17283	32780	20423
清　远	10758	13854	14469	13029	80867	-364	27887
潮　州	5092	6879	6782	6403	6854	6702	6804
揭　阳	17559	16965	17786	14995	17185	17292	16839
云　浮	8061	16038	26978	14037	11708	10319	9719
省　直							
按经济区域分							
珠三角	310055	421446	427838	170129	155785	185159	187080
东　翼	40603	48494	52710	47909	52326	58442	61539
西　翼	44620	70559	47301	60447	54999	60588	55816
山　区	43612	59616	86637	110185	135215	52049	85456

5-29 各市失业保险基金征收收入情况(2013-2019年)

单位：万元

市别	2013	2014	2015	2016	2017	2018	2019
合计	**1192134**	**1238942**	**1460799**	**936274**	**995465**	**1034278**	**958755**
广州	305995	275611	326496	212584	205514	243652	272773
深圳	512940	534106	576275	323525	388746	382156	274480
珠海	46043	52633	43105	33648	36386	35910	33471
汕头	25801	26686	30921	19795	19215	17908	15071
佛山	59784	59396	63726	50527	51131	57453	62549
韶关	16829	14781	16337	10055	9658	9509	8730
河源	8735	8615	9605	6856	6735	5196	5718
梅州	5732	9439	12719	8061	7630	7345	6936
惠州	13682	19283	25426	27786	31242	27663	30066
汕尾	4822	4953	5668	3849	3967	4130	3652
东莞	39879	73654	180387	109696	106815	118599	126354
中山	28743	40166	43257	43068	46410	43610	41218
江门	28627	29839	32928	20215	18799	16401	17794
阳江	6658	3559	2618	3833	4710	3784	2154
湛江	15541	16488	20120	14336	10071	11446	12267
茂名	18106	17367	18544	12227	11647	11484	10148
肇庆	18599	17369	17434	10780	10177	10757	10101
清远	15208	15990	15241	11823	13292	13248	12413
潮州	8831	7918	7837	4727	4329	4389	3969
揭阳	5076	4883	5479	4750	5096	5029	4615
云浮	6504	6207	6675	4135	3894	4608	4277
省直							
按经济区域分							
珠三角	1054292	1102057	1309034	831829	895221	936201	868806
东翼	44530	44440	49905	33121	32608	31456	27306
西翼	40305	37414	41282	30396	26427	26714	24569
山区	53008	55032	60577	40930	41209	39906	38074

5-30 各市工伤保险基金征收收入情况(2013-2019年)

单位：万元

市别	2013	2014	2015	2016	2017	2018	2019
合计	**538126**	**584412**	**611261**	**532386**	**645154**	**622630**	**438923**
广州	86914	87286	97948	89067	96548	103791	86623
深圳	117997	125002	128363	108826	176615	161851	102718
珠海	18660	19261	17838	13492	14724	19554	14161
汕头	6418	6632	7560	7469	9322	8262	7580
佛山	52573	57936	64038	59755	59475	57470	37329
韶关	8666	9576	8960	9662	10945	11693	9161
河源	3657	3989	4476	3260	4832	4923	4296
梅州	4544	5356	5814	5872	6963	8214	5403
惠州	16888	20679	29231	23968	30919	34746	24159
汕尾	1903	2265	2653	3632	3592	5066	3445
东莞	111286	128741	126442	102110	117675	89973	63151
中山	29550	41086	42953	32525	25867	26584	18895
江门	11228	11715	12168	12851	13893	17888	13033
阳江	2044	1884	2722	3764	5671	5486	3787
湛江	4733	6436	7583	6119	10361	7926	5934
茂名	7952	8982	10123	8004	8481	8919	5356
肇庆	8030	8076	8761	8076	11266	12278	7983
清远	9213	9106	6592	8005	10009	11311	7486
潮州	3896	4309	4483	2864	3515	3451	2541
揭阳	2180	2307	2403	1939	2001	2858	2926
云浮	2884	3165	3639	4090	5063	6606	4022
省直	26910	20623	16510	17038	17415	13778	8937
按经济区域分							
珠三角	453126	499782	527742	450670	546983	524136	368051
东翼	14397	15513	17099	15904	18430	19637	16492
西翼	14729	17302	20428	17887	24513	22331	15076
山区	28964	31192	29481	30889	37813	42748	30367

5-31 各市城镇职工基本养老保险基金支出情况(2013-2019年)

单位：万元

市 别	2013	2014	2015	2016	2017	2018	2019
合 计	**11676625**	**15380761**	**17110138**	**19400474**	**22291984**	**32456968**	**58202471**
广 州	2722840	3361628	3567455	4124258	4497176	5240900	10078671
深 圳	1271664	1553485	1732325	1921661	2807802	4615115	6311272
珠 海	299568	332788	396828	498569	731507	1056004	1443004
汕 头	361341	450995	543742	579598	760439	852953	1465233
佛 山	1060964	1278881	1485150	1786948	2231721	2498564	3043270
韶 关	267594	332410	373893	428304	500255	746730	1137205
河 源	102720	128724	154558	187263	203090	329130	744260
梅 州	297443	382789	452720	687450	618271	892344	1164714
惠 州	221326	270211	328228	359398	480835	954165	1799268
汕 尾	81874	108328	127131	141838	156486	248134	418595
东 莞	473076	591923	915113	1042061	1170550	1946261	2766611
中 山	476371	568118	657913	717509	880514	1068535	1891468
江 门	468390	590570	714385	770041	839151	1039931	2064107
阳 江	110471	139012	165186	180281	195380	302349	467443
湛 江	450345	562214	668971	726127	791160	937128	1553058
茂 名	287254	351326	395934	433326	483814	760658	931799
肇 庆	231303	284721	328329	360266	456656	614338	1227651
清 远	179382	225277	271615	293048	314246	583413	963206
潮 州	181688	231999	275849	302099	330894	419156	830421
揭 阳	237283	294110	367867	397357	435227	478454	829390
云 浮	86112	106868	122066	135474	188665	279066	451420
省 直	1807618	3234382	3064883	3327600	3218146	6593643	16620404
按经济区域分							
珠 三 角	7225502	8832325	10125726	11580711	14095912	19033813	30625323
东 翼	862186	1085432	1314589	1420892	1683047	1998696	3543640
西 翼	848070	1052552	1230091	1339734	1470354	2000135	2952300
山 区	933251	1176068	1374852	1731539	1824525	2830682	4460804

5-32 各市城镇职工基本养老保险(执行企业养老保险制度)基金支出情况(2013-2019年)

单位：万元

市　别	2013	2014	2015	2016	2017	2018	2019
合　计	**11208951**	**14875834**	**16338378**	**18248300**	**20428256**	**26651647**	**40964293**
广　州	2722840	3361628	3567455	4124258	4497151	4747962	6009929
深　圳	1205667	1493177	1662001	1843611	2720658	4357551	5359996
珠　海	243877	266161	321434	380450	456397	664541	762669
汕　头	357870	447405	539532	575281	615603	658809	731628
佛　山	995582	1209315	1397470	1632139	1777842	1884818	2423994
韶　关	261763	326582	366823	424916	440826	464670	513751
河　源	98795	123863	148669	156184	172819	179407	225637
梅　州	293548	377895	447794	504031	587967	561547	675469
惠　州	217936	265683	323310	353918	425963	592413	812388
汕　尾	80187	106302	124201	139260	153037	168168	213260
东　莞	471031	589029	745592	833852	1045664	1803049	2524554
中　山	435581	519423	606848	658656	741041	977084	1150583
江　门	414004	529126	638640	688869	747762	816022	929277
阳　江	109002	137054	162823	178023	191262	199463	227939
湛　江	445095	555440	661378	718948	781568	845379	910976
茂　名	282630	344816	390133	426980	458499	491187	539476
肇　庆	211287	262135	300274	332520	366638	384165	495477
清　远	176226	222056	266960	289669	308648	336053	380376
潮　州	170969	219708	261589	287283	313607	343583	381959
揭　阳	149963	193621	232080	250946	276747	299027	345897
云　浮	69685	104888	119896	132912	141172	152321	190327
省　直	1795412	3220528	3053479	3315594	3207384	5724428	15158729
按经济区域分							
珠三角	6917805	8495677	9563024	10848273	12779116	16227605	20468868
东　翼	758989	967036	1157402	1252770	1358995	1469587	1672745
西　翼	836727	1037310	1214334	1323951	1431329	1536029	1678392
山　区	900017	1155284	1350142	1507712	1651432	1693998	1985560

5-33 各市城乡居民基本养老保险基金支出情况(2013-2019年)

单位：万元

市　别	2013	2014	2015	2016	2017	2018	2019
合　计	**909255**	**1058758**	**1469326**	**1570524**	**1705862**	**2018885**	**2500551**
广　州	231673	273754	313873	327091	336535	345745	552861
深　圳	2204	2419	3087	3024	3193	3732	4182
珠　海	15744	18783	34911	24781	21867	24351	27159
汕　头	35506	41068	62133	70575	79094	102744	123640
佛　山	77100	84785	145836	139665	148220	160265	174113
韶　关	23234	27303	40334	48353	50585	63905	74376
河　源	30219	33377	49337	54097	59800	74189	86730
梅　州	58335	65322	88169	98576	104569	125266	145995
惠　州	46293	50721	63439	68131	73498	87895	96075
汕　尾	21883	26004	39651	44028	49500	62575	73656
东　莞	32313	30915	35112	32466	34934	35367	34965
中　山	29	55	117	141	171	236	362
江　门	42033	53672	68883	77379	85968	107227	123809
阳　江	25315	28092	42256	46334	52300	65180	76932
湛　江	55620	65220	99064	109012	123379	151778	183305
茂　名	52759	63185	95881	106078	121760	149435	179181
肇　庆	32194	39853	60703	69709	77330	98092	115497
清　远	33749	39378	58795	64280	72745	92997	110701
潮　州	21579	28063	39120	43228	48750	62850	74743
揭　阳	48329	57442	85383	95578	107294	137199	161954
云　浮	23142	29344	43240	48000	54368	67858	80313
省　直							
按经济区域分							
珠三角	479583	554957	725961	742387	781718	862910	1129023
东　翼	127297	152577	226287	253409	284638	365367	433994
西　翼	133694	156497	237201	261424	297440	366393	439419
山　区	168679	194724	279875	313306	342067	424214	498116

5-34 各市失业保险基金支出情况(2013-2019年)

单位：万元

市　别	2013	2014	2015	2016	2017	2018	2019
合　计	**264734**	**326733**	**401820**	**997695**	**742026**	**762048**	**1158918**
广　州	105042	115793	135400	329215	224001	223983	220140
深　圳	34907	42695	64577	361799	218742	219055	425025
珠　海	12267	16130	19794	35293	31801	30119	56546
汕　头	4230	19086	5392	14529	10780	9191	27237
佛　山	31275	36966	37904	50004	58763	53650	93883
韶　关	4963	7533	4835	9018	9818	5537	6711
河　源	3299	2923	3542	5327	4581	4142	13650
梅　州	4329	4368	4040	5608	4820	4442	7783
惠　州	4662	6106	9875	20394	17519	19164	34537
汕　尾	1207	965	1246	1695	1461	1974	5195
东　莞	21193	29288	58297	85721	77205	94863	128789
中　山	6731	10459	19064	28108	32591	42648	61695
江　门	8671	8012	11294	14085	16925	15707	28405
阳　江	3874	2890	2180	2546	3101	3156	3907
湛　江	5677	5707	5212	5091	4943	5830	5765
茂　名	3461	3311	3511	3996	5539	7551	5445
肇　庆	3686	4352	5539	8927	6093	6229	8266
清　远	2531	3368	4617	7701	6532	6168	9276
潮　州	1278	1610	2047	3029	3503	3332	6566
揭　阳	182	186	179	1456	1031	1137	945
云　浮	1269	783	1174	2052	2276	2070	7050
省　直		4200	2100	2100		2100	2100
按经济区域分							
珠 三 角	228434	269801	361744	933546	683641	705418	1057288
东　翼	6897	21847	8864	20709	16776	15634	39943
西　翼	13012	11908	10903	11633	13583	16537	15117
山　区	16391	18975	18208	29706	28026	22359	44470

5-35 各市工伤保险基金支出情况(2013-2019年)

单位：万元

市 别	2013	2014	2015	2016	2017	2018	2019
合 计	**386841**	**470899**	**490187**	**521400**	**539531**	**647328**	**1545634**
广 州	53544	59747	61583	66990	71191	75618	193804
深 圳	92803	100626	114545	125507	141397	181787	295695
珠 海	11820	13359	15909	18132	19654	22554	44543
汕 头	2903	2931	3234	3401	3507	5357	16231
佛 山	34397	34319	38298	43640	45767	52793	114579
韶 关	14489	16740	14918	14898	16096	16665	25040
河 源	2389	3041	3811	3478	3719	5275	10326
梅 州	4047	4835	4715	4897	6149	7417	15783
惠 州	7942	13657	12661	16883	18234	26650	57587
汕 尾	948	820	867	1094	1196	1177	6329
东 莞	95738	119603	120276	119061	117006	122233	181425
中 山	24133	26557	30092	31745	33400	34633	59054
江 门	8762	10304	12349	13135	15982	20343	32274
阳 江	2253	3239	2859	3321	3675	4917	7517
湛 江	3009	3724	4729	5747	4730	6586	14904
茂 名	3437	4330	4693	4696	5450	5278	16554
肇 庆	5002	5497	5652	6001	8197	9013	20594
清 远	5475	6553	6938	8202	5589	9858	16658
潮 州	937	1568	1769	1638	1499	2147	6770
揭 阳	1019	936	1085	1885	1150	1272	4902
云 浮	2258	2210	2941	2237	3180	4618	9269
省 直	9533	36304	26261	24811	12763	31133	395798
按经济区域分							
珠 三 角	334141	383669	411365	441094	470828	545625	999554
东 翼	5807	6255	6955	8018	7352	9954	34231
西 翼	8699	11293	12281	13764	13855	16782	38975
山 区	28658	33379	33323	33712	34733	43834	77075

5-36 各市城镇职工基本养老保险基金累计结余情况(2013-2019年)

单位：万元

市　　别	2013	2014	2015	2016	2017	2018	2019
合　　计	**46731270**	**54441665**	**65327542**	**76525518**	**92450988**	**111288058**	**123435702**
广　　州	3730589	3938467	4717802	5087069	6194315	8707564	11183221
深　　圳	18401319	22679887	28014975	33646981	41491898	49065447	55650618
珠　　海	2292228	2643325	3206818	3747050	4099826	4739354	5333762
汕　　头	215664	280011	258416	264745	221250	116213	313632
佛　　山	3453024	3685024	4061323	4536850	5141250	6033982	6500608
韶　　关	190320	242669	223213	225026	199759	60760	225703
河　　源	282853	340064	386987	434854	512475	557549	551578
梅　　州	673651	600553	496752	466955	384811	524658	439427
惠　　州	1294857	1624390	2192654	2731240	3467286	4181480	4744723
汕　　尾	132290	165534	192951	214545	224513	217105	209300
东　　莞	6436240	7898729	10286571	12880479	15609551	18796672	21050514
中　　山	1549640	1863238	2393735	2924985	4050076	4840318	5204220
江　　门	841415	903679	885834	885685	971201	978605	863873
阳　　江	206069	236372	262047	312714	340376	359581	397225
湛　　江	214924	353439	352706	352889	372738	278224	434655
茂　　名	258090	358798	404275	444560	388811	317820	404460
肇　　庆	307110	365696	402527	473321	428833	430222	376335
清　　远	476590	569639	616351	714030	767748	734679	729711
潮　　州	151892	170966	141898	117047	73257	70936	67738
揭　　阳	156801	224953	226338	239065	223793	298753	292246
云　　浮	202024	229997	253231	298291	333348	333060	298606
省　　直	5263681	5066233	5350137	5527135	6953875	9645077	8163546
按经济区域分							
珠 三 角	38306422	45602435	56162239	66913660	81454235	97773644	110907875
东　　翼	656647	841464	819603	835402	742813	703007	882916
西　　翼	679083	948609	1019028	1110163	1101925	955625	1236340
山　　区	1825438	1982922	1976534	2139156	2198139	2210705	2245025

5-37 各市城镇职工基本养老保险(执行企业养老保险制度)基金累计结余情况(2013-2019年)

单位：万元

市别	2013	2014	2015	2016	2017	2018	2019
合计	**43941281**	**51277017**	**61580390**	**72580141**	**86499279**	**103456472**	**115972587**
广州	3730589	3938467	4517478	5087069	6194281	8501006	10899379
深圳	18291021	22573210	27901142	33494958	39880549	46854030	53385250
珠海	1958337	2276261	2779367	3284303	3757633	4385161	5045397
汕头	73958	114986	71048	60773	103033	-23972	123223
佛山	3172800	3371080	3736635	4205959	4640647	5513212	5985413
韶关	59647	95506	59312	39971	57146	-34884	132432
河源	162112	199535	226434	271535	340132	411045	431960
梅州	545786	454987	328337	463826	340274	421858	296036
惠州	1146947	1443106	1968939	2486029	3181628	3942555	4571297
汕尾	77618	98609	111245	118778	113795	113339	99084
东莞	6290714	7734213	10164364	12609336	15219768	18253187	20473932
中山	1488724	1797884	2312837	2818569	3811629	4509178	5053912
江门	746781	799481	772941	756220	805963	809340	747792
阳江	148044	169904	185067	222732	209808	211961	234938
湛江	43024	155098	112148	79966	58053	-95057	190428
茂名	108062	185279	199350	205000	131381	130654	199321
肇庆	210021	255989	272594	303802	292234	298604	246163
清远	367095	442677	487595	586411	620125	653319	673052
潮州	127275	144590	116991	94754	49719	31396	49419
揭阳	107193	161695	153266	160076	130060	164777	130885
云浮	147844	166372	181028	197479	204711	199566	188351
省直	4937689	4698085	4922272	5032595	6356710	8206196	6814923
按经济区域分							
珠三角	37035934	44189691	54426297	65046245	77784332	93066273	106408536
东翼	386044	519880	452550	434381	396607	285541	402611
西翼	299130	510281	496565	507698	399242	247558	624687
山区	1282484	1359077	1282706	1559222	1562388	1650904	1721830

5-38 各市城乡居民基本养老保险基金累计结余情况(2013-2019年)

单位：万元

市别	2013	2014	2015	2016	2017	2018	2019
合计	**2195395**	**2976814**	**3573471**	**3851618**	**4027451**	**4166892**	**4570597**
广州	1302932	1685112	1754706	1695680	1624416	1532512	1649362
深圳	4370	4314	4103	3828	3687	3526	3795
珠海	59610	73775	75058	81581	90046	101840	113954
汕头	52445	83931	117484	142406	154796	164103	186434
佛山	107352	113377	295314	263245	243657	242321	210561
韶关	42919	55477	75718	93857	114180	130209	149045
河源	28140	47709	60598	76277	78974	89092	107208
梅州	73382	75011	78029	118456	109020	105025	118636
惠州	76997	108615	144519	180131	216484	254061	286042
汕尾	13283	16276	15804	19408	25828	38806	57117
东莞	-2586	-2269	540	825	728	771	1005
中山	9	11	15	39	56	153	304
江门	72338	94896	123013	152679	181524	198918	215186
阳江	32388	56996	87022	113372	124849	135339	152867
湛江	70925	119229	144360	183399	190514	221798	242868
茂名	60458	97706	133125	162646	177659	205605	239441
肇庆	33763	90865	127231	151357	179111	194497	216179
清远	39182	57377	76143	98736	182276	204361	247705
潮州	26197	34258	46966	56786	60117	62688	68911
揭阳	64743	104966	120072	141464	142759	146168	159227
云浮	36549	59181	93651	115445	126770	135098	144751
省直							
按经济区域分							
珠三角	1654785	2168696	2524499	2529365	2539710	2528599	2696387
东翼	156668	239431	300326	360064	383500	411766	471689
西翼	163771	273931	364507	459417	493022	562742	635176
山区	220172	294755	384139	502771	611220	663785	767345

5-39 各市失业保险基金累计结余情况(2013-2019年)

单位：万元

市 别	2013	2014	2015	2016	2017	2018	2019
合 计	**4078000**	**5156808**	**6345616**	**6412362**	**6832806**	**7320343**	**6310093**
广 州	1758611	1976250	2181934	2079281	2123501	2156439	2094750
深 圳	684061	1184447	1714189	1682616	1854354	2085745	1712539
珠 海	187102	227737	256572	262966	273298	294920	236577
汕 头	135294	162822	190817	197005	213179	232199	183676
佛 山	260391	293158	325138	340418	338086	350609	268393
韶 关	74302	83504	97990	102731	106070	113109	95064
河 源	29893	36680	43291	44982	47308	51856	35025
梅 州	15939	21479	30706	34030	37605	41332	34768
惠 州	67388	83927	104233	111791	128263	146676	114435
汕 尾	17498	22055	27547	30041	34212	36490	29183
东 莞	136416	182807	310788	342290	386031	425772	343867
中 山	108662	143868	171597	193677	214854	219335	160174
江 门	108791	133104	159877	172122	183818	189820	147676
阳 江	22726	23779	24370	26312	28944	32652	24841
湛 江	66201	80093	100484	109477	120897	129701	112422
茂 名	94622	111386	130443	140297	150478	159215	134837
肇 庆	69458	82919	97918	105357	109771	119109	102162
清 远	59331	73325	85315	93320	101290	111940	96267
潮 州	37131	44221	51154	53719	55407	57429	44374
揭 阳	29429	34858	41859	45901	51208	55994	50337
云 浮	24751	31184	37663	40703	43099	46547	35051
省 直	90002	123204	161733	203326	231134	263454	253674
按经济区域分							
珠 三 角	3380880	4308217	5322246	5290518	5611975	5988425	5180574
东 翼	219352	263956	311377	326666	354005	382112	307570
西 翼	183549	215258	255297	276086	300319	321568	272100
山 区	204216	246172	294965	315766	335372	364784	296175

5-40 各市工伤保险基金累计结余情况(2013-2019年)

单位：万元

市别	2013	2014	2015	2016	2017	2018	2019
合计	**1944265**	**2170908**	**2413260**	**2525711**	**2752757**	**2881386**	**2747980**
广州	355160	394334	432684	456142	529799	568328	507242
深圳	428643	461554	515521	509458	557165	580481	483093
珠海	65080	72951	76778	75645	73959	74346	67941
汕头	26646	32569	37816	42487	49651	54060	49865
佛山	204704	237132	267648	294699	314033	324652	293553
韶关	4916	12888	17078	19975	15050	18644	18172
河源	10516	12185	13073	13172	14317	15946	13419
梅州	14639	18384	21431	24184	25477	27298	22860
惠州	58042	71171	88881	96011	113713	128501	114031
汕尾	9476	11324	14205	17707	20113	24343	25299
东莞	232024	248681	261300	261723	269022	246847	204311
中山	67341	84331	100394	106718	101154	94133	77823
江门	41334	44774	46521	48227	49179	48499	42642
阳江	10809	9917	9996	11717	14443	16079	14570
湛江	22757	26655	31087	31856	38851	41218	36661
茂名	35679	41518	48477	52767	57756	62788	56363
肇庆	19841	23116	27856	30906	34296	39547	33859
清远	18863	22351	22436	23558	28423	30757	27482
潮州	17287	20574	24070	26091	28442	30232	27466
揭阳	8954	10844	12636	13247	14263	16360	15639
云浮	7094	8502	10129	12455	14865	17503	16233
省直	284460	305155	333242	356965	388782	420824	599458
按经济区域分							
珠三角	1472169	1638044	1817583	1879529	2042322	2105336	1824495
东翼	62363	75311	88727	99532	112469	124995	118269
西翼	69245	78090	89560	96340	111051	120084	107593
山区	56028	74310	84147	93344	98132	110148	98165

5-41 各市医疗、生育保险参保人数(2019年)

单位：人

市 别	基本医疗保险	城镇职工基本医疗保险	城乡居民基本医疗保险	生育保险
合 计	**107834664**	**43757263**	**64077401**	**36693633**
广 州	13022026	8031247	4990779	6281315
深 圳	15365957	12395741	2970216	12467099
珠 海	1978172	1348304	629868	1106359
汕 头	5005594	585071	4420523	728678
佛 山	5761379	3476991	2284388	2833214
韶 关	2976693	619011	2357682	362619
河 源	3114122	361799	2752323	306557
梅 州	4606360	500279	4106081	348317
惠 州	4237918	1720406	2517512	1720406
汕 尾	2976809	324138	2652671	230745
东 莞	6154985	6154985		4870292
中 山	2837132	2837132		1593482
江 门	3913573	1419251	2494322	936180
阳 江	2724326	306654	2417672	226255
湛 江	7119662	793309	6326353	517697
茂 名	6527504	512168	6015336	340114
肇 庆	4147632	749376	3398256	548050
清 远	4044821	667864	3376957	449737
潮 州	2649574	361527	2288047	374562
揭 阳	5951546	318277	5633269	225630
云 浮	2718879	273733	2445146	226325
省 直				
按经济区域分				
珠 三 角	57418774	38133433	19285341	32356397
东 翼	16583523	1589013	14994510	1559615
西 翼	16371492	1612131	14759361	1084066
山 区	17460875	2422686	15038189	1693555

注：1.省直医疗、生育保险属地化管理，无数据，下表同。
2.东莞市和中山市执行城乡统一医疗保险，在职工医疗口径反映。
3.各区域不包括省直。

5-42 各市城镇职工基本医疗保险参保人数(2014-2019年)

单位：人

市　别	2014	2015	2016	2017	2018	2019
合　计	**36470808**	**37118478**	**38141004**	**39626374**	**41706925**	**43757263**
广　州	5720692	6076242	6368229	6842761	7519504	8031247
深　圳	10041610	10391166	10930554	11510112	11952451	12395741
珠　海	1100613	1105038	1125515	1191554	1297457	1348304
汕　头	500987	516030	547542	547005	569921	585071
佛　山	2729387	2777424	2887199	3029694	3246530	3476991
韶　关	520113	540012	556280	576427	603038	619011
河　源	289677	301132	313760	333359	348904	361799
梅　州	429046	430967	460184	461207	480084	500279
惠　州	1666847	1618333	1562028	1550800	1565756	1720406
汕　尾	279084	281330	315049	320672	326329	324138
东　莞	6156884	6019153	5745699	5660857	5832967	6154985
中　山	2599154	2546162	2554049	2669843	2782258	2837132
江　门	1190865	1211309	1258931	1323598	1378735	1419251
阳　江	266147	270819	274660	279587	293128	306654
湛　江	606216	633640	636073	680339	761843	793309
茂　名	412598	422490	443834	465238	490876	512168
肇　庆	607873	618203	647338	645844	701739	749376
清　远	555313	553793	581805	595520	623941	667864
潮　州	311721	319139	327716	336174	350319	361527
揭　阳	277759	262883	376902	361672	322080	318277
云　浮	208222	223213	227657	244111	259065	273733
省　直						
按经济区域分						
珠三角	31813925	32363030	33079542	34425063	36277397	38133433
东　翼	1369551	1379382	1567209	1565523	1568649	1589013
西　翼	1284961	1326949	1354567	1425164	1545847	1612131
山　区	2002371	2049117	2139686	2210624	2315032	2422686

5-43 各市城乡居民基本医疗保险参保人数(2014-2019年)

单位：人

市 别	2014	2015	2016	2017	2018	2019
合 计	**63680231**	**64241734**	**63360624**	**64024306**	**64450781**	**64077401**
广 州	4826029	4449913	4595558	4774043	4957484	4990779
深 圳	1536667	1740390	1987463	2450977	2716744	2970216
珠 海	453492	477551	516059	559551	603204	629868
汕 头	4551131	4608609	4465462	4475685	4452173	4420523
佛 山	2067092	2070038	2113652	2147662	2219548	2284388
韶 关	2294325	2293995	2286268	2365184	2371824	2357682
河 源	3104713	3058058	3028877	2901622	2866343	2752323
梅 州	4419748	4419101	4266971	4248547	4194098	4106081
惠 州	2613882	2661439	2726134	2761150	2801753	2517512
汕 尾	2726630	2741373	2740662	2740821	2741591	2652671
东 莞						
中 山						
江 门	2696281	2658610	2567456	2564541	2534216	2494322
阳 江	2321681	2358769	2366689	2400955	2416721	2417672
湛 江	6436694	6655940	6571417	6469957	6319825	6326353
茂 名	6192842	6431180	5847409	5948018	5983469	6015336
肇 庆	3477924	3513387	3444162	3439310	3440270	3398256
清 远	3492258	3537141	3453915	3435122	3387847	3376957
潮 州	2275338	2294945	2330940	2307478	2307667	2288047
揭 阳	5665723	5714175	5523233	5532815	5641546	5633269
云 浮	2527781	2557120	2528297	2500868	2494458	2445146
省 直						
按经济区域分						
珠 三 角	17671367	17571328	17950484	18697234	19273219	19285341
东 翼	15218822	15359102	15060297	15056799	15142977	14994510
西 翼	14951217	15445889	14785515	14818930	14720015	14759361
山 区	15838825	15865415	15564328	15451343	15314570	15038189

注：1.东莞市居民医疗2010与职工医疗制度合并，中山市居民医疗2014与职工医疗制度合并。
2.2013年广州、韶关、河源含新农合参合人数，其中韶关、河源于2014年并入城乡居民医保；2014年广州含新农合人数，次年并入城乡居民医保。

5-44 各市生育保险参保人数(2014-2019年)

单位：人

市　　别	2014	2015	2016	2017	2018	2019
合　　计	**28012790**	**30817976**	**31618895**	**33008912**	**34953368**	**36693633**
广　　州	3572028	4368202	4766093	5189222	5852979	6281315
深　　圳	5946148	10328970	10906510	11605683	12026177	12467099
珠　　海	897094	902786	939103	999181	1067679	1106359
汕　　头	684454	727332	702391	580807	654399	728678
佛　　山	2221569	2240608	2307210	2452850	2643801	2833214
韶　　关	181495	238203	256052	284214	347901	362619
河　　源	211714	222118	235381	267369	286791	306557
梅　　州	281970	285660	289278	305209	329540	348317
惠　　州	1666847	1618333	1562028	1550800	1565756	1720406
汕　　尾	149722	190084	201514	219538	228260	230745
东　　莞	6156884	5108233	4783780	4661485	4741815	4870292
中　　山	2599154	1438604	1420551	1488528	1558025	1593482
江　　门	738330	765743	806710	856919	909182	936180
阳　　江	190551	197481	201390	201295	213040	226255
湛　　江	380578	431234	451404	474085	496252	517697
茂　　名	259248	280469	280633	304518	318016	340114
肇　　庆	409612	414176	417303	429952	507880	548050
清　　远	367805	365893	374706	386954	413118	449737
潮　　州	254125	303592	313802	332581	352322	374562
揭　　阳	207408	214411	224924	216876	227839	225630
云　　浮	139587	175844	178132	200846	212596	226325
省　　直	496467					
按经济区域分						
珠 三 角	24207666	27185655	27909288	29234620	30873294	32356397
东　　翼	1295709	1435419	1442631	1349802	1462820	1559615
西　　翼	830377	909184	933427	979898	1027308	1084066
山　　区	1182571	1287718	1333549	1444592	1589946	1693555

注：省直生育保险2015年属地化管理，主要移交广州市

5-45 各市参保女职工生育人数(2014-2019年)

单位：人

市　别	2014	2015	2016	2017	2018	2019
合　计	**293911**	**327038**	**544298**	**690933**	**622028**	**687432**
广　州	51912	69305	98311	136272	132897	133491
深　圳	98862	93155	196771	178379	156792	206046
珠　海	10026	14270	18529	25214	22315	24360
汕　头	5690	5730	4304	13257	13625	12025
佛　山	33921	37441	53156	75925	70881	66100
韶　关	2198	2101	4190	7912	7620	7009
河　源	2746	3864	3329	14743	13369	13513
梅　州	4361	4308	5812	9218	2090	7961
惠　州		13406	43531	27965	25469	24993
汕　尾	672	1137	2018	3521	2949	2975
东　莞	20664	26973	41206	65425	58854	56960
中　山	21668	21024	3289	27018	26145	26704
江　门	8595	9146	21227	23723	19790	18344
阳　江	2057	1653	4518	7232	5361	5197
湛　江	5668	2453	9577	13061	10891	15586
茂　名	3870	3904	9425	20016	13811	18700
肇　庆	4294	4402	6021	10914	11504	10259
清　远	3328	3114	6753	10143	10899	10074
潮　州	2089	2892	3910	6761	5763	5603
揭　阳	1713	2059	3505	6515	5146	4590
云　浮	1514	1349	4916	7719	5857	16942
省　直	8063	3352				
按经济区域分						
珠三角	249942	289122	482041	570835	524647	567257
东　翼	10164	11818	13737	30054	27483	25193
西　翼	11595	8010	23520	40309	30063	39483
山　区	14147	14736	25000	49735	39835	55499

5–46 各市医疗、生育保险基金收入情况(2019年)

单位：万元

市别	城镇职工基本医疗保险	城乡居民基本医疗保险	生育保险
合计	**16281899**	**5363880**	**1247318**
广州	5509510	498251	430590
深圳	4130011	408835	276400
珠海	523211		
汕头	202433	379326	28876
佛山	1611302		167964
韶关	217900	190215	12190
河源	138256	242677	7087
梅州	188274	333677	8900
惠州	513090	218688	88
汕尾	63213	193263	3600
东莞	943927		149844
中山	447568		49460
江门	513235	221086	18692
阳江	121883	196396	11843
湛江	330836	470080	11772
茂名	188704	497999	10079
肇庆	206978	329486	18025
清远	196000	276339	18695
潮州	90503	263260	9301
揭阳	63435	446483	3911
云浮	81630	197819	10001
省直			
按经济区域分			
珠三角	14398832	1676346	1111064
东翼	419583	1282332	45688
西翼	641423	1164475	33693
山区	822060	1240727	56874

5-47 各市医疗、生育保险基金支出情况(2019年)

单位：万元

市别	城镇职工基本医疗保险	城乡居民基本医疗保险	生育保险
合计	**12211825**	**4982963**	**1160728**
广州	3873816	402254	367853
深圳	2270934	352544	316758
珠海	563133		
汕头	205311	297971	24323
佛山	1314040		130454
韶关	209766	187858	10708
河源	132069	243953	6566
梅州	168125	366689	8324
惠州	499955	215594	3
汕尾	48282	171297	5660
东莞	832951		117215
中山	377133		51986
江门	490033	216402	20452
阳江	105315	165806	11749
湛江	308144	455978	16768
茂名	188266	476807	16230
肇庆	202665	239740	18163
清远	179656	293324	17183
潮州	82575	229339	8313
揭阳	83461	463593	2987
云浮	76195	203814	9033
省直			
按经济区域分			
珠三角	10424659	1426535	1022884
东翼	419630	1162199	41282
西翼	601725	1098592	44748
山区	765811	1295638	51814

5-48 各市医疗、生育保险基金征收收入情况(2019年)

单位：万元

市别	城镇职工基本医疗保险	城乡居民基本医疗保险	生育保险
合计	**14099842**	**1699741**	**1211407**
广州	4595832	170016	428107
深圳	3678008	251227	260255
珠海	454858		
汕头	198411	109965	24309
佛山	1191393		164492
韶关	213592	57751	12165
河源	133025	67296	6781
梅州	180726	99579	8381
惠州	495708	72308	26
汕尾	62005	38408	3500
东莞	805249		149205
中山	346648		48187
江门	504542	84153	17221
阳江	117474	60380	10183
湛江	323673	122109	11286
茂名	186105	129352	9301
肇庆	203007	143494	17707
清远	189386	85863	18645
潮州	78947	56277	8088
揭阳	62706	93137	3890
云浮	78547	58426	9678
省直			
按经济区域分			
珠三角	12275245	721198	1085200
东翼	402069	297786	39787
西翼	627252	311841	30770
山区	795275	368916	55650

5-49 各市医疗、生育保险基金累计结余情况(2019年)

单位：万元

市　别	城镇职工基本医疗保险	城乡居民基本医疗保险	生育保险
合　计	**30655372**	**4153051**	**917452**
广　州	11270705	401319	182436
深　圳	12400037	274279	445508
珠　海	465514		
汕　头	69539	580076	32442
佛　山	2102416		78385
韶　关	311182	161446	2480
河　源	96960	186071	1517
梅　州	101062	164994	5934
惠　州	705508	50453	20456
汕　尾	59600	138877	477
东　莞	1151367		60094
中　山	544618		6799
江　门	397815	177160	13519
阳　江	125268	85621	1288
湛　江	207732	455224	24611
茂　名	214764	401187	8619
肇　庆	91640	260262	5538
清　远	189317	104210	5690
潮　州	59994	285732	4828
揭　阳	11174	314981	3959
云　浮	79160	111159	12872
省　直			
按经济区域分			
珠三角	29129621	1163474	812737
东　翼	200307	1319667	41707
西　翼	547765	942032	34517
山　区	777681	727880	28493

5-50 各市城镇职工基本医疗保险基金收入情况(2014-2019年)

单位：万元

市　别	2014	2015	2016	2017	2018	2019
合　计	**8227517**	**9140689**	**10366714**	**12263852**	**14253019**	**16281899**
广　州	2814472	3055085	3413668	3808807	4399726	5509510
深　圳	1768356	2004508	2410969	3055454	3718988	4130011
珠　海	259926	301815	358770	476794	495021	523211
汕　头	120296	130978	136013	152312	173376	202433
佛　山	768580	828199	913921	1259988	1461575	1611302
韶　关	144753	162637	179597	192870	221592	217900
河　源	80174	83076	93142	103370	120107	138256
梅　州	86571	111954	127610	142591	164274	188274
惠　州	351989	374981	365300	419171	485753	513090
汕　尾	34734	39227	43089	47743	55847	63213
东　莞	572906	643199	783623	849408	894570	943927
中　山	304902	329551	362986	398906	420285	447568
江　门	275935	322863	335594	393202	471051	513235
阳　江	53887	64011	73741	86316	115461	121883
湛　江	144006	168397	189773	230174	283160	330836
茂　名	113398	130506	147020	161472	177311	188704
肇　庆	112137	128338	143369	145820	187929	206978
清　远	105381	128159	138458	165080	192340	196000
潮　州	43885	49177	55637	63635	72066	90503
揭　阳	23115	29553	33602	42610	59859	63435
云　浮	48116	54476	60833	68130	82729	81630
省　直						
按经济区域分						
珠三角	7229203	7988539	9088200	10807548	12534898	14398832
东　翼	222030	248935	268341	306300	361148	419583
西　翼	311291	362914	410534	477962	575932	641423
山　区	464995	540302	599640	672042	781041	822060

5-51 各市城乡居民基本医疗保险基金收入情况(2014-2019年)

单位：万元

市　别	2014	2015	2016	2017	2018	2019
合　计	**2833815**	**3487869**	**4182457**	**4162728**	**4568552**	**5363880**
广　州	261200	252167	292784	314309	390324	498251
深　圳	127026	167706	198230	271439	332694	408835
珠　海	21171	27329	35207			
汕　头	172371	232064	272659	284771	323954	379326
佛　山	196702	221323	213315			
韶　关	106592	115664	133878	153597	167690	190215
河　源	124766	152555	166253	211696	197033	242677
梅　州	190030	222213	260677	276917	325825	333677
惠　州	123039	143577	160643	176565	201005	218688
汕　尾	106186	127978	160040	157775	187965	193263
东　莞						
中　山						
江　门	109135	139183	165560	189102	211848	221086
阳　江	95176	118354	278073	159414	172041	196396
湛　江	244551	311272	382796	440055	466724	470080
茂　名	245274	324291	391743	437161	441210	497999
肇　庆	146194	178867	212134	220967	195909	329486
清　远	155703	179117	223992	216339	253118	276339
潮　州	82529	108808	130438	148995	149976	263260
揭　阳	213177	313914	324156	342985	378704	446483
云　浮	112996	151487	179880	160639	172534	197819
省　直						
按经济区域分						
珠 三 角	984467	1130152	1277873	1172382	1331781	1676346
东　翼	574263	782764	887293	934526	1040598	1282332
西　翼	585001	753917	1052612	1036631	1079975	1164475
山　区	690087	821036	964680	1019189	1116198	1240727

5-52 各市生育保险基金收入情况(2014-2019年)

单位：万元

市别	2014	2015	2016	2017	2018	2019
合计	**457639**	**711083**	**733393**	**871095**	**1037249**	**1247318**
广州	151762	213663	248023	311076	369583	430590
深圳	116288	279511	200833	244550	261854	276400
珠海	22533	22407	19865			
汕头	12934	15394	17846	21116	22320	28876
佛山	80779	88330	58751	69151	75749	167964
韶关	3171	4487	5341	6242	9779	12190
河源	6166	6883	4686	5882	8200	7087
梅州	2958	4565	5143	6246	7242	8900
惠州	2036	86	36	1883	534	88
汕尾	1380	1680	2598	3214	3368	3600
东莞		6172	74778	91036	138830	149844
中山		2932	35797	40636	43833	49460
江门	7572	13848	10474	12658	17693	18692
阳江	1128	3929	7336	8753	10226	11843
湛江	6433	9478	11309	12216	12440	11772
茂名	7818	8522	7066	7827	8652	10079
肇庆	4115	10264	6915	7225	14824	18025
清远	7600	9035	6808	7429	12574	18695
潮州	3260	3349	2657	4603	7693	9301
揭阳	601	796	843	2160	3172	3911
云浮	1814	5414	6113	7149	8684	10001
省直	17290	339	176	44		
按经济区域分						
珠三角	385085	637213	655472	778216	922898	1111064
东翼	18175	21219	23944	31092	36554	45688
西翼	15379	21929	25711	28796	31318	33693
山区	21709	30384	28091	32948	46479	56874

5−53 各市城镇职工基本医疗保险基金征收收入情况(2014−2019年)

单位：万元

市 别	2014	2015	2016	2017	2018	2019
合 计	**7751448**	**8796808**	**9946839**	**11323654**	**13272938**	**14099842**
广 州	2648232	3003500	3358719	3622412	4309057	4595832
深 圳	1646287	1902532	2287044	2723083	3354356	3678008
珠 海	257789	298292	344798	435465	457464	454858
汕 头	105677	122993	125877	139678	166784	198411
佛 山	724307	778929	851458	1057474	1164931	1191393
韶 关	138838	155852	168601	186568	215397	213592
河 源	69380	77994	85434	97287	115415	133025
梅 州	79352	99319	114671	133478	154737	180726
惠 州	321116	351158	358882	393135	444241	495708
汕 尾	32664	37674	40534	46897	54831	62005
东 莞	555655	626356	740531	815285	836081	805249
中 山	290944	315107	344027	379174	414944	346648
江 门	269518	313992	325193	378573	461375	504542
阳 江	50943	60922	69228	81353	105670	117474
湛 江	138910	161826	186061	214211	274223	323673
茂 名	107118	120721	137942	154546	173924	186105
肇 庆	108383	122850	134204	139880	177630	203007
清 远	97909	121225	130959	159219	186313	189386
潮 州	41264	46816	53262	61165	70422	78947
揭 阳	22047	27536	32018	39930	55520	62706
云 浮	45116	51217	57396	64841	79625	78547
省 直						
按经济区域分						
珠 三 角	6822231	7712716	8744856	9944481	11620079	12275245
东 翼	201652	235019	251691	287670	347557	402069
西 翼	296971	343469	393231	450110	553817	627252
山 区	430595	505607	557061	641392	751486	795275

5-54 各市城乡居民基本医疗保险基金征收收入情况(2014-2019年)

单位：万元

市别	2014	2015	2016	2017	2018	2019
合计	**2752609**	**3382278**	**3928235**	**4049411**	**1515789**	**1699741**
广州	253341	250568	287695	309958	141373	170016
深圳	123283	163737	195235	267829	197796	251227
珠海	21136	26955	34310			
汕头	168562	226498	265912	271261	110464	109965
佛山	194675	219380	211843			
韶关	104590	112995	129758	149851	48440	57751
河源	124146	145775	158804	195038	66472	67296
梅州	180318	219683	253431	273783	98320	99579
惠州	122234	139105	160201	176158	67320	72308
汕尾	103859	126390	158147	153788	47498	38408
东莞						
中山						
江门	108908	138062	160502	187714	84654	84153
阳江	94518	117359	139063	158791	53123	60380
湛江	241224	304730	377008	432665	166479	122109
茂名	229391	301042	369559	405035	139292	129352
肇庆	144817	178184	209532	219309	28550	143494
清远	149642	172632	217794	210935	74982	85863
潮州	81072	103376	128574	144653	41532	56277
揭阳	206045	307656	319041	333714	93021	93137
云浮	100847	128153	151827	158931	56472	58426
省直						
按经济区域分						
珠三角	968394	1115991	1259318	1160967	519694	721198
东翼	559538	763920	871674	903416	292515	297786
西翼	565133	723131	885630	996491	358894	311841
山区	659543	779238	911614	988537	344686	368916

5-55 各市生育保险基金征收收入情况(2014-2019年)

单位：万元

市别	2014	2015	2016	2017	2018	2019
合计	**443756**	**690247**	**713109**	**826427**	**993924**	**1211407**
广州	149722	211148	246043	308146	367717	428107
深圳	113627	267940	194146	218406	231555	260255
珠海	22278	21993	18466			
汕头	12687	15055	17595	20494	21979	24309
佛山	76945	86707	54415	62600	72886	164492
韶关	2852	4382	4896	5960	9741	12165
河源	6064	6873	4678	5811	5842	6781
梅州	2913	4475	4982	6039	7132	8381
惠州	30	25	27	173	38	26
汕尾	1240	1603	2334	2911	3334	3500
东莞		6166	74586	90720	138399	149205
中山		2932	35572	40373	43741	48187
江门	7018	13012	9978	10656	16328	17221
阳江	1120	3912	7022	8464	10213	10183
湛江	6012	8727	10714	10867	11691	11286
茂名	7392	7729	6152	7151	8063	9301
肇庆	4104	9447	6308	7145	14346	17707
清远	7332	8862	5875	7174	12476	18645
潮州	3180	3331	2545	4570	6976	8088
揭阳	574	701	826	1949	2960	3890
云浮	1757	5196	5940	6816	8507	9678
省直	16909	29	8	2		
按经济区域分						
珠三角	373724	619370	639541	738218	885010	1085200
东翼	17681	20690	23300	29924	35249	39787
西翼	14524	20368	23888	26482	29968	30770
山区	20918	29788	26371	31801	43697	55650

5–56 各市城镇职工基本医疗保险基金支出情况(2014–2019年)

单位：万元

市　别	2014	2015	2016	2017	2018	2019
合　计	**6128116**	**6906046**	**7583283**	**9148235**	**10487360**	**12211825**
广　州	1935849	2251560	2377313	2844546	3271717	3873816
深　圳	935608	1058927	1223336	1561010	1788801	2270934
珠　海	219480	252655	293319	440911	458889	563133
汕　头	113998	117360	150537	145326	258836	205311
佛　山	627561	692641	769870	1057249	1159240	1314040
韶　关	127454	127735	136302	165251	194831	209766
河　源	71360	74073	79609	95500	107059	132069
梅　州	88242	115362	128480	137487	154330	168125
惠　州	286168	291579	332295	386375	433356	499955
汕　尾	32587	37477	39420	43322	46586	48282
东　莞	540487	555936	624365	693067	806931	832951
中　山	258468	279471	316301	345184	340545	377133
江　门	293318	303404	330767	335922	420103	490033
阳　江	53001	58796	66645	76995	92960	105315
湛　江	137216	153781	182495	209084	264180	308144
茂　名	105839	136344	127814	153996	164327	188266
肇　庆	107489	127312	139670	152584	183351	202665
清　远	87487	150593	127207	144041	163719	179656
潮　州	40290	44258	52775	56777	63163	82575
揭　阳	25316	29351	34892	41019	46479	83461
云　浮	40895	47432	49872	62590	67956	76195
省　直						
按经济区域分						
珠 三 角	5204428	5813485	6407236	7816848	8862933	10424659
东　翼	212191	228446	277624	286443	415064	419630
西　翼	296056	348921	376954	440074	521467	601725
山　区	415438	515195	521470	604869	687896	765811

5-57 各市城乡居民基本医疗保险基金支出情况(2014-2019年)

单位：万元

市别	2014	2015	2016	2017	2018	2019
合计	**2499054**	**2817740**	**3634054**	**3816030**	**4470623**	**4982963**
广州	215371	209629	231047	282643	341665	402254
深圳	120714	136592	173179	252047	300909	352544
珠海	19976	24127	36332			
汕头	114972	124789	213925	239228	273528	297971
佛山	199510	206943	212395			
韶关	80497	94580	111810	128913	165254	187858
河源	90753	121341	177178	173526	217412	243953
梅州	144888	163443	236295	287718	340329	366689
惠州	115399	142193	162283	179306	214068	215594
汕尾	94996	119154	133949	154616	181650	171297
东莞						
中山						
江门	139647	128454	142895	146351	172796	216402
阳江	79665	108893	275395	187264	183832	165806
湛江	219569	268182	314766	353097	421283	455978
茂名	249722	286787	302495	374845	435192	476807
肇庆	138385	144497	173602	190430	221825	239740
清远	148838	140351	204522	238795	264224	293324
潮州	56365	62945	105870	112684	124756	229339
揭阳	171748	213121	285984	353977	413074	463593
云浮	98040	121720	140132	160590	198829	203814
省直						
按经济区域分						
珠三角	949002	992435	1131733	1050777	1251263	1426535
东翼	438081	520009	739728	860505	993007	1162199
西翼	548956	663862	892656	915206	1040307	1098592
山区	563016	641435	869937	989542	1186046	1295638

5-58 各市生育保险基金支出情况(2014-2019年)

单位：万元

市　别	2014	2015	2016	2017	2018	2019
合　计	**318777**	**396238**	**608395**	**1105589**	**1137069**	**1160728**
广　州	151255	209247	196683	346460	346290	367853
深　圳	59011	57917	165778	281602	295428	316758
珠　海	16507	25309	31880			
汕　头	10156	13025	6393	19394	21572	24323
佛　山	40327	50247	72210	124578	134265	130454
韶　关	1335	1222	7230	12800	12134	10708
河　源	3717	6264	4845	13150	9723	6566
梅　州	1185	1420	3707	10367	8838	8324
惠　州					3	3
汕　尾	360	757	2720	5428	5252	5660
东　莞		2	51664	116416	115268	117215
中　山			7217	53624	53033	51986
江　门	2165	5623	13518	19574	27906	20452
阳　江	2040	1613	7228	13308	10534	11749
湛　江	1687	598	3091	8840	25471	16768
茂　名	1306	1461	8275	17523	15857	16230
肇　庆	1701	4036	8361	16265	18373	18163
清　远	4439	5515	8868	15589	18567	17183
潮　州	2228	3014	4092	6775	6804	8313
揭　阳	273	497	863	1986	2704	2987
云　浮	609	553	3754	7657	9049	9033
省　直	18477	7918	19	14256		
按经济区域分						
珠三角	270966	352381	547311	958517	990564	1022884
东　翼	13017	17293	14068	33583	36332	41282
西　翼	5033	3672	18594	39671	51862	44748
山　区	11285	14974	28404	59562	58311	51814

5-59 各市城镇职工基本医疗保险基金累计结余情况(2014-2019年)

单位：万元

市别	2014	2015	2016	2017	2018	2019
合计	14472406	16712701	19496125	22819639	26585298	30655372
广州	5702858	6506385	7542741	8507001	9635010	11270705
深圳	4983117	5928698	7116331	8610774	10540961	12400037
珠海	236640	285799	351249	469305	505436	465514
汕头	151798	165415	150892	157877	72418	69539
佛山	894748	1030306	1174357	1502819	1805154	2102416
韶关	170470	205372	248668	276288	303049	311182
河源	47319	56322	69855	77725	90772	96960
梅州	64941	66734	65865	70970	80913	101062
惠州	490782	574184	607182	639976	692373	705508
汕尾	25568	27320	30989	35409	44670	59600
东莞	549892	637155	796411	952753	1040391	1151367
中山	243568	294033	340720	394441	474182	544617
江门	242099	261558	266385	323665	374613	397815
阳江	64568	69782	76878	86199	108700	125268
湛江	123074	137691	144969	166060	185039	207731
茂名	180498	174660	193866	201342	214327	214764
肇庆	84790	85817	89512	82749	87327	91640
清远	134495	112062	123312	144353	172973	189317
潮州	28460	33443	36304	43163	52066	59994
揭阳	17316	17518	16229	17820	31200	11174
云浮	35408	42451	53413	58952	73724	79160
省直						
按经济区域分						
珠三角	13428494	15603935	18284888	21483482	25155447	29129620
东翼	223142	243696	234414	254269	200353	200307
西翼	368140	382133	415713	453601	508066	547764
山区	452633	482941	561113	628287	721433	777681

5-60 各市城乡居民基本医疗保险基金累计结余情况(2014-2019年)

单位：万元

市 别	2014	2015	2016	2017	2018	2019
合 计	**2218460**	**2887286**	**3439902**	**3674206**	**3772134**	**4153051**
广 州	120722	163260	224998	256663	305323	401319
深 圳	111949	141760	166810	186203	217988	274279
珠 海	11202	14404	13279			
汕 头	236742	344017	402752	448295	498721	580076
佛 山	110424	124804	125724			
韶 关	88816	109900	131968	156652	159088	161446
河 源	118874	150088	143376	207726	187347	186071
梅 州	140160	198929	223311	212510	198006	164994
惠 州	63419	64802	63163	60422	47359	50453
汕 尾	72522	81346	107437	110596	116911	138877
东 莞						
中 山						
江 门	57279	68009	90674	133424	172476	177160
阳 江	82532	91993	94671	66822	55031	85621
湛 江	197605	240694	308724	395683	441123	455224
茂 名	184908	222412	311660	373976	379995	401187
肇 庆	92992	127362	165895	196431	170515	260262
清 远	96090	134856	154326	132301	121195	104210
潮 州	119849	165712	190279	226590	251810	285732
揭 阳	238490	339283	377454	366462	332091	314981
云 浮	73885	103652	143401	143449	117154	111159
省 直						
按经济区域分						
珠三角	567987	704401	850543	833144	913661	1163474
东 翼	667603	930358	1077922	1151943	1199534	1319667
西 翼	465045	555099	715055	836481	876149	942032
山 区	517825	697425	796382	852639	782790	727880

5-61 各市生育保险基金累计结余情况(2014-2019年)

单位：万元

市别	2014	2015	2016	2017	2018	2019
合计	**737794**	**1052638**	**1177637**	**930681**	**830861**	**917452**
广州	76035	80451	131791	96406	119699	182436
深圳	299842	521435	556491	519440	485866	445508
珠海	27380	24477	12461			
汕头	11597	13966	25419	27141	27889	32442
佛山	130193	168277	154817	99391	40875	78385
韶关	8534	11799	9910	3352	997	2480
河源	9327	9946	9787	2519	996	1517
梅州	6494	9638	11075	6954	5358	5934
惠州	17836	17921	17957	19840	20372	20456
汕尾	5834	6757	6636	4421	2538	477
东莞		6170	29283	3903	27465	60094
中山		2932	31512	18524	9324	6799
江门	27225	35450	32407	25491	15278	13519
阳江	3633	5948	6056	1502	1194	1288
湛江	22164	31045	39263	42638	29607	24611
茂名	25820	32880	31671	21975	14770	8619
肇庆	13483	19711	18265	9225	5677	5538
清远	16872	20391	18330	10170	4178	5690
潮州	6221	6557	5122	2951	3840	4828
揭阳	2114	2413	2393	2567	3035	3959
云浮	5557	10419	12778	12270	11905	12872
省直	21634	14055	14212			
按经济区域分						
珠三角	591994	876824	984984	792221	724556	812737
东翼	25766	29693	39570	37079	37301	41707
西翼	51617	69873	76990	66115	45571	34517
山区	46784	62193	61880	35266	23434	28493

主要统计指标解释

城镇登记失业率 指报告期末，城镇登记失业人数占期末从业人员总数与期末实有城镇登记失业人数之和的比重。

社会保险 是指社会保障的一个子系统和核心。它是指以劳动者为保障对象，以劳动者的年老、患病、生育、伤残、死亡等暂时或永久性丧失劳动能力以及失业中断劳动而失去收入来源等特殊事件为保障内容的一种社会保障制度。社会保险分为基本保险和补充保险，基本保险包括养老保险、医疗保险、失业保险、工伤保险和生育保险等内容，补充保险主要包括各种互助保障、个人或单位自主参加的其他保险。

参加保险人数 是指报告期末按照国家法律、法规和有关政策规定参加基本社会保险的人数。

社会保险基金收入 是指根据国家规定，由纳入基本社会保险范围的单位，按照国家规定的缴费基数和缴费比例缴纳的社会基金以及通过其他方式取得的形成基金来源的收入，包括单位缴纳的社会统筹基金收入、个人缴纳社会保险费、财政补贴收入、利息收入及其他收入。

社会保险基金支出 是指按照国家政策规定的开支范围和开支标准从社会统筹基金中支付给参加基本社会保险人员个人的费用以及由于保险关系转移、上下级之间调剂资金等原因而发生的支出。

社会保险基金结余 是指截至报告期末基本养老保险的基金结余金额(含统筹基金结余和个人账户积累)，包括银行存款、财政专户、债券投资和其他。

六、社会安全

简要说明

1. 本篇资料主要反映广东省网信、公安、检察、法院、司法、消防以及安全生产的基本情况。

2. 本篇资料主要包括：

(1)全省刑事案件立案和破案、违反治安管理案件、交通和火灾事故及机动车拥有情况；人民检察院受理举报、控告、申诉案件情况；人民法院审理案件及判处罪犯情况；全省律师、公证及人民调解情况；全省各类生产安全事故情况、全省火灾事故情况、全省消防救援队伍接处警情况、全省网信工作开展情况等。

(2)地区全省和 21 个地级以上市。

(3)年份有当年、近 5 年和 1978 年以来连续年份。

3. 统计资料来源：本篇资料由广东省委网络安全和信息化委员会办公室、广东省公安厅、广东省人民检察院、广东省高级人民法院、广东省司法厅、广东省应急厅、广东省消防救援总队、广东省信访局负责整理、审核、提供。

广东社会安全概述

广东以维护人民群众社会安全为目标，推动建设社会综合治理体系，不断完善法治环境，严厉打击犯罪行为，充分排解各种矛盾，有效防范重大事故，积极创新治理方法，营造清朗网络空间，社会综合治理成效显著，社会稳定祥和，人民安居乐业，人民群众安全感进一步增强。

一、严厉打击各类突出违法犯罪行为，成效显著

2019 年，广东省公安机关连续组织发起 255 次“飓风”集群战役，全省共立刑事案件 49.9 万起，同比下降 4.96%；破案 26.2 万起，连续 7 年超过 20 万起，同比上升 1.21%。强力推进扫黑除恶专项斗争，全省共打掉涉黑组织 120 个，恶势力犯罪集团 449 个，刑拘涉黑涉恶犯罪嫌疑人 4.29 万人，多项打击指标排名全国前列。全力冲刺全民禁毒工程，全省毒情形势持续好转。紧盯黄赌等社会丑恶现象和食药环、农民工工资支付等重要民生领域“大要案、新型案”，破获涉黄赌、食药环、拒不支付劳动报酬案件 1.6 万起，其中侦破食药环刑事案件 5708 起，同比上升 57.16%。严厉打击突出经济犯罪，侦破经济犯罪案件 13587 起，同比上升 12.34%，“猎狐行动”从 29 个国家和地区缉捕遣返外逃经济犯罪嫌疑人 168 名。纵深推进社会治安防控体系建设，推动省际公安检查站和市县际治安卡口提档升级，建成公共安全视频监控一类点 29.36 万路、人脸卡口 1.2 万套和车辆卡口 1.78 万套。在全国率先探索智感安防小区建设，有效提升重点部位、重点区域治安防控能力。组织开展道路交通“遏事故、保安全”等专项治理，全省发生一般以上道路交通安全事故 2.36 万起，死亡 5045 人，同比分别下降 10.03%、5.75%。以“净网”专项行动为抓手，严厉打击黑客攻击、侵犯公民个人信息等源头性网络犯罪，侦破涉网案件 2963 起，同比上升 29.03%。

二、 履行法律监督职能，推动“四大检察”深入开展

2019 年，广东省检察机关严厉打击各类刑事犯罪活动，共批准和决定逮捕各类犯罪嫌疑人 141850 人，提起公诉 181712 人。依法开展刑事诉讼活动监督，共监督公安机关立案 717 件，监督公安机关撤案 721 件，针对侦查活动违法提出纠正 1185 件次，按二审程序和审判监督程序提出抗诉 454 件。积极办理认罪认罚从宽制度案件，共对 21265 名犯罪嫌疑人适用认罪认罚。全面推动其他检察业务工作开展，对民事判决、裁定、调解书共提出抗诉 264 件，提出再审检察建议 72 件；对行政判决、裁定、调解书提出抗诉 3 件；对公益诉讼案件立案 7081 件，提起公益诉讼 277 件；共处理各类举报、控告和申诉案件 24460 件。

三、 依法履行审判职能，服务经济社会高质量发展

2019 年，全省法院新收各类案件 254.3 万件，审结 251.9 万件。依法惩处各类犯罪，审结刑事一审案件 13.0 万件，判处罪犯 14.8 万人。全面强化司法服务保障，助力构建法治化营商环境，审结民商事一审案件 106.4 万件。加强市场主体投资、经营、交易平等保护，审结不正当竞争以及各类合同纠纷案件 71.7 万件，审结各类知识产权一审案件 12.6 万件。依法支持行政机关“放管服”改革，审结行政一审案件 2.3 万件。开展“南粤执行风暴 2019”专项活动，执结案件 90.6 万件。

四、全力防范化解重大消防安全风险

推进火灾“一案三查”（查原因、查教训、查责任），倒逼消防安全责任落实。开展“三合一”场所、出租屋、“敲门行动”“消防安全家园创建”等 15 个专项行动，挂牌整治 332 个火灾高风险区域、659 个重大火灾隐患单位。加快推进“双随机一公开”等 15 项消防执法改革，全省消防部门检查单位 36.7 万家，整改火灾隐患 27.4 万处。2019 年，全省发生火灾 1.32 万起（不含森林、草原、军队、矿井地下部分快报数），死亡 98 人（含刑事放火和安全生产爆炸事故引发火灾死亡 24 人），受伤 60 人，直接财产损失 3.17 亿元，火灾形势持续平稳向好。全省消防救援队伍立足“全灾种、大应急”职能拓展需求，大力开展全员岗位大练兵活动，举办“火焰蓝”比武竞赛，开展“全系统、全要素”石油化工灭火救援实战演练，联合香港澳门消防部门举办粤港澳大湾区水域洪涝灾害救援实战演练和大湾区消防协作机制研讨会，队伍实战能力显著提升，圆满完成新中国成立70周年、澳门回归20周年消防安全保卫、河源“6·10”抗洪抢险、佛山“12·5”森林火灾扑救等急难险重任务。

五、有序推进法治政府建设，服务助力民生经济，维护社会稳定

推动落实全面依法治省，开展党政主要负责人履行推进法治建设第一责任人职责情况列入年终述职内容试点工作，通报表彰依法治省工作先进单位和先进个人。加大政府立法公众参与，推进政府立法协商、专家咨询论证、基层联系点等工作。加强对各市立法工作的监督指导，强化立法工作队伍建设基础工作。推进“放管服”改革的法律衔接工作，助力政府职能转变，优化营商环境，激发市场活力。行政复议坚持以群众“成功复议、满意复议”为标准，对纠纷案件全程调解，从实质上化解矛盾纠纷，努力实现“案结事了”。推进行政复议便民化，借力公共法律服务平台，推动行政复议制度宣传、咨询、受理入驻公共法律服务三大平台，大部分市、县（区）均已在公共法律服务中心设立行政复议专门窗口。进一步规范行政复议、行政应诉办案流程，落实重大、疑难案件集体研究讨论制度，统一案件审理标准，提升案件审理的精准度和一致性。推进行政机关负责人出庭应诉常态化，解决行政诉讼“告官不见官”现象。在行政执法协调监督方面全面推行行政执法公示办法、全过程记录办法、重大决定法制审核办法 3 项制度，开发启用全省统一执法信息公示平台。推动督察工作法治化制度化规范化。开展法治广东建设考评，配合省绩效考核办完成省级机关（政府系统）绩效考核依法行政和政务诚信专项考核工作，开展绩效考核社会评议工作，推进法治政府示范创建。开展“营造法治化营商环境，保护民营企业发展”专项法治督察。实现省、市两级政府法律顾问工作机构全覆盖，县级政府法律顾问工作继续推进。以“谁执法谁普法”责任制为抓手，部署省直和中直驻粤各单位制度普法责任清单、年度重大普法活动事项，推动全省国家机关压实普法主体责任，构建大普法工作格局。

加强律师涉外人才队伍培养力度，落实粤港澳大湾区律师协会联席会议制度。做好律师事务所律师年度考核工作，加强申请律师执业人员实习管理工作，引导全省律师履行社会责任，助力改善民生经济，维护社会稳定。继续配合推进一村（社区）一法律顾问工作，强化村（社区）法律顾问培训、业务指导和指引等工作。继续组织律师参加中国法律援助志愿者行动。丰富公证服务模式，拓展创新公证业务领域，推进公证参与人民法院司法辅助事务工作。参与粤港澳大湾区建设，为大湾区建设涉及的重大工程项目、投资融资、知识产权保护、贸易、以及居民往来等提供公证服务。加强司法鉴定质量管理和能力验证工作，强化第三方监管能效，启动省级司法鉴定检测实验室资质认定工作，支持司法鉴定机构参与国家级认证认可。打造“法援惠民生·助力农民工”法律援助品牌亮点，组织以县区司法局为主，集中开展农民工与劳动合同调研服务活动，部署开展农民工讨薪维权活动。与省高级人民法院联合出台广东自贸区跨境商事争议调解规则，在调解收费、司法确认等5个方面推动商事调解工作走在全国前列。

六、推进网络综合治理

持续加大对微博、微信、客户端、网络直播、网络短视频等重点平台巡查监管力度，组织开展网络生态治理等专项整治行动，约谈网站211家，下架移动应用程序20631款，关停违法网站93家，关闭违法违规账号群组64.3万个。加强网络实名制监管，依法查处关停违法有害APP和网站638个。组织关键信息基础设施网络安全抽查工作，开展网络安全宣传周活动，全省 101 个市县共举办各类宣传活动 962 场，线上线下覆盖近3亿人次，切实维护公民在网络空间的合法权益。

撰稿：李卫雄　郭晖　梁春祥　沙洲洲　张智慧　周旭　李伟锋　陈东清

6-1 2014 年全省刑事案件立案和破案情况

项　　目	立　案	破　案
合　计	**864551**	**206947**
伤　害	14278	8382
盗　窃	517995	87195
其中：入室盗窃	136812	17825
盗机动车	110149	35214
抢　劫	24409	7306
其中：入室抢劫	1095	343
抢机动车	1763	668
抢　夺	50015	7422
其　他	257854	96642

6-2 2015 年全省刑事案件立案和破案情况

项　　目	立　案	破　案
合　计	**783500**	**240629**
伤　害	12739	7161
盗　窃	422988	80549
其中：入室盗窃	116632	19134
盗机动车	77270	19753
抢　劫	19263	6456
其中：入室抢劫	854	276
抢机动车	1193	405
抢　夺	35441	7297
其　他	293069	139166

6-3　2016 年全省刑事案件立案和破案情况

项　目	立　案	破　案
合　计	**654568**	**244615**
伤　害	12071	7273
盗　窃	356788	80002
其中：入室盗窃	95974	18226
盗机动车	60380	18218
抢　劫	13551	5200
其中：入室抢劫	605	211
抢机动车	632	216
抢　夺	24868	6297
其　他	247290	145843

6-4　2017 年全省刑事案件立案和破案情况

项　目	立　案	破　案
合　计	**571262**	**254399**
伤　害	10797	6833
盗　窃	271812	69826
其中：入室盗窃	71310	13459
盗机动车	41531	14021
抢　劫	8508	4186
其中：入室抢劫	428	226
抢机动车	333	127
抢　夺	13384	4252
其　他	266761	169302

 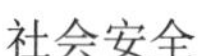 

6-5 2018 年全省刑事案件立案和破案情况

项 目	立 案	破 案
合 计	**525089**	**259087**
伤 害	10678	9035
盗 窃	225408	123769
其中：入室盗窃	48800	25221
盗机动车	32238	27306
抢 劫	5010	3607
其中：入室抢劫	260	227
抢机动车	105	76
抢 夺	4666	3214
其 他	279327	119462

6-6 2019 年全省刑事案件立案和破案情况

项 目	立 案	破 案
合 计	**499024**	**262212**
伤 害	8947	6821
盗 窃	162058	56443
其中：入室盗窃	30658	8467
盗机动车	22463	8661
抢 劫	2928	2287
其中：入室抢劫	172	116
抢机动车	83	60
抢 夺	1607	953
其 他	270108	178404

6-7 2014年至2019年全省各市刑事案件立案情况

地 区	2014	2015	2016	2017	2018	2019
全 省	**864551**	**783500**	**654568**	**571262**	**525089**	**499024**
广 州	214581	189042	160985	133830	117049	104786
深 圳	111524	112736	92483	83156	71564	58323
珠 海	35590	30359	21541	19721	18730	17049
汕 头	16854	17426	13642	12461	11940	12605
佛 山	83843	62156	49630	43140	41032	40850
韶 关	15612	14000	13287	11463	10617	11050
河 源	8997	9133	6747	6489	6546	7850
梅 州	10954	9707	8269	7542	7817	8613
惠 州	56478	53213	39435	32770	29257	29213
汕 尾	2834	3192	3197	3322	3264	2995
东 莞	103598	96781	85931	76549	72290	76323
中 山	39338	35478	30950	29225	28206	24953
江 门	34999	34905	29544	23515	21560	19120
阳 江	11136	9405	9405	8338	8261	7943
湛 江	26199	20932	17682	16518	16318	18152
茂 名	13606	14170	12280	11669	11409	11253
肇 庆	29600	21091	16710	13164	12519	11636
清 远	19928	19313	16841	15058	15099	13906
潮 州	7176	7812	7514	7355	6514	6829
揭 阳	12830	14480	11523	9609	9534	10099
云 浮	8874	8169	6972	6368	5563	5476

6-8　2014年至2019年全省各市刑事案件破案情况

地　区	2014	2015	2016	2017	2018	2019
全　省	**206947**	**240629**	**244615**	**254399**	**259087**	**262212**
广　州	30327	34743	33017	34622	38269	42631
深　圳	22397	27571	30617	32048	31624	34672
珠　海	8601	10482	10758	11740	12505	10795
汕　头	6931	7989	8212	8563	8417	8269
佛　山	30022	32166	32819	32159	32671	30401
韶　关	5376	6693	6938	6025	6619	6066
河　源	3308	3634	3647	3962	3767	3904
梅　州	4541	5012	5301	5763	5767	5889
惠　州	13575	15023	15508	15676	15753	14034
汕　尾	1328	1628	1773	2083	2114	2118
东　莞	20396	24836	26063	27265	26435	30409
中　山	11569	12909	12721	13500	13894	14697
江　门	9736	9617	10209	11194	11042	11184
阳　江	4567	5029	5030	5381	5210	5377
湛　江	7419	8676	8942	9066	9260	9267
茂　名	6997	8642	6613	8035	7938	7524
肇　庆	6442	8487	8638	9479	9133	6102
清　远	4255	7064	6978	6806	6953	7025
潮　州	2278	2707	2786	2929	2820	2857
揭　阳	3977	4420	4719	4487	5074	5143
云　浮	2905	3301	3326	3616	3822	3848

6-9　2017年全省违反治安管理案件情况

项　目	发现受理(起)	查处(起)	处罚人员(人次)
合　计	**817176**	**704363**	**447939**
扰乱公共场所秩序	22469	21638	17406
妨害公共安全	20993	20580	11139
殴打他人	94541	83555	27835
盗　窃	299367	234136	22073
抢　夺	6529	3318	674
诈　骗	60901	43669	2959
卖淫嫖娼	7476	7453	17704
赌　博	33961	33919	129845
其　他	270939	256095	218304

6-10　2018年全省违反治安管理案件情况

项　目	发现受理(起)	查处(起)	处罚人员(人次)
合　计	**741447**	**619079**	**420196**
扰乱公共场所秩序	23331	21968	19866
妨害公共安全	21335	20543	13518
殴打他人	88823	77052	30551
盗　窃	270274	201202	24392
抢　夺	2827	1660	643
诈　骗	61830	43772	2916
卖淫嫖娼	9780	9532	22693
赌　博	33216	32020	131921
其　他	230031	211330	173696

6-11 2019年全省违反治安管理案件情况

项　目	发现受理(起)	查处(起)	处罚人员(人次)
合　计	**772818**	**622728**	**399156**
扰乱公共场所秩序	21856	20337	18731
妨害公共安全	16235	15566	9033
殴打他人	89323	75105	31777
盗　窃	275316	193027	28125
抢　夺	1519	1090	536
诈　骗	80361	54807	2839
卖淫嫖娼	11110	10898	24938
赌　博	25804	25190	105762
其　他	251294	226708	177415

6-12 2014年至2019年全省各市违反治安管理案件发现受理情况

地　区	2014	2015	2016	2017	2018	2019
全　省	**1070602**	**1030810**	**944512**	**817176**	**741447**	**772818**
广　州	156130	185125	179697	165474	152002	137220
深　圳	251280	220618	179451	127649	110755	111698
珠　海	34785	31672	45314	48258	32675	35027
汕　头	25207	22698	19906	20442	21070	18289
佛　山	117702	119902	101368	93008	80563	81977
韶　关	19666	19506	18195	14381	13791	15435
河　源	15073	11216	12663	11077	9477	7971
梅　州	26337	16408	12533	11098	10058	9710
惠　州	49317	43045	38954	30616	26775	28651
汕　尾	3585	3618	4367	4940	4921	5238
东　莞	124203	128576	117779	104508	105686	146422
中　山	61221	62053	61939	53944	54074	55470
江　门	24213	24543	24291	19520	17065	16362
阳　江	19401	14856	15168	11246	11331	12447
湛　江	29319	25440	23253	22376	21271	21205
茂　名	20440	16070	13636	13229	11839	11406
肇　庆	33054	28054	22990	17930	15300	15768
清　远	23022	23349	22123	19227	16741	15376
潮　州	10907	10598	10380	9828	9331	9640
揭　阳	14463	12744	10770	10807	9154	9268
云　浮	11277	10719	9735	7618	7568	8238

6－13　2014年至2019年全省各市违反治安管理案件查处情况

地　区	2014	2015	2016	2017	2018	2019
全　省	**933703**	**886539**	**813773**	**704363**	**619079**	**622728**
广　州	151353	179866	174578	161946	142750	132427
深　圳	233296	207117	171290	122644	106866	108781
珠　海	34777	31658	45301	48232	32641	34984
汕　头	23331	20936	18481	18906	19618	16529
佛　山	117679	119834	101119	92818	80558	80594
韶　关	18666	17874	16084	12621	11995	13232
河　源	12218	9467	9968	8351	6377	4339
梅　州	26246	15409	11653	10600	9595	9255
惠　州	47930	41100	36159	28736	25852	26347
汕　尾	3559	3594	4354	4869	4546	5043
东　莞	60155	58375	57176	52869	47773	64695
中　山	35300	33380	31588	26360	26355	25653
江　门	21797	21299	20952	16787	13964	13037
阳　江	19314	14762	15111	11233	11330	12443
湛　江	25884	21354	20101	18492	18033	17666
茂　名	16910	13963	11893	11610	9889	9467
肇　庆	32250	27545	22579	17777	14793	14812
清　远	22308	22717	21854	18904	16492	14305
潮　州	10907	10598	10380	9828	9332	9637
揭　阳	10592	7436	6139	5234	4703	3976
云　浮	9231	8255	7013	5546	5617	5506

6-14 2014年至2019 年全省各市违反治安管理案件处罚人员情况

地 区	2014	2015	2016	2017	2018	2019
全 省	**604842**	**513065**	**484868**	**447939**	**420196**	**399156**
广 州	102411	84575	83845	86611	85429	70310
深 圳	67836	57505	54624	43889	45692	49187
珠 海	29080	23498	37236	41101	22950	24802
汕 头	16007	11875	9460	11961	13247	9459
佛 山	62053	65550	57993	59170	62516	54759
韶 关	12984	11657	7504	5408	4492	4093
河 源	9347	8382	6956	5857	4605	3854
梅 州	11728	9849	7072	6299	4093	4299
惠 州	40904	35373	34334	25509	26422	23052
汕 尾	4220	4534	6001	7793	7245	7263
东 莞	51113	49312	51116	44820	37544	56394
中 山	27774	20493	21062	20804	24553	19353
江 门	25672	19376	19458	15724	14659	14252
阳 江	20706	12468	10453	6707	6312	5545
湛 江	27671	20064	15504	14498	12876	12401
茂 名	23695	19452	17335	14745	11194	8378
肇 庆	13889	11693	8467	6446	7306	6575
清 远	17473	16567	12950	10036	8845	8496
潮 州	9897	8660	6170	6414	6178	5756
揭 阳	15796	10390	9030	8157	6885	4718
云 浮	14586	11792	8298	5990	7153	6210

6-15 历年全省刑事治安案件情况

年 份	刑事案件		治安案件		
	立案（起）	破案（起）	发现受理（起）	查处（起）	处罚违法人员（人次）
1990	194685	79403	122374	113854	253169
1991	197362	86926	155939	145512	338358
1992	135254	70883	201299	166374	381061
1993	148007	84554	207546	172185	399454
1994	163533	100951	210746	189046	430676
1995	164691	108757	218085	202655	460588
1996	145819	100330	218987	208248	487504
1997	129740	85982	223877	213890	484637
1998	128310	81785	228318	218750	484185
1999	145884	87092	246153	231259	493400
2000	467222	131627	309009	260026	571223
2001	524440	141871	391019	317598	626082
2002	474137	169103	400391	297668	554323
2003	516971	161765	409209	266207	447841
2004	514507	178984	439026	275974	435497
2005	497525	186476	465598	323186	452751
2006	468589	188055	901751	795086	692183
2007	447576	178859	1042397	979934	784686
2008	422016	168869	1101926	1066451	804132
2009	486476	192179	1226409	1190608	997559
2010	536146	196105	1037680	1000515	749510
2011	483950	187690	940024	904404	622990
2012	648255	211917	1048029	1007265	686815
2013	947933	221510	1085101	1008796	663159
2014	864551	206947	1070602	933703	604842
2015	783500	240629	1030810	886539	513065
2016	654568	244615	944512	813773	484868
2017	571262	254399	817176	704363	447939
2018	525089	259087	741447	619079	420196
2019	499024	262212	772818	622728	399156

6-16　2018 年全省交通事故及原因情况

项　目	起数	死亡	受伤	直接财产损失（元）
合　计	**24293**	**5040**	**24138**	**79767000**
机动车违法	21445	4404	21368	70033162
非机动车违法	1255	190	1330	2748240
行人乘车人违法	336	162	201	964180
道　路	2		2	4000
其他违法	85	18	72	195400
非违法过错	763	166	828	3342968
意　外	35	16	33	741510
其他违法	372	84	304	1737540

6-17　2019 年全省交通事故及原因情况

项　目	起数	死亡	受伤	直接财产损失（元）
合　计	**23630**	**5045**	**22585**	**76891371**
机动车违法	20971	4488	20151	67820010
非机动车违法	1282	196	1207	2211837
行人乘车人违法	327	129	251	1870873
道　路				
其他违法	202	50	115	1037192
非违法过错	733	154	801	3761254
意　外	43	20	36	182216
其他违法	72	8	24	7989

6-18 2018年全省交通事故机动车违法行为情况

项目	起数	死亡	受伤	直接财产损失（元）
合计	**24293**	**5040**	**24138**	**79766936**
不按规定使用灯光	48	12	44	41700
超速行驶	242	166	175	1028998
酒后驾驶	440	133	383	1389350
逆行	687	107	876	1595259
疲劳驾驶	84	46	95	972600
无证驾驶	1922	478	2222	4114885
未按规定让行	3031	425	3340	6697448
违法变更车道	926	121	991	2380516
违反交通信号	669	140	747	1476000
违法占道行驶	130	25	149	554550
违法超车	507	74	612	1038125
违法倒车	459	64	303	1672993
违法掉头	368	22	445	1231732
违法会车	385	88	440	867053
违法抢行	69	21	62	153850
违法装载	36	25	69	337903
违法停车	156	32	162	975500
其他	14134	3061	13023	53238474

6-19 2019年全省交通事故机动车违法行为情况

项　　目	起数	死亡	受伤	直接财产损失（元）
合　　计	**23630**	**5045**	**22585**	**76891371**
不按规定使用灯光	44	15	39	75500
超速行驶	332	207	237	2041200
酒后驾驶	336	102	274	736630
逆　　行	719	96	881	1989651
疲劳驾驶	99	54	78	1641200
无证驾驶	1917	446	2184	3779304
未按规定让行	3192	471	3433	5282930
违法变更车道	831	129	855	2064470
违反交通信号	736	135	817	1425662
违法占道行驶	133	30	143	271750
违法超车	581	83	721	1144030
违法倒车	474	64	291	639320
违法掉头	362	27	418	551441
违法会车	367	59	433	671434
违法抢行	54	21	47	87400
违法装载	38	16	35	121400
违法停车	117	29	115	758700
其　　他	13298	3061	11584	53609349

6-20 2014年至2019年全省各市交通事故发生起数情况

地 区	2014 年	2015 年	2016年	2017年	2018年	2019年
全 省	**26820**	**24672**	**24876**	**24138**	**24293**	**23630**
广 州	2700	2676	2544	2357	2567	2521
深 圳	1114	1148	1325	2011	1736	1735
珠 海	431	425	403	403	401	393
汕 头	358	389	514	643	575	574
佛 山	3331	2311	2056	1896	1895	1932
韶 关	400	425	457	425	365	350
河 源	541	454	332	244	311	163
梅 州	249	293	314	335	307	301
惠 州	538	495	494	466	446	438
汕 尾	604	591	644	601	656	610
东 莞	4214	3594	3644	3469	3394	2974
中 山	1790	1707	1592	1590	1513	1527
江 门	3268	3391	3368	3035	2686	1882
阳 江	656	640	620	618	588	558
湛 江	2244	2009	2358	2073	2290	1929
茂 名	749	696	714	740	623	641
肇 庆	1366	1283	1271	949	1004	941
清 远	945	819	875	835	666	600
潮 州	416	502	500	528	470	506
揭 阳	483	424	509	568	1438	2715
云 浮	416	397	339	350	360	337

 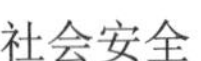 

6-21　2014年至2019 年全省各市交通事故受伤情况

地　区	2014 年	2015 年	2016年	2017年	2018年	2019年
全　省	**30585**	**27765**	**26883**	**24680**	**24138**	**22585**
广　州	2918	2953	2591	2284	2475	2282
深　圳	1005	1171	999	1218	970	1036
珠　海	482	431	371	363	314	309
汕　头	321	325	537	644	572	552
佛　山	3714	2449	2075	1833	1794	1708
韶　关	446	477	557	472	438	404
河　源	556	494	297	303	352	159
梅　州	247	283	295	356	297	262
惠　州	515	485	460	464	458	408
汕　尾	780	729	742	714	753	689
东　莞	4671	3933	3927	3631	3216	2616
中　山	1925	1790	1561	1469	1265	1260
江　门	4103	4193	4025	3498	2845	1870
阳　江	801	773	711	713	680	621
湛　江	2887	2624	2998	2535	2796	2385
茂　名	766	714	710	722	632	480
肇　庆	1627	1442	1481	988	1109	1051
清　远	1278	997	1018	910	715	564
潮　州	481	554	590	590	473	493
揭　阳	544	474	531	595	1581	3080
云　浮	506	468	403	376	401	351

6-22 2014年至2019年全省各市交通事故死亡人数情况

地 区	2014 年	2015 年	2016年	2017年	2018年	2019年
全 省	**5629**	**5549**	**5556**	**5459**	**5040**	**5045**
广 州	852	847	809	794	736	729
深 圳	459	421	408	355	286	271
珠 海	105	100	98	99	89	93
汕 头	171	176	179	163	148	152
佛 山	616	593	561	542	431	502
韶 关	204	174	199	186	167	170
河 源	117	102	110	109	99	97
梅 州	146	149	146	151	148	141
惠 州	294	290	289	288	275	270
汕 尾	134	136	149	139	126	117
东 莞	482	482	482	481	444	454
中 山	295	292	246	245	219	231
江 门	346	342	315	314	302	294
阳 江	158	157	181	180	169	167
湛 江	194	212	269	262	237	215
茂 名	236	235	234	232	230	218
肇 庆	225	231	254	253	237	235
清 远	176	190	197	198	198	176
潮 州	128	135	143	142	136	128
揭 阳	173	173	171	199	233	266
云 浮	117	112	116	127	130	118

6-23 2014年至2019年全省各市交通事故直接财产损失情况

地 区	2014 年	2015 年	2016年	2017年	2018年	2019年
全 省	**73683696**	**67839882**	**74138103**	**105531355**	**79766936**	**76891371**
广 州	10478330	8111100	9381840	9689490	8872130	7423680
深 圳	7661000	8825510	8957000	9730551	8994301	7087406
珠 海	1271300	947950	888811	885010	536911	533454
汕 头	946610	1043600	1202050	1362650	1249460	1535671
佛 山	6993960	6173830	4613650	4599050	3673211	3890955
韶 关	4913220	3272640	6316182	5777752	4560550	4387600
河 源	2610200	3002879	2449686	2149601	2437653	1633900
梅 州	248290	283681	215250	247243	380530	231000
惠 州	2729010	2679950	2809050	35768625	11877100	11167501
汕 尾	1777397	1419896	1387069	1198350	1330331	1784370
东 莞	6062485	5512657	6596807	6536273	7323930	7041980
中 山	2605410	2491716	2313011	2264350	1473582	2097559
江 门	7016200	7491800	7566960	5710401	5470971	4028483
阳 江	1216970	2064780	1657861	1106620	1366460	1208690
湛 江	3367569	3054142	4030826	2660268	3656486	3172659
茂 名	1600250	1550150	1804504	1685004	1541002	1772250
肇 庆	2926901	3099380	4343023	5782980	5842231	6410830
清 远	2897767	2145361	2196108	3183180	1822600	1240250
潮 州	1631810	1113293	1675955	1284595	1226815	1178203
揭 阳	1822557	1282117	1945109	2247762	4037882	7256710
云 浮	2639960	2218450	1705351	1655600	2087800	1288220

6-24 历年全省发生交通事故情况

年 份	发生起数	死亡人数	受伤人数	直接经济损失 (万元)
1990	25909	3639	14875	5043.79
1991	30306	4429	16979	6621.6
1992	34023	5509	18286	10463.9
1993	42700	6933	21075	19798.5
1994	46140	7647	23848	28028.3
1995	42115	7809	25210	28699.6
1996	39574	7725	27884	26554.4
1997	39086	7617	32882	26517.4
1998	38914	8246	36124	23050.5
1999	54812	9065	51883	25623.6
2000	66072	10208	63759	27526.1
2001	69555	10801	64788	30098.9
2002	78929	12035	75040	35833.8
2003	68903	11151	73170	31387.5
2004	68423	10657	78562	24127.2
2005	67756	9959	77591	20882.79
2006	56171	8828	67242	13297.6
2007	46558	7994	55565	12075.2
2008	39389	7182	46998	10013.6
2009	32455	6542	38598	8552.9
2010	30480	6223	36540	8051.3
2011	26586	5873	31015	9358.8
2012	25719	5714	29095	7914.8
2013	25424	5647	28435	8016.9
2014	26820	5629	30585	7368.4
2015	24672	5549	27765	6784
2016	24876	5556	26883	7413.8
2017	24138	5459	24680	10553.1
2018	24293	5040	24138	7976.7
2019	23630	5045	22585	7689.1

6-25 2017 年全省各市机动车拥有量情况

市(区)名称	机动车总计	汽车				
		合计	载客小计	其中大型	其中轿车	其中个人
合　计	**28768528**	**18949381**	**16919605**	**174730**	**11181114**	**15606481**
广州市	2500316	2399158	2069713	37729	1302334	1773297
深圳市	3281302	3214434	2827106	44571	1846850	2526389
珠海市	626308	549458	504921	7935	343328	456913
汕头市	1120859	643728	566742	4195	394378	542814
佛山市	2814274	2281402	2080795	12160	1385337	1960583
韶关市	513840	310586	278683	2300	180984	261461
湛江市	868586	467240	408301	4609	289787	384625
肇庆市	1452796	490052	424407	3256	268359	404437
江门市	2935297	699776	619844	3889	429568	584734
茂名市	1817039	510046	449104	3084	322595	432510
惠州市	1344474	1040908	968341	8033	659193	915178
梅州市	720688	425884	368804	3131	258135	352702
汕尾市	237644	175973	161341	2613	109659	147170
河源市	584376	306480	271768	2173	180751	252677
阳江市	816639	313340	276751	1418	206376	265673
清远市	803639	532145	469438	3063	295942	444162
东莞市	2638524	2627618	2449663	17277	1575156	2290070
中山市	1285013	969335	856783	5394	561492	809461
潮州市	732333	290022	257673	992	174178	248786
揭阳市	773312	423699	370685	3464	251752	353707
云浮市	831312	242736	210435	1429	144960	199131
省直属	69957	35361	28307	2015	8693	1
省农机办						

6-25 续表

市(区)名称	汽车			摩托车	挂车	其它类型车
	载货		其他汽车			
	小计	其中个人				
合 计	**1959958**	**1160972**	**69818**	**9622452**	**126877**	**247**
广 州 市	317911	135335	11534	66670	22954	247
深 圳 市	372024	92030	15304	6814	44750	
珠 海 市	42808	26602	1729	72797	2324	
汕 头 市	75731	56080	1255	473057	2819	
佛 山 市	195343	136003	5264	516922	10686	
韶 关 市	30778	21797	1125	199669	2460	
湛 江 市	56886	45492	2053	395645	3648	
肇 庆 市	64381	53055	1264	958296	3184	
江 门 市	78317	54317	1615	2230203	3703	
茂 名 市	58666	47270	2276	1299242	5475	
惠 州 市	69510	48354	3057	298006	2503	
梅 州 市	55144	47133	1936	291045	1823	
汕 尾 市	13764	10982	868	60564	239	
河 源 市	31004	25824	3708	272999	1189	
阳 江 市	35276	29874	1313	500464	1522	
清 远 市	60908	48812	1799	262832	6863	
东 莞 市	172735	103729	5220	536	5150	
中 山 市	110113	81944	2439	310382	2857	
潮 州 市	30069	24718	2280	439680	351	
揭 阳 市	51515	44686	1499	347144	970	
云 浮 市	31458	26935	843	586326	1407	
省 直 属	5617		1437	33159		
省农机办						

6-26 2018年全省各市机动车拥有量情况

市(区)名称	机动车总计	汽车				
		合计	载客小计	其中大型	其中轿车	其中个人
合　　计	**28953224**	**21169358**	**18913046**	**176738**	**12421757**	**18616903**
广州市	2660191	2573308	2201951	43791	1358043	2025596
深圳市	3366643	3313358	2880095	36866	1828849	2654880
珠海市	699330	624168	573568	9399	385979	547128
汕头市	1200360	722024	637870	4721	437839	670383
佛山市	3020746	2533117	2318355	12348	1537671	2312248
韶关市	565287	363390	329283	2212	214434	333751
湛江市	736064	574431	504715	4527	357478	536793
肇庆市	1375027	547649	478063	3467	305012	509088
江门市	2252979	788470	701178	4064	486859	717260
茂名市	1635705	615486	547022	3213	393027	583720
惠州市	1369550	1183938	1100614	8175	747047	1064792
梅州市	648773	509546	445292	3268	311246	476869
汕尾市	296153	233283	216128	2470	146897	205899
河源市	601117	367203	327238	2307	220566	333787
阳江市	741360	371917	330671	1501	246854	352874
清远市	834370	618395	548156	3428	349283	566647
东莞市	2953450	2946909	2753765	17363	1762936	2633687
中山市	1408462	1101169	979867	5494	644922	1013071
潮州市	793814	338390	300082	968	201676	321843
揭阳市	843472	511157	451656	3561	304216	482361
云浮市	879820	297054	259449	1472	180923	274225
省直属	70551	34996	28028	2123	8304	1
省农机办						

6-26 续表

市(区)名称	汽车			摩托车	挂车	其它类型车
	载货		其他汽车			
	小计	其中个人				
合　计	**2179133**	**1249399**	**77179**	**7639385**	**144249**	**231**
广 州 市	358150	151833	13207	61441	25211	231
深 圳 市	417475	87377	15788	5035	48250	
珠 海 市	48329	28908	2271	72602	2560	
汕 头 市	82714	61176	1440	475457	2879	
佛 山 市	208848	139097	5914	475826	11802	
韶 关 市	32929	23309	1178	199152	2745	
湛 江 市	67470	54973	2246	157420	4213	
肇 庆 市	68078	53769	1508	823931	3447	
江 门 市	85327	57889	1965	1460135	4374	
茂 名 市	65941	53837	2523	1014306	5913	
惠 州 市	79763	52344	3561	181664	3948	
梅 州 市	62128	52248	2126	135818	3409	
汕 尾 市	16083	12684	1072	62522	348	
河 源 市	35986	29044	3979	232357	1557	
阳 江 市	39698	33446	1548	367473	1970	
清 远 市	68170	52555	2069	207020	8955	
东 莞 市	187428	107773	5716	354	6187	
中 山 市	118737	86728	2565	304182	3111	
潮 州 市	35981	29819	2327	455039	385	
揭 阳 市	57854	50046	1647	331238	1077	
云 浮 市	36545	30544	1060	580858	1908	
省 直 属	5499		1469	35555		
省农机办						

6–27 2019年全省各市机动车拥有量情况

市(区)名称	机动车总计	汽车				
		合计	载客小计	其中大型	其中轿车	其中个人
合 计	**31150762**	**23269545**	**20809590**	**175057**	**13653906**	**19005316**
广州市	2882296	2789056	2373629	38794	1446766	1993129
深圳市	3482011	3430227	2971331	35014	1846376	2640113
珠海市	766517	691188	635540	9207	426223	568855
汕头市	1272498	791807	700134	4778	477173	667305
佛山市	3188524	2735785	2509135	12582	1660842	2336066
韶关市	581391	423498	385725	2205	253280	363146
湛江市	846885	676399	597741	4459	425027	571861
肇庆市	1365145	603353	530555	3549	344375	503972
江门市	2308588	882240	789025	4080	551641	742224
茂名市	1850704	718041	642478	3303	463736	622082
惠州市	1514009	1308679	1212376	8115	821602	1095727
梅州市	767383	580940	510157	3084	358176	483385
汕尾市	370360	285564	265666	2738	180714	239587
河源市	670720	422034	377533	2328	257976	347813
阳江市	865498	430771	384450	1575	288271	371820
清远市	933289	691296	613219	3626	395814	570275
东莞市	3241928	3235140	3025648	20864	1932602	2749013
中山市	1511633	1209051	1080953	6355	715391	1019861
潮州市	859098	376672	333343	1008	224315	321746
揭阳市	927607	592008	525562	3600	352958	501520
云浮市	872852	360420	316794	1522	222485	295816
省直属	71826	35376	28596	2271	8163	
省农机办						

6-27 续表

市(区)名称	汽车			摩托车	挂车	其它类型车
	载货小计	其中个人	其他汽车			
合　计	**2375049**	**1338558**	**84906**	**7725440**	**155541**	**236**
广州市	399888	170971	15539	66449	26555	236
深圳市	442821	86476	16075	4361	47423	
珠海市	53039	30863	2609	72530	2799	
汕头市	89964	67128	1709	477644	3047	
佛山市	219936	142528	6714	440338	12401	
韶关市	36291	25385	1482	154883	3010	
湛江市	76185	62631	2473	166133	4353	
肇庆市	71147	53049	1651	757891	3901	
江门市	91003	60304	2212	1420936	5412	
茂名市	72944	59632	2619	1126504	6159	
惠州市	92017	56579	4286	199959	5371	
梅州市	68488	56350	2295	181462	4981	
汕尾市	18682	14643	1216	84398	398	
河源市	40433	31783	4068	246497	2189	
阳江市	44577	37113	1744	432216	2511	
清远市	75779	56091	2298	231214	10779	
东莞市	203067	113744	6425	121	6667	
中山市	125445	90572	2653	299305	3277	
潮州市	41033	34276	2296	482018	408	
揭阳市	64665	55789	1781	334544	1055	
云浮市	42329	32651	1297	509587	2845	
省直属	5316		1464	36450		
省农机办						

6-28　2014年至2019年全省各市机动车拥有量情况

地　区	2014 年	2015 年	2016年	2017年	2018年	2019年
全　省	**24334479**	**25204173**	**24886359**	**28698957**	**28953224**	**31150762**
广　州	2504390	2438611	2424109	2489029	2660191	2882296
深　圳	3153902	3193498	3225879	3265998	3366643	3482011
珠　海	391190	455623	547997	624579	699330	766517
汕　头	969582	1030809	920952	1119604	1200360	1272498
佛　山	2279549	2465559	2554518	2809010	3020746	3188524
韶　关	384118	426103	445738	512715	565287	581391
河　源	431392	457931	443238	580668	736064	846885
梅　州	588899	610679	551170	718752	1375027	1365145
惠　州	846880	990915	1099115	1341417	2252979	2308588
汕　尾	142503	142719	151108	236776	1635705	1850704
东　莞	1651437	1881403	2251147	2633304	1369550	1514009
中　山	964133	1033884	1136423	1282574	648773	767383
江　门	2673337	2765997	2506000	2933682	296153	370360
阳　江	825730	811782	716331	815326	601117	670720
湛　江	729947	741555	670591	866533	741360	865498
茂　名	1500037	1584968	1467264	1814763	834370	933289
肇　庆	1145282	1252105	1235075	1451532	2953450	3241928
清　远	713766	773492	614439	801840	1408462	1511633
潮　州	593521	632161	565452	730053	793814	859098
揭　阳	673957	696527	621783	771813	843472	927607
云　浮	725502	748430	672161	830469	879820	872852
省直属	71579	69422	65869	68520	70551	71826
省农机办	373846					

6-29 2014年至2019年全省各市机动车驾驶员情况

地 区	2014 年	2015 年	2016年	2017年	2018年	2019年
全 省	**26423248**	**28747452**	**31335114**	**34153327**	**37557811**	**41373910**
广 州	3678702	3963063	4303245	4653852	4989006	5378157
深 圳	3000078	3363384	3626806	3937912	4387755	4941972
珠 海	605969	687238	778943	883508	978455	1080016
汕 头	1134580	1175172	1257936	1388607	1457364	1553429
佛 山	2733088	2884632	3066708	3287750	3474547	3693659
韶 关	580674	618914	653523	713327	787539	877668
河 源	809426	891715	964955	1046671	1167152	1344190
梅 州	869151	931523	1289037	1044790	1367779	1470766
惠 州	1171397	1346795	1663421	1847898	1817622	1917014
汕 尾	462594	512924	1568014	605058	1795224	1929733
东 莞	2025514	2254668	1562937	2712209	2126611	2409726
中 山	1012614	1121679	991524	1421839	112211	1200977
江 门	1482104	1572244	561827	1751684	692042	783070
阳 江	846178	880974	995922	982660	1250333	1435813
湛 江	801305	875453	920133	1051380	1110845	1236399
茂 名	1325930	1459808	903533	1696060	1518516	1920276
肇 庆	1143993	1199304	2565483	1322048	2981600	3239260
清 远	771785	838369	1262240	1144848	1583303	1749048
潮 州	592176	651447	721910	810166	901128	950492
揭 阳	724990	830125	944811	1064756	1208431	1364808
云 浮	651000	688021	732206	786304	840448	897437

6−30　2017年全省各市户籍人口情况

地　区	年末总人口（人）	性别		年龄			
		男	女	18 岁以下	18−35 岁	35−60 岁	60 岁以上
全　省	**93169080**	**47885480**	**45283600**	**22084447**	**26731463**	**30686034**	**13667136**
广　州	8978717	4493885	4484832	1714642	2315965	3329658	1618452
深　圳	4457355	2258982	2198373	1092763	1407510	1667888	289194
珠　海	1188713	598761	589952	234174	311591	484648	158300
汕　头	5654417	2841423	2812994	1431106	1765104	1671127	787080
佛　山	4195870	2068998	2126872	842939	1081073	1533073	738785
韶　关	3352850	1729478	1623372	731695	842501	1242460	536194
河　源	3729548	1907819	1821729	996045	972938	1246033	514532
梅　州	5501128	2832885	2668243	1343281	1506392	1808310	843145
惠　州	3692379	1863450	1828929	951621	1020249	1256074	464435
汕　尾	3628226	1891406	1736820	1025032	1192872	965004	445318
东　莞	2113081	1062955	1050126	455487	568244	770197	319153
中　山	1704686	839329	865357	358758	449627	626566	269735
江　门	3963673	1992647	1971026	665694	1027837	1473178	796964
阳　江	2970801	1576491	1394310	672495	789176	1056027	453103
湛　江	8389362	4463086	3926276	2159954	2644647	2401535	1183226
茂　名	8038268	4296686	3741582	2067799	2476926	2368340	1125203
肇　庆	4456482	2313879	2142603	1039307	1235161	1504182	677832
清　远	4368439	2266170	2102269	994229	1213431	1510429	650350
潮　州	2755000	1396352	1358648	597793	783358	922703	451146
揭　阳	7032300	3614538	3417762	1967245	2263331	1891315	910409
云　浮	2997785	1576260	1421525	742388	863530	957287	434580

6–31 2018年全省各市户籍人口情况

地区	年末总人口(人)	性别		年龄			
		男	女	18 岁以下	18–35 岁	35–60 岁	60 岁以上
全省	**95021196**	**48776369**	**46244827**	**22809469**	**26584891**	**31224606**	**14402230**
广州	9276914	4628811	4648103	1854274	2313958	3415990	1692692
深圳	4975038	2501168	2473870	1264368	1556342	1835936	318392
珠海	1273963	636604	637359	263186	327911	511175	171691
汕头	5694209	2861184	2833025	1428331	1754865	1688942	822071
佛山	4369767	2144151	2225616	930151	1090783	1581715	767118
韶关	3365768	1735732	1630036	740077	809764	1252290	563637
河源	3727644	1911213	1816431	989798	941508	1259956	536382
梅州	5482931	2825880	2657051	1326261	1453713	1822794	880163
惠州	3809000	1915350	1893650	997762	1022423	1296921	491894
汕尾	3634967	1896249	1738718	1024902	1166936	884583	558546
东莞	2315867	1153402	1162465	568998	585651	831553	329665
中山	1769199	867911	901288	393450	449391	647063	279295
江门	3989099	2006551	1982548	684682	1005329	1473103	825985
阳江	2998820	1590913	1407907	695157	764874	1064708	474081
湛江	8480218	4513751	3966467	2185498	2618249	2424736	1251735
茂名	8105470	4338106	3767364	2093336	2443435	2387549	1181150
肇庆	4501527	2338969	2162558	1057208	1216901	1521759	705659
清远	4429479	2297150	2132329	1033788	1191935	1531392	672364
潮州	2757862	1398198	1359664	597276	774174	915998	470414
揭阳	7054347	3631002	3423345	1931266	2261889	1905485	955707
云浮	3009107	1584074	1425033	749700	834860	970958	453589

6–32　2019年全省各市户籍人口情况

地　区	年末总人口（人）	性别		年龄			
		男	女	18 岁以下	18–35 岁	35–60 岁	60 岁以上
全　省	**96634099**	**49553165**	**47080934**	**23424816**	**26321861**	**32114703**	**14772719**
广　州	9537157	4749376	4787781	1977291	2280840	3523952	1755074
深　圳	3371999	1738142	1633857	746373	787323	1263473	574830
珠　海	5417885	2707047	2710838	1411166	1681210	1990319	335190
汕　头	1332854	662105	670749	288062	331299	532621	180872
佛　山	5717049	2874991	2842058	1420831	1738533	1701844	855841
韶　关	4612756	2243678	2369078	1049775	1112729	1662588	787664
河　源	4001066	2008539	1992527	690464	972737	1493178	844687
梅　州	8541490	4550831	3990659	2205784	2564059	2469955	1301692
惠　州	8177119	4385198	3791921	2112883	2419158	2428418	1216660
汕　尾	4538600	2361095	2177505	1070086	1195551	1545802	727161
东　莞	3897359	1957093	1940266	1044631	1003349	1343184	506195
中　山	5458530	2818973	2639557	1313258	1407452	1832432	905388
江　门	3646842	1902960	1743882	1004287	1169046	993321	480188
阳　江	3726959	1915194	1811765	976424	914643	1281702	554190
湛　江	3013111	1598648	1414463	701538	744199	1080135	487239
茂　名	4461443	2315174	2146269	1053563	1145373	1571154	691353
肇　庆	2510586	1236985	1273601	677385	598392	896298	338511
清　远	1828888	893448	935440	425040	446140	669340	288368
潮　州	2758523	1399435	1359088	598789	753406	919651	486677
揭　阳	7070683	3645650	3425033	1909547	2242885	1931472	986779
云　浮	3013200	1588603	1424597	747639	813537	983864	468160

6-33　2018年全省各市暂住人口分布情况

地　　区	合计	性别		暂住时间			
		男	女	半年以下	半年至一年	一年至五年	五年以上
全　省	**44759463**	**25529730**	**19229733**	**9009739**	**7302300**	**19561251**	**8886173**
广州市	9829562	5588347	4241215	2246710	1857036	4718925	1006891
深圳市	16975969	9399123	7576846	4075658	2635413	6471661	3793237
珠海市	2343975	1379814	964161	345173	340529	1451826	206447
汕头市	478930	306803	172127	101401	159990	171534	46005
佛山市	4956586	2973163	1983423	744146	329082	2342172	1541186
韶关市	61799	39995	21804	20381	18385	18941	4092
河源市	159457	105894	53563	6223	18327	28804	106103
梅州市	85634	53241	32393	12104	9919	55809	7802
惠州市	2045830	1308782	737048	365601	246043	971858	462328
汕尾市	72702	43503	29199	16286	20984	28697	6735
东莞市	4534459	2400554	2133905	585964	932719	1847582	1168194
中山市	1492881	829474	663407	193763	350311	690840	257967
江门市	652699	410782	241917	64783	123492	370941	93483
阳江市	126671	83744	42927	24354	46533	44503	11281
湛江市	115404	73603	41801	13457	14052	49510	38385
茂名市	31889	21547	10342	6768	9538	13555	2028
肇庆市	358837	218927	139910	66611	60359	136004	95863
清远市	198959	129052	69907	57915	55362	70150	15532
潮州市	54706	40593	14113	13098	29178	11766	664
揭阳市	119990	82661	37329	37645	33608	31647	17090
云浮市	62524	40128	22396	11698	11440	34526	4860

6-33 续表1

地区	来自地区			
	省内		省外	
	乡村	城镇	乡村	城镇
全省	**10314208**	**4807931**	**23008941**	**6628383**
广州市	2795923	928557	5133840	971242
深圳市	3862755	1701673	9531576	1879965
珠海市	559449	554467	631740	598319
汕头市	101398	43241	253187	81104
佛山市	1203492	315138	2849846	588110
韶关市	17748	10771	22543	10737
河源市	12112	20353	67720	59272
梅州市	31100	12158	33755	8621
惠州市	334471	269592	791343	650424
汕尾市	22451	9691	29401	11159
东莞市	738287	540191	2207649	1048332
中山市	276046	171294	666523	379018
江门市	129831	70635	317985	134248
阳江市	27200	25860	53150	20461
湛江市	30735	21159	42738	20772
茂名市	11726	6603	9641	3919
肇庆市	79984	63322	127036	88495
清远市	42830	21237	97315	37577
潮州市	7037	3777	33210	10682
揭阳市	12077	9271	80014	18628
云浮市	17556	8941	28729	7298

6-33 续表2

地区	居住处所						
	租凭房屋	单位内部	工地现场	旅店	居民家中	自购房屋	其他
全 省	**28393749**	**6851468**	**586593**	**633884**	**1223396**	**3550679**	**3519694**
广州市	7117487	877478	79712	101239	167520	982898	503228
深圳市	11974667	2015593	137989	33242	423627	1486145	904706
珠海市	465270	111610	11335	353448	44605	69706	1288001
汕头市	227893	114107	14963	35874	22206	11880	52007
佛山市	3507719	645407	42723	5492	157127	297749	300369
韶关市	27100	8771	2509	2935	8672	6740	5072
河源市	45480	78284	7049	1956	4138	2310	20240
梅州市	59027	6802	4880	902	2687	5006	6330
惠州市	1048563	657657	25009	9126	69723	129318	106434
汕尾市	41569	13226	5916	430	9143	1515	903
东莞市	2198686	1658269	96690	71982	139333	298957	70542
中山市	905636	259174	53016	6676	52188	169106	47085
江门市	341024	135249	10742	1680	31092	40294	92618
阳江市	72072	22154	5641	136	17235	4635	4798
湛江市	45407	17882	9100	1456	16111	3575	21873
茂名市	13914	4013	2915	723	5618	1011	3695
肇庆市	148892	96596	57543	869	29849	14811	10277
清远市	44025	66778	10007	1807	6377	21977	47988
潮州市	28487	14740	481	328	4781	392	5497
揭阳市	47711	40428	2971	3513	5618	781	18968
云浮市	33120	7250	5402	70	5746	1873	9063

6-34 2019年全省各市暂住人口分布情况

地 区	合计	性别		暂住时间			
		男	女	半年以下	半年至一年	一年至五年	五年以上
全 省	**50936330**	**29670021**	**21266309**	**10976730**	**11429456**	**19659820**	**8870324**
广州市	10067300	5707775	4359525	2582451	1918482	4649651	916716
深圳市	69623	44044	25579	19096	14997	29065	6465
珠海市	17090191	9554959	7535232	4171436	3007048	5608744	4302963
汕头市	2138576	1262733	875843	367730	336141	944635	490070
佛山市	719924	472668	247256	49601	138048	409981	122294
韶关市	5363759	3230502	2133257	992686	719220	3173347	478506
河源市	514644	337607	177037	60314	93870	214139	146321
梅州市	39729	28314	11415	8716	12712	13113	5188
惠州市	52754	34877	17877	6218	29862	15157	1517
汕尾市	337237	224032	113205	28505	116475	143886	48371
东莞市	2219760	1419973	799787	168797	245055	1147918	657990
中山市	51165	33378	17787	7642	12843	24291	6389
江门市	97784	58681	39103	25573	31185	33500	7526
阳江市	117193	80250	36943	18299	15092	58208	25594
湛江市	106464	67370	39094	25831	25893	41455	13285
茂名市	241577	153785	87792	74430	48648	83275	35224
肇庆市	9673671	5785802	3887869	2105641	4181868	2242234	1143928
清远市	1782916	1003690	779226	169791	397603	769619	445903
潮州市	68728	48584	20144	16991	40334	10749	654
揭阳市	145142	95354	49788	66530	38957	27671	11984
云浮市	38193	25643	12550	10452	5123	19182	3436

6-34 续表1

地区	来自地区			
	省内		省外	
	乡村	城镇	乡村	城镇
全　省	**11070499**	**4506976**	**25003296**	**10355559**
广州市	2949935	933833	5219805	963727
深圳市	13228	7678	37940	10777
珠海市	3691499	1856742	9291038	2250912
汕头市	673156	57689	1313049	94682
佛山市	132638	79958	374176	133152
韶关市	1314451	337546	533798	3177964
河源市	84540	61666	236688	131750
梅州市	4768	4134	23957	6870
惠州市	12368	14674	16970	8742
汕尾市	93993	33846	149188	60210
东莞市	354187	302977	870006	692590
中山市	6236	7919	28343	8667
江门市	24981	14963	41887	15953
阳江市	12727	24512	34204	45750
湛江市	15877	21237	45147	24203
茂名市	33635	26606	131308	50028
肇庆市	1294889	498761	5688823	2191198
清远市	323784	196640	828826	433666
潮州市	7139	2069	43520	16000
揭阳市	18508	18119	77846	30669
云浮市	7960	5407	16777	8049

6-34 续表2

地区	居住处所						
	租凭房屋	单位内部	工地现场	旅店	居民家中	自购房屋	其他
全省	**31093029**	**8765859**	**512893**	**593916**	**2328055**	**4161431**	**3481147**
广州市	7468765	682804	52311	111584	169865	1083751	498220
深圳市	23709	13265	3503	1667	11449	12059	3971
珠海市	11753561	2194241	151586	33849	534470	1564685	857799
汕头市	500667	112778	5734	257418	39111	74601	1148267
佛山市	387459	151188	8644	44762	30033	22452	75386
韶关市	3747236	698446	20371	37544	204599	403424	252139
河源市	187507	120477	12510	6135	30341	56757	100917
梅州市	14566	10787	2267	75	5110	2993	3931
惠州市	7698	12038	3174	1128	11476	3010	14230
汕尾市	179307	54303	28601	297	20653	44133	9943
东莞市	1093404	668861	17592	13809	98799	168892	158403
中山市	23376	5734	8904	550	3427	6832	2342
江门市	44847	20844	19109	1008	9608	1283	1085
阳江市	56647	18154	2201	204	1894	2813	35280
湛江市	45408	24126	4158	464	17336	9378	5594
茂名市	84717	70732	4268	229	11418	24064	46149
肇庆市	4305016	3538764	96690	71902	1030433	480247	150619
清远市	1079322	293455	58209	6196	79170	194185	72379
潮州市	34060	20100	4140	2268	6136	506	1518
揭阳市	42073	47900	7499	2598	7060	2942	35070
云浮市	13684	6862	1422	229	5667	2424	7905

6-35 全省火灾事故情况(2013-2019年)

项目	起数	死人	伤人	直接财产损失(万元)
2013年合计	**22251**	**175**	**137**	**39383.6**
其中：较大火灾	14	62	12	4322
重大火灾	1	16	5	187
特别重大火灾				
2014年合计	**22156**	**120**	**115**	**45570.7**
其中：较大火灾	5	20	3	537.1
重大火灾	1	12	5	13.3
特别重大火灾				
2015年合计	**17992**	**141**	**100**	**37857**
其中：较大火灾	9	34	29	297
重大火灾				
特别重大火灾				
2016年合计	**16923**	**132**	**150**	**40379**
其中：较大火灾	8	34	9	180
重大火灾				
特别重大火灾				
2017年合计	**16438**	**106**	**69**	**29931**
其中：较大火灾	8	34	7	262
重大火灾				
特别重大火灾				
2018年合计	**13064**	**77**	**70**	**27173**
其中：较大火灾	4	18	1	55
重大火灾				
特别重大火灾				
2019年合计	**13197**	**98**	**60**	**31738**
其中：较大火灾	8	36	4	1350
重大火灾				
特别重大火灾				

注：2019年亡人数据含刑事放火和安全生产爆炸事故引发火灾死亡24人。

6-36　全省各市消防救援接处警情况(2019年)

地　区	火灾扑救	抢险救援	社会救助	合计
全　省	**44715**	**49386**	**34805**	**128906**
广　州	9521	14027	6806	30354
深　圳	4377	9753	3437	17567
珠　海	884	1805	1009	3698
汕　头	1872	775	184	2831
佛　山	4919	4369	4235	13523
韶　关	1514	441	1210	3165
河　源	383	1412	884	2679
梅　州	687	268	30	985
惠　州	1228	4259	2953	8440
汕　尾	990	458	374	1822
东　莞	3556	2595	1848	7999
中　山	3080	3075	1894	8049
江　门	1050	128	3291	4469
阳　江	1113	569	595	2277
湛　江	4814	522	1263	6599
茂　名	377	1001	91	1469
肇　庆	530	1691	1797	4018
清　远	2049	746	1455	4250
潮　州	468	252	872	1592
揭　阳	509	957	95	1561
云　浮	794	283	482	1559

注：接处警数据为119系统数据，含虚假警。

6–37 全省火灾事故原因情况(2017–2019年)

项目	起数	死人	伤人	直接财产损失(元)	烧毁面积(m²)
2017年合计	**16438**	**106**	**69**	**299309572**	**571272.1**
电气火灾	5123	54	21	138493474	188202.6
生产作业类火灾	945	2	5	34236504	68174.8
生活用火不慎	2914	16	24	18425304	50497.9
吸烟	373	3	5	1483435	7006.2
玩火	179	6	3	2320506	3445.9
自燃	810	1	2	13313718	25369.3
雷击	12			412650	1020.0
静电	11			732689	1128.1
不明确原因	1060	2		30255786	122807.4
放火	196	10	1	1532735	2703.9
其他	4815	12	8	58102771	100916.0
2018年合计	**13064**	**77**	**70**	**271725440**	**467004.5**
电气火灾	3714	42	25	136432662	207252.9
生产作业类火灾	708	2	1	45397486	53893.6
生活用火不慎	2550	2	14	10100503	34845.7
吸烟	303	2	1	1642360	6807.2
玩火	184	3		1050223	3301.9
自燃	804	2		22127143	21032.6
雷击	5			18050	247.0
静电	27		2	1380196	439.0
不明确原因	809			11262912	26818.6
放火	165	4	2	2302546	6642.3
其他	3795	20	25	40011359	105723.7
2019年合计	**13197**	**98**	**60**	**317383353**	**322987.4**
电气火灾	2695	51	15	129067750	78216.4
生产作业类火灾	845	8	5	50859998	50796.8
生活用火不慎	2954	10	5	27001074	49545.4
吸烟	408		2	1001585	6705.7
玩火	103			1781043	1810.6
自燃	1174	1	17	27482682	15079.8
雷击	15			178310	532
静电	23			5585942	4106.1
不明确原因	692	2	1	12019271	22511.8
放火	156	22	3	3534379	21056
其他	4132	4	12	58871319	72626.8

6-38 全省各市火灾事故发生起数情况

地　区	2014	2015	2016	2017	2018	2019
全　省	**22156**	**17992**	**16923**	**16438**	**13064**	**13197**
广　州	3304	2696	2614	2485	2305	2662
深　圳	2019	1767	1540	2096	1613	981
珠　海	689	569	352	233	102	116
汕　头	736	531	598	506	480	491
佛　山	1453	1371	1167	891	677	755
韶　关	705	584	747	978	888	835
河　源	511	405	238	265	225	192
梅　州	454	409	401	326	195	217
惠　州	995	522	465	514	399	354
汕　尾	491	455	599	567	562	649
东　莞	2566	1668	1657	1326	1029	842
中　山	2111	1314	930	643	410	529
江　门	947	751	882	590	511	776
阳　江	524	582	491	434	420	544
湛　江	1037	674	575	467	242	257
茂　名	379	503	705	855	652	444
肇　庆	597	505	296	302	246	323
清　远	638	774	816	1237	1113	1254
潮　州	741	763	785	737	258	209
揭　阳	899	863	774	745	537	527
云　浮	360	286	291	241	200	240

6-39 全省各市火灾事故死亡人数情况

地　区	2014	2015	2016	2017	2018	2019
全　省	**120**	**141**	**132**	**106**	**77**	**98**
广　州	20	23	22	12	15	24
深　圳	5	8	16	12	7	7
珠　海	2	5	4			
汕　头	6	12	15	6	7	3
佛　山	13	19	9	12	1	4
韶　关			1	2		2
河　源	1	2	1	2		1
梅　州	4	9	5	2	1	2
惠　州	7	8	9	4	3	1
汕　尾	5	4	2	11	6	15
东　莞	14	12	14	6	6	7
中　山	3	7	5	5	3	15
江　门	2	5	3	3	1	
阳　江	2	2	6		2	2
湛　江	5		2	9		5
茂　名	3	1	3	4	5	2
肇　庆	2			1		1
清　远	1	4	3	4	14	2
潮　州	4	4	2	2	2	2
揭　阳	19	11	9	6	4	3
云　浮	2		1	3		

6-40 全省各市火灾事故受伤人数情况

地　区	2014年	2015年	2016年	2017年	2018年	2019年
全　省	**115**	**100**	**150**	**69**	**70**	**60**
广　州	14	12	15	9	13	12
深　圳	17	15	45	21	16	15
珠　海	4	18	10			
汕　头	4		4	1		2
佛　山	12	13	8	6	1	3
韶　关	3	1	7	3		
河　源	1					
梅　州	4		5	1		
惠　州	18	1	16		2	
汕　尾	1		2	3	1	1
东　莞	10	3	10	5	3	15
中　山	3	8	6	1	4	4
江　门	4		1	1		
阳　江	2		7		5	
湛　江	9	3	5	6	10	6
茂　名	2	3	3	3	10	
肇　庆				6		
清　远	3	2			1	2
潮　州	6	4				
揭　阳	10	3	6	1	3	
云　浮	1	1		2	1	

6-41 全省各市火灾事故直接财产损失情况

单位：万元

地 区	2014年	2015年	2016年	2017年	2018年	2019年
全 省	**45570.7**	**37856.9**	**40378.9**	**29931**	**27173**	**31738**
广 州	3444.2	3001.2	5485.6	3141.3	3018	4224
深 圳	2757.2	410.1	3037.8	1750	1648	2804
珠 海	1237.3	2810.7	148.1	392.9	721	277
汕 头	2277.4	1419.6	1768	679	417	644
佛 山	6341.9	721.1	4984.5	4165	2004	5766
韶 关	1985.9	4280.4	990.1	1368.4	1105	581
河 源	712.1	3236.6	156.4	310.7	417	450
梅 州	458.4	1836.3	873.3	1497	495	740
惠 州	1768.3	1331.8	1856.9	699.1	364	447
汕 尾	771.9	1593.7	1318.6	1487.5	605	438
东 莞	5929.7	1888.9	6539.9	4189.7	4787	5889
中 山	818.6	923.7	2267.5	1644.5	1494	1175
江 门	3597.6	638.7	3917.6	1808.3	1768	1292
阳 江	1260.9	1856.8	809	551.8	540	409
湛 江	1939.9	422.7	588.6	1495.5	848	1151
茂 名	1312.7	1347.6	1212.2	788.8	497	536
肇 庆	2394.8	5605.1	239.6	768.1	2585	864
清 远	1323.5	1579.3	1526.9	1088.9	1703	2972
潮 州	1077.8	468.3	491.6	214.6	149	309
揭 阳	3824.4	2228.4	1758.9	1564.3	1237	477
云 浮	336.4	255.9	407.7	325.4	771	293

6-42 2014-2019年省级立法情况

项 目	提请省人大常委会审议法规(项)					
	2014年	2015年	2016年	2017年	2018年	2019年
经济类立法	4	5	3		3	3
文化类立法			2	2		
社会类立法	5	7	3	4	4	2
生态类立法	3		4	2	2	2
政府自身建设类立法	1	2	1			1
其 他					1	3

6-42 续表

项 目	省政府常务会议通过规章(项)					
	2014年	2015年	2016年	2017年	2018年	2019年
经济类立法	4		4	2	2	2
文化类立法				1	1	1
社会类立法	5	3	5	7	3	4
生态类立法	2		2	2		
政府自身建设类立法		1	8	5	4	2
其 他			1	1		3

6-43　2015年-2019年广东省社区矫正工作情况统计表

年份	本年度在册社区矫正人员(人)	本年度接收社区矫正人员(人)	本年度解除社区矫正人员(人)	本年度由社区矫正转为收监执行人员(人)	本年度社区矫正人员再犯罪(人)	累计接收社区矫正人员(人)	累计解除和中止社区矫正人员(人)	累计社区矫正人员再犯罪(人)
2015	34513	25081	23228	387	97	107737	73367	273
2016	34581	25404	25209	290	78	133157	98576	351
2017	34642	27718	27732	228	65	160950	126308	416
2018	35347	31422	30716	283	58	196099	160752	480
2019	68042	32972	33603	297	51	225638	191199	522

注：2019年社区矫正法出台。列管社区矫正对象出自《中华人民共和国司法行政行业标准》。列管社区矫正对象人数：上个期间末在册社区矫正对象数量与本期间内新接收的社区矫正对象人数之和。

6-44　2015年-2019年广东省安置帮教工作情况表

年份	衔接总数	释解人员										重新犯罪人数	重新劳教人数	脱管人数
		刑释人员	解教人员	监狱刑释人员	看守所刑释人员	解除社区矫正	安置总数	帮教总数	入党团人数	担任基层干部	受党政机关表彰			
2015	56656			27411	7448	21797	57243	58997	152	35	3	86		8
2016	43044				2217	20380	38738	42182	68			129		4
2017	40924			18563	1653	20708	38844	40370				82		8
2018	48543			24592	1556	22395	47319	47567				65		1
2019	47864			22503	1919	23442	46476	46721	4			108		

注：资料来源：《全国司法行政基层工作统计分析和统计资料》(司法部基层工作指导司编，法律出版社，2015—2019年)。
说明：2012年劳教制度废制，此后没有相关劳教人员情况的统计。

6-45 2015年-2019年省级行政复议情况

项目	2015	2016	2017	2018	2019
全省各级行政复议机关共收到行政复议案件（件）	19397	23808	29447	33565	33961
办理国务院行政复议裁决案件（件）			10	14	8
省政府本级行政复议案件（件）	624	673	693	598	626

6-46 2015-2019年省级行政应诉情况

项目	2015	2016	2017	2018	2019
全省各级行政机关共办理行政应诉案件（件）	12378	15273	16961	19007	20071
省政府本级行政应诉案（件）	342	519	501	232	348

6-47 2015年-2019年广东省司法所建设情况

年份	建所数（个）	工作人员总数（人）	司法助理员数（人）	编制情况		
				司法行政编	地方行政编	其他
2015	1616	6036	3958	3522	152	284
2016	1628	6908	3952	3512	154	286
2017	1631	6567		3516	113	298
2018	1631	8048		3748	102	286
2019	1631	8413		3611	108	254

注：资料来源：2015—2019年《全国司法行政基层工作统计分析和统计资料》（司法部基层工作指导司编，法律出版社）。
说明：司法助理人数由政法专项编制、地方行政编制、地方事业编制人

6-48　2015年-2019年广东省人民调解业务情况表

年份	已建调委会数	调委会人数	调解总数	调解成功数	预防自杀	
					件	人
2015	32549	181205	326174	318659	335	289
2016	33274	178052	323552	316908	206	551
2017	33750	181441	361079	358631		
2018	31898	170775	397191	389979		
2019	31666	172280	460674	450056		

6-48　续表

年份	防止转化为刑事案件		制止群体械斗		防止群体上访	
	件	人	件	人	件	人
2015	1306	6864	517	22615	3460	76856
2016	1259	6626	516	19177	2521	69526
2017	463	731				
2018	567	578				
2019	77	503				

注：资料来源：2015—2019年《全国司法行政基层工作统计分析和统计资料》（司法部基层工作指导司编，法律出版社）
说明：司法助理人数由政法专项编制、地方行政编制、地方事业编制人

6-49　2015年-2019年广东省律师工作情况表

年份	律师事务所总数(个)	律师总数(人)	担任法律顾问(家)	主要律师事务(件)				
				刑事诉讼辩护及代理(件)	民事案件诉讼代理(件)	经济案件诉讼代理(件)	行政案件诉讼代理(代)	非诉讼代理(件)
2015	2290	28221	59664	30739	225385		9689	174951
2016	2654	32190	64339	38449	277188		10985	204550
2017	2788	35045	70687	63511	288156		12854	165275
2018	2901	43434	77954	92642	371893		18319	214252
2019	3418	48971	84359	109733	514353		20392	317205

注：资料来源：2015—2019年《律师工作统计报表》，中华人民共和国民事诉讼法(2017年修正)。

6-50　2015年-2019年广东省公证工作情况表

年份	公证处(个)	工作人员(人)	其中		出证总数(份)	其中		
			公证员	公证员助理		国内公证(件)	涉外公证(件)	涉台港澳公证(件)
2015	146	2190	770	543	1525912	1044876	429298	51738
2016	147		806		1603887	1163173	393150	57564
2017	147	2309	883		1253064	927684	287961	37419
2018	157	2512	862	914	1783427	1327191	408370	47866
2019	156	2524	890	898	1664068	1229981	392494	41593

注：资料来源：2015—2019年《公证工作统计报表》

6-51　2014年-2018年全省仲裁情况

项　　目	2014	2015	2016	2017	2018	2019
仲裁委员会　(个)	12	14	14	13	15	16
受理仲裁案件总数　(件)	10437	17808	65107	1690076	213304	74975
涉外仲裁						
涉港案件总数	479	770	741	1018	1154	487
涉澳案件总数	126	168	162	272	304	70
涉台案件总数	137	162	166	238	188	47
其他案件总数	173	259	601	578	887	118

6-52 2015年-2019年广东省法律援助工作情况表

年份	已建机构数(个)	法律援助机构工作人员(人)	其中有律师资格或法律职业资格	受理案件总数(件)	其中：受理法律援助案件类型(件)		
					刑事案件	民事案件	行政案件
2015	152	780	373	81301	23112	57783	504
2016	150	748	361	79881	20963	58475	443
2017	153	730	378	75061	23283	51249	529
2018	153	809	410	142453	81774	60013	666
2019	153	899	366	240515	173417	66267	831

6-52 续表

年份	经费总额(万元)	咨询(人次)	法律援助受援人数(人)	其中：各类受援人数(人)				
				残疾人	老年人	未成年人	妇女	农民工
2015	13338.07	382083	96632	2058	2454	15889	20446	52664
2016	19574.73	788727	94039	2091	1693	12649	24567	56106
2017	21623.93	1096355	89647	2536	1936	14012	25241	48771
2018	29588.32	1058080	158866	1892	2312	12424	32541	68937
2019	38347.74	430554	259808	1669	2859	14265	32838	74985

6-53 2019年人民检察院批准(决定)逮捕犯罪嫌疑人和提起公诉被告人情况

案件类别	批捕、决定逮捕		提起公诉	
	(件)	(人)	(件)	(人)
合 计	**97241**	**141850**	**130027**	**181712**
普通刑事犯罪小计	96631	141156	128862	180253
危害国家安全案	7	8	9	10
危害公共安全案	4314	4593	36065	36623
破坏社会主义市场秩序案	7640	13389	7603	14686
侵犯公民人身、民主权利案	13781	16561	14409	18140
侵犯财产案	38958	53249	38141	52177
妨害社会管理秩序案	31907	53331	32605	58581
危害国防利益案	24	25	30	36
职务犯罪小计	610	694	1165	1459
贪污贿赂案	548	617	1043	1305
渎职侵权案	62	77	122	154

6-54 2019年人民检察院提起公诉情况

单位：件

案件类别	简易程序	出庭公诉						
			一 审	二 审			再审	审监
					上诉案	抗诉案		
合 计	**70321**	**118525**	**109609**	**8895**	**8587**	**308**	**16**	**5**
贪污贿赂案件	138	1027	737	290	269	21		
渎职侵权案件	28	149	89	60	53	7		
普通刑事案件	70155	117349	108783	8545	8265	280	16	5

6-55　2019年人民检察院办理刑事抗诉案件情况

单位：件

案件类别	提出抗诉	审判结果			
		合计	改　判	维持原判	发回重审
合　计	**454**	**329**	**158**	**103**	**68**
二审小计	436	308	142	98	68
贪污贿赂案件	26	21	11	4	6
渎职侵权案件	5	7	2	3	2
普通刑事案件	405	280	129	91	60
再审小计	11	16	14	2	
贪污贿赂案件					
渎职侵权案件	1				
普通刑事案件	10	16	14	2	
审监小计	7	5	2	3	

6-56　2019年人民检察院办理民事、行政抗诉案件情况

单位：件

案件类别	合　计	民事案件	行政案件
受　　案	7553	6154	1399
提请抗诉	448	432	16
抗　　诉	267	264	3
提出再审检察建议	72	72	
不支持监督申请	3561	3140	421
抗诉案件再审	284	276	8
改　　判	180	177	3
发回重审	15	15	
调　　解	5	5	
维持原判	75	70	5
和解撤诉	4	4	
其　　他	5	5	

6-57 人民检察院纠正违法情况

项　　目	2014	2015	2016	2017	2018	2019
书面提出纠正合计（件、人次）	5620	2771	2676	3803	4538	3020
立案监督小计	2416	996	862	1954	2399	1438
监督立案	935	413	285	804	1055	717
监督撤案	1481	583	577	1150	1344	721
侦查监督小计	2170	1134	1301	1476	1676	1185
审查批捕环节	1456	504	712	534	605	431
审查起诉环节	714	630	589	942	1071	754
刑事审判监督小计	171	52	41	42	28	28
刑罚执行监督人次小计（人次）	863	589	472	331	435	369
监管活动	363	378	275	228	199	69
超期羁押	9	16	6	6	26	10
减刑、假释、保外就医	491	195	191	97	210	290
已纠正合计　　（件、人次）	5474	2610	2505	3386	4183	2674
立案监督小计	2385	996	862	1954	2399	1438
监督立案	915	413	285	804	1055	717
监督撤案	1470	583	577	1150	1344	721
侦查监督小计	2068	991	1156	1185	1314	967
审查批捕环节	1419	438	635	392	465	351
审查起诉环节	649	553	521	793	849	616
刑事审判监督小计	167	42	36	36	20	13
刑罚执行监督人次小计（人次）	854	581	451	211	450	256
监管活动	367	374	269	191	208	140
超期羁押	10	16	6	7	24	18
减刑、假释、保外就医	477	191	176	13	218	98

6−58　2019年人民检察院办理刑事申诉案件情况

单位：件

案件分类	受　案	立案复查	结　案
合　计	**1667**	**655**	**1093**
不服检察机关处理决定小计	466	338	119
不服不批捕	37	15	16
不服不起诉	420	321	100
不服撤案	1		1
其　他	8	2	2
不服法院刑事判决裁定小计	1201	317	974
刑罚执行中被害人申诉	261	114	145
刑罚执行中被告人申诉	443	68	458
刑罚执行完毕后被害人申诉	96	37	69
刑罚执行完毕后被告人申诉	283	74	229
其　他	118	24	73

6−59　2019年人民检察院办理举报、控告和申诉案件情况

单位：件

案件类别	受　理	处　理	#分送检察机关	#转其他机关	#其他
合　计	**24620**	**24460**	**15809**	**1933**	**6718**
首次举报	1352	1367	454	718	195
首次控告	1854	1846	672	689	485
首次申诉	21414	21247	14683	526	6038

6-60 2019年人民检察院办理民事公益诉讼案件情况

单位：件

地　区	线索数	立案数	诉前程序数	起诉数
广　州	144	92	77	45
深　圳	12	10	8	7
珠　海	19	10	7	5
汕　头	15	12	15	14
佛　山	62	68	57	28
韶　关	22	19	15	14
河　源	29	10	6	11
梅　州	14	9	8	7
惠　州	103	27	9	8
汕　尾	9	7	3	3
东　莞	26	24	21	16
中　山	71	24	12	7
江　门	114	104	41	43
阳　江	3	2	2	
湛　江	4	6	3	5
茂　名	27	21	17	15
肇　庆	7	7	5	2
清　远	14	13	8	7
潮　州				
揭　阳	12	11	12	11
云　浮	21	18	16	15
广　铁				

6-61　2019年人民检察院办理行政公益诉讼案件情况

单位：件

地　区	线索数	立案数	诉前程序数	行政机关纠正违法或履行职责数	起诉数
广　州	811	816	724	747	
深　圳	1988	1629	775	696	2
珠　海	111	68	41	36	
汕　头	259	242	232	228	
佛　山	423	569	515	537	
韶　关	223	214	179	178	
河　源	80	74	72	63	
梅　州	324	347	350	411	
惠　州	176	79	67	48	3
汕　尾	66	36	26	21	
东　莞	290	121	115	189	
中　山	184	53	32	8	
江　门	404	397	273	280	3
阳　江	110	95	84	56	1
湛　江	1388	1261	987	1084	2
茂　名	277	101	91	147	
肇　庆	223	208	192	283	
清　远	144	135	133	207	2
潮　州	26	20	20	20	
揭　阳	27	26	17	7	1
云　浮	26	22	12	10	
广　铁	18	11	4	4	

6-62 2019年人民检察院批准逮捕、提起公诉未成年刑事犯罪嫌疑人情况

案件类别	批准逮捕		提起公诉	
	(件)	(人)	(件)	(人)
合　计	**3449**	**5227**	**3591**	**5292**
危害国家安全案				
危害公共安全案	52	52	135	141
破坏社会主义市场经济秩序案	49	74	44	68
侵犯公民人身权利、民主权利案	682	947	719	1011
妨害社会管理秩序案	879	1474	1004	1607
侵犯财产案	1786	2679	1688	2464
其　他	1	1	1	1

6-63 2019年人民检察院办理认罪认罚从宽制度案件情况

地　区	适用认罪认罚		提出量刑建议	采纳量刑建议
	(件)	(人)	(人)	(人)
广　州	17464	21265	18094	16557
深　圳	16729	20962	15654	12672
珠　海	1096	1413	772	590
汕　头	1314	1851	1090	869
佛　山	5934	7678	4680	3399
韶　关	709	925	650	539
河　源	818	1159	621	465
梅　州	989	1261	1108	950
惠　州	3069	3690	2772	2580
汕　尾	411	492	263	167
东　莞	8345	9532	5751	5555
中　山	2642	2881	1157	1052
江　门	1453	1933	1347	1319
阳　江	746	1074	643	509
湛　江	2178	2701	1481	1116
茂　名	1440	1863	996	819
肇　庆	1403	1890	1575	1323
清　远	988	1392	874	809
潮　州	562	723	511	492
揭　阳	1435	1762	1360	1226
云　浮	671	965	668	611
广　铁	125	144	123	101

6-64 人民法院各类一审案件情况

单位：件

年 份	收案				结案			
		刑事	民事	行政		刑事	民事	行政
2013	613053	92468	511506	9079	603943	91673	503649	8621
2014	678759	105226	560856	12677	654786	102903	539802	12081
2015	800445	129290	655124	16031	715795	122882	579042	13871
2016	828934	111081	702254	15599	811358	113829	681896	15633
2017	897205	116139	762896	18170	916700	116760	782164	17776
2018	1039261	120487	897332	21442	1031561	119862	890383	21316
2019	1238625	130693	1084783	23149	1216812	130239	1063663	22910

6-65 人民法院刑事一审案件情况

单位：件

项 目	2019年	
	收 案	结 案
合 计	**130693**	**130239**
危害国家安全罪	9	8
危害公共安全罪	35442	35389
破坏社会主义市场经济秩序罪	7799	7399
侵犯公民人身权利民主权利罪	14759	14783
侵犯财产罪	38497	38223
妨害社会管理秩序罪	32952	33079
危害国防利益罪	30	22
贪污贿赂罪	1073	1175
渎职罪	129	158
其 他	3	3
合计中含自诉案件	620	612

6-66 人民法院刑事案件被告人判决生效情况

单位：件/人

项目	2019年	
	件	人
合计	**107453**	**148381**
危害国家安全罪	5	6
危害公共安全罪	28119	28625
破坏社会主义市场经济秩序罪	6073	11309
侵犯公民人身权利民主权利罪	12546	16173
侵犯财产罪	31464	41661
妨害社会管理秩序罪	28044	49043
危害国防利益罪	37	68
贪污贿赂罪	1029	1303
渎职罪	136	193

6-67 人民法院判处刑事罪犯情况

单位：人

年份	判处罪犯总数	青少年罪犯			青少年罪犯占刑事罪犯比重(%)
			不满18岁	18-25岁	
2019年	148255	30167	4148	26019	20.35

6-68 人民法院民事一审案件情况 (一)

单位：件

项目	2019年	
	收案	结案
人格权纠纷(合计)	**9016**	**9105**
生命权、健康权、身体权纠纷	7200	7198
姓名权纠纷	129	136
肖像权纠纷	166	206
名誉权纠纷	1317	1344
荣誉权纠纷	3	3
隐私权纠纷	45	44
人身自由权纠纷	2	3
一般人格权纠纷	41	42
其　他	113	129
劳动争议、人事争议(合计)	**45680**	**45167**
劳动争议	**45080**	**44532**
劳动合同纠纷	17960	17893
社会保险纠纷	757	779
福利待遇纠纷	298	377
其　他	26065	25483
人事争议	**59**	**61**
其　他	**541**	**574**

6-69 人民法院民事一审案件情况（二）

单位：件

项　　目	2019年	
	收案	结案
婚姻家庭、继承纠纷(合计)	**70392**	**70623**
婚姻家庭纠纷	**65113**	**65324**
离婚纠纷	52452	52719
离婚后财产纠纷	2974	2996
同居关系纠纷	1631	1619
抚养、扶养纠纷	6180	6146
赡养纠纷	445	446
探望权纠纷	407	407
其　他	1024	991
继承纠纷	**5279**	**5299**
法定继承纠纷	2913	2889
遗嘱继承纠纷	297	311
被继承人债务清偿纠纷	179	159
其　他	1890	1940

6-70 人民法院民事一审案件情况 （三）

单位：件

项目	2019年	
	收案	结案
物权纠纷(合计)	**17330**	**17203**
不动产登记纠纷	**28**	**28**
物权保护纠纷	**11360**	**11333**
物权确认纠纷	1378	1420
返还原物纠纷	1831	1781
排除妨害纠纷	1457	1425
恢复原状纠纷	392	396
财产损害赔偿纠纷	4158	4225
其　他	2144	2086
所有权纠纷	**4213**	**4124**
侵害集体经济组织成员权益纠纷	1304	1298
相邻关系纠纷	1408	1391
共有纠纷	1011	956
其　他	490	479
用益物权纠纷	**933**	**889**
土地承包经营权纠纷	626	589
建设用地使用权纠纷	83	93
宅基地使用权纠纷	201	178
其　他	23	29
担保物权纠纷	**187**	**169**
占有保护纠纷	**243**	**270**
其　他	**366**	**390**

6-71 人民法院民事一审案件情况（四）

单位：件

项目	2019年	
	收案	结案
知识产权与竞争纠纷(合计)	**130044**	**125787**
知识产权合同纠纷	**2727**	**2546**
著作权合同纠纷	926	833
商标合同纠纷	49	48
专利合同纠纷	29	36
技术合同纠纷	292	292
特许经营合同纠纷	1291	1196
网络域名合同纠纷	117	111
其 他	23	30
知识产权权属、侵权纠纷	**126341**	**122393**
著作权权属、侵权纠纷	108850	105857
商标权权属、侵权纠纷	10498	9300
专利权权属、侵权纠纷	6232	6559
网络域名权属、侵权纠纷	141	160
其 他	620	517
不正当竞争纠纷	**922**	**806**
仿冒纠纷	73	71
侵害商业秘密纠纷	141	117
其 他	708	618
垄断纠纷	**3**	**1**

6-72 人民法院民事一审案件情况 （五）

单位：件

项 目	2019年	
	收案	结案
海事海商纠纷(合计)	**2301**	**2245**
船舶碰撞损害责任纠纷	26	29
船舶触碰损害责任纠纷	7	12
船舶污染损害责任纠纷	2	2
海上、通海水域人身损害责任纠纷	28	40
非法留置船舶、船载货物、船用燃油、船用物料损害责任纠纷	47	48
海上、通海水域货物运输合同纠纷	1241	1163
船舶经营管理合同纠纷	24	22
船舶买卖合同纠纷	26	23
船舶建造合同纠纷	26	23
船舶修理合同纠纷	20	20
航次租船合同纠纷	26	22
船舶租用合同纠纷	97	86
海上、通海水域货运代理合同纠纷	376	353
船舶物料和备品供应合同纠纷	30	36
船员劳务合同纠纷	184	207
海上、通海水域保险合同纠纷	29	29
港口作业纠纷	25	24
其 他	87	106

6-73 人民法院民事一审案件情况 （六）

单位：件

项　　目	2019年	
	收案	结案
合同、不当得利、无因管理纠纷(合计)	**731067**	**716510**
确认合同效力纠纷	1947	1882
买卖合同纠纷	106261	102840
建设用地使用权合同纠纷	683	714
房地产开发经营合同纠纷	329	333
房屋买卖合同纠纷	48034	48503
房屋拆迁安置补偿合同纠纷	1019	1038
赠与合同纠纷	362	335
借款合同纠纷	297632	293955
保证合同纠纷	902	906
银行卡纠纷	96859	94672
租赁合同纠纷	36199	34672
融资租赁合同纠纷	3593	3841
承揽合同纠纷	12194	11992
建设工程合同纠纷	16346	15297
运输合同纠纷	2796	2587
委托合同纠纷	3637	3368
居间合同纠纷	3669	3760
合伙协议纠纷	4091	3840
农、林、渔、牧业、农村土地承包合同纠纷	1875	1845
服务合同纠纷	41374	40701
劳务合同纠纷	8703	8373
追偿权纠纷	6474	6419
不当得利纠纷	3564	3550
无因管理纠纷	284	233
其　他	32240	30854

6-74 人民法院民事一审案件情况（七）

单位：件

项目	2019年	
	收案	结案
与公司、证券、保险、票据等有关的纠纷(合计)	**28188**	**26784**
与企业有关的纠纷	**1680**	**1664**
挂靠经营合同纠纷	1343	1310
联营合同纠纷	175	186
企业承包经营合同纠纷	90	103
其　他	72	65
与公司有关的纠纷	**8622**	**8206**
股东资格确认纠纷	437	456
请求变更公司登记纠纷	263	232
股东出资纠纷	309	312
股东知情权纠纷	414	390
股权转让纠纷	3775	3587
股东损害公司债权人利益责任纠纷	925	789
公司解散纠纷	343	356
其　他	2156	2084
合伙企业纠纷	**333**	**321**
与破产有关的纠纷	**866**	**721**
证券纠纷	**1892**	**1922**
期货交易纠纷	**11**	**13**
信托纠纷	**14**	**11**
保险纠纷	**12979**	**12311**
票据纠纷	**1756**	**1584**
信用证纠纷	**11**	**10**
其　他	**24**	**21**

6-75 人民法院民事一审案件情况 （八）

单位：件

项　　目	2019年	
	收案	结案
侵权责任纠纷(合计)	**46056**	**45868**
提供劳务者致害责任纠纷	74	73
提供劳务者受害责任纠纷	2197	2147
网络侵权责任纠纷	75	78
违反安全保障义务责任纠纷	217	219
教育机构责任纠纷	82	79
产品责任纠纷	644	776
机动车交通事故责任纠纷	37026	37029
医疗损害责任纠纷	1050	1133
环境污染责任纠纷	354	163
饲养动物损害责任纠纷	156	149
物件损害责任纠纷	143	138
因申请诉中财产保全损害责任纠纷	247	232
其　他	3791	3652
适用特殊程序案件案由(合计)	**4709**	**4371**

6-76　人民法院行政一审案件情况

单位：件

项　目	2019年	
	收案	结案
合　计	**23149**	**22910**
公　安	1393	1408
资　源	1872	1732
城　建	2551	2639
计划生育	15	16
工　商	537	455
商　标	4	3
质量监督	115	124
卫　生	102	88
食品、药品	198	231
农　业	63	65
环　保	331	333
交　通	264	264
信息、电讯	13	11
税　务	116	114
金　融	16	17
财　政	30	31
劳动和社会保障	4254	4417
水　利	87	38
司法行政	82	70
民　政	114	117
教　育	98	80
监　察	15	14
乡政府	2885	2963
其　他	7994	7680

6-77 各市人民法院各类一审案件收案情况

单位：件

地 区	2013	2014	2015	2016	2017	2018	2019
广 州	122309	136988	144708	171998	153859	200045	314233
深 圳	109596	134610	164197	152057	187798	208736	245863
珠 海	18788	22542	24884	22694	22535	27295	31207
汕 头	9105	10336	14127	14409	17822	23239	19117
佛 山	62533	69113	84579	87351	84200	109705	122131
韶 关	12696	14031	17051	18716	18576	20766	24644
河 源	7084	7882	11054	12108	11240	13438	16082
梅 州	12564	11637	13609	14083	15169	17177	19295
惠 州	21936	26735	35484	37559	35984	48797	52310
汕 尾	4849	5698	4893	4792	5752	6984	8160
东 莞	59931	60099	65907	69671	70547	95625	89985
中 山	32134	36742	51433	56131	47193	56922	56154
江 门	32730	29169	32172	30999	31229	39669	45567
阳 江	8995	11145	14688	13951	13082	15882	21165
湛 江	22659	20798	24394	23376	25479	31053	32871
茂 名	14205	16661	18788	19792	22056	22972	28147
肇 庆	16187	17998	20708	18259	18975	23761	27455
清 远	16213	17660	22760	23332	25187	29684	33607
潮 州	4883	5064	6265	6540	6740	8106	8054
揭 阳	12179	9801	10834	10501	10132	13364	14166
云 浮	8982	10432	11819	11090	10734	11852	13525
知 产	——	——	1866	2593	4665	3981	4250
海 事	1845	2023	2188	1938	1144	2226	2574
铁 路	634	904	898	4891	6001	7974	7976

6-78　各市人民法院各类一审案件结案情况

单位：件

地　区	2013	2014	2015	2016	2017	2018	2019
广　州	118067	132094	129758	165968	160875	204509	303365
深　圳	112073	127216	131065	156234	188422	205458	233224
珠　海	17466	22054	23735	22373	22776	27720	30777
汕　头	8911	9554	14003	14071	17945	23170	19035
佛　山	61004	66310	77402	87872	84879	106880	122310
韶　关	12574	13609	15435	18220	18772	20648	25048
河　源	6973	8730	10954	11907	11281	12750	15740
梅　州	12418	11732	13102	14283	15189	16765	19302
惠　州	21286	25099	32914	33508	37383	48008	54536
汕　尾	4905	5320	4450	4834	6156	6989	8134
东　莞	58000	58845	60506	68367	72486	93712	90872
中　山	33165	36251	44535	51859	49228	56052	55426
江　门	32112	29508	30697	30487	32185	39742	46049
阳　江	9264	10945	13926	13907	13935	15527	20565
湛　江	22266	19856	22738	22474	26468	31331	32607
茂　名	13933	16143	17176	19159	22897	22971	27975
肇　庆	15685	17385	20192	18027	20597	23846	27531
清　远	15582	16501	21371	21984	25811	28998	33622
潮　州	4835	4795	5544	5993	6850	7639	8712
揭　阳	12154	9657	10450	10058	10426	13282	13708
云　浮	8755	10240	11392	10674	11100	11695	13521
知　产	——	——	1433	2774	3533	4053	4159
海　事	1854	2123	2080	1850	1245	2129	2505
铁　路	644	791	875	4405	5569	7672	7965

6−79　各市人民法院各类案件收案情况

单位：件

地区	2013	2014	2015	2016	2017	2018	2019
广州	201010	228200	252974	300755	341581	383619	557198
深圳	174289	208752	258782	278156	384364	409368	524100
珠海	30225	33867	40288	47646	51570	54565	65841
汕头	12998	14783	19888	21709	27103	36244	34945
佛山	97882	110284	136222	162914	179518	213301	261983
韶关	19643	21038	25958	31583	33574	37457	46356
河源	9966	10685	15363	18047	17797	21667	27330
梅州	18800	17215	19745	21071	24131	28045	33556
惠州	32217	40874	54937	63097	70249	83818	99316
汕尾	5842	6830	6153	6287	8945	11731	14317
东莞	101363	102188	119778	146512	156639	194393	215635
中山	48809	55543	76147	98164	105145	109307	118771
江门	51216	47343	49894	56320	61860	72813	94726
阳江	13079	16014	22459	23253	25059	29011	38057
湛江	28616	28213	33603	37082	43418	51543	57047
茂名	19761	22459	27200	31757	36198	37535	50026
肇庆	21827	24538	30273	29812	34350	42069	52787
清远	23438	26640	35793	40449	44415	56724	67946
潮州	6554	6854	8925	10336	11093	13198	14847
揭阳	14341	12179	13753	14611	16230	18587	23034
云浮	13375	14868	17568	18296	19869	21870	25891
知产	——	——	4941	4753	9213	10085	12896
海事	2079	2315	3149	2562	2624	3377	4252
铁路	733	1138	1273	14574	20540	23061	27612

6-80 各市人民法院各类案件结案情况

单位：件

地 区	2013	2014	2015	2016	2017	2018	2019
广 州	195279	220547	230334	286156	349210	395778	546330
深 圳	175629	200720	215077	276394	375534	408643	502841
珠 海	28797	33190	36768	46306	51954	54885	65493
汕 头	12757	14006	19800	20827	26922	35970	35112
佛 山	95172	105031	125117	159760	178902	210100	262879
韶 关	19404	20555	23609	30058	33563	36640	47765
河 源	9796	11881	15123	17463	18059	20753	26959
梅 州	18549	17385	19055	21327	23869	27422	33455
惠 州	31476	39090	51844	56351	69666	83991	103672
汕 尾	5924	6396	5635	6372	9281	11741	14316
东 莞	97249	100548	111682	141085	158461	193693	216695
中 山	49029	54971	66884	84209	100502	118193	120351
江 门	49623	48174	47244	55204	63083	73140	95804
阳 江	13346	15833	21131	22702	26441	28074	37480
湛 江	28324	26859	31597	35597	44668	51457	56900
茂 名	19588	21788	24988	30358	36694	37657	49896
肇 庆	21198	23903	29004	28983	36376	41797	53348
清 远	22501	24959	33061	38039	45347	54742	68909
潮 州	6476	6524	7823	9025	10956	13294	15775
揭 阳	14302	11971	13253	13812	16439	18744	22442
云 浮	13055	14688	16801	17278	19855	21705	26306
知 产	——	——	3402	4907	7804	9407	13488
海 事	2085	2420	2894	2403	2815	3262	4194
铁 路	741	972	1276	13738	20237	22718	27354

6-81　2016-2019年全省各行业生产安全事故情况表

行　　业	2016年(起、人)						2017年(起、人)					
	合　计		其中				合　计		其中			
			较大事故		重大事故				较大事故		重大事故	
	事故起数	死亡人数	事故起数	死亡人数	事故起数	死亡人数	事故起数	死亡人数	事故起数	死亡人数	事故起数	死亡人数
合　计	**8331**	**3951**	**39**	**141**	**1**	**18**	**7044**	**3726**	**44**	**176**	**1**	**19**
A 农、林、牧、渔业	33	27	1	3			27	33	1	6		
B 采矿业	14	16	1	4			11	15	2	6		
C 制造业	314	322	5	25	1	18	300	269	2	10		
D 电力、热力、燃气及水生产和供应业	12	11					9	10				
E 建筑业	372	353					409	404	7	40		
F 批发和零售业	37	33					44	48	3	14		
G 交通运输、仓储和邮政业	7419	3067	30	97			6112	2829	29	100	1	19
H 住宿和餐饮业	14	9					14	9				
I 信息传输、软件和信息技术服务业	8	7					4	3				
J 金融业												
K 房地产业	10	9					8	9				
L 租赁和商务服务业	11	8					13	13				
M 科学研究和技术服务业	2	2					4	3				
N 水利、环境和公共设施管理业	11	14	1	4			21	19				
O 居民服务、修理和其他服务业	56	54					55	50				
P 教育							5	4				
Q 卫生和社会工作	1						3	3				
R 文化、体育和娱乐业	12	19	1	8			4	4				
S 公共管理、社会保障和社会组织	5						1	1				
T 国际组织												

注：表格空白处为0

6-81 续表

行业	2018年(起、人)						2019年(起、人)					
	合计		其中				合计		其中			
			较大事故		重大事故				较大事故		重大事故	
	事故起数	死亡人数	事故起数	死亡人数	事故起数	死亡人数	事故起数	死亡人数	事故起数	死亡人数	事故起数	死亡人数
合 计	**6153**	**3345**	**36**	**158**	**1**	**12**	**5860**	**3157**	**33**	**126**		
A 农、林、牧、渔业	29	32					27	29	1	3		
B 采矿业	9	9					10	9				
C 制造业	277	257	2	12			233	212	3	13		
D 电力、热力、燃气及水生产和供应业	17	16					16	17				
E 建筑业	439	434	4	16	1	12	465	422	4	12		
F 批发和零售业	24	22	1	3			33	34	2	10		
G 交通运输、仓储和邮政业	5227	2448	27	115			4946	2308	18	72		
H 住宿和餐饮业	14	13					8	4				
I 信息传输、软件和信息技术服务业	5	4					10	9				
J 金融业	1											
K 房地产业	12	10					12	10				
L 租赁和商务服务业	20	19					18	16				
M 科学研究和技术服务业	5	4					3	4	1	3		
N 水利、环境和公共设施管理业	12	10					20	25	2	6		
O 居民服务、修理和其他服务业	53	60	2	12			51	53	2	7		
P 教育	4	2					1					
Q 卫生和社会工作												
R 文化、体育和娱乐业	5	5					6	4				
S 公共管理、社会保障和社会组织							1	1				
T 国际组织												

6-82 2016-2019年全省各市生产安全事故情况表

市别	2016年(起、人)						2017年(起、人)					
	合计		其中				合计		其中			
			较大事故		重大事故				较大事故		重大事故	
	事故起数	死亡人数	事故起数	死亡人数	事故起数	死亡人数	事故起数	死亡人数	事故起数	死亡人数	事故起数	死亡人数
合计	**8331**	**3951**	**39**	**141**	**1**	**18**	**7044**	**3726**	**44**	**176**	**1**	**19**
广州市	888	498	2	7			836	455	6	30		
韶关市	271	141	2	7			278	151	2	6		
深圳市	507	393	1	5			398	308	1	3		
珠海市	131	82	1	3			116	74	1	6		
汕头市	182	73	1	3			316	103				
佛山市	464	278	2	7			404	279	2	9		
江门市	513	191	2	12			281	165	1	6		
湛江市	669	166	2	7			376	154	3	9		
茂名市	275	112					176	93				
肇庆市	352	196	5	16			268	140	2	6		
惠州市	250	194	1	3			260	234	1	3	1	19
梅州市	105	64	1	3			65	53	2	6		
汕尾市	371	115	2	6			269	143	5	22		
河源市	99	75	2	6			91	94	4	14		
阳江市	218	161	3	11			169	120	2	8		
清远市	847	263	6	19			586	280	4	18		
东莞市	738	354	1	9	1	18	634	324	3	9		
中山市	657	207					725	162	1	4		
潮州市	108	68	4	14			88	56				
揭阳市	111	75					107	92	2	11		
云浮市	337	126	1	3			336	117	1	3		
顺德区	210	92					233	103				

注：1.2018起，顺德区不再单列，统计数据纳入佛山市统计。
2.表格空白处为0。

6-82 续表

市别	2018年(起、人)						2019年(起、人)					
	合计		其中				合计		其中			
			较大事故		重大事故				较大事故		重大事故	
	事故起数	死亡人数	事故起数	死亡人数	事故起数	死亡人数	事故起数	死亡人数	事故起数	死亡人数	事故起数	死亡人数
合计	**6153**	**3345**	**36**	**158**	**1**	**12**	**5860**	**3157**	**33**	**126**		
广州市	658	374	3	10			623	366	2	6		
韶关市	195	140	2	11			216	120				
深圳市	362	302	1	3			383	305	2	7		
珠海市	118	65					96	59	1	3		
汕头市	375	87	1	4			415	74				
佛山市	610	333	1	7	1	12	477	303	3	9		
江门市	133	103					156	91	1	3		
湛江市	247	153	1	3			582	157	4	18		
茂名市	176	88	3	11			117	82	2	7		
肇庆市	210	129	1	3			219	128	1	3		
惠州市	249	199	3	11			210	172	2	6		
梅州市	59	46	2	9			59	37	1	3		
汕尾市	221	94	1	4			165	96	1	3		
河源市	199	86	2	7			246	112				
阳江市	195	104	2	7			164	120	2	12		
清远市	357	226	4	26			285	202	1	7		
东莞市	553	326	3	12			399	262	4	16		
中山市	591	177	1	3			491	177	2	9		
潮州市	74	52					136	55	1	4		
揭阳市	246	95					141	107	1	3		
云浮市	295	128	2	7			259	114	1	4		
顺德区	—	—	—	—	—	—	—	—	—	—	—	—

6-83 2016-2019年全省生产安全事故类型情况表

事故类型	2016年(起、人)						2017年(起、人)					
	合 计		其中				合 计		其中			
			较大事故		重大事故				较大事故		重大事故	
	事故起数	死亡人数	事故起数	死亡人数	事故起数	死亡人数	事故起数	死亡人数	事故起数	死亡人数	事故起数	死亡人数
合 计	**8331**	**3951**	**39**	**141**	**1**	**18**	**7044**	**3726**	**44**	**176**	**1**	**19**
物体打击	119	112					122	115				
车辆伤害	70	60					70	60				
机械伤害	116	108					102	93				
起重伤害	31	29					30	39	2	12		
触 电	107	106					99	98				
淹 溺	43	62	4	18			46	54	2	8		
灼 烫	6	3					7	1				
火 灾	58	41	2	12			40	46	5	29		
高处坠落	321	303					338	309	1	9		
坍 塌	42	54			1	18	60	75	6	22		
冒顶片帮	2	2					1	1				
透 水							1	1				
爆 破												
火药爆炸	1	4	1	4								
瓦斯爆炸	1											
锅炉爆炸												
容器爆炸	7	11	1	4			2	2				
其他爆炸	13	10					10	4				
中毒和窒息	20	30	2	7			18	18	1	4		
其他伤害	52	49	2	8			70	56				
道路运输	7322	2967	27	88			6028	2754	27	92	1	19

注：表格空白处为0

6-83 续表

事故类型	2018年(起、人)						2019年(起、人)					
	合 计		其中				合 计		其中			
			较大事故		重大事故				较大事故		重大事故	
	事故起数	死亡人数	事故起数	死亡人数	事故起数	死亡人数	事故起数	死亡人数	事故起数	死亡人数	事故起数	死亡人数
合 计	**6153**	**3345**	**36**	**158**	**1**	**12**	**5860**	**3157**	**33**	**126**		
物体打击	117	112					120	105				
车辆伤害	57	51					70	65				
机械伤害	98	90					96	87				
起重伤害	35	34					29	28				
触 电	102	95					99	97				
淹 溺	39	62	4	22			39	46	2	6		
灼 烫	4	1					10	4				
火 灾	26	24	2	12			30	30	5	20		
高处坠落	370	336	1	4			355	298				
坍 塌	56	78	3	12	1	12	67	77	4	12		
冒顶片帮							1	1				
透 水												
爆 破	2	2										
火药爆炸	1	1										
瓦斯爆炸												
锅炉爆炸												
容器爆炸	2	3					2	3				
其他爆炸	9	6					12	12	1	3		
中毒和窒息	21	38	3	15			14	29	5	19		
其他伤害	56	47					53	43				
道路运输	5158	2365	23	93			4863	2232	16	66		

 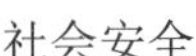 

6-84 到省信访情况

指标名称	计量单位	2014	2015	2016	2017	2018	2019
信访总数	件.人次	56188	46741	54299	51493	58261	74182
按信访形式分类							
来信数量	件次	14308	10695	14263	15022	27865	21560
#集体(联名)信	件次				1904	1884	1026
来访数量	批数	5063	4443	4705	5329	7684	7433
#集体访	批数	1103	855	822	632	727	579
来访人数	人次	27304	23088	21526	14920	19981	17386
#集体访	人次	20010	16177	14438	6983	8722	6144
网上信访数量	件次	14576	12958	18510	21551	22712	35236
来电数量	件次						

七、民政和退役军人事务

简要说明

1. 本篇资料主要反映广东省民政事业、退役军人事业发展情况。

2. 本篇资料主要包括：

(1)全省民政、退役军人事业发展情况。

(2)地区分全省和各地级以上市。

(3)年份主要为 2015—2019 年数据。

3. 统计资料来源：本篇资料由省民政厅、省退役军人事务厅负责整理、审核、提供。

2019年广东民政和退役军人事业发展概述

一、全面从严治党水平提升。

坚持把学习贯彻习近平新时代中国特色社会主义思想作为理论学习的第一议题，牢固树立“四个意识”，坚定“四个自信”，坚决做到“两个维护”，深入开展“大学习、深调研、真落实”工作。深入推进全面从严治党，扎实开展“不忘初心、牢记使命”主题教育，认真对照中央、省委有关要求开展问题剖析和整改工作，党组织凝聚力、战斗力明显增强。严格落实“三会一课”制度，不断强化理论学习和政治引领，加强党员教育管理。创新开展全省民政系统职业道德教育，持续深入开展“治理庸懒散、提升执行力”专项行动，推动民政系统干部职工转观念转作风，提高执行力。加强党风廉政建设，健全责任体系，压实工作责任。加强作风建设，狠抓中央八项规定和省实施办法的贯彻执行，坚决防止“四风”反弹、回潮。

二、底线民生保障网更加牢固

圆满完成省十件民生实事涉民政事项,月人均城乡低保标准分别为810元、680元，月人均城乡低保补差分别为619元、311元；特困供养人员基本生活供养标准分别为年人均15881元、13189元；集中养育和散居孤儿最低基本生活保障标准分别为每人每月1685元、1025元；困难残疾人生活补贴和重度残疾人护理补贴标准分别为每人每月165元、220元。全面推进特困人员照料护理工作，基本完成生活自理能力评估，目前全自理、半失能、失能特困人员月人均照料护理标准分别为73元、726元、1280元。加强和改进流浪乞讨人员救助工作，提请省委、省政府出台了我省相关实施意见，健全完善了具有广东特色的救助管理体制机制,得到民政部高度评价和充分肯定。推动省政府出台《广东省最低生活保障制度实施办法》，制定《广东省最低生活保障家庭经济状况核对和生活状况评估认定办法》，进一步健全创新低保制度。深入贯彻落实关于打赢脱贫攻坚战三年行动方案的实施意见，更好发挥农村低保制度在脱贫攻坚中的兜底保障作用。

三、养老服务事业加快发展

一是加强政策创制，《广东省人民政府关于加快推进养老服务发展的若干措施》已经省政府常务会议审议通过，即将印发；省民政厅联合省公安厅、财政厅、自然资源厅等11部门印发《关于进一步做好养老机构登记备案和监管工作的通知》。二是继续开展全省养老院服务质量建设专项行动，重点开展消防安全治理工作，全省养老机构重大风险隐患得到了有效清除。开展养老机构星级评定工作，今年评定星级养老机构89家（去年以来共评定了星级养老机构188家）。推动养老服务标准化建设，贯彻《养老机构服务质量基本规范》国家标准，推进质量达标工作；广东省养老服务标准化技术委员会筹建已经省市场监管局批准，《养老机构认知症老人照顾指南》、《老年人照顾需求等级评定规范》两个省级地方标准已通过了专家审定。三是大力推进改革试点工作，深圳市被列入第四批全国居家和社区养老服务改革试点地区。四是加强养老服务人才队伍培训，重点培训标准规范、专业技能、安全管理等内容，今年开展养老护理员18批次培训1704人，举办一期赴港实地培训班，培训养老机构管理人员及养老护理员40名。

四、儿童保障工作不断完善

农村留守儿童关爱保护和困境儿童保障工作得到加强，基层儿童工作队伍实现全省全覆盖，村（居）儿童主任培训覆盖率达到90%。推动茂名市儿童福利机构综合改革试点，探索孤弃儿童区域性养育和儿童福利机构转型升级。规范引导社会力量有序参与，组织开展百家社会组织走近农村留守和困境儿童“牵手行动”，投入活动资金约 628 万元。

五、慈善事业与社会工作蓬勃发展

慈善事业蓬勃发展，慈善组织数量不断增加。成功举办第七届中国慈展会。社工人才队伍建设稳步推进，全省共有持证社工 9.6 万人，开发社会工作岗位 4.8 万个。福利彩票销售管理不断规范和加强，继续当稳当好全国福彩排头兵，

六、基层社会治理创新开展

基层政权和社区建设不断加强，城乡社区综合服务设施建设不断完善，全省 26621 个村（社区）基本建有“党群服务中心”。全省有 60%以上的村（社区）修订完善村规民约和居民公约，村（社区）工作经费和党建经费提高到 16 万元，村（社区）“两委”干部年补贴提高到 3.24 万元，村务监督委员会成员年补贴提高到 0.81 万元。社会事务工作扎实推进。以扎实做好清明节祭扫场所安全管理和服务保障工作为抓手，实现了“平安清明”“文明清明”工作目标，受到了省委主要领导的充分肯定。统一全省婚姻登记机关形象标识，切实做好高峰期婚姻登记工作，推动婚姻登记服务高质量发展。推进民政直属康复辅助器具机构能力建设。推动精神障碍社区康复服务发展。行政区划和地名管理工作顺利推进，完成部分镇街行政区划变更的审核报批工作，指导深圳、茂名、肇庆市开展行政区划变更申报工作；顺利完成粤澳陆地行政区域界线联合检查任务；圆满完成全省第二次全国地名普查任务。

七、社会组织管理健康有序发展

培育发展社区社会组织，汕头设立基层社会组织联合会的经验做法得到有效推广。推进社会组织“年检改年报”改革，创新社会组织年度报告年检办法，切实加强事中事后监管。扎实开展社会组织“不忘初心 牢记使命”主题教育，社会组织党建工作质量有效提升。

八、民政基层基础建设持续加强

强化民政系统干部队伍培训教育，紧紧围绕民政领域“五大工作体系”开展全省民政干部及市县分管民政工作领导干部“大培训”，民政干部队伍综合素质不断加强。加大力度推进民政系统信息化建设，对标国家“互联网+政务服务”相关标准，梳理规范全省民政系统政务服务事项 116 项，进一步压减事项和优化业务流程。按照“粤省事”移动政务服务平台建设管理和规范要求，完成婚姻登记预约、社会救助业务预约及残疾人两项补贴申请等 16 项服务进驻工作。数据共享应用工作初显成效，截至目前，全省“主动服务保障底线民生”应用试点共为约 375 万人次出具权威的核对报告，筛选出 34 万余人次不符合相关救助申请条件，检出率为 9%，为国家节省救助资金约 13 亿元。

2019 年，广东退役军人事业深入贯彻习近平总书记关于退役军人工作重要论述精神，贯彻落实中央《关于加强新时代退役军人工作的意见》精神，深入落实“1+1+9”工作部署，坚持边组建、边调研、边谋划，退役军人工作取得了明显成效。

九、退役军人组织管理体系基本健全

一是建立党委领导体系。省市县三级均成立由党委主要领导任组长的退役军人事务工作领导小组，形成了三级书记抓退役军人工作的良好局面。二是构建行政管理体系。指导市县两级全部成立退役军人事务局，落实行政编制 1560 名，行政机构有序运转。三是完善服务保障体系。组织召开惠州现场推进会等三次全省性电视电话会议，五级服务保障体系建成率 100%。全省共建立服务中心（站）26892 个，落实事业编制 5479 名，实现“五有”“全覆盖”。推动事业单位系统性、成建制转隶，全省 12 家优抚医院、19 家独立光荣院、72 个军休所、12 个军供站、44 个烈士纪念设施管理机构转隶到退役军人事务部门。同时，发挥企

业和爱国拥军促进会等社会组织作用，争取社会力量支持推动退役军人工作。构建了党委领导下的行政部门、服务体系、社会力量“三驾马车”同向发力的工作格局。

十、退役军人就业安置质量有效提升

一是完善教育培训体系。创新开展全员适应性培训，1.3 万余名退役军人参加。将退役军人技能培训纳入广东省职业技能提升行动“十大工程”，确定 80 家承训机构，培训 1.4 万名退役士兵。联合制定高职扩招实施方案，1.7 万余名退役军人被录取。二是提高就业创业质量。承办退役军人事务部主办的海峡西岸地区退役军人专场招聘会，省市县共举办退役军人专场招聘会 166 场，提供 13 万个岗位，1.2 万多名退役军人与企业达成就业意向。举办首届广东省退役军人创业大赛，共有 145 个项目参赛。联合印发税收政策扣减、创业担保贷款等政策文件，为退役军人创业减免税费 2.25 亿元。三是增强安置政策刚性。创新实施“1123”安置办法，健全考试考核、双向选择、积分选岗、指令性分配相结合的安置办法，完成年度计划分配军转干部安置任务，安置到公务员（参公）岗位的比例超过 90%；完成年度政府安排工作退役士兵安置任务，安置到机关事业单位比例达到 85%。同时，简化军休人员接收安置程序，接收安置军休人员完成进度 92%。推动广大退役军人从军事人力资源向经济社会发展重要力量转化。

十一、退役军人服务保障力度持续加强

一是创新困难帮扶援助。推动设立 10 亿元的广东省退役军人应急救助基金，印发《广东省应急救助资金管理暂行办法》《广东省应急救助资金使用操作规程》，正式启动应急救助，已对 9 名申请人拨付救助资金。二是提升优待抚恤水平。中央和省财政投入抚恤补助资金约 24.3 亿元，平均提标幅度 11%，惠及近 42 万名优抚对象。组织 11 家银行省级分行签署拥军优抚协议，发行广东拥军优抚银行卡 12 万张。开展全省关爱功臣免费送医送药活动，为 5000 余名优抚对象送医送药和免费体检。三是发挥服务保障机构作用。制定服务中心（站）工作细则和月度工作菜单，开展服务中心（站）“大抽查、大走访、大练兵、大培训”活动，共派出 7 个工作组对 92 个服务中心（站）进行暗访抽查，走访退役军人 52.8 万人，收集服务需求 20537 项，办结 16048 项。四是稳步推进信息化建设。信息采集服务对象 195 万，建成退役军人数据库，基本实现一人一档。推进“互联网+退役军人服务”，率先建立退役军人就业创业服务系统，6 项依申请行政权力事项网上可办率实现 100%。

十二、退役军人思想政治教育有序推进

一是加强党员教育管理。规范组织关系转接工作，做好“三自一失”退役军人党员教育管理工作，引导参与社会公益活动，做到始终听党话、跟党走。二是加大荣誉激励力度。组织退役士兵光荣返乡迎接“六个一”活动，邀请优秀退役军人代表参加新中国成立 70 周年等重大庆典活动，全省设立荣誉室、荣誉墙 1945 个，梅州市钟汉清荣获全国“最美退役军人”称号。三是营造良好社会氛围。将悬挂光荣牌与上门走访慰问、宣传政策、情感交流结合起来，累计为 176 万余户烈属、军属和退役军人等家庭悬挂光荣牌。在南方日报等媒体开设专栏，举办退役军人先进事迹巡回报告会，积极宣传全国“最美退役军人”等先进典型。举办省级首次烈士光荣证颁发仪式，12 万余人参加烈士公祭。四是扎实开展双拥共建工作。组织“八一”、春节走访慰问活动，走访慰问服务对象 64.7 万人次。扎实开展双拥模范城（县）创建活动，建立军地互提需求、互办实事“双清单”制度，省级层面 71 件部队实际问题已解决 66 件，营造了军民鱼水情深的浓厚氛围。

7-1 民政事业发展情况(2015-2019年)

项　　目	2015	2016	2017	2018	2019
社会工作					
提供住宿的社会服务机构床位数 (万张)	18.43	21.22	22.59	22.09	24.53
#养老机构床位	16.18	18.96	20.22	20.31	22.84
精神疾病服务机构床位	0.41	0.46	0.46	0.17	0.17
儿童福利和救助保护机构床位	0.49	0.57	0.64	0.64	0.57
其他提供住宿机构床位	1.35	1.23	1.27	0.97	0.95
社区服务中心数 (个)	2922	1871	2126	2071	1985
城镇居民最低生活保障人数 (万人)	29.69	25.46	22.85	17.34	15.66
农村居民最低生活保障 人数 (万人)	153.60	145.14	146.77	123.75	124.74
家庭儿童收养登记总数 (件)	1458	1436	1257	1115	901
福利彩票销售额 (亿元)	205.05	211.29	228.84	242.70	194.77
成员组织					
社会组织 (个)	53958	59455	63784	67940	70860
村民委员会 (万个)	1.96	1.97	1.98	1.98	1.98
社区居委会 (万个)	0.66	0.67	0.67	0.68	0.69
其他社会服务					
办理结婚登记 (万对)	84.04	78.61	75.81	71.38	67.45
办理离婚登记 (万对)	16.75	18.64	19.38	20.32	22.25
火化遗体数 (万具)	45.06	47.32	47.19	47.26	48.06

7-2 社会服务机构基本情况(2018-2019年)

项　　目	单位数（个）		职工人数（人）	
	2018	2019	2018	2019
(一)社会工作				
提供住宿的社会服务机构	1711	1909	29308	33718
养老机构机构	1571	1768	24834	29182
特困人员供养机构	1036	1156	5733	5989
社会福利院	109	108	4627	4612
光荣院	24		130	
养老公寓等各类养老机构	402	504	14344	18581
精神疾病服务机构	1	1	566	697
社会福利医院	1	1	566	697
儿童福利和救助机构	52	44	1799	1500
儿童福利机构	44	33	1701	1238
未成年人救助保护中心	8	11	98	262
其他提供住宿机构	87	96	2109	2339
生活无着人员救助管理站	74	76	1782	1757
其他提供住宿机构	13	20	327	582
不提供住宿的社会服务机构	65090	71336	242172	234582
社会救助服务机构	3	2	41	28
福利彩票发行单位	54	55	885	959
民政部门直属康复辅具机构	1	1	51	47
社区服务机构	65001	71249	240802	233119
其他事业单位	31	29	393	429
(二)成员组织和其他社会服务机构				
成员组织				
社会组织	67940	70860	866008	914042
社会团体	30299	31494	252013	242489
基金会	1088	1184	5337	7814
民办非企业	36553	38182	608658	663739
自治组织	26586	26676		
居委会	6794	6875		
村委会	19792	19801		
其他社会服务				
婚姻				
婚姻登记服务机构	56	58	404	400
殡葬				
殡仪馆	85	86	4103	4133
公墓	70	94	1814	2393
骨灰堂	1	1	21	13
殡葬管理机构	80	75	887	802
二、行政机关	149	150	4335	4074

7—3 各项民政事业经费情况(2015—2019年)

单位：亿元

项　　目	2015	2016	2017	2018	2019
民政事业经费合计	259.52	305.67	372.35	263.11	282.65
抚恤	35.81	42.05	45.57		
退役安置	29.98	30.51	34.13		
社会福利	40.89	55.33	80.64	89.25	109.50
社会救助	96.84	112.10	131.09	102.47	103.26
#城市最低生活保障	15.95	17.77	16.63	14.53	13.46
农村最低生活保障	39.35	43.94	47.67	47.82	51.15
临时救助	5.76	7.15	10.89105	11.04	7.91
特困人员供养	17.69	18.77	21.46	24.44	27.89
其他社会救济	1.40	1.55	4.14	4.64	2.85
医疗救助	16.69	22.92	30.29		
自然灾害生活救助	5.11	3.74	2.71		
民政管理事务	30.15	37.04	47.9271	48.84	44.70
行政事业单位离退休	4.20	5.55	6.44	4.35	4.18
其他	16.54	19.35	23.84929	18.20	21.01

7-4 各市民政事业经费情况(2019年)

单位：亿元

地 区	社会服务事业费	社会福利	社会救助	民政管理事务	行政事业单位离退休	其他
合 计	**282.65**	**109.50**	**103.26**	**44.70**	**4.18**	**21.01**
省本级	4.64	1.87	0.16	1.80	0.43	0.38
广 州	56.30	26.20	8.62	17.28	1.29	2.91
深 圳	26.83	11.61	2.33	9.06	0.36	3.47
珠 海	4.69	2.03	1.18	0.78	0.11	0.59
汕 头	11.99	3.76	5.10	0.92	0.10	2.11
佛 山	11.79	6.50	2.12	2.38	0.11	0.68
韶 关	8.22	3.25	3.19	0.74	0.10	0.93
河 源	9.64	3.32	5.36	0.73	0.03	0.19
梅 州	13.55	4.67	7.44	0.94	0.16	0.34
惠 州	13.13	4.37	4.78	2.06	0.35	1.57
汕 尾	9.66	2.60	5.98	0.60	0.08	0.40
东 莞	6.59	3.70	1.51	0.51	0.09	0.77
中 山	6.08	3.44	0.78	0.82	0.14	0.90
江 门	8.91	3.29	3.91	1.01	0.23	0.47
阳 江	8.11	2.61	4.82	0.36	0.06	0.25
湛 江	21.41	5.56	13.73	0.70	0.21	1.21
茂 名	15.29	5.74	8.60	0.50	0.05	0.41
肇 庆	10.40	2.90	5.54	0.81	0.07	1.08
清 远	11.81	4.29	5.01	1.04	0.05	1.42
潮 州	4.27	1.43	2.23	0.25	0.04	0.32
揭 阳	12.40	4.09	7.25	0.50	0.10	0.46
云 浮	6.94	2.28	3.60	0.90	0.02	0.14

7-5 各市城镇居民最低生活保障人数(2015-2019年)

单位：人

市 别	2015	2016	2017	2018	2019
合 计	**296930**	**254644**	**228485**	**173417**	**156563**
广 州	24256	22105	21723	21590	18742
深 圳	6309	5916	5126	4013	3055
珠 海	3546	3339	3528	2806	2813
汕 头	22881	20528	20788	15919	14963
佛 山	7076	6960	6864	4383	3817
韶 关	14718	12231	7027	6099	5476
河 源	19176	13149	9537	6788	6000
梅 州	11807	10738	9827	7481	6501
惠 州	10721	9681	6875	5262	5090
汕 尾	25174	26674	24535	19702	18387
东 莞	5466	3569	3419	2805	2873
中 山	3355	2999	2778	2040	1776
江 门	8796	8335	7644	4309	3969
阳 江	13385	12348	11778	10226	9493
湛 江	42047	21716	23948	17909	16321
茂 名	28563	27788	25101	15096	13747
肇 庆	5668	4955	4250	3882	3826
清 远	8056	7581	6427	4571	4177
潮 州	9134	7312	6121	3850	3473
揭 阳	21009	20495	15123	10039	8236
云 浮	5787	6225	6066	4647	3828

7-6 各市城镇居民最低生活保障家庭数(2015—2019年)

单位：户

市 别	2015	2016	2017	2018	2019
合 计	**151870**	**132521**	**119187**	**92686**	**84529**
广 州	15076	14282	14359	14392	11640
深 圳	2653	2550	2280	1861	1495
珠 海	2289	2258	2401	1954	1952
汕 头	11953	10588	10276	8280	7804
佛 山	4037	4563	4452	2559	2219
韶 关	9007	7545	4562	4030	3708
河 源	9596	6274	4568	3405	3096
梅 州	6241	5832	5428	4384	3992
惠 州	4754	4327	3245	2591	2590
汕 尾	10089	10216	9520	7887	7430
东 莞	2707	1938	1855	1515	1565
中 山	1668	1551	1341	1073	972
江 门	4724	4627	4210	2516	2390
阳 江	6372	6143	5808	5207	4941
湛 江	20823	11028	11904	9196	8745
茂 名	13939	13477	12201	6943	6350
肇 庆	2940	2899	2631	2446	2488
清 远	4201	4136	3575	2743	2625
潮 州	4290	3783	3474	2303	2136
揭 阳	11475	11189	7802	4742	4215
云 浮	3036	3315	3295	2659	2176

7-7 各市农村居民最低生活保障人数(2015-2019年)

单位：人

市别	2015	2016	2017	2018	2019
合计	**1536045**	**1451361**	**1467670**	**1237512**	**1247362**
广州	33150	26932	26193	26935	27370
深圳					
珠海	4137	3580	4619	3177	3273
汕头	89959	87526	98685	80538	78180
佛山	18992	15481	14004	8751	5729
韶关	58882	52424	47970	40493	40638
河源	139675	88205	77799	67220	70796
梅州	182145	161255	144858	117055	114544
惠州	66124	60811	52212	44630	44283
汕尾	82246	84899	97339	81740	83774
东莞	11961	8343	8515	5482	4859
中山	7120	6259	6394	4556	3366
江门	52368	50300	46837	29199	26706
阳江	63238	56154	55649	53442	54397
湛江	169427	207335	236850	211385	215270
茂名	162645	149594	166160	133496	126084
肇庆	49753	43563	39258	38005	50524
清远	101388	95521	87684	72009	78888
潮州	52536	45273	45072	37964	38450
揭阳	129290	143360	146480	123122	119039
云浮	61009	64546	65092	58313	61192

7-8 各市农村居民最低生活保障家庭数(2015-2019年)

单位：户

市　别	2015	2016	2017	2018	2019
合　计	**712017**	**606658**	**579442**	**485623**	**501966**
广　州	14595	12068	11734	11953	12175
深　圳					
珠　海	2423	2154	3180	1964	2033
汕　头	37972	34974	35808	27755	27385
佛　山	10008	8466	7810	5127	3340
韶　关	28684	24553	23157	20008	20760
河　源	66642	36109	34834	28223	29684
梅　州	75236	67773	61237	51701	51662
惠　州	24905	23093	20332	17664	18146
汕　尾	38495	33424	33242	27558	27255
东　莞	5566	4090	4337	2733	2482
中　山	2867	2696	2989	2345	1808
江　门	24500	24071	22398	14756	13831
阳　江	27543	24530	24281	23188	23429
湛　江	91637	70807	78614	71229	73321
茂　名	79375	60618	59302	46723	45799
肇　庆	22611	20639	19388	18659	26303
清　远	43097	40462	37291	30794	37009
潮　州	19793	18417	19369	16512	16888
揭　阳	69497	69342	51011	40817	41157
云　浮	26571	28372	29128	25914	27499

7-9 各市城市特困（"三无"）人员救助集中供养人数(2017-2019年)

单位：人

市　别	2017	2018	2019
合　计	**716**	**1299**	**3413**
省本级	99	93	114
广　州		10	1685
深　圳	138	1	2
珠　海		47	48
汕　头	19	28	30
佛　山	23	229	265
韶　关		169	162
河　源	93	53	63
梅　州		86	179
惠　州	11	110	99
汕　尾	19	83	102
东　莞	55		95
中　山	10	113	123
江　门		139	193
阳　江	39	20	21
湛　江	13	12	25
茂　名	16	7	5
肇　庆		27	35
清　远	147	14	66
潮　州	15	17	36
揭　阳	6	12	24
云　浮	13	29	41

7-10 各市城市特困(“三无”)人员救助分散供养人数(2017-2019年)

单位：人

市别	2017	2018	2019
合计	**5228**	**7481**	**10374**
广州			2703
深圳		1	3
珠海	69	97	102
汕头	523	503	487
佛山		918	894
韶关	261	283	311
河源	186	237	287
梅州	154	279	285
惠州	334	326	337
汕尾	673	942	1093
东莞	687	687	120
中山	118	107	102
江门	230	384	412
阳江	520	612	628
湛江	61	255	513
茂名	426	506	564
肇庆	175	229	279
清远	202	331	310
潮州	165	185	190
揭阳	345	456	562
云浮	99	143	192

7-11 各市农村特困人员救助集中供养人数(2015-2019年)

单位：人

市别	2015	2016	2017	2018	2019
合计	**26000**	**22980**	**20776**	**16413**	**14758**
广州	866	758	697	637	548
深圳					
珠海	265	239	257	144	129
汕头	469	388	342	176	144
佛山	1037	937	816	596	569
韶关	1682	1593	1424	1380	1378
河源	1784	1364	977	884	837
梅州	2229	2180	2148	1665	1510
惠州	721	656	591	574	595
汕尾	741	653	529	255	181
东莞	611	602	543	556	346
中山	626	539	447	399	363
江门	1274	1226	1170	1041	998
阳江	1267	1094	1039	1002	885
湛江	4444	3991	3556	2240	1586
茂名	2428	1862	1495	1215	1169
肇庆	1446	1318	1107	954	909
清远	1814	1643	1521	1306	1272
潮州	278	189	195	166	142
揭阳	861	699	966	348	364
云浮	1157	1049	956	875	833

7-12 各市农村特困人员救助分散供养人数(2015-2019年)

单位：人

市 别	2015	2016	2017	2018	2019
合 计	**214147**	**208983**	**205274**	**203789**	**199608**
广 州	3600	3696	3717	3682	3476
深 圳					
珠 海	764	755	723	738	736
汕 头	2849	3286	3437	3441	3422
佛 山	1335	1318	1282	888	939
韶 关	5061	5068	5217	5285	5315
河 源	14778	15270	13750	13093	12797
梅 州	12092	12540	12595	14055	14202
惠 州	7831	7723	7282	6996	6787
汕 尾	11547	12228	11780	10966	10639
东 莞	222	222	220	226	222
中 山	389	346	309	278	258
江 门	6282	6470	6728	7523	7797
阳 江	13672	13744	13458	13477	13492
湛 江	38853	34783	33516	32684	30281
茂 名	31775	29402	28343	27330	26323
肇 庆	11865	12117	12722	13237	13998
清 远	18904	18040	18063	17708	17607
潮 州	4074	3692	4345	4430	4528
揭 阳	13181	13237	13129	13892	14006
云 浮	15073	15046	14658	13860	12783

7-13　各市孤儿人数(2015-2019年)

单位：人

市　别	2015	2016	2017	2018	2019
合　计	**38845**	**35807**	**29408**	**24097**	**17199**
省本级	58	125	50	49	20
广　州	3029	2105	1942	1860	1698
深　圳	1181	1147	1141	1086	758
珠　海	284	303	216	191	180
汕　头	633	578	516	498	456
佛　山	636	614	567	502	454
韶　关	801	698	596	469	362
河　源	2292	2080	1868	556	405
梅　州	2371	1545	1081	887	821
惠　州	666	629	579	430	412
汕　尾	2944	2902	2315	1667	1224
东　莞	925	807	747	695	646
中　山	594	568	474	432	407
江　门	800	726	624	543	453
阳　江	2271	1920	1500	1302	1116
湛　江	6832	5943	4935	4221	2404
茂　名	5952	5759	4655	4063	1483
肇　庆	1106	1066	981	597	573
清　远	1328	2378	1062	986	812
潮　州	316	289	258	200	163
揭　阳	2624	2513	2283	1959	1607
云　浮	1202	1112	1018	904	745

7-14　各市收养登记件数(2015-2019年)

单位：件

市　别	2015	2016	2017	2018	2019
合　计	**1458**	**1436**	**1257**	**1115**	**901**
省本级	446	336	293	221	172
广　州	53	51	71	28	30
深　圳	42	49	27	39	31
珠　海	34	25	20	25	12
汕　头	13	6	10	6	12
佛　山	39	20	20	16	13
韶　关	97	135	60	54	25
河　源	32	22	22	17	15
梅　州	42	28	21	29	17
惠　州	34	52	36	34	26
汕　尾	19	14	7	26	20
东　莞	27	23	70	41	25
中　山	46	50	51	24	13
江　门	124	126	75	68	30
阳　江	74	80	62	26	20
湛　江	45	35	20	33	16
茂　名	31	39	59	22	31
肇　庆	32	36	35	31	89
清　远	91	148	167	192	170
潮　州	9	7	2		8
揭　阳	12	19	15	44	55
云　浮	116	135	114	139	71

7-15 各市提供住宿的社会工作机构数(2015-2019年)

单位：个

市 别	2015	2016	2017	2018	2019
合 计	**1588**	**1643**	**1734**	**1711**	**1909**
省本级	9	9	9	5	5
广 州	205	204	193	173	228
深 圳	29	34	39	38	40
珠 海	27	26	24	26	25
汕 头	41	37	34	27	38
佛 山	70	73	77	76	79
韶 关	98	101	126	123	120
河 源	113	113	112	108	98
梅 州	89	93	125	126	166
惠 州	92	93	93	90	88
汕 尾	59	59	56	52	49
东 莞	40	40	44	44	49
中 山	25	25	25	25	25
江 门	94	92	102	106	110
阳 江	58	57	66	66	76
湛 江	51	72	79	68	122
茂 名	60	85	93	134	151
肇 庆	130	130	136	135	134
清 远	97	98	94	94	98
潮 州	26	26	33	28	42
揭 阳	105	97	98	92	92
云 浮	70	79	76	75	74

注：根据民政部《民政事业统计调查制度》，“收养性单位”修改为“提供住宿的社会工作机构”。

7-16 各市提供住宿的社会工作机构床位数(2015-2019年)

单位：张

市　别	2015	2016	2017	2018	2019
合　计	**184339**	**212206**	**225942**	**220919**	**245304**
省本级	2605	2607	2099	1429	1445
广　州	54071	54732	56779	52490	63377
深　圳	7404	8334	9068	10012	11425
珠　海	3451	3403	3985	4129	4138
汕　头	2259	4610	3780	3433	5052
佛　山	13371	14731	16819	17222	18186
韶　关	6252	6862	9122	8854	9044
河　源	6943	7098	9108	8933	3256
梅　州	4544	6822	8500	8746	10915
惠　州	8562	9896	9814	8209	8905
汕　尾	3470	3481	3242	3115	2062
东　莞	5877	6165	5593	5768	6386
中　山	5138	5128	5053	5141	5152
江　门	11094	12160	13482	14551	16282
阳　江	4648	4811	6539	6689	8914
湛　江	5251	6726	6673	5902	8264
茂　名	6157	13567	15522	17409	20046
肇　庆	10332	10448	11184	9565	10851
清　远	7099	7104	7712	7739	7915
潮　州	1292	1374	2418	2331	2967
揭　阳	10845	16834	14169	14820	15787
云　浮	3674	5313	5281	4432	4935

7–17 各市提供住宿的社会工作机构年末收养人数(2015–2019年)

单位：人

市　别	2015	2016	2017	2018	2019
合　计	**82329**	**86701**	**89887**	**88172**	**98700**
省本级	1179	1168	970	396	723
广　州	26405	26287	26480	27615	32306
深　圳	3272	3635	4235	4597	5162
珠　海	1534	1621	1572	1413	1587
汕　头	825	756	741	590	859
佛　山	8990	9265	10045	10031	11614
韶　关	3085	3188	3954	3739	4050
河　源	2813	2849	2626	2487	1749
梅　州	2308	2435	3293	3257	4489
惠　州	2381	2532	2320	2107	2172
汕　尾	1316	1241	632	474	372
东　莞	2745	2745	2839	2905	3320
中　山	2290	2313	2078	2346	2396
江　门	5175	5250	6050	6838	7239
阳　江	3076	2808	3100	2832	3358
湛　江	1977	2511	2094	1959	2716
茂　名	2859	6240	7170	6012	6172
肇　庆	2957	3064	2883	2640	2902
清　远	2941	3160	3073	2803	2894
潮　州	359	289	271	315	349
揭　阳	2100	1549	1757	1253	1175
云　浮	1742	1795	1704	1563	1096

7–18　各市救助类单位数(2015–2019年)

单位：个

市　别	2015	2016	2017	2018	2019
合　计	**75**	**74**	**73**	**82**	**87**
省本级	3	3	3	3	3
广　州	6	6	6	6	7
深　圳	3	3	3	4	4
珠　海	2	2	2	2	2
汕　头	4	4	4	4	4
佛　山	1	1	1	1	2
韶　关	1	1	1	4	5
河　源	2	2	1	1	1
梅　州	7	6	5	4	4
惠　州	5	5	5	5	5
汕　尾	5	5	5	5	5
东　莞	1	1	1	1	1
中　山	1	1	1	1	1
江　门	6	6	6	6	7
阳　江	1	1	1	1	2
湛　江	5	6	7	8	8
茂　名	5	5	5	5	5
肇　庆	2	2	2	3	3
清　远	4	3	3	6	6
潮　州	2	2	2	2	2
揭　阳	4	4	4	5	5
云　浮	5	5	5	5	5

7-19 各市救助类单位床位数(2015-2019年)

单位：张

市别	2015	2016	2017	2018	2019
合计	**8204**	**7687**	**7520**	**7837**	**7562**
省本级	1150	1150	600	481	497
广州	1664	1274	1634	1550	1584
深圳	850	800	671	984	824
珠海	388	388	388	388	132
汕头	417	250	250	192	194
佛山	150	150	150	200	250
韶关	210	210	92	165	211
河源	182	182	160	160	160
梅州	234	226	525	522	511
惠州	491	411	320	337	337
汕尾	260	275	360	311	272
东莞	406	406	448	448	448
中山	50	40	50	50	50
江门	265	291	277	277	300
阳江	120	120	120	132	152
湛江	224	219	221	255	246
茂名	177	158	158	191	198
肇庆	111	111	46	54	54
清远	334	324	346	435	437
潮州	94	94	94	94	94
揭阳	362	543	462	463	463
云浮	65	65	148	148	148

7-20 各市救助类单位在站救助人次数(2015-2019年)

单位：人次

市 别	2015	2016	2017	2018	2019
合 计	**173845**	**169642**	**140635**	**92837**	**62666**
省本级	1714	1823	1471	1766	1926
广 州	44736	45861	40351	16853	12103
深 圳	21881	20933	8505	15528	6458
珠 海	2626	2646	1634	1436	1097
汕 头	3870	2793	2993	2012	1484
佛 山	3757	3044	2739	2511	2029
韶 关	3247	3276	2507	2246	1664
河 源	10652	9792	4393	2526	1689
梅 州	6887	6700	6390	1847	1148
惠 州	10480	10229	9244	6899	3992
汕 尾	10430	11578	12751	5759	3793
东 莞	10900	8559	5445	5477	5333
中 山	2751	1737	1386	1357	1047
江 门	5104	5266	5098	4199	3280
阳 江	2515	1859	2794	2279	1296
湛 江	10037	7966	8876	5615	4727
茂 名	5254	5737	5241	3430	2196
肇 庆	3061	5362	2808	1735	1325
清 远	4149	4471	5312	3679	2311
潮 州	1791	1808	2405	1607	1094
揭 阳	5613	5412	6552	3389	1989
云 浮	2390	2790	1740	687	685

7-21 各市救助类单位年末在站人数(2015-2019年)

单位：人

市别	2015	2016	2017	2018	2019
合计	**2129**	**2175**	**3238**	**3066**	**2384**
省本级	420	446	404	362	312
广州	627	500	1403	1266	948
深圳	541	618	487	571	418
珠海	29	30	30	30	6
汕头	57	59	74	131	107
佛山	15	33	66	34	26
韶关	16	48	66	78	86
河源					
梅州	6	7	8	8	14
惠州	65	63	73	73	54
汕尾	38	53	95	60	7
东莞	251	251	277	193	140
中山	9	23	24	18	10
江门	13	2	43	34	53
阳江		6	5	1	1
湛江	19	26	36	37	37
茂名	4	7	5	10	10
肇庆			15	5	5
清远	1		76	95	70
潮州	2				
揭阳	16	3	49	60	76
云浮			2		4

7-22 各市老年人福利人数

单位：人

市别	享受高龄补贴的老年人数	享受护理补贴的老年人数	享受养老服务补贴的老年人数
合计	**2781749**	**14206**	**88043**
广州	726897	397	63378
深圳	129068		12092
珠海	21975	211	485
汕头	105829		
佛山	246502	587	8791
韶关	72437		
河源	84782		1459
梅州	137937	2030	
惠州	78310		164
汕尾	53718	26	40
东莞	153317	4986	
中山	38471	186	1634
江门	106301		
阳江	68781	314	
湛江	157720		
茂名	162331	3032	
肇庆	111361	5	
清远	92877	166	
潮州	53399		
揭阳	122542		
云浮	57194	2266	

7-23 各市残疾人福利人数(2018-2019年)

单位：人

市别	困难残疾人生活补贴人数		重度残疾人护理补贴人数	
	2018	2019	2018	2019
合计	**376759**	**384486**	**743646**	**937919**
广州	53859	28466	85741	102920
深圳	592	544	18142	24882
珠海	18240	19677	9488	11457
汕头	18546	20453	39760	47151
佛山	4668	3256	22444	36437
韶关	15759	16674	30729	42582
河源	22167	24126	42639	50683
梅州	35780	38164	64216	76142
惠州	18587	19887	20099	29781
汕尾	13580	14343	32199	34531
东莞	3312	3105	2656	16854
中山	2821	2055	8075	13205
江门	10290	10068	32578	40101
阳江	14124	15537	27500	33111
湛江	40184	45970	60009	77229
茂名	23301	27871	62193	76416
肇庆	16770	20902	37279	53997
清远	19826	25654	50625	58252
潮州	11738	11670	22623	24898
揭阳	16636	18677	48342	54619
云浮	15979	17387	26309	32671

7-24 各市临时救助次数(2016-2019年)

单位：户次、人次

市别	2016(户次)	2017(户次)	2018(人次)	2019(人次)
合计	**153380**	**185299**	**133847**	**133266**
广州	3240	3014	3312	1638
深圳	3109	1885	1535	1206
珠海	505	577	2102	1550
汕头	28317	23214	8176	9857
佛山	8416	5500	4050	2906
韶关	6939	5814	3513	4288
河源	17190	27957	19963	15862
梅州	4101	4629	4389	6307
惠州	5742	7822	8095	7675
汕尾	16180	17722	12229	10317
东莞	640	637	518	360
中山	7229	25516	6575	6434
江门	3186	3498	2507	2272
阳江	4322	4281	6554	12939
湛江	18199	25834	24362	19699
茂名	2463	4439	4251	4531
肇庆	3351	2618	3360	2878
清远	3892	2703	2080	2047
潮州	3810	8255	4720	2065
揭阳	10130	4957	7485	14192
云浮	2419	4427	4071	4243

7-25 各市社区服务中心数(2015-2019年)

单位：个

市别	2015	2016	2017	2018	2019
合计	**2922**	**1871**	**2126**	**2071**	**1985**
广州	173	157	158	184	187
深圳	668	670	672	683	683
珠海	50	20	25	25	25
汕头	147	70	65	66	76
佛山	126	127	130	130	32
韶关	4	45	61	61	95
河源	4	4	3	4	1
梅州	75	7	73	73	77
惠州	764	73	73	73	73
汕尾	17	20	91	91	90
东莞	51	51	51	51	51
中山	2	2	2	2	2
江门	112	109	138	101	116
阳江	39	30	48	48	48
湛江	19	20	17	17	17
茂名	86	88	101	85	60
肇庆	105	105	104	104	104
清远	231	31	84	83	39
潮州	48	48	46	45	62
揭阳	200	193	183	144	146
云浮	1	1	1	1	1

7-26 各市社区服务站数(2015-2019年)

单位：个

市别	2015	2016	2017	2018	2019
合计	**13284**	**20097**	**21793**	**22850**	**25627**
广州	1131	1114	1937	2028	2069
深圳			659	659	660
珠海	311	318	319	303	319
汕头	428	1076	1086	1088	1087
佛山	556	558	578	779	787
韶关	173	1399	1114	1114	1436
河源	3	1061	1064	1421	1437
梅州	96	2252	2164	2162	2170
惠州	2675	1275	1278	1278	1280
汕尾	4	871	779	807	807
东莞	1117	1117	1117	982	770
中山	335	286	286	286	286
江门	772	1363	1143	1324	1317
阳江	1080	827	930	977	977
湛江	137	1814	1911	1911	1911
茂名	57	55	55	54	2243
肇庆	1554	1554	1554	1554	1554
清远	981	1235	1096	1096	1170
潮州	81	81	60	137	456
揭阳	1713	1723	1698	1925	1926
云浮	80	118	965	965	965

7-27 各市其他社区服务机构和设施数(2015-2019年)

单位：个

市 别	2015	2016	2017	2018	2019
合 计	**40902**	**44709**	**45000**	**40080**	**30890**
广 州	899	963	829	1117	1142
深 圳	7936	8183	7451	7535	7430
珠 海	1139	970	783	769	763
汕 头	56	566	602	632	185
佛 山	11761	12091	12073	6650	3388
韶 关	1566	1846	1897	1908	1625
河 源		25	26	7	94
梅 州	83	95	107	109	28
惠 州	2567	4663	4698	4698	4281
汕 尾	445	482	157	162	28
东 莞	2612	2683	2683	2540	2196
中 山	253	55	258	219	
江 门	968	785	746	944	181
阳 江	894	1304	1363	1402	292
湛 江	2214	2235	2224	2216	1459
茂 名	90	81	72	101	273
肇 庆	3009	3200	3203	3323	3092
清 远	1631	1623	1716	1719	1630
潮 州	292	292	1039	934	249
揭 阳	1403	1492	1985	2006	1466
云 浮	1084	1075	1088	1089	1088

7−28 社会组织情况(2015−2019年)

指　　标	年末实有单位数 (个)	负责人 (人)	#女性 (人)
2015年			
社会团体	24904	54204	18783
民办非企业单位	28377	31651	12108
基金会	677	1470	655
2016年			
社会团体	27077	60098	7139
民办非企业单位	31574	36749	12986
基金会	804	481	321
2017年			
社会团体	28648	65917	13162
民办非企业单位	34185	42378	16938
基金会	951	1713	726
2018年			
社会团体	30299	84983	9737
民办非企业单位	36553	52906	21606
基金会	1088	1315	54
2019年			
社会团体	31494	79983	11111
民办非企业单位	38182	72582	30829
基金会	1184	2271	67

7-29 各市社会团体单位数(2015-2019年)

单位：个

市别	2015	2016	2017	2018	2019
合计	**24904**	**27077**	**28648**	**30299**	**31494**
省本级	1733	1894	1979	2037	2067
广州	2255	2711	3015	3261	3423
深圳	3280	3708	4130	4471	4642
珠海	894	926	1031	1095	1128
汕头	1143	1195	1264	1275	1258
佛山	1966	2131	2300	2418	2527
韶关	930	1005	1071	1133	1147
河源	601	661	714	764	819
梅州	1289	1324	1278	1319	1393
惠州	1039	1151	1194	1314	1411
汕尾	387	448	481	515	538
东莞	739	847	912	997	1076
中山	573	634	662	691	717
江门	2837	2766	2569	2531	2421
阳江	498	546	575	653	712
湛江	718	776	844	899	939
茂名	845	915	967	1043	1109
肇庆	818	867	913	958	1005
清远	669	741	801	873	939
潮州	568	597	628	655	714
揭阳	632	726	790	839	884
云浮	490	508	530	558	625

7-30 各市民办非企业单位数(2015-2019年)

单位：个

市别	2015	2016	2017	2018	2019
合计	**28377**	**31574**	**34185**	**36553**	**38182**
省本级	759	753	807	825	799
广州	3989	4277	4535	4536	4633
深圳	4260	4772	5148	5482	5731
珠海	1040	1170	1265	1320	1318
汕头	954	1117	1228	1293	1298
佛山	1994	2230	2425	2555	2618
韶关	662	728	776	773	785
河源	797	902	952	1027	1063
梅州	567	674	787	898	980
惠州	1361	1533	1557	1696	1863
汕尾	399	435	418	563	730
东莞	2985	3276	3482	3622	3541
中山	1491	1567	1550	1616	1566
江门	990	1052	1112	1134	1124
阳江	610	652	754	846	922
湛江	1632	1811	2006	2180	2210
茂名	648	752	940	1171	1449
肇庆	764	876	947	1111	1283
清远	804	968	1155	1285	1342
潮州	585	624	721	823	943
揭阳	789	1049	1216	1364	1523
云浮	297	356	404	433	461

7-31 各市基金会单位数(2015-2019年)

单位：个

市　　别	2015	2016	2017	2018	2019
合　　计	**677**	**804**	**951**	**1088**	**1184**
省本级	411	428	467	480	479
广　　州	17	26	42	64	79
深　　圳	182	251	300	354	395
珠　　海	2	4	8	10	10
汕　　头	5	8	12	16	17
佛　　山	5	6	12	19	26
韶　　关			1	2	2
河　　源	1	1	3	4	5
梅　　州	7	9	13	16	21
惠　　州	7	8	8	10	11
汕　　尾	1	1	1	2	2
东　　莞	9	23	30	37	47
中　　山	2	2	3	3	3
江　　门	2	2	2	2	3
阳　　江	1	2	3	4	4
湛　　江		1	4	7	6
茂　　名	5	5	5	6	7
肇　　庆					1
清　　远	1	2	2	3	3
潮　　州	3	3	7	9	12
揭　　阳	12	16	21	29	35
云　　浮	4	6	7	11	16

7-32 各市居委会单位数(2015-2019年)

单位：个

市别	2015	2016	2017	2018	2019
合计	**6609**	**6702**	**6747**	**6794**	**6875**
广州	1494	1540	1549	1568	1596
深圳	798	801	810	810	810
珠海	196	196	197	197	197
汕头	522	526	529	529	529
佛山	411	431	439	453	458
韶关	223	222	225	228	228
河源	172	179	182	184	188
梅州	195	195	194	194	196
惠州	219	220	224	227	246
汕尾	149	149	150	150	150
东莞	247	243	242	242	243
中山	127	127	127	127	127
江门	272	274	275	274	266
阳江	116	117	117	122	125
湛江	298	307	307	307	330
茂名	274	274	274	274	276
肇庆	293	293	296	296	296
清远	185	187	187	189	191
潮州	122	122	124	124	124
揭阳	178	181	181	181	181
云浮	118	118	118	118	118

7-33 各市村委会单位数(2015-2019年)

单位：个

市别	2015	2016	2017	2018	2019
合计	**19632**	**19734**	**19785**	**19792**	**19801**
广州	1144	1144	1144	1144	1144
深圳					
珠海	122	122	122	122	122
汕头	549	549	557	557	558
佛山	328	327	327	326	329
韶关	1205	1205	1205	1205	1208
河源	1251	1251	1251	1251	1251
梅州	2042	2042	2042	2042	2044
惠州	1043	1043	1043	1043	1043
汕尾	721	722	723	723	723
东莞	350	350	350	350	350
中山	150	150	150	150	150
江门	1051	1051	1050	1050	1050
阳江	710	710	710	710	710
湛江	1526	1628	1636	1636	1636
茂名	1628	1628	1628	1628	1628
肇庆	1255	1255	1255	1255	1255
清远	1371	1371	1406	1413	1413
潮州	893	893	893	894	894
揭阳	1446	1446	1446	1446	1446
云浮	847	847	847	847	847

7-34 婚姻登记情况(2015-2019年)

指　　标	单位	2015	2016	2017	2018	2019
(一)登记结婚件数	件	840411	786123	758123	713814	674522
(二)登记结婚人数	人	1680822	1572246	1516246	1427628	1349044
1.按居住地分类						
(1)内地居民登记结婚件数	件	832694	777990	750392	704411	665124
内地居民登记结婚人数	人	1665442	1556826	1500502	1408874	1330244
(2)涉外及华侨、港澳台居民登记结婚件数	件	7717	8133	7731	9403	9398
内地居民	人	7676	8077	7648	9163	9386
其中：女性	人	5324	5368	4619	4214	4172
香港居民	人	2436	2802	2682	2189	2259
澳门居民	人	827	809	677	650	668
台湾居民	人	840	780	695	680	694
华侨	人	1526	1272	873	768	660
外国人	人	2129	2526	2887	5356	5129
2.按婚前状况分类						
初婚人数	人	1501835	1365312	1304060	1223100	1143482
再婚人数	人	178987	206934	212186	204528	205562
其中：女性	人	85208	99589	106202	103424	104469
恢复结婚件数	件	27356	33170	35137	34048	29898
3.按年龄分类						
其中：20～24	人	490868	431319	396826	345681	291542
25～29	人	718631	655385	638100	603260	571978
30～34	人	230655	228708	225529	231485	242260
35～39	人	90905	99803	98622	95447	96878
40以上	人	149763	157031	157169	151755	146386
(三)离婚登记	对	167544	186406	193846	203181	222463
1.内地居民登记离婚	对	166142	185025	192514	201791	220974
2.涉外及华侨、港澳台居民登记离婚	对	1402	1381	1332	1390	1489
其中：外国人	人	290	403	408	417	409

7-35 各市登记结婚人数(2015-2019年)

单位：人

市 别	2015	2016	2017	2018	2019
合 计	**1680822**	**1572246**	**1516246**	**1427628**	**1349044**
广 州	185338	175738	171636	155636	147514
深 圳	120182	121652	125096	131280	134620
珠 海	25722	24368	24434	24336	23336
汕 头	91986	84128	83262	79284	75052
佛 山	79092	70888	66770	60806	60680
韶 关	55774	50696	48198	43986	41018
河 源	62350	55644	52688	49030	45058
梅 州	97882	88190	82858	75670	66814
惠 州	64100	60924	58406	57562	54334
汕 尾	68178	64286	61294	56536	52868
东 莞	36540	35428	34356	33748	32486
中 山	30680	29044	29002	26054	24962
江 门	63920	59994	58340	55076	49554
阳 江	49512	44830	42690	39098	37458
湛 江	149256	143302	136850	129128	121438
茂 名	142016	128700	120224	110710	102502
肇 庆	72172	65834	63510	58180	54878
清 远	78130	74718	68580	63468	58442
潮 州	40846	38968	37932	35524	33816
揭 阳	119426	110602	108216	103462	96456
云 浮	47720	44312	41904	39054	35758

7-36 各市内地居民结婚登记人数(2015—2019年)

单位：人

市　别	2015	2016	2017	2018	2019
合　计	**1665442**	**1556826**	**1500502**	**1427628**	**1330244**
广　州	183310	173812	169520	155636	145868
深　圳	118744	120064	123578	131280	132814
珠　海	24822	23596	23856	24336	22716
汕　头	91790	83926	83048	79284	74728
佛　山	78536	70318	66194	60806	60072
韶　关	55522	50472	47988	43986	40832
河　源	62136	55422	52518	49030	44864
梅　州	97422	87770	82508	75670	66374
惠　州	63634	60420	57804	57562	53762
汕　尾	66372	62406	59220	56536	51250
东　莞	36202	35110	34016	33748	32168
中　山	30194	28586	28576	26054	24586
江　门	59972	55902	54682	55076	46382
阳　江	49250	44608	42252	39098	36340
湛　江	148732	142806	136314	129128	119870
茂　名	141630	128324	119946	110710	101424
肇　庆	71866	65556	63214	58180	54568
清　远	77806	74374	68252	63468	57684
潮　州	40794	38904	37812	35524	33124
揭　阳	119182	110374	107606	103462	95802
云　浮	47526	44076	41598	39054	35016

7-37　各市涉外及华侨、港澳台居民登记结婚件数(2015-2019年)

单位：件

市　别	2015	2016	2017	2018	2019
合　计	**7717**	**8133**	**7731**	**9403**	**9398**
广　州	1014	963	1090	918	823
深　圳	719	794	759	839	903
珠　海	450	386	289	337	310
汕　头	105	101	112	152	162
佛　山	278	285	288	258	304
韶　关	126	112	105	118	93
河　源	109	111	85	113	97
梅　州	250	210	175	243	220
惠　州	233	252	301	300	286
汕　尾	903	1359	1037	763	809
东　莞	169	159	170	154	159
中　山	243	229	213	188	188
江　门	1974	2046	1829	1896	1586
阳　江	131	111	219	526	559
湛　江	262	248	268	621	782
茂　名	193	188	139	324	539
肇　庆	153	139	148	164	155
清　远	162	172	164	515	379
潮　州	26	36	60	295	346
揭　阳	120	114	127	225	327
云　浮	97	118	153	454	371

7-38 各市香港居民登记结婚人数(2015-2019年)

单位：人

市　别	2015	2016	2017	2018	2019
合　计	**2436**	**2802**	**2682**	**2189**	**2259**
广　州	172	153	390	167	159
深　圳	233	274	232	273	312
珠　海	28	26	20	23	26
汕　头	27	22	38	22	19
佛　山	97	80	91	62	92
韶　关	40	30	46	20	26
河　源	56	57	38	46	34
梅　州	60	51	52	62	36
惠　州	130	142	185	171	171
汕　尾	840	1308	960	668	669
东　莞	54	49	58	61	52
中　山	46	35	34	32	34
江　门	306	284	278	292	330
阳　江	56	26	21	44	53
湛　江	60	57	54	50	60
茂　名	45	43	35	56	52
肇　庆	55	51	45	42	41
清　远	44	39	38	34	29
潮　州	3	4	1		9
揭　阳	46	33	31	25	32
云　浮	38	38	35	39	23

7−39　各市离婚登记件数(2015−2019年)

单位：件

市　别	2015	2016	2017	2018	2019
合　计	**167544**	**186406**	**193846**	**203181**	**222463**
广　州	24722	29223	25998	23275	25298
深　圳	22664	24998	25449	27806	31085
珠　海	4189	4580	4578	5341	6050
汕　头	3476	4054	4524	4738	5313
佛　山	9439	10180	10832	11268	12903
韶　关	7552	8033	8695	8997	9291
河　源	7424	8122	8538	9051	9718
梅　州	8709	9571	9988	10566	11439
惠　州	6914	7341	7855	8569	9720
汕　尾	4699	5622	5536	5824	6044
东　莞	3672	3987	4622	5578	6725
中　山	3991	4020	4522	5045	5357
江　门	7319	8115	8454	8816	9107
阳　江	4680	5119	5706	6143	6463
湛　江	10386	10891	12209	13135	14388
茂　名	9049	10131	11418	12283	13267
肇　庆	7830	8108	8744	9263	10022
清　远	9025	11134	11547	11738	12934
潮　州	1947	2223	2477	2769	3178
揭　阳	5348	5916	6543	7060	7949
云　浮	4509	5038	5611	5916	6212

7-40 各市婚姻登记服务机构数(2015-2019年)

单位：个

市别	2015	2016	2017	2018	2019
合计	**133**	**60**	**58**	**56**	**58**
广州	9	9	8	8	10
深圳	2	2	2	2	2
珠海	4	4	4	4	4
汕头	7		1	1	1
佛山	4	3	3	2	2
韶关	9	2	1	1	1
河源	6	6	5	5	5
梅州	8	1	1	1	1
惠州	3	2	1	1	1
汕尾	7	4	4	3	3
东莞	1	1	1	1	1
中山	1	1	1	1	1
江门	7	3	3	3	3
阳江	4	3	3	3	3
湛江	8	5	6	6	6
茂名	5	4	4	4	4
肇庆	9	2	3	2	2
清远	3	1	1	2	2
潮州	4	3	2	2	2
揭阳	29	2	2	2	2
云浮	3	2	2	2	2

注：2015年婚姻登记服务机构数包含未登记的婚姻登记服务机构，2016年起不统计未登记的婚姻登记服务机构。

7-41 各市殡葬服务机构数(2015-2019年)

单位：个

市别	2015	2016	2017	2018	2019
合计	**314**	**242**	**243**	**236**	**256**
广州	19	19	19	20	21
深圳	29	10	10	9	10
珠海	4	3	3	3	4
汕头	10	9	9	9	15
佛山	35	15	15	13	13
韶关	19	19	18	18	22
河源	10	10	10	10	14
梅州	18	20	23	22	28
惠州	6	6	6	6	7
汕尾	14	10	10	10	8
东莞	6	5	5	3	3
中山	3	3	3	3	2
江门	21	19	19	19	18
阳江	10	9	9	9	9
湛江	14	14	15	15	15
茂名	19	9	9	8	8
肇庆	23	20	20	20	20
清远	19	17	15	15	15
潮州	5	5	5	5	5
揭阳	19	9	9	8	8
云浮	11	11	11	11	11

7-42　各市火化炉数(2015-2019年)

单位：个

市　别	2015	2016	2017	2018	2019
合　计	**419**	**432**	**445**	**445**	**450**
广　州	44	44	44	44	44
深　圳	13	13	13	13	13
珠　海	9	9	9	9	9
汕　头	18	18	18	18	19
佛　山	37	37	37	37	37
韶　关	33	33	33	33	34
河　源	19	19	20	19	20
梅　州	24	24	26	28	29
惠　州	18	18	18	20	20
汕　尾	13	13	13	13	14
东　莞	10	10	10	10	10
中　山	8	8	8	8	8
江　门	32	32	32	32	32
阳　江	12	12	12	14	15
湛　江	23	25	24	24	24
茂　名	11	11	13	13	13
肇　庆	25	26	32	30	28
清　远	24	25	25	25	25
潮　州	11	11	12	11	11
揭　阳	20	29	29	29	30
云　浮	15	15	17	15	15

7-43　各市全年处理遗体数(2015-2019年)

单位：具

市　别	2015	2016	2017	2018	2019
合　计	**450619**	**473186**	**471898**	**472643**	**480585**
广　州	58351	60809	61195	62576	63927
深　圳	15001	15743	16084	16488	17369
珠　海	6706	7524	7694	7842	8165
汕　头	21546	27622	26709	27417	28240
佛　山	27314	28359	28594	28403	28929
韶　关	16671	17090	15553	17362	18154
河　源	14054	14636	15870	16094	16465
梅　州	29823	31247	29887	30342	31136
惠　州	15637	16968	17295	17700	18081
汕　尾	9486	10662	10974	11778	12637
东　莞	15522	16214	16195	16508	17103
中　山	12020	12604	12582	12641	12905
江　门	29421	30949	30348	30624	30585
阳　江	14142	15165	14679	14701	15238
湛　江	38004	38241	38933	29083	26552
茂　名	18219	18422	18558	19263	19198
肇　庆	23088	23383	24240	23711	24364
清　远	22666	23150	23695	24784	25162
潮　州	16921	17445	16715	17094	17432
揭　阳	31348	31905	31211	33286	33524
云　浮	14679	15048	14887	14946	15419

7-44 历年民政事业费支出

单位：亿元

年份	民政事业费总支出	抚恤费	军队、离退休费	社会福利费	城市居民最低生活保障事业费	农村及其他社会救济费	自然灾害	地方离、退休人员费	其他
2003	34.18	5.60	3.36	6.49	2.92	3.49	1.56	0.93	7.64
2004	38.62	7.02	4.44	8.75	3.34	5.41	1.01	1.32	7.33
2005	48.34	8.27	5.00	7.87	3.92	8.35	3.53	1.08	10.32
2006	63.59	9.94	6.33	9.39	4.24	11.80	9.73	1.15	11.02

年份	民政事业费总支出	抚恤费	军队、离退休费	社会福利费	城市居民最低生活保障事业费	农村及其他社会救济费	其他城镇社会救济	自然灾害	行政事业单位离退休	其他
2007	72.01	11.33	10.13	10.48	5.38	11.43	2.03	3.35	1.87	16.02

年份	民政事业费总支出	抚恤	退役安置	城市居民最低生活保障	农村最低生活保障	农村社会救济	其他城镇社会救济	社会福利	自然灾害生活救助	行政事业单位离退休	其他
2008	83.45	14.15	9.89	6.97	12.95	4.88	3.05	9.03	4.43	2.21	15.88
2009	102.11	16.27	13.52	8.01	16.31	5.71	3.38	13.67	2.20	2.44	20.61
2010	115.43	17.47	15.08	7.97	16.48	6.31	3.53	10.18	4.60	2.53	31.28
2011	148.07	21.04	18.60	9.74	24.74	7.67	3.81	17.21	2.85	2.71	39.69

年份	民政事业费总支出	抚恤	退役安置	社会福利	城市最低生活保障	农村最低生活保障	其他社会救济	医疗救助	自然灾害生活救助	离退休人员费	其他
2012	166.90	25.11	21.15	27.65	10.59	29.39	13.98	6.85	3.00	3.15	26.03
2013	198.17	29.61	20.65	30.84	13.05	34.01	17.95	8.97	6.88	3.45	32.76
2014	223.71	32.07	22.91	34.92	15.46	37.81	22.22	12.53	5.16	3.75	36.88
2015	259.52	35.81	29.98	40.89	15.95	39.35	24.85	16.69	5.11	4.20	46.68
2016	305.67	42.05	30.51	55.33	17.77	43.94	27.47	22.92	3.74	5.55	56.39
2017	372.35	45.57	34.13	80.64	16.63	47.67	36.50	30.29	2.71	6.44	71.78

年份	民政事业费总支出	社会福利	城市最低生活保障	农村最低生活保障	临时救助	特困人员供养	其他社会救济	民政管理事务	行政事业单位离退休	其他
2018	263.11	89.25	14.53	47.82	11.04	24.44	4.64	48.84	4.35	18.20
2019	282.65	109.50	13.46	51.15	7.91	27.89	2.85	44.70	4.18	21.01

注：往年其他支出包含民政管理事务支出，从18年起民政管理事务支出单独统计。

7-45 历年民政基本建设投资

单位：万元、个、平方米

年份	计划总投资	本年完成投资	国家投资	国内贷款	自筹	#福利彩票公益金	其他	本年施工项目个数
2003	34496	40810	15334	962	20761	1912	3752	196
2004	25194	23512	8578	678	11224	3039	3031	282
2005	25253	14421	4474	20	7919	3734	2007	104

年份	计划总投资	本年完成投资	国家预算内投资	国内贷款	利用外资	自筹	#福利彩票公益金	其他自筹资金	其他	本年施工项目个数
2006	21137	15584	4094	851		6837	2081	4757	3802	121
2007	24734	20192	10179	1600	800	6385	3438	2947	1228	82
2008	16645	19871	3397	100		13685	3655	10030	2689	244
2009	18299	15981	8432			7374	3674	3700	175	95

年份	本年计划投资	本年实际完成投资	国家预算内投资	国内贷款	利用外资	福利彩票公益金	其他	在建项目数/在建项目规模	本年完工项目规模
2010	46477	41242	11511	2619		6869	20243	247	
2011	97643	94506	54425	600		10920	28561	238	
2012	60869	61620	28131	2009		13743	17737	244	
2013	88915	78522	36663			29521	12339	240	
2014	95278	88695	55326	310	80	21852	11128	184	
2015	102436	97290	56688			32341	8261	881554	
2016	174596	174956	62997			33905	78054	1313698	
2017	111063	111010	56353			34153	20504	1708971	217926
2018	147603	128237	67245			25174	35819	1901061	295852
2019	120414	109849	71799	1300		15336	21414	1670499	156803

7-46 各市民政事业费支出水平(2019)

地区	2019年			2018年		
	民政事业费支出(亿元)	每万人民政事业费支出(万元/万人)	排名	民政事业费支出(亿元)	每万人民政事业费支出(万元/万人)	排名
全省	**282.6**	**245.33**	—	**263.1**	**231.90**	—
省本级	4.6	—	—	4.2	—	—
珠三角	144.7	224.48	—	139.9	222.05	—
广州	56.3	367.85	1	53.1	356.17	1
深圳	26.8	199.63	16	27.4	210.70	13
珠海	4.7	231.69	13	4.1	218.36	12
佛山	11.8	144.51	20	11.4	144.50	19
惠州	13.1	269.11	10	11.8	243.63	9
东莞	6.6	77.82	21	7.1	84.51	21
中山	6.1	179.85	18	6.6	200.73	15
江门	8.9	192.50	17	8.5	185.49	17
肇庆	10.4	248.32	11	9.8	235.98	11
粤东西北	133.3	262.71	—	119.0	235.85	—
汕头	12.0	211.66	14	8.9	157.20	18
韶关	8.2	271.17	9	7.4	245.64	8
河源	9.6	310.37	4	9.3	299.48	5
梅州	13.6	309.15	5	13.2	300.78	3
汕尾	9.7	320.52	2	9.0	300.32	4
阳江	8.1	315.28	3	8.3	325.59	2
湛江	21.4	290.95	7	18.1	247.21	7
茂名	15.3	238.55	12	13.2	209.14	14
清远	11.8	303.98	6	10.8	278.51	6
潮州	4.3	160.37	19	3.6	135.34	20
揭阳	12.4	203.03	15	11.3	185.63	16
云浮	6.9	272.85	8	6.0	237.09	10

7-46 续表

地区	2017年			2016年		
	民政事业费支出(亿元)	每万人民政事业费支出(万元/万人)	排名	民政事业费支出(亿元)	每万人民政事业费支出(万元/万人)	排名
全　省	**372.3**	**333.38**	—	**305.7**	**277.91**	—
省本级	7.7	—	—	5.7	—	—
珠三角	192.5	409.51	—	159	265.14	—
广　州	86.4	595.93	1	71.2	507.26	1
深　圳	29.2	232.92	17	20.9	175.4	18
珠　海	6.7	381.28	4	6.1	363.5	3
佛　山	16.8	219.64	19	12.1	162.57	19
惠　州	15.2	317.69	11	15.4	322.85	5
东　莞	9.4	112.42	21	8.3	100.84	21
中　山	4.9	148.9	20	4.8	149.53	20
江　门	11.5	251.7	15	9.4	206.98	15
肇　庆	12.5	303.22	14	10.7	262.31	13
粤东西北	172.2	343.13	—	140.9	281.86	—
汕　头	13.9	248.26	16	11.3	202.1	16
韶　关	10.6	357.01	9	8.4	285.2	9
河　源	13	419.6	3	12.7	411.59	2
梅　州	19.7	450.86	2	14.8	338.64	4
汕　尾	11.3	378.85	5	8.9	293.91	7
阳　江	9.6	378.13	6	7.3	290.36	8
湛　江	27.5	376.33	7	22.9	315.27	6
茂　名	19.2	308.98	12	16.9	275.7	11
清　远	13.7	354.59	10	10.4	269.99	12
潮　州	5.9	220.88	18	5.2	197.86	17
揭　阳	18.7	307.43	13	15.1	248.23	14
云　浮	9.1	364.69	8	7	280.91	10

7−47　各市社会组织发展指数(2019)

地　区	2019年			2018年		
	社会组织数(个)	每万人拥有社会组织数量(个/万人)	排名	社会组织数(个)	每万人拥有社会组织数量(个/万人)	排名
全　省	**70860**	**6.15**	—	**67940**	**5.99**	—
省本级	3345	—	—	3342	—	—
珠三角	42602	6.61	—	41307	6.56	—
广　州	8135	5.31	15	7861	5.27	13
深　圳	10768	8.01	2	10307	7.91	3
珠　海	2456	12.14	1	2425	12.82	1
佛　山	5171	6.34	8	4992	6.31	6
惠　州	3285	6.73	5	3020	6.25	7
东　莞	4664	5.51	12	4656	5.55	12
中　山	2286	6.76	4	2310	6.98	4
江　门	3548	7.66	3	3667	7.97	2
肇　庆	2289	5.47	13	2069	4.98	15
粤东西北	24913	4.91	—	23291	4.62	—
汕　头	2573	4.54	16	2584	4.58	16
韶　关	1934	6.38	6	1908	6.37	5
河　源	1887	6.08	10	1795	5.8	9
梅　州	2394	5.46	14	2233	5.1	14
汕　尾	1270	4.21	19	1080	3.61	20
阳　江	1638	6.37	7	1503	5.88	8
湛　江	3155	4.29	18	3086	4.21	17
茂　名	2565	4.00	20	2220	3.52	21
清　远	2284	5.88	11	2161	5.58	11
潮　州	1669	6.27	9	1487	5.6	10
揭　阳	2442	4.00	21	2232	3.67	19
云　浮	1102	4.33	17	1002	3.97	18

7-47 续表

地　区	2017年			2016年		
	社会组织数（个）	每万人拥有社会组织数量（个/万人）	排名	社会组织数（个）	每万人拥有社会组织数量（个/万人）	排名
全　省	**63784**	**5.71**	—	**59224**	**5.38**	—
省本级	3253	—	—	1606	—	—
珠三角	39152	8.33	—	50893	8.48	—
广　州	7592	5.24	11	13285	9.46	10
深　圳	9578	7.65	3	10846	9.11	3
珠　海	2304	13.05	1	1860	11.1	1
佛　山	4737	6.19	6	6284	8.42	6
惠　州	2759	5.78	7	4966	10.4	7
东　莞	4424	5.3	9	6300	7.63	9
中　山	2215	6.79	4	3933	12.18	4
江　门	3683	8.07	2	2446	5.38	2
肇　庆	1860	4.52	15	973	2.38	15
粤东西北	21379	4.26	—	6725	1.34	—
汕　头	2504	4.46	16	890	1.6	16
韶　关	1848	6.2	5	2225	7.53	5
河　源	1669	5.4	8	230	0.75	8
梅　州	2078	4.75	14	315	0.72	13
汕　尾	900	3.02	21	199	0.66	20
阳　江	1332	5.24	10	342	1.35	11
湛　江	2854	3.91	17	188	0.26	17
茂　名	1912	3.08	20	256	0.42	21
清　远	1958	5.07	13	1251	3.25	14
潮　州	1356	5.12	12	134	0.51	12
揭　阳	2027	3.33	19	623	1.02	19
云　浮	941	3.76	18	72	0.29	18

7-48 各市社工发展指数(2019)

地　区	2019年			2018年		
	持证社工人数(人)	每万人中持证社工人数(人/万人)	排名	持证社工人数(人)	每万人中持证社工人数(人/万人)	排名
全　省	**97803**	**8.34**	—	**82160**	**7.09**	—
省本级	1740	—	—	1684	—	—
珠三角	84145	13.05	—	70180	11.14	—
广　州	20840	13.62	6	18283	12.27	5
深　圳	21106	15.71	3	16082	12.35	4
珠　海	2987	14.76	4	2589	13.69	2
佛　山	13006	15.94	1	8904	11.26	6
惠　州	6880	14.10	5	6413	13.28	3
东　莞	8162	9.64	8	8011	9.55	8
中　山	5384	15.93	2	4933	14.90	1
江　门	4080	8.81	9	3539	7.70	9
肇　庆	1700	4.06	11	1426	3.43	11
粤东西北	11918	2.35	—	10296	2.04	—
汕　头	1320	2.33	13	1205	2.14	13
韶　关	3237	10.68	7	2965	9.89	7
河　源	467	1.50	15	382	1.23	16
梅　州	822	1.88	14	658	1.50	14
汕　尾	340	1.13	19	294	0.98	17
阳　江	804	3.13	12	675	2.64	12
湛　江	593	0.81	21	482	0.66	21
茂　名	753	1.17	18	548	0.87	19
清　远	2174	5.59	10	1854	4.79	10
潮　州	319	1.20	17	248	0.93	18
揭　阳	830	1.36	16	788	1.29	15
云　浮	259	1.02	20	197	0.78	20

7-48 续表

地 区	2017年			2016年		
	持证社工人数（人）	每万人中持证社工人数（人/万人）	排名	持证社工人数（人）	每万人中持证社工人数（人/万人）	排名
全 省	**65275**	**5.84**	—	**59224**	**5.39**	—
省本级	1631	—	—	1606	—	—
珠三角	56017	9.11	—	50893	8.49	—
广 州	14622	10.09	4	13285	9.47	4
深 圳	11863	9.47	5	10846	9.13	5
珠 海	2048	11.6	2	1860	11.1	2
佛 山	7039	9.19	6	6284	8.43	6
惠 州	5460	11.43	3	4966	10.4	3
东 莞	6872	8.24	7	6300	7.64	7
中 山	4272	13.1	1	3933	12.18	1
江 门	2778	6.09	9	2446	5.38	9
肇 庆	1063	2.58	11	973	2.38	11
粤东西北	7627	1.52	—	6725	1.34	—
汕 头	971	1.73	12	890	1.6	12
韶 关	2434	8.17	8	2225	7.53	8
河 源	254	0.82	16	230	0.75	15
梅 州	433	0.99	15	315	0.72	16
汕 尾	215	0.72	17	199	0.66	17
阳 江	436	1.71	13	342	1.35	13
湛 江	282	0.39	20	188	0.26	21
茂 名	284	0.46	19	256	0.42	19
清 远	1402	3.63	10	1251	3.25	10
潮 州	164	0.62	18	134	0.51	18
揭 阳	661	1.09	14	623	1.02	14
云 浮	91	0.36	21	72	0.29	20

7-49 主要年份广东民政事业费支出情况

单位：万元

年 份	民政事业费总支出	城市居民最低生活保障支出	农村居民最低生活保障支出
1978			
1980	8337		
1990	21863		
2000	144461	11460	7874
2010	1154287	79665	164825
2015	2595187	159530	393493
2016	3056715	177732	439407
2017	3723481	166329	476739
2018	2631090	145315	478191
2019	2826465	134570	511535

7-50 主要年份广东省低保水平情况对比

年份	城市居民最低生活保障			农村居民最低生活保障支出			农村特困人员救助供养		
	人数(万人)	总支出(亿元)	人均支出(元)	人数(万人)	总支出	人均支出(元)	人数(万人)	总支出(亿元)	人均支出(元)
1978							12.3296	0.0602	48.83
1980							12.5965	0.0811	64.38
1990							15.6768	0.8084	515.67
2000	14.9422	1.146	766.95	23.1331	0.78744	340.4	10.6508	1.7582	1650.77
2010	40.6502	7.96652	1959.77	184.0053	16.4825	895.76	25.4467	5.39767	2121.17
2015	29.693	15.95299	5372.64	153.6045	39.34925	2561.73	24.0147	17.25801	7186.44
2016	25.4644	17.77322	6979.63	145.1361	43.9407	3027.55	23.1963	18.16224	7829.8
2017	22.8485	16.6329	7279.65	146.767	47.67387	3248.27	22.605	20.84036	9219.36
2018	17.3417	14.53149	8379.51	123.7512	47.81913	3864.13	22.0202	23.23475	10551.56
2019	15.6563	13.4570	8595.26	124.7362	51.15353	4100.94	21.4366	25.27878	11792.35

7−51 主要年份广东低保人数基本情况

年 份	城乡居民最低生活保障人数（万人）	#城镇	农村
1998	26.2	7.9	18.3
2000	38.0	14.9	23.1
2001	45.7	17.2	28.5
2002	86.8	30.3	56.5
2003	102.4	35.3	67.1
2004	116.3	37.8	78.5
2005	167.5	42.1	125.4
2006	172.8	38.9	133.9
2007	176.1	37.8	138.3
2008	200.3	39.7	160.6
2009	212.1	40.9	171.2
2010	224.7	40.7	184.0
2011	224.1	40.0	184.1
2012	215.0	37.2	177.8
2013	197.2	34.0	163.2
2014	190.4	31.6	158.8
2015	183.3	29.7	153.6
2016	170.6	25.5	145.1
2017	169.6	22.8	146.8
2018	141.1	17.3	123.8
2019	140.4	15.7	124.7
1979−2017年年平均增长(%)			
2013−2017年年平均增长(%)	-0.04	-0.08	-0.03

7-52 各市退役军人社会服务机构单位数(2019年)

单位：个

市别	光荣院	优抚医院	军休所	军供站	军队离退休人员管理中心	烈士纪念设施管理保护单位
合计	**21**	**12**	**69**	**12**	**3**	**362**
广州		1	27	3		14
深圳				1	1	10
珠海					1	2
汕头			3	1		10
佛山	1	1	2			20
韶关		1	3	1		35
河源	2		1	1		19
梅州	5	1	3	1		18
惠州	2	2	1			23
汕尾		1	3	1		22
东莞	1		1	1		7
中山	1		1			1
江门			3			18
阳江		1	2			8
湛江	3	1	9	1	1	7
茂名	1		5			25
肇庆	3	2	1	1		44
清远						48
潮州			2			7
揭阳	2	1	2			18
云浮						6

7-53 各市抚恤、补助优抚对象总人数(2019年)

单位：人

市别	抚恤、补助优抚对象总人数	定期抚恤人数					定期补助人数合计
		定期抚恤人数合计	烈属	因公牺牲军人遗属	病故军人遗属	伤残人员	
合计	**422271**	**32381**	**3004**	**768**	**1376**	**27233**	**389890**
省本级	**274**	**107**	**65**			**42**	**167**
广州	22023	3814	135	52	104	3523	18209
深圳	4187	1689	34	12	36	1607	2498
珠海	3287	449	22	8	14	405	2838
汕头	29941	2575	114	66	79	2316	27366
佛山	11393	1013	123	20	39	831	10380
韶关	16354	1016	91	30	67	828	15338
河源	20144	1825	138	37	77	1573	18319
梅州	27397	1793	192	56	129	1416	25604
惠州	15962	1098	68	29	55	946	14864
汕尾	15133	1567	570	18	53	926	13566
东莞	9408	521	48	6	22	445	8887
中山	8157	373	35	11	16	311	7784
江门	21547	1211	127	41	60	983	20336
阳江	17388	768	82	26	42	618	16620
湛江	40921	3478	304	92	155	2927	37443
茂名	40194	2359	175	69	122	1993	37835
肇庆	22228	968	75	31	49	813	21260
清远	22443	892	100	27	62	703	21551
潮州	21034	1292	57	38	53	1144	19742
揭阳	37429	2894	395	80	102	2317	34535
云浮	15427	679	54	19	40	566	14748

7-54 退役军人社会服务事业经费情况(2019年)

单位：万元

市　别	社会服务事业费总计	抚恤和生活补助经费	优抚事业单位经费	军休服务管理机构补助经费	自主就业退役士兵一次性经济补助经费
合　计	**636500.69**	**459268.31**	**57498.27**	**6593.00**	**113141.11**
省本级	21322.46	1791.35	19459.11	72.00	
广　州	106942.74	58319.90	14117.74	3761.00	30744.10
深　圳	26312.92	13820.68	1873.62	448.00	10170.62
珠　海	10547.64	6363.02	1021.68	190.00	2972.94
汕　头	33051.32	30345.27	591.22	143.00	1971.83
佛　山	27501.30	18616.97	274.75	134.00	8475.58
韶　关	21840.10	17217.79	2031.16	168.50	2422.65
河　源	25048.93	21664.89	1037.25	71.00	2275.79
梅　州	36565.86	31157.99	1640.82	124.50	3642.55
惠　州	31425.48	18946.75	2753.73	206.00	9519.00
汕　尾	18400.32	15121.06	1053.39	80.50	2145.37
东　莞	19388.24	10738.17	1409.04	61.00	7180.03
中　山	13746.32	9510.58	288.94	18.00	3928.80
江　门	20210.56	18503.32	827.46	109.00	770.78
阳　江	24096.48	16709.87	3862.34	79.00	3445.27
湛　江	41469.07	33773.25	1373.93	591.00	5730.89
茂　名	41934.52	35760.79	442.06	88.00	5643.67
肇　庆	27262.40	23535.49	673.61	61.00	2992.30
清　远	22287.64	19550.97		20.50	2716.17
潮　州	17062.33	15794.26		77.00	1191.07
揭　阳	36402.54	30058.00	2601.73	79.00	3663.81
云　浮	13681.52	11967.94	164.69	11.00	1537.89

主要统计指标解释

民政经费 包括民政事业费实际支出、民政事业基本建设投资、社会福利基金三部分。其中民政事业费实际支出包括社会福利、社会救助、民政管理事务、行政事业单位离退休和其他款项用于民政支出。

社会福利院 是指不以盈利为目的提供食宿的，主要收养城市中无亲属子女赡养、无生活来源、无劳动能力的孤老、孤儿和残疾人为对象的综合性社会福利事业单位。

特困人员供养机构 是指已经在编制或者民政部门登记，为农村特困老年人等提供 24 小时集中居住和收留抚养照料服务的机构。

儿童福利院 是指民政部门设立的，主要为依法由民政部门担任监护人的未成年人提供收留抚养等服务的机构。

未成年人救助保护中心 是指对生活无着流浪乞讨未成年人实施救助，提供基本生活照料和教育、心理疏导、行为矫治等服务的专门机构。

生活无着人员救助管理站 是指救助生活无着流浪乞讨人员的专门单位。

社区服务中心 是指建设在乡、镇、街道层面，以“一站式”服务为特点的社区服务中心。街道办事处及社区组织依托社区服务中心，组织开展就业服务和职业培训、社区救助、社区治安、社区卫生和计划生育、社区环境和文化、教育、体育等公共服务。特别是针对老年人、残疾人、优抚对象和其他特殊群体开展救助帮扶、护理照料、拥军优属等专项服务。

社区服务站 是指在社区层面，建设功能为社区居家养老服务，重点发展面向老年人及其家庭的商品递送、医疗保健、家庭保洁、日间照料、陪伴等服务的设施和综合性、多功能的社区服务站。居委会及其他各类基层社区组织，应在市、区政府和街道办事处的指导下，依托社区服务站及其他社区公共服务设施，组织居民参与文化、教育、科技、体育、卫生、环境、法律、安全等进社区活动，保障各种公共服务延伸到社区全体居民，增强社区的凝聚力、归属感和安全感。组织动员驻区单位和社区居民开展邻里互助等群众性自我服务活动。社区服务站的基本条件：①有一定的场所（建筑面积在 100 平方米以上）；②有固定的管理人员；③所提供的服务项目必须在两项以上。

城市（农村）最低生活保障 是指国家对家庭人均收入低于当地政府公告的最低生活标准的人口给予一定现金资助，以保证该家庭成员基本生活所需的社会保障制度。城市（农村）最低生活保障指在报告期末纳入城市（农村）最低生活保障的居民数。

孤儿 是指失去父母或查找不到生父母的未满 18 周岁、由地方县级以上民政部门依据有关规定和条件认定的、并已经领取了孤儿基本生活费的未成年人。

儿童收养登记 是指中国公民以及外国人在中国境内收养子女和协议解除收养关系，在县级及以上民政部门办理的收养登记和解除收养关系登记。

抚恤、补助优抚对象总人数 包括定期抚恤人数、定期补助人数、伤残人员三部分，其中定期抚恤人数包括烈属、因公牺牲军人遗属、病故军人遗属。

退役军人社会服务事业经费 包括抚恤和生活补助经费、优抚事业单位经费、军体服务管理机构补助经费、自主就业退役士兵一次性经济补助经费四部分。

退役军人社会服务事业经费 包括抚恤和生活补助经费、优抚事业单位经费、军体服务管理机构补助经费、自主就业退役士兵一次性经济补助经费四部分。

八、体育

简要说明

1. 本篇资料主要反映广东省体育事业发展情况。

2. 本篇资料主要包括：

(1)全省体育运动情况。

(2)地区分全省和各地级以上市。

3. 统计资料来源：本篇资料由广东省体育局负责整理、审核、提供。

2019 年广东体育事业发展概述

2019 年，广东体育事业发展取得新成绩，全民健身活动蓬勃发展，体育公共服务水平进一步提升，国民素质进一步增加；体育赛事精彩纷呈，竞技体育成绩斐然；青少年身体素养和健康水平持续提高，后备人才培养体系不断优化。

全民健身与全民健康深度融合。全民健身活动蓬勃发展，赛事活动丰富多彩贯穿全年，全民健身活动呈现项目多元化、政策配套化、范围扩大化的新特点。截止 2019 年底，全省体育场地数量超 28 万个，健身步道 3.7 万个 1.49 万公里，人均场地面积 2.55 平方米，为全民健身活动开展提供了坚实基础。出台《广东省全民健身条例》、《广东省省级体育社会团体成立登记、变更和年检前置审查工作指南（试行）》、《关于进一步加强全民健身器材安全使用和管理工作的通知》，参与编制《健康广东行动（2019-2030 年）》和《健康广东行动意见》，为贯彻实施全民健身国家战略，推进健康广东建设，提高公民身体素质和健康水平提供良好的制度保障。

竞技体育综合实力不断提高。2019 年广东体育健儿共 30 人次获世界冠军、102 人次获全国冠军，破 1 项世界纪录、7 项亚洲纪录、17 项次全国纪录，赢得社会各界的广泛赞誉。28 所体校、87 个俱乐部共 4000 名运动员参加第二届全国青运会，荣获 112 枚金牌和“体育道德风尚奖”，奖牌总数和总分位居全国前例，充分展现了广东年轻一代良好的精神风貌和朝气蓬勃的青春风采。职业体育蓬勃发展成绩突出，全省拥有 6 家足球、4 家篮球、2 家排球和 1 家冰球职业俱乐部，不但数量位居全国前列，而且成绩也很突出，2019 年，广东东莞银行队和广东东莞新彤盛分别夺取全国男女篮球联赛总冠军，创造广东篮球历史；广东恒大淘宝足球夺得中超第八冠；深圳昆仑鸿星万科阳光女子冰球夺得 2019 年“丝路杯”国际女子冰球联赛第一站桂冠，实现历史性突破。

青少年体育扎实推进，后备人才培养体系不断优化。截止 2019 年，全省目前共有各级业余体校 144 所，在训运动员 32726 人；省市两级传统校 1794 所，注册运动员 35870 人。夯实训练体系，制定《省级示范项目后备人才基地管理办法（试行）》，构建以省体校、广州、深圳为龙头的后备人才培养体系。优化训练结构，充分发挥竞技体育对后备人才引领，深化省运会改革，调整项目结构，推进体教融合，不断优化全省青少年培养机制。落实习近平总书记批示精神，全力支持、精心筹备 2021 年汕头第三届亚洲青年运动会筹备工作，协调统筹推进重点项目和基础设施建设工作，各项筹备工作稳步推进。

体育产业健康高效发展。2018 年，体育产业总规模达到 4912 亿元；体育产业增加值 1655 亿元；GDP 占比达到 1.7%，走在全国前列。全省各类体育企业和体育产业活动单位 33786 家，广东省共有国家体育产业示范基地 3 个；示范单位 6 个；国家特色体育小镇试点项目 5 个。体彩销量居全国前列，2019 年广东销售体育彩票 200.91 亿元，筹集公益金 51.63 亿元，代扣代缴中奖者偶然所得税 5.04 亿元，提供代销者就业岗位 2 万多个，销售收入 15.48 亿元。广东体博会、广东体育产业发展论坛的影响力逐年提升，已成为具有全国影响力的体育产业平台。

体育帮扶助力打赢脱贫攻坚战。充分发挥体育系统的资源优势，突出体育帮扶、产业帮扶，积极为定点帮扶的两个村增加收入，实现了脱真贫、真脱贫。援疆援藏工作特色鲜明、成绩突出，持续开展足球和龙狮进入新疆乡村、学校和社区，每年从西藏林芝地区选拔体育苗子赴广东培养和冬训。加大乡村公共体育场地设施建设投入，积极打造乡村品牌赛事活动，依靠体育帮扶助力乡村打赢脱贫攻坚战。

8−1 体育系统分行政级别机构数(2010−2019年)

单位：个

年 份	合计			省级		
	小计	独立	合并	小计	独立	合并
2010	398	370	28	10	10	
2011	370	344	26	10	10	
2012	370	333	37	9	9	
2013	417	343	74	21	21	
2014	394	362	32	21	21	
2015	396	347	49	20	20	
2016	391	338	53	20	20	
2017	394	324	70	21	21	
2018	376	312	64	21	21	
2019	370	226	144	21	21	

8−1 续表

单位：个

年 份	地级			县级		
	小计	独立	合并	小计	独立	合并
2010	178	176	2	200	174	26
2011	148	146	2	210	187	23
2012	151	147	4	210	177	33
2013	127	122	5	269	198	71
2014	128	123	5	245	218	27
2015	130	124	6	246	203	43
2016	127	121	6	244	197	47
2017	185	180	5	188	123	65
2018	127	122	5	228	169	59
2019	124	105	19	225	100	125

8-2 体育系统分单位类型机构数(2014-2019年)

单位：个

指标	2014			2015			2016		
	小计	独立	合并	小计	独立	合并	小计	独立	合并
合 计	**394**	**362**	**32**	**381**	**328**	**52**	**391**	**338**	**53**
体育行政机关	171	102	69	136	84	52	157	104	53
运动项目管理部门	15			7			7		
职业、运动技术学院	2			2			2		
体育运动学校	18			18			18		
竞技体校				1			1		
业余体校	54			46			41		
单项运动学校	8			4			4		
训练基地	7			7			7		
体育场馆	55			55			55		
体育科研机构	2			2			2		
其他事业单位	58			100			95		
其他机构	3			3			4		

8-2 续表

单位：个

指标	2017			2018			2019		
	小计	独立	合并	小计	独立	合并	小计	独立	合并
合 计	**394**	**324**	**70**	**376**	**312**	**64**	**370**	**226**	**144**
体育行政机关	149	79	70	142	78	64	**151**	7	144
运动项目管理部门	6	6		7	7		**7**	7	
职业、运动技术学院	2	2		2	2		**2**	2	
体育运动学校	20	20		20	20		**20**	20	
竞技体校									
业余体校	52	52		56	56		**57**	57	
单项运动学校	5	5		5	5		**5**	5	
训练基地	7	7		6	6		**5**	5	
体育场馆	54	54		53	53		**54**	54	
体育科研机构	2	2		2	2		**2**	2	
其他事业单位	94	94		79	79		**64**	64	
其他机构	3	3		4	4		**3**	3	

8-3 体育系统人员情况(2017-2019年)

指　　　标	2017	2018	2019
合　计	**10675**	**10186**	**11814**
体育行政机关	2054	2022	3212
运动项目管理部门	2240	2589	2748
职业、运动技术学院	564	662	749
体育运动学校	1445	1272	1467
竞技体校			
业余体校	1070	1033	1112
单项运动学院	147	126	121
训练基地	344	108	84
体育场馆	1587	1277	1337
体育科研机构	61	66	63
其他事业单位	1152	1019	914
其他机构	11	12	7

8-4 体育国际交流情况(2012-2019年)

单位：起、人

交流层次	交流性质			交流类型		交流类型		交流形式	
	合计	来访	出访	世界	洲际	双边	其他	政府间	民间
2012年									
合　计	**191**	**4**	**187**	**141**		**50**		**164**	**27**
国家(起数)	150	4	146	120		30		135	15
省级(起数)	41		41	21		20		29	12
地级(起数)									
合　计	**1433**	**170**	**1263**	**1256**		**177**		**1045**	**388**
国家(人次)	737		737	659		78		457	280
省级(人次)	696	170	526	597		99		588	108
地级(人次)									
2013年									
合　计	**124**		**124**	**86**	**12**	**26**			**124**
国家(起数)	91		91	71	12	8			91
省级(起数)	33		33	15		18			33
地级(起数)									
合　计	**562**		**562**	**326**	**31**	**205**			**562**
国家(人次)	309		309	261	31	17			309
省级(人次)	253		253	65		188			253
地级(人次)									
2014年									
合　计	**175**	**6**	**169**	**67**	**52**	**56**		**164**	**11**
国家(起数)	113	3	110	53	30	30		107	6
省级(起数)	62	3	59	14	22	26		57	5
地级(起数)									
合　计	**935**	**120**	**815**	**720**	**102**	**113**		**720**	**215**
国家(人次)	633	43	590	475	70	88		475	158
省级(人次)	302	77	225	245	32	250		245	57
地级(人次)									
2015年									
合　计	**185**	**23**	**162**	**120**	**7**	**58**		**175**	**10**
国家(起数)	127	4	123	95	7	8		4	
省级(起数)	58	19	39	25		50		171	10
地级(起数)									
合　计	**2811**	**1848**	**963**	**1750**	**120**	**941**		**2461**	**350**
国家(人次)	1272	547	725	1540	95	187		547	
省级(人次)	1539	1301	238	210	25	754		1914	350
地级(人次)									

8-4 续表

单位：起、人

交流层次	交流性质			交流类型		交流类型		交流形式	
	合计	来访	出访	世界	洲际	双边	其他	政府间	民间
2016年									
合　计	**170**	**6**	**164**	**70**	**26**	**27**	**35**	**165**	**5**
国家(起数)	106	4	102	55	22	6	33	106	
省级(起数)	64	2	62	14	4	21	2	59	5
地级(起数)				1					
合　计	**2500**	**1511**	**989**	**552**	**328**	**459**	**1161**	**2220**	**280**
国家(人次)	499	255	244	156	236	22	85	499	
省级(人次)	1751	1006	745	146	92	437	1076	1721	280
地级(人次)	250	250		250					
2017年									
合　计	**195**	**10**	**185**	**88**	**39**	**29**	**39**	**192**	**3**
国家(起数)	121	5	116	72	35	13	1	121	
省级(起数)	74	5	69	16	4	16	38	71	3
地级(起数)									
合　计	**3469**	**2555**	**914**	**884**	**117**	**557**	**1909**	**3041**	**428**
国家(人次)	1219	951	268	769	76	371	1	1219	
省级(人次)	2250	1604	646	115	41	186	1908	1822	428
地级(人次)									
2018年									
合　计	**283**	**9**	**274**	**123**	**45**	**36**	**39**	**192**	**3**
国家(起数)	176	1	175	86	40	18	1	121	
省级(起数)	107	8	99	37	5	18	38	71	3
地级(起数)									
合　计	**2288**	**1110**	**1178**	**1127**	**183**	**667**	**1909**	**3041**	**545**
国家(人次)	505	10	495	896	109	478	1	1219	
省级(人次)	1783	1100	683	231	74	189	1908	1822	545
地级(人次)									
2019年									
合　计	**279**	**13**	**266**	**219**	**6**	**213**	**60**	**279**	
国家(起数)	220	4	216	170	6	35	9	178	
省级(起数)	59	9	50	49		178	51	101	
地级(起数)									
合　计	**4310**	**3200**	**1110**	**1402**	**9**	**1393**	**2908**	**4310**	
国家(人次)	426		426	426	9	93	13	426	
省级(人次)	3884	3200	684	976		1300	2895	3884	
地级(人次)									

8-5 运动员当年发展情况(2013-2019年)

单位：人

项 目	合计		国际级		国家级		一级		二级	
	合计	女	合计	女	合计	女	合计	女	合计	女
2013	2253	892	10	5	148	57	428	135	1667	695
2014	4387	1958			24	6	269	99	4094	1853
2015	2446	1038	18	10	178	66	571	218	1679	744
2016	1916	877	1	1	2	1	737	279	1176	596
2017	3329	1426			77	14	892	417	2360	995
2018	4368	1765	12	5	123	52	1010	415	3223	1293
2019	3620	1523	12	5	121	58	1095	487	2392	973

8-6 当年裁判员情况(2013-2019年)

单位：人

项 目	合计		一级		二级	
	合计	女	合计	女	合计	女
2013	2312	618			2312	618
2014	8556	2516	341	12	8215	2504
2015	1852	542	19	2	1833	540
2016	1842	486	314	71	1528	415
2017	1863	585	73	13	1790	572
2018	4428	1159	1162	327	3266	832
2019	3436	984	770	20	2666	964

8-7 等级公益性社会体育指导员发展情况(2012-2019年)

单位：人

指　　标	本年度认证人数	截至年末认证总人数	本年参加指导员的培训人数
2012年合计	**19736**	**96281**	**19862**
国家级	3	86	8
一级	301	1881	320
二级	2918	16584	3003
三级	16514	77730	16531
2013年合计	**78571**	**174852**	**60498**
国家级	174	260	
一级	3585	3466	858
二级	10742	27326	6147
三级	64070	143800	53493
2014年合计	**30365**	**205217**	**30593**
国家级	68	328	80
一级	802	4268	915
二级	3717	31043	3730
三级	25778	169578	25868
2015年合计	**19264**	**224481**	**19872**
国家级		328	
一级	31	4299	100
二级	3798	34841	3850
三级	15435	185013	15922
2016年合计	**19836**	**244317**	**21274**
国家级	268	596	281
一级	1213	5512	1320
二级	5165	40006	5620
三级	13190	198203	14053
2017年合计	**20056**	**264373**	**21078**
国家级	32	628	45
一级	707	6219	738
二级	4054	44060	4113
三级	15263	213466	16182
2018年合计	**18821**	**283194**	**19560**
国家级	101	729	123
一级	688	6907	963
二级	3685	47925	3816
三级	14347	227633	14658
2019年合计	**61724**	**344918**	**62764**
国家级	125	854	127
一级	512	7419	813
二级	21359	69284	21853
三级	39728	267361	39971

8-8 国民体质监测站点基本情况(2015-2019年)

单位：个、人

指　　标	2015				2016				2017			
	合计	国家	省	县区	合计	国家	省	县区	合计	国家	省	县区
总站(点)数	1		1		1		1		2		2	
组建测试队	2		2		2		2		4		4	
测试工作人员数	40		40		60		60		80		80	
累计受测人员数	81469		81469		91892		91892		99744		99744	
本年度受测人员数	3161		3161		10423		10423		7852		7852	
本年度测试达标人数	2981		2981		9881		9881		7255		7255	
本年度测试达标(%)	94.3		94.3		94.8		94.8		92.4		92.4	

8-8 续表

单位：个、人

指　　标	2018				2019			
	合计	国家	省	县区	合计	国家	省	县区
总站(点)数	2		2		1		1	
组建测试队	4		4		2		2	
测试工作人员数	90		90		20		20	
累计受测人员数	109570		109570		120070		120070	
本年度受测人员数	9826		9826		10500		10500	
本年度测试达标人数	9197		9197		9796		9796	
本年度测试达标(%)	92.2		92.2		92.7		92.7	

8-9　体育比赛和体育活动情况(2013-2019年)

指　　标	2013	2014	2015	2016
体育比赛成绩				
破世界纪录　(项)	2	3	1	2
获世界冠军　(人次)	27	17	27	19
破亚洲纪录　(项)		2	4	1
破全国纪录　(项次)	5	5	5	4
获得全国冠军　(项次)	143.5	138	124	111
体育活动开展情况				
举办全民健身活动次数（次)	4231	4886	5000	5350

8-9　续表

指　　标	2017	2018	2019
体育比赛成绩			
破世界纪录　(项)	1	4	1
获世界冠军　(人次)	21	26	30
破亚洲纪录　(项)	1	6	7
破全国纪录　(项次)	3	12	17
获得全国冠军　(项次)	148	151	102
体育活动开展情况			
举办全民健身活动次数（次)	4680	4700	5971

8-10 广东省体育场地情况(2018-2019年)

指　　标		2018	2019
一、综合指标			
场地数量	(个)	262900	286405
场地面积	(万平方米)	27466	29363
建筑面积	(万平方米)	2741	3332
建设投资	(亿元)	1203	1964
人均场地面积	(平方米)	2.42	2.55
二、基础运动场地		**19529**	**20923**
田径场地	(个)	14500	14976
游泳场地	(个)	5029	5947
三、球类运动场地		**191982**	**205807**
足球场地	(个)	9514	10554
篮球场地	(个)	95500	99995
排球场地	(个)	6168	6418
乒乓球场地	(个)	55000	60584
羽毛球场地	(个)	25800	28256
四、冰雪运动场地		**19**	**20**
滑冰场地	(个)	17	16
滑雪场地	(个)	2	4
五、体育健身场地		**48896**	**58356**
全民健身路径	(个)	31700	37124
健身房	(个)	5996	6304
健身步道	(公里)	11200	14928
六、大型体育场馆		**95**	**126**
体育场	(个)	15	20
体育馆	(个)	69	92
游泳馆	(个)	11	14

8-11 彩票公益金使用情况(2014-2019年)

单位：万元

指标名称	2014	2015	2016	2017	2018	2019
彩票公益金收入		198617.00	192614.00	200914.23	195374.28	214838.84
其中：本年彩票公益金		169362.73	161634.00	165840.52	169588.34	195878.34
上年结余		29254.27	30980.00	35073.71	25785.94	18960.50
彩票公益金支出		123519.84	159987.00	162334.83	170773.47	202757.16
其中：用于体育事业的彩票公益金		126053.19	157825.00	162334.83	170773.47	202757.16
1.体育设施	7400.00	34096.33	40490.00	37538.14	44406.76	29386.64
2.群众体育	8717.00	30240.11	37419.00	49214.09	45952.22	46381.88
3.竞技体育	11860.00	46206.21	65038.00	54257.94	51535.80	72367.55
4.青少年体育	5443.00	7040.32	9746.00	11311.82	17992.99	24565.19
5.其他(含体育扶贫)		8470.22	5130.00	10012.84	10885.70	30055.90

8-12 体育彩票发行情况表(2015-2019年)

单位：万元

指标名称	2015	2016	2017	2018	2019
本年销售体育彩票金额	1519266.04	1850301.05	1939389.05	2471863.52	2009125.21
其中：电脑彩票	1366792.86	1707547.16	1801259.91	2342911.59	1851850.95
即开型彩票	152473.18	142753.89	138129.14	128951.93	157274.26
体育彩票公益金提取额		448596.66	473702.98	581451.31	507508.87
其中：电脑彩票		420045.88	446077.15	555660.92	476054.02
即开型彩票		28550.78	27625.83	25790.39	31454.85
发行费情况					
其中：上年结余			8849.06	7399.44	12753.95
本年本级收入		42584.83	217878.50	243330.53	186398.14
本年本级发行费支出		41815.26	66595.86	46357.37	35063.88
体育彩票销售佣金		145588.17	152792.26	191550.54	154340.53
年末结余		769.57	7399.44	12822.06	9747.68
体育彩票销售网点数量(个)	9880	11025	11973	11803	13409

8-13 体育运动项目和社团组织组织数(2010-2019年)

单位：个

年 份	单项运动项目组织					综合运动项目组织		
	合计	国家级	省级	地级	县级	合计	国家级	省级
2010	1414	13	29	444	928	226	3	13
2011	1253		29	413	811	165		13
2012	1307		30	435	842	178		15
2013	32		32			19		19
2014	32		32			21		21
2015	34		34			24		24
2016	39		39			27		27
2017	43		43			33		33
2018	44		44			33		33
2019	53		53			11		11

8-13 续表

单位：个

年 份	综合运动项目组织		体育社团组织				
	地级	县级	合计	国家级	省级	地级	县级
2010	31	179	42		42		
2011	35	117	42		42		
2012	38	125	45		45		
2013			51		51		
2014			53		53		
2015			58		58		
2016			66		66		
2017			76		76		
2018			77		77		
2019			4547		62	1614	2871

主要统计指标解释

体育场 是指有 400 米跑道(中心含足球场)，有固定跑道 6 条以上，并有固定看台的室外田径场地。以看台容纳观众人数分：甲级 25000 人以上，乙级 15001～25000 人，丙级 5000～15000 人，丁级 5000 人以下。

等级裁判员 是指经考核正式批准授予等级裁判员称号的裁判员。裁判员等级分为国际裁判、国家级裁判、一级裁判、二级裁判、三级裁判。

全民健身活动设施 是指国家体育总局统一组织，将各级体育行政部门的体育彩票公益金作为启动资金，捐赠给城市社区和乡镇的受赠单位，由受赠单位兴建，旨在开展全民健身活动的公益性体育场地设施，包括设在健身公园、广场、室内的体育设施和青少年体育俱乐部。

九、广播电影电视、新闻出版、档案

简要说明

1. 本篇资料主要反映广东省广播电影电视行业的基本情况。

2. 本篇资料主要包括：

(1)全省电影放映情况，全省广播电视从业人员和总收入，广播电视播出情况，广播电视节目制作情况，广播电视台(站)情况，有线电视用户数量，广播电视覆盖情况等。

(2)地区分全省和 21 个地级以上市。

(3)年份有当年、近 5 年和 1978 年以来连续年份。

3. 统计资料来源：本篇资料由广东省委宣传部、广东省广电局、广东省办公厅档案局负责整理、审核、提供。

9-1 广播电视综合情况

指 标	合 计	指 标	合 计
广播电台 (座)	2	从业人员 (人)	73840
电视台 (座)	3	总收入 (万元)	7802301.66
广播电视台 (座)	95	资产总额 (万元)	23823919.78
有线广播电视用户数 (万户)	1767.05	广播影视节目制作经营机构(家)	1673
数字电视用户数 (万户)	1705.31		

注：本表的“广播电台”“电视台”自2019年起数据只统计未合并的“广播电台”“电视台”，已合并的广播电台、电视台纳入“广播电视台”统计。“广播电视台”的2018年及以前年度数据只包括“县(市、区)广播电视台”。

9-2 电影基本情况

指 标	在册放映单位(个)	座位数(个)	放映场次(万场次)	观众人数(万人次)	放映收入(万元)
合 计	**2,666**	**1,120,982**	**1,704.81**	**26,741**	**848,168**
农 村	1,263		26.10	2,872	
城 市	1,403	1,120,982	1,678.71	23,869.00	848,168
其中：中影南方新干线	428	333,448	554.3	7,286.90	250,324
金逸珠江院线	144	119,828	170.89	2,563.00	89,432
广东大地	175	132,659	187.13	2,595.00	89,900

注：1. 农村在册放映单位指流动放映队，没有座位数统计指标。
2. 城市指院线的电影放映情况，未含院线外的电影放映情况。

9-3 广播电视从业人员和收入情况

指标	从业人员(人)	编播人员	本年总收入(万元)	广告收入	网络收入
合计	**73840**	**10097**	**7,802,301.66**	**2,074,263.04**	**820,606.65**
省级	14683	1090	1,059,462.92	137,286.76	512,472.37
地市级	25036	4971	5,115,970.98	1,607,864.12	228,030.31
县级	34121	4036	1,626,867.76	329,112.16	80,103.97

9-4 各市广播电视从业人员和收入情况

市别	从业人员(人)	编播人员	本年总收入(万元)	广告收入	网络收入
合计	**73840**	**10097**	**7802301.66**	**2074263.04**	**820606.65**
省级	14683	1090	1059462.92	137286.76	512472.37
广州	18053	1452	1826507.24	282684.02	97225.87
深圳	18904	2309	4353683.15	1531505.02	148197.25
珠海	1452	176	80132.77	7099.73	
汕头	1024	268	43062.87	6423.97	3345.92
佛山	1861	489	107260.65	23184.54	
韶关	1221	353	21876.14	1778.93	4471.04
河源	1005	206	12057.52	1709.38	1825.00
梅州	1780	505	28451.81	7743.38	5815.80
惠州	1394	505	34440.95	11820.03	
汕尾	320	56	9419.41	735.11	
东莞	963	429	26487.74	14644.29	
中山	864	334	33413.58	5350.69	
江门	1565	251	30063.95	8872.13	12770.18
阳江	1179	200	11419.97	1773.81	3066.79
湛江	2014	310	22907.66	2949.83	5544.01
茂名	886	168	17542.80	2969.44	5131.92
肇庆	914	254	13138.07	2405.19	776.89
清远	1212	265	36468.21	13361.88	10279.47
潮州	737	117	15724.85	5488.35	5598.29
揭阳	1303	243	11853.23	3626.42	2461.05
云浮	506	117	6926.17	850.14	1624.80

9–5 各市广播电视从业人员情况

单位：人

市别	2005	2006	2007	2008	2009	2010	2011	2012
合计	**37306**	**41382**	**42988**	**45042**	**45152**	**54291**	**52718**	**53095**
省级	3978	4885	5873	6523	5830	15349	16661	14850
广州	3886	4078	4178	4162	4303	5219	5152	3929
深圳	4810	6434	6329	7312	7372	8866	9481	11655
珠海	962	926	887	882	946	697	696	1234
汕头	1042	1132	1063	1061	1169	1232	568	958
佛山	2634	2742	2455	2610	2260	2565	1026	1382
韶关	1263	1420	1340	1337	1358	1202	1229	1102
河源	771	833	857	950	957	957	961	880
梅州	1594	1589	1685	1660	1592	1604	1557	1422
惠州	1559	1917	1864	1915	2065	1818	1974	2190
汕尾	257	1110	881	911	929	912	779	769
东莞	1776	1669	1656	1667	1901	566	594	629
中山	498	1307	1258	1283	1515	983	827	817
江门	1680	1794	1617	1614	1697	1625	1650	1620
阳江	954	921	900	981	969	1069	1062	1011
湛江	2150	2122	2145	2131	2183	1972	1911	1914
茂名	1217	1322	1341	1404	1530	1370	1438	1334
肇庆	1430	1461	1511	1495	1559	1439	1522	1539
清远	1129	1254	1186	1285	1118	1151	1132	1385
潮州	819	523	961	750	733	628	618	627
揭阳	2202	2233	2259	2335	2335	2349	1199	1167
云浮	695	710	742	774	831	718	681	681

9–5 续表

单位：人

市　别	2013	2014	2015	2016	2017	2018	2019
合　计	**49730**	**51862**	**53547**	**52320**	**80475**	**71127**	**73840**
省　级	15401	16771	19468	17915	14070	14940	14683
广　州	3684	5402	4241	5006	18250	18646	18053
深　圳	7439	9174	11234	10511	17937	15085	18904
珠　海	757	620	640	561	1208	1028	1452
汕　头	720	486	466	453	593	1512	1024
佛　山	1129	828	1083	1438	3872	1860	1861
韶　关	1261	1295	1647	1148	883	990	1221
河　源	836	893	776	768	934	700	1005
梅　州	1603	1548	1150	1452	1728	1722	1780
惠　州	2131	1405	1032	950	2194	1329	1394
汕　尾	743	739	660	660	705	526	320
东　莞	1942	1881	639	619	3692	1288	963
中　山	781	874	832	660	1772	860	864
江　门	1635	1676	1696	1693	2100	1450	1565
阳　江	988	707	631	797	1770	1398	1179
湛　江	1880	1840	2157	2182	2396	2325	2014
茂　名	1527	949	882	1025	1060	907	886
肇　庆	1513	841	820	818	1285	923	914
清　远	1310	1022	810	981	888	1223	1212
潮　州	637	609	635	638	720	580	737
揭　阳	1192	1705	1536	1530	1756	1361	1303
云　浮	621	597	512	515	662	474	506

9–6 各市广播电视总收入情况

单位：万元

市别	2005	2006	2007	2008	2009	2010	2011	2012
合计	**858152**	**1000812**	**1093798**	**1251271**	**1368363.19**	**1737425.10**	**1982906.36**	**2144604.14**
省级	252526	284354	352735	401465	396436.47	610925.40	820247.73	919329.90
广州	129262	138200	145289	168317	191880.83	270397.03	267245.55	229653.14
深圳	181981	238978	238537	263429	300607.93	436081.29	538217.83	598928.47
珠海	20224	18529	24319	26953	27624.74	23107.64	16001.29	15868.81
汕头	20582	21098	22926	21621	24355.40	27609.26	18627.00	26919.40
佛山	57427	64976	70950	79710	87946.14	74390.96	39319.00	48690.00
韶关	14018	15186	14755	16131	15105.96	15550.02	15029.29	15528.28
河源	5483	6329	7388	9611	9161.00	9990.92	9615.63	10122.66
梅州	8915	9973	10857	12621	13618.76	15467.66	16429.95	17474.43
惠州	18626	18993	18469	22721	29446.91	26208.47	32819.26	43969.10
汕尾	3069	5321	5034	5868	6709.50	6738.90	6890.80	5370.00
东莞	30764	27415	33458	53547	83140.35	49728.38	33383.11	27673.80
中山	12788	26819	25799	29850	29896.83	24782.06	21370.21	26829.22
江门	26776	28268	30595	35530	39532.27	35246.12	33422.00	34728.84
阳江	6950	6149	7788	8876	11230.28	11394.50	12556.47	13591.69
湛江	15624	15399	17017	17915	19496.88	17990.40	17352.50	17939.19
茂名	9789	10718	13055	15047	13925.09	13218.04	15409.88	16260.59
肇庆	14626	15068	16469	19090	19777.56	19558.41	21167.58	21593.42
清远	12146	13138	13786	16823	20456.40	19490.00	20707.80	24138.62
潮州	9496	7552	8269	8314	8995.00	9354.00	8816.96	9028.35
揭阳	9437	9330	10631	10946	12057.79	12822.24	10987.96	13499.08
云浮	4643	5307	5673	6887	6961.10	7373.40	7288.56	7467.15

9−6 续表

单位：万元

市别	2013	2014	2015	2016	2017	2018	2019
合计	**2364525.70**	**2491126.24**	**2612822.59**	**2686502.53**	**4160559.756**	**4522088.58**	**7802301.66**
省级	1101335.97	1193656.67	1346098.53	1408209.02	956734.89	1017428.57	1059462.92
广州	246306.65	311026.20	158387.18	231160.36	1162169.85	1604351.27	1826507.24
深圳	606774.91	625726.75	770883.47	727788.18	1345041.66	1407259.25	4353683.15
珠海	14078.45	14749.93	13805.97	14005.32	49689.82	48387.50	80132.77
汕头	22547.10	15745.94	12005.94	11424.24	10835.48	60207.38	43062.87
佛山	49296.00	41501.73	36536.38	35980.86	117057.70	51671.74	107260.65
韶关	18252.98	19584.65	23667.98	18099.47	14866.13	17210.29	21876.14
河源	11191.54	10186.40	10972.72	12192.86	18432.65	11238.77	12057.52
梅州	17520.05	21583.88	22622.20	15264.15	27568.25	24693.59	28451.81
惠州	40937.97	19805.69	14232.45	14841.76	59974.51	30961.18	34440.95
汕尾	7048.00	7528.47	6669.80	6591.79	7100.21	7477.22	9419.41
东莞	26124.66	22707.77	17784.40	14818.23	117174.61	43857.50	26487.74
中山	25216.51	21577.75	24674.74	19838.03	56226.98	30018.54	33413.58
江门	34649.56	34422.56	32563.47	31453.08	46423.07	27463.53	30063.95
阳江	12507.09	11711.72	11634.86	13160.14	20224.42	9227.21	11419.97
湛江	20727.26	18321.69	31486.88	22349.95	35138.59	27898.81	22907.66
茂名	29818.12	20457.42	15411.24	20716.58	21856.57	20821.60	17542.80
肇庆	21605.46	18678.89	13886.73	13562.17	23800.23	14182.24	13138.07
清远	28810.61	24055.90	18608.09	21423.44	21066.73	31589.03	36468.21
潮州	9770.36	10159.32	9371.99	10409.57	17173.13	14868.70	15724.85
揭阳	12738.72	18814.79	13624.53	15199.4	22162.87	13166.69	11853.23
云浮	7267.73	9122.12	7893.04	8013.93	9841.40	8107.97	6926.17

9-7 各市广播电视广告收入情况

单位：万元

市别	2005	2006	2007	2008	2009	2010	2011	2012
合计	**478666**	**567514**	**571014**	**607401**	**610611.45**	**727374.91**	**823765.35**	**896412.27**
省级	151567	200240	200254	210162	200665.87	232831.45	299310.38	341852.66
广州	65034	64126	68430	73900	68180.45	110370.83	87331.72	93760.67
深圳	117285	132859	131587	146314	162125.41	183342.26	234580.35	255544.66
珠海	7964	7650	9978	10469	10629.86	12138.98	13873.19	13031.23
汕头	13620	11973	13490	11712	14029.5	17380.36	17901	19070
佛山	29004	33879	37308	38432	32662.53	41543.9	36301	42912
韶关	5195	5638	4744	4885	3560.05	4551.1	4749.25	4817.13
河源	1503	1596	1938	1973	1966	1482.95	1547.76	2162.78
梅州	3643	4512	4455	4711	4876.49	6051.77	6577.41	7017.03
惠州	9924	10096	9516	10689	10821.1	11558.84	11815.75	9886.85
汕尾	893	2310	1633	1888	2027	1961.6	2034	1702
东莞	18976	21962	25432	28027	31925.51	30640.14	31051.94	26085.96
中山	9050	14948	15666	16458	14952.42	16487.96	17526.26	17480.65
江门	12840	12641	13954	14886	16211.6	14821	15791	15902.3
阳江	2522	2283	2202	2122	2199.7	2760.3	2534.16	2877.43
湛江	6078	5376	6509	6508	7456.7	7564.9	6689.7	6467.46
茂名	3240	2763	3942	3170	2848.83	3315.74	3065.31	3421.47
肇庆	5465	4999	5486	5797	5533.16	6299.64	7076.27	7866.94
清远	3069	3437	3525	4475	6029.8	6776.3	8074.6	8767.9
潮州	4139	4379	4718	4412	4949	7215	7215.92	6971.24
揭阳	4303	4459	4489	4629	5225.28	6255.68	6862.01	6937.5
云浮	1784	1676	1760	1782	1735.19	2024.21	1856.37	1876.41

9—7 续表

单位：万元

市　别	2013	2014	2015	2016	2017	2018	2019
合　计	**931328.88**	**933288.26**	**821529.55**	**620078.29**	**843989.26**	**1139336.11**	**420958.63**
省　级	354020.54	389319.78	381736.61	222345.79	193273.14	174611.50	126422.78
广　州	122190.93	90023.81	35864.78	46494.36	110308.63	272993.18	117497.57
深　圳	258301.4	278726.38	264191.9	239561.41	403795.84	565369.48	73312.17
珠　海	11549.2	10770.53	10151.3	10181.59	13345.03	4468.79	6780.35
汕　头	15917.4	13273.22	9904.55	8833.63	8076.04	7829.26	6204.87
佛　山	42693	38102.74	28136.39	20928.80	22928.65	23836.05	21846.90
韶　关	5587.8	3831.82	4307.54	2086.03	2367.29	3705.11	1773.12
河　源	1845.03	1816.9	2014.98	1802.08	2139.32	1789.13	1709.38
梅　州	7237.74	8511.43	8686.23	1786.35	6557.71	7473.84	7224.51
惠　州	10533.67	8113.14	6264.92	5915.98	10757.16	11370.03	4875.91
汕　尾	1967.6	1431.09	1416.36	853.57	996.15	973.52	734.22
东　莞	24896.9	19957.66	14529.11	10791.05	13864.31	14450.77	11032.46
中　山	16701.16	11870.76	10915.87	5544.79	9929.85	5785.23	4170.31
江　门	13327.26	12885	11837.11	10785.80	10989.00	10835.91	8026.44
阳　江	2720.87	2574.19	3024.14	1962.55	1566.80	1774.18	797.64
湛　江	5540.84	4900.26	1198.15	3378.02	3613.68	4036.53	2844.60
茂　名	4286.14	3081.42	1297.84	3326.92	3640.79	2853.42	2956.43
肇　庆	6942.2	5354.12	5135.47	3927.58	2871.73	1488.30	2107.73
清　远	9730.8	7579.7	7410.96	7490.06	10395.60	11002.03	11349.99
潮　州	6973.67	12558.7	5439.68	5623.08	5404.10	7209.21	4950.38
揭　阳	6332.3	6580.4	6085.4	5574.80	5507.64	3718.60	3490.73
云　浮	2032.43	2025.21	1980.26	884.05	1660.79	1762.04	850.14

9−8 各市广播电视网络收入情况

单位：万元

市　别	2005	2006	2007	2008	2009	2010	2011	2012
合　计	**216617**	**285767.00**	**313716.00**	**387517.00**	**461008.90**	**499800.77**	**567012.62**	**654750.67**
省　级	24585	31659.00	30219.00	41209.00	43047.99	138962.89	264611.03	305713.64
广　州	29671	44350.00	42879.00	62684.00	69862.50	86948.44	87888.24	102594.23
深　圳	44850	70715.00	75961.00	83271.00	93066.59	103760.55	116951.29	120994.76
珠　海	7083	9412.00	12242.00	14862.00	16245.50	7941.39	851.30	3435.54
汕　头	5538	8155.00	8702.00	8777.00	9255.80	7527.35		4664.00
佛　山	21500	28746.00	31644.00	36673.00	44292.16	26261.68		
韶　关	6894	7216.00	8689.00	9259.00	9349.71	8743.90	7293.23	8984.73
河　源	2455	3145.00	3752.00	6109.00	5076.00	5062.22	5034.25	5346.00
梅　州	5068	4289.00	5092.00	5058.00	6251.26	6047.55	5796.70	6610.37
惠　州	4098	4665.00	5384.00	6194.00	16535.60	11537.95	8013.70	19179.18
汕　尾	1740	1958.00	2689.00	3028.00	2898.00	3152.00	2934.00	1784.00
东　莞	8638	7260.00	15242.00	25183.00	49521.53	15844.82		
中　山	2426	7757.00	9734.00	10349.00	12636.04	7566.68		
江　门	10959	13402.00	15263.00	18722.00	22261.20	19572.90	16147.00	16961.35
阳　江	3667	2878.00	3633.00	4279.00	5151.79	6276.57	7615.29	8085.74
湛　江	5903	7819.00	7938.00	9786.00	10619.58	6822.00	8121.90	8830.45
茂　名	4080	5398.00	5723.00	8464.00	7739.54	6958.97	8053.10	9269.07
肇　庆	7054	7365.00	7973.00	9080.00	10391.86	9510.33	10939.74	9718.71
清　远	8184	8569.00	8967.00	10876.00	13029.00	10980.70	9498.20	13004.90
潮　州	5011	2869.00	3382.00	3629.00	3714.00	1689.00	1151.51	1495.65
揭　阳	4031	4311.00	5071.00	5429.00	5787.77	4969.34	1944.75	3789.69
云　浮	3170	3514.00	3536.00	4595.00	4275.48	3663.54	4167.39	4288.66

9-8 续表

单位：万元

市别	2013	2014	2015	2016	2017	2018	2019
合计	**759604.32**	**793468.90**	**777571.72**	**755637.67**	**795896.61**	**809181.77**	**820606.65**
省级	366471.00	430240.88	440127.97	485256.56	476612.04	508705.21	512472.37
广州	109489.04	111724.14	105692.30	36879.62	110334.06	101911.04	97225.87
深圳	135784.52	135301.65	133166.20	135371.45	136505.41	133699.00	148197.25
珠海	4446.81						
汕头	4157.33					3591.44	3345.92
佛山							
韶关	10581.40	10029.42	9864.62	5751.43	5312.07	2839.29	4471.04
河源	5097.41	4951.70	5195.70	5240.33	2431.99	2340.23	1825.00
梅州	6393.30	8021.87	8754.35	8356.90	5511.50	6682.90	5815.80
惠州	21590.27	5532.42	431.10				
汕尾	2403.00	3005.00	2159.00	2341.27	1698.00		
东莞							
中山			136.86				
江门	20001.00	19370.40	18647.63	18573.63	11289.07	9949.63	12770.18
阳江	7023.99	6870.69	2918.84	10593.65	6574.75	1343.68	3066.79
湛江	9653.78	9362.38	17384.67	13245.53	8648.27	6672.57	5544.01
茂名	21293.44	14286.42	11418.21	10675.46	9824.26	7610.21	5131.92
肇庆	10104.78	4183.31	2553.38	2360.50	1731.05	1180.94	776.89
清远	15507.10	13527.60	7873.44	10370.40	6555.00	10799.92	10279.47
潮州	1887.18	6621.17	2392.15	2606.05	5630.00	5749.00	5598.29
揭阳	2897.90	4709.80	4153.10	3499.50	3574.73	3413.99	2461.05
云浮	4821.07	5730.05	4702.20	4515.39	3664.41	2692.72	1624.80

9–9 广播电视基本情况

年 份	从业人员 (人)	编播人员	本年总收入 (万元)	广告收入	网络收入
2001	25562	5826	446595.00	230836.00	
2002	28032	6268	565974.00	307525.00	116723.00
2003	30352	6826	649639.00	361327.00	137661.00
2004	37161	7058	834870.00	457179.00	180400.00
2005	37306	7250	858152.00	478666.00	216617.00
2006	41382	7403	1000812.00	567514.00	285767.00
2007	42988	7595	1093798.00	571014.00	313716.00
2008	45042	7639	1251271.00	607401.00	387517.00
2009	45152	8247	1368363.19	610611.45	461008.90
2010	54291	8890	1737425.10	727374.91	499800.77
2011	52718	8460	1982906.36	823765.35	567012.62
2012	53095	8560	2144604.14	896412.27	654750.67
2013	49730	8362	2364525.70	931328.88	759604.32
2014	51862	7092	2491126.24	933288.26	793468.90
2015	53547	8345	2612822.59	821529.55	777571.72
2016	52320	8792	2686502.53	620078.29	755637.67
2017	80475	10302	4160559.76	843989.26	795896.61
2018	71127	9411	4522088.58	1139336.11	809181.77
2019	73840	10097	7802301.66	2074263.04	820606.65

9-10 广播电视播出情况

指　　标	广播节目套数（套）	全年公共广播节目播出时间（小时）	电视节目套数（套）	全年公共电视节目播出时间（小时）
合　　计	**137**	**818964**	**165**	**877503**
省　　级	9	78264	13	106729
地 市 级	57	371821	62	399990
县　　级	71	368879	90	370784

9-11 各市广播电视播出情况

市　　别	广播节目套数（套）	全年公共广播节目播出时间（小时）	电视节目套数（套）	全年公共电视节目播出时间（小时）
合　　计	**137**	**818964**	**165**	**877503**
省　　级	9	78264	13	106729
广　　州	7	48703	13	97799
深　　圳	5	30622	12	95030
珠　　海	4	20002		
汕　　头	6	40303	6	36129
佛　　山	6	52560	5	32381
韶　　关	8	25861	12	55312
河　　源	6	24839	7	29685
梅　　州	10	51283	10	38429
惠　　州	7	47309	7	44110
汕　　尾	5	28369	5	27435
东　　莞	3	23725	2	12592
中　　山	2	14600	2	13870
江　　门	7	47572	9	54185
阳　　江	3	21343	6	17974
湛　　江	7	38668	8	31108
茂　　名	7	30396	8	27693
肇　　庆	9	61576	12	49602
清　　远	9	39469	8	30797
潮　　州	5	26133	9	29667
揭　　阳	7	39360	6	22818
云　　浮	5	28007	5	24158

9-12　各市公共广播节目播出时间情况

单位：小时

市　别	2004	2005	2006	2007	2008	2009	2010	2011
合　计	**682715**	**704912**	**746528**	**753474**	**755343**	**778520**	**764901**	**772551**
省　级	57981	77460	77460	77460	62971	75177	75177	77600
广　州	36596	38426	40347	50975	52228	52684	47583	50992
深　圳	28573	30002	31502	34087	42119	42400	40818	42680
珠　海	18175	19084	20038	21437	20805	20622	20805	18241
汕　头	31922	33518	35194	35198	35213	38015	40515	26280
佛　山	41640	43722	45908	50917	51934	44153	32560	35370
韶　关	41750	43837	46029	33066	29178	30627	30542	24945
河　源	29953	31450	33023	32908	30567	37038	37045	36050
梅　州	28788	30228	31739	33682	41617	37149	35330	36690
惠　州	32581	34210	35921	37519	32777	35365	35233	39298
汕　尾	13826	14517	15243	16684	17240	23139	22931	24870
东　莞	14331	15048	15800	15790	16912	17520	17520	17520
中　山	9195	9655	10138	12409	7697	9901	7838	14600
江　门	41815	43906	46101	46191	47274	47930	48783	49093
阳　江	18192	19102	20057	17878	19909	19902	19902	20430
湛　江	41362	43430	45602	45600	45356	41660	46868	46777
茂　名	36204	38014	39915	39809	39835	39957	40241	33137
肇　庆	49410	51880	54474	54620	54651	53961	53961	53960
清　远	32298	33913	35609	34604	35212	38965	38469	37595
潮　州	17712	18597	19527	12730	21603	25178	25585	25863
揭　阳	21274	22338	23455	26235	26439	25130	25126	38083
云　浮	21261	22324	23440	23667	23801	22040	22065	22474

9-12 续表

单位：小时

市 别	2012	2013	2014	2015	2016	2017	2018	2019
合 计	**798898**	**767484**	**766093**	**747116**	**815619**	**783086**	**808415**	**818964**
省 级	77600	78080	78387	78388	65622	73797	77567	78264
广 州	54840	55676	54088	54186	66691	52583	54145	48703
深 圳	39840	34912	37345	36394	46124	37547	32789	30622
珠 海	18241	18606	6095	29565	30625	13893	30601	20002
汕 头	18080	27526	26280	26280	24132	24132	40304	40303
佛 山	31172	52560	52560	52560	52560	52560	52560	52560
韶 关	36310	32950	31383	19117	24777	22744	20357	25861
河 源	32867	18205	27541	17884	22082	25002	25503	24839
梅 州	38641	38305	36707	37531	42467	30958	31541	51283
惠 州	41224	41869	48694	47834	48474	47926	45862	47309
汕 尾	24870	24870	24890	24890	20934	27903	33075	28369
东 莞	17520	19084	23725	23768	3925	23725	23725	23725
中 山	19620	14600	14600	14600	15229	14620	14600	14600
江 门	49145	46939	46939	46538	48528	53466	53291	47572
阳 江	20430	6971	6971	6972	19364	20192	21339	21343
湛 江	47434	39655	40378	33030	42277	32854	32835	38668
茂 名	36247	25969	26016	19812	33480	39784	22502	30396
肇 庆	53528	52799	52768	52082	57069	59316	60585	61576
清 远	36256	36174	36622	36536	47837	35552	41479	39469
潮 州	32879	32548	32761	32839	36630	26132	26134	26133
揭 阳	38801	38083	38078	39428	40095	40091	39380	39360
云 浮	33349	31096	23262	16882	26697	28309	28241	28007

9-13 各市公共电视节目播出时间情况

单位：小时

市　别	2004	2005	2006	2007	2008	2009	2010	2011
合　计	**450713**	**499719**	**612264**	**643134**	**653263**	**678278**	**662706**	**781663**
省　级	76207	83693	101732	110452	104043	115326	100017	135682
广　州	53262	55925	58721	60153	63587	64896	63644	70260
深　圳	57433	60305	63320	68927	72344	79934	79422	79137
珠　海	12559	13187	13846	14906	14811	14495	14768	23388
汕　头	21080	22134	23241	24176	24797	25735	27913	25276
佛　山	33369	35037	36789	31720	34132	33309	34404	36497
韶　关	32354	33971	35670	25021	30336	30430	30017	31668
河　源	11503	12078	12682	39330	37601	44447	40353	35442
梅　州	31546	33123	34779	43588	43559	37968	35313	43845
惠　州	28160	29568	31046	32409	29364	28093	27202	32086
汕　尾	10204	10714	11250	8540	8600	9109	9833	10658
东　莞	11918	12514	13140	13140	13480	12719	9635	10159
中　山	10391	10910	11456	12900	10086	12708	13201	20415
江　门	23549	24727	25963	27364	32838	33042	33042	35021
阳　江	11572	12150	12758	16373	13798	11283	10607	28087
湛　江	18872	19815	20806	19701	19992	30136	32236	32642
茂　名	19692	20676	21710	18331	18496	18613	20948	23416
肇　庆	10924	11470	12044	12045	11680	11497	11489	12407
清　远	10594	11124	11680	7151	11840	12715	13025	28947
潮　州	13010	13661	14344	11132	18696	18746	19059	19211
揭　阳	10866	11410	11980	12718	12684	21891	22588	18143
云　浮	30206	31716	33302	33053	26494	11181	13986	29273

9-13 续表

单位：小时

市　别	2012	2013	2014	2015	2016	2017	2018	2019
合　计	**744564**	**703381**	**751274**	**728129**	**740089**	**803502**	**848494**	**877503**
省　级	119051	113995	115391	61849	88996	96805	99434	106729
广　州	49871	67223	97623	98352	84877	101803	103809	97799
深　圳	91273	86610	110890	102649	114027	109414	87627	95030
珠　海	14595	14601	243	15634	13095	16030	15394	
汕　头	31543	24122	21920	22103	22164	22103	35989	36129
佛　山	33897	28730	32825	33368	33489	34303	33001	32381
韶　关	23273	19843	22598	14034	15096	20758	40863	55312
河　源	30007	24763	42014	24926	24313	26768	25623	29685
梅　州	42569	42124	31990	28940	35200	35445	34536	38429
惠　州	33449	33410	28073	28200	28484	38187	43881	44110
汕　尾	15740	15740	15762	15761	15747	12006	27192	27435
东　莞	10159	13140	13140	13140	11576	12410	12774	12592
中　山	19534	13224	17368	19710	13910	19710	19710	13870
江　门	42210	45031	39957	49636	52761	58818	58415	54185
阳　江	26789	10725	10725	13730	21891	14180	18323	17974
湛　江	34495	28268	28335	17171	17639	34057	24248	31108
茂　名	24440	20361	20467	22573	37640	39538	38279	27693
肇　庆	12410	12410	12410	13140	13140	13140	31820	49602
清　远	31941	29378	22192	80741	40670	32030	30396	30797
潮　州	17746	20612	20626	20161	19991	25488	25506	29667
揭　阳	19150	18115	18046	19658	20851	23007	24351	22818
云　浮	20417	20950	28672	12653	14532	17502	17323	24158

9-14 广播电视播出情况

年 份	广播节目套数(套)	全年公共广播节目播出时间(小时)	电视节目套数(套)	全年公共电视节目播出时间(小时)
2000	114	654,810	118	460,560
2001	117	673,060	125	499,668
2002	118	678,170	119	428,844
2003	118	674,520	118	436,696
2004	114	682,715	115	450,713
2005	123	704,912	123	499,719
2006	120	746,528	125	612,264
2007	125	753,474	139	643,134
2008	125	755,343	152	653,263
2009	125	778,520	152	678,278
2010	125	764,901	143	662,706
2011	129	772,551	143	781,663
2012	129	798,898	134	744,564
2013	129	767,484	134	703,381
2014	148	766,093	163	751,274
2015	206	747,116	222	728,129
2016	132	815,619	142	740,089
2017	131	783,086	154	803,502
2018	135	808,415	159	848,494
2019	137	818,964	165	877,503

9−15 广播电视节目制作情况

指　　标	全年制作广播节目时间（小时）	全年制作电视节目时间（小时）
合　　计	**572303**	**266223**
省　　级	71190	18310
地 市 级	304488	91496
县　　级	196625	156417

9−16 各市广播电视节目制作情况

市　　别	全年制作广播节目时间（小时）	全年制作电视节目时间（小时）
合　　计	**572303**	**266223**
省　　级	71190	18310
广　　州	46999	33815
深　　圳	38933	135275
珠　　海	15687	2241
汕　　头	27516	1574
佛　　山	52725	2797
韶　　关	7028	1878
河　　源	12890	3630
梅　　州	8847	3010
惠　　州	31488	2249
汕　　尾	21623	9008
东　　莞	23962	902
中　　山	17175	1245
江　　门	39913	8631
阳　　江	18669	524
湛　　江	18440	4731
茂　　名	20950	11479
肇　　庆	43522	8758
清　　远	13606	4986
潮　　州	14043	2369
揭　　阳	22220	5219
云　　浮	4877	3592

9-17 各市制作广播节目时间情况

单位：小时

市别	2004	2005	2006	2007	2008	2009	2010	2011
合计	**395048**	**467003**	**446025**	**499438**	**489136**	**471586**	**539670**	**514492**
省级	37367	41104	40540	40565	41481	73908	72479	73278
广州	33459	36805	38645	42381	43789	35178	51358	42282
深圳	23730	26103	27408	32809	40131	35150	40005	40101
珠海	11162	12278	12892	19758	17755	17065	15671	17876
汕头	5818	6400	6720	27810	28421	26837	27107	18788
佛山	34058	37464	39337	34044	40125	25461	32560	28968
韶关	13930	15323	16089	13917	8178	8027	9532	8417
河源	6411	7052	7405	10631	11204	12989	12401	10292
梅州	10549	11604	12184	14683	6270	18164	15884	15739
惠州	22074	24282	25496	18170	19716	19506	24850	22462
汕尾	8284	9112	9568	16315	15065	12261	16262	16680
东莞	12009	13210	13870	13932	14863	16145	17520	17520
中山	8777	9655	10138	12409	6697	9024	6861	8400
江门	32029	35231	36993	34463	37311	32682	38165	39256
阳江	6021	6623	6954	6416	6309	6456	7956	7544
湛江	26872	29559	31037	32237	32631	27636	30215	20663
茂名	9750	10725	11261	17228	16053	14154	17296	8564
肇庆	32114	35326	37092	39480	38145	27781	37791	39073
清远	16780	18458	19381	25425	18224	18810	24169	25625
潮州	9292	10221	10732	8667	11031	10899	11376	11620
揭阳	11570	12727	13363	19065	16715	16555	15975	25852
云浮	16381	18019	18920	19033	19022	9898	14237	15492

9-17 续表

单位：小时

市别	2011	2012	2013	2014	2015	2016	2017	2018	2019
合计	**514492**	**535125**	**612439**	**607735**	**678389**	**620866**	**595865**	**603454**	**572303**
省级	73278	73867	77256	78673	79554	65215	47791	70149	71190
广州	42282	41278	77017	84609	84244	67679	51638	54958	46999
深圳	40101	35669	29653	32619	34631	55965	37505	38522	38933
珠海	17876	17508	18111	5034	56030	39690	55036	30183	15687
汕头	18788	15633	27117	25871	25872	12240	12240	27507	27516
佛山	28968	31172	40573	52560	51533	52561	52584	64158	52725
韶关	8417	8188	16601	14456	26529	11963	14478	5557	7028
河源	10292	10268	13880	13872	11261	12090	10525	10392	12890
梅州	15739	17832	16272	20310	13296	6437	15838	15389	8847
惠州	22462	25521	27173	34728	31873	29463	33437	29097	31488
汕尾	16680	16680	16680	16700	16700	14860	12536	21617	21623
东莞	17520	17520	19084	23725	23768	10415	23737	23732	23962
中山	8400	16886	16768	15564	15436	22616	7171	17239	17175
江门	39256	39161	39360	39408	40593	38869	41048	43474	39913
阳江	7544	7544	7104	7104	7105	12461	18762	19165	18669
湛江	20663	20111	28449	28468	29444	27458	11120	14131	18440
茂名	8564	13952	21820	3229	7024	17343	44575	10612	20950
肇庆	39073	39231	38867	36341	38902	40116	38661	39470	43522
清远	25625	24161	24134	21532	25865	30645	21912	13776	13606
潮州	11620	13395	12881	12992	13013	19918	12835	14082	14043
揭阳	25852	25564	19535	23024	23568	16578	25561	24931	22220
云浮	15492	23984	24097	16910	22148	16284	6875	15313	4877

9-18 各市制作电视节目时间情况

单位：小时

市别	2004	2005	2006	2007	2008	2009	2010	2011
合计	**88732**	**106478**	**138422**	**132211**	**124308**	**114538**	**126595**	**148701**
省级	23424	28108	36541	33896	33404	27319	28789	42409
广州	11033	13240	17212	15926	11744	12370	10072	11797
深圳	13903	16684	21689	28061	30360	28768	36067	34523
珠海	5635	6762	8791	2042	2664	2618	1874	1874
汕头	1388	1665	2165	2171	2365	2528	2411	2411
佛山	4226	5071	6592	5421	5650	2899	2922	4568
韶关	2524	3029	3938	5583	5779	5018	4956	3906
河源	417	500	650	3514	2976	2163	2351	3231
梅州	1886	2263	2942	3654	2197	4100	5583	6090
惠州	3506	4208	5470	3407	1597	1927	2164	2340
汕尾	965	1158	1505	1870	1524	1487	3255	3254
东莞	1186	1423	1850	2023	3018	2840	3031	3070
中山	1227	1472	1914	1903	1596	1578	1826	1244
江门	2383	2860	3718	3980	2369	2239	4109	6914
阳江	1669	2002	2603	2463	2128	1047	1514	1572
湛江	2303	2764	3593	3602	3727	3306	3814	3750
茂名	2148	2578	3351	2670	3325	3348	3696	1946
肇庆	822	986	1282	1282	580	1414	1489	1338
清远	2230	2676	3479	3217	1629	1677	2033	2757
潮州	508	609	792	845	1185	1600	1790	1109
揭阳	896	1075	1398	2070	1781	2114	2082	1851
云浮	4453	5344	6947	2611	2710	2178	2767	3747

9-18 续表

单位：小时

市别	2012	2013	2014	2015	2016	2017	2018	2019
合计	**173771**	**175785**	**192757**	**334711**	**317897**	**252812**	**257035**	**266223**
省级	37563	35536	34296	155649	20931	10965	15258	18310
广州	18228	11807	14334	13155	102626	69047	31349	33815
深圳	62022	43884	44642	46603	97659	54046	103622	135275
珠海	1985	2012	3252	3616	11865	2650	4292	2241
汕头	2342	3580	1408	1117	1128	1112	3833	1574
佛山	3361	5180	2940	2718	2572	2813	3333	2797
韶关	5910	5271	4225	7966	4879	12513	9248	1878
河源	3690	3749	4076	3296	2399	2210	2893	3630
梅州	6851	5926	7577	4868	3849	5342	4043	3010
惠州	2665	2674	3832	3994	2684	1832	2258	2249
汕尾	3254	3254	3274	3274	3344	6460	8938	9008
东莞	3070	3558	3268	2680	1315	1931	911	902
中山	1584	2200	2578	2484	2362	768	9282	1245
江门	5923	6548	8930	11310	20255	17620	10914	8631
阳江	1649	1672	1698	1797	1598	588	621	524
湛江	3323	2964	3015	2942	2930	4456	3194	4731
茂名	1576	1757	1709	2729	10181	25375	16860	11479
肇庆	1026	1673	3008	1845	1894	8650	7239	8758
清远	2015	2804	2495	53597	12544	13872	5918	4986
潮州	1280	3775	1109	1147	2488	1403	2373	2369
揭阳	2575	2682	2906	2877	3443	5923	5963	5219
云浮	2879	3274	3792	5047	4951	3236	4693	3592

9－19 广播电视制作情况

年 份	全年制作广播节目时间 (小时)	全年制作电视节目时间 (小时)
2000	513160	75822
2001	471641	106173
2002	485671	76220
2003	511631	84003
2004	395048	88732
2005	467003	106478
2006	446025	138422
2007	499438	132211
2008	489136	124308
2009	471586	114538
2010	539670	126595
2011	514492	148701
2012	535125	173771
2013	612439	175785
2014	607735	192757
2015	678388	334711
2016	620866	317897
2017	595865	252812
2018	603454	257035
2019	572303	266223

9-20 广播电视有线传输情况

年　份	有线广播电视 用户数 (万户)	
		数字电视用户数 (万户)
2000	785	
2001	810.4	
2002	931.8	
2003	986.8	
2004	1094.7	33.8
2005	1121.9	100.6
2006	1248.3	195.6
2007	1345.7	355.9
2008	1493.8	517.2
2009	1570.17	701.97
2010	1701.53	950.45
2011	1825.03	1116.93
2012	1913.01	1432.87
2013	1960	1571.11
2014	1970	1550.01
2015	1972.78	1487.43
2016	2017.083	1755.87
2017	1798.13	1691.66
2018	1844.92	1760.68
2019	1767.05	1705.31

9-21 广播电视覆盖情况

单位：%

年 份	广播综合人口覆盖率	电视综合人口覆盖率
1980	21.7	44.7
1981	30	68
1982	69	73
1983	69.8	74.5
1984	69.8	74.5
1985	70.3	80
1986	71.5	82
1987	75	82
1988	78	84
1989	82.4	86.3
1990	90.1	90.6
1991	90.3	90.8
1992	90.4	90.9
1993	90.4	91
1994	90.6	91
1995	90.6	91
1996	92	92.4
1997	92	92.4
1998	92	92.4
1999	96	96.4
2000	96	96.4
2001	96	96.4
2002	96	96.4
2003	96	96.4
2004	96.1	96.4
2005	96.1	96.4
2006	96.4	96.7
2007	97	97.3
2008	97.1	97.4
2009	97.5	97.7
2010	98	98
2011	98	98
2012	99.9	99.9
2013	99.9	99.9
2014	99.9	99.9
2015	99.9	99.9
2016	99.9	99.9
2017	99.9	99.9
2018	99.9	99.9
2019	99.98	99.98

9-22 图书、杂志、报纸出版数量

项　　目	2005	2006	2007	2008	2009	2010	2011
图书出版							
种数　（种）	5908	5800	5646	6318	5881	6354	7257
总印数　（万册）	22600	26993	23234	28005	23101	23133	32637
总印张数（千印张）	1514191	1901857	1575820	2036526	1746376	1597299	2354474
杂志出版							
种数　（种）	366	379	379	380	381	381	381
总印数　（万册）	20371	23558	25969	24608	22594	21201	20403
总印张数（千印张）	1116814	1344451	1495214	1393465	1332364	1251752	1238767
报纸出版							
种数　（种）	102	101	101	101	100	100	99
总印数　（万份）	398152	434279	426039	439352	455781	455912	457530
总印张数（千印张）	28996964	29576392	28371149	39628060	42461585	43788152	42884951

注：2000年开始报纸出版统计不包校报、院报。

9-22 续表

项目	2012	2013	2014	2015	2016	2017	2018	2019
图书出版								
种数　（种）	9851	10355	9495	10089	10840	9868	11033	11061
总印数　（万册）	29622	33022	29867	31287	31195	30202	35257	39460
总印张数（千印张）	2228062	2524984	2326580	2434970	2419143	2316856	2635074	3122677
杂志出版								
种数　（种）	381	381	381	382	381	381	380	380
总印数　（万册）	18572	17460	15520	14458	12270	11428	10753	10480
总印张数（千印张）	1121048	1080030	917005	844427	663517	607564	562385	539431
报纸出版								
种数　（种）	101	101	101	100	99	99	99	97
总印数　（万份）	453166	436021	389869	327660	298845	274299	221184	171635
总印张数（千印张）	41319185	38654745	31458182	20081573	16595386	14268079	9991560	6598193

注：2000年开始报纸出版统计不包校报、院报。

9—23　报纸出版情况(2019年)

项　目	种数 (种)	平均每期印数 (万份)	总印数 (万份)	总印张 (千印张)	定价总金额 (万元)
合　计	**97**	**648**	**171635**	**6598193**	**300361**
综合报	48	472	148977	5585181	252573
专业报	32	111	16965	831933	32460
生活服务报	11	16	823	82912	4833
读者对象报	5	42	4034	81460	8406
文摘报	1	8	835	16708	2088
1.省级	31	309	72940	3257275	138918
综合	5	213	60173	2470002	110694
专业报	16	74	10842	682592	22020
生活服务报	9	15	771	81614	4647
读者对象报	1	8	1153	23068	1557
文摘报					
2.地市级	66	339	98695	3340918	161443
综合报	43	259	88804	3115179	141879
专业报	16	37	6123	149341	10440
生活服务报	2	1	51	1298	186
读者对象报	4	34	2881	58392	6849
文摘报	1	8	835	16708	2088
3.县级					
综合报					
专业报					
生活服务报					
读者对象报					
文摘报					

9—24　期刊出版情况(2019年)

项　　目	种数 (种)	平均 (万册)	总印数 (万册)	总印张数 (千印张)	总金额 (万元)
合　计	**380**	**495.46**	**10480.26**	**539431.26**	**89991.72**
综　合	27	19.36	333.78	19574.16	5046.10
哲学、社会科学	96	223.23	4865.27	241643.31	34798.86
自然科学、技术	179	180.62	3911.47	195977.09	32692.84
文化、教育	47	57.72	1194.04	67470.42	14447.92
文学、艺术	31	14.53	175.70	14766.28	3006.00
其中：少儿读物	10	50.14	1454.17	42690.81	11665.62
画　刊	3	3.30	56.60	4080.56	1076.40

9−25　图书出版情况(2019年)

项　　目	种数(种)			租型图书	总印数(万册、张)			
	合计	新出	重印	种数(种)	合计	新出	重印	租型
合　计	**11061**	**5007**	**6054**	**135**	**39460.30**	**5625.86**	**23817.02**	**10017.42**
马克思主义、列宁主义 毛泽东思想	9	3	6		1.74	0.30	1.44	
哲学	158	100	58		83.44	43.19	40.25	
社会科学总论	92	46	46		25.21	13.71	11.50	
政治、法律	261	181	80	1	516.75	107.72	391.30	17.72
军事	22	14	8		13.15	6.93	6.22	
经济	581	351	230		306.80	167.38	139.42	
文化	6171	1918	4253	134	35887.86	3747.33	22140.84	9999.70
语言	284	144	140		225.75	86.01	139.74	
文学	1269	842	427		1167.54	728.31	439.23	
艺术	481	357	124		354.48	283.29	71.19	
历史、地理	509	364	145		311.18	188.03	123.15	
自然科学总论	14	9	5		4.10	2.72	1.38	
数理科学、化学	60	18	42		12.94	5.96	6.99	
天文学、地球科学	45	32	13		17.03	11.68	5.35	
生物科学	75	46	29		76.71	21.44	55.27	
医药卫生	387	247	140		155.76	81.02	74.73	
农业科学	57	45	12		11.23	7.14	4.08	
工业技术	433	183	250		235.25	95.16	140.09	
交通运输	33	13	20		13.35	1.57	11.78	
航空、航天	8	8			3.20	3.20		
环境科学	47	26	21		21.19	12.11	9.08	
综合性图书	65	60	5		15.65	11.65	4.00	

注：不包含不适用《中国标准书号》部分。

9-25 续表

项目	总印张(千印张)				定价总金额(万元)			
	合计	新出	重印	租型	合计	新出	重印	租型
合　计	**3122677**	**542334**	**1836551**	**743792**	**586630**	**190810**	**321496**	**74324**
马克思主义、列宁主义毛泽东思想	155.52	73.75	81.77		42.03	15.80	26.23	
哲学	12179.90	5348.86	6831.04		4317.88	2358.10	1959.77	
社会科学总论	3940.83	2086.15	1854.68		1352.48	903.06	449.42	
政治、法律	48892.15	18761.74	27005.06	3125.36	13560.36	6481.33	6547.28	531.74
军事	2786.65	1774.89	1011.76		799.67	545.93	253.74	
经济	43182.75	26706.73	16476.02		15576.63	10060.65	5515.98	
文化	2724323.15	313699.44	1669957.17	740666.54	426742.78	84818.93	268131.85	73792.00
语言	17971.97	6613.66	11358.30		6728.00	2757.27	3970.73	
文学	123076.93	76176.31	46900.63		43628.85	29615.62	14013.23	
艺术	34068.67	27288.76	6779.91		17519.11	14359.81	3159.30	
历史、地理	38822.42	28551.47	10270.96		26255.81	22869.43	3386.37	
自然科学总论	373.74	279.78	93.96		188.47	140.68	47.79	
数理科学、化学	1707.84	512.18	1195.66		428.37	194.63	233.74	
天文学、地球科学	1581.66	1232.20	349.46		967.04	742.55	224.49	
生物科学	3362.39	1572.96	1789.43		2281.70	1164.14	1117.57	
医药卫生	18587.81	10737.26	7850.55		7622.94	5039.11	2583.83	
农业科学	1310.70	934.17	376.53		833.86	699.13	134.72	
工业技术	38731.02	15365.76	23365.26		12734.72	5296.93	7437.79	
交通运输	1965.11	271.94	1693.17		867.77	360.40	507.37	
航空、航天	59.36	59.36			113.76	113.76		
环境科学	2313.54	1821.58	491.95		787.59	552.08	235.52	
综合性图书	3282.51	2465.10	817.41		3280.37	1720.74	1559.63	

9-26 电子出版物出版情况(2019年)

单位：种、万张

	合计		#新版	
	种数	数量	种数	数量
总 计	**354**	**917.03**	**187**	**330.81**
CD-ROM	249	617.44	92	33.31
DVD-ROM	73	295.17	64	293.17
CD-I及其他	32	4.43	31	4.33

9-27 录像制品出版情况(2019年)

单位：种、万盒(张)

	合计		#新版	
	种数	数量	种数	数量
总 计	**279**	**44.96**	**247**	**25.58**
VT				
VCD	5	1.37	3	0.4
DVD-V	269	43.28	240	24.98

9-28 录音制品出版情况(2019年)

单位：种、万盒(张)

	合计		#新版	
	种数	数量	种数	数量
总 计	**817**	**1120.45**	**618**	**141.63**
AT	74	57.84	5	1.02
CD	579	1032.42	469	111.77
DVD-A				

9－29　档案机构基本情况(2019)

指　　标		各级各类档案馆
机构数	(个)	187
从业人员	(人)	1960
专职		1925
一、馆藏档案情况		
全宗	(个)	19407
案卷	(卷)	40509485
以件为保管单位档案	(件)	20422875
电子档案		
其中：数码照片GB		108283
数字录音、数字录像GB		127022
实物档案	(件)	151340
档案数字化成果		
纸质档案		
案卷	(卷)	23290169
以件为保管单位档案	(件)	14539610
二、档案利用情况		
1.已开放档案		
案卷	(卷)	3108813
以件为保管单位档案	(件)	515082
2.开放档案目录		
案卷级	(条)	834
文件级	(条)	97619
3.本年利用档案		
人次	(人次)	3867066
卷(件)次		5607792

9-30 各级各类档案馆基本情况(2019)

指　标	档案馆（个）	从业人员（人）	馆藏档案	
			全宗（个）	案卷（卷）
合　计	**178**	**1841**	**18855**	**38656302**
广　州	15	312	1954	13908072
深　圳	12	61	713	1899066
珠　海	5	69	647	2575692
汕　头	10	62	1008	483155
佛　山	7	136	1532	2141476
韶　关	12	112	1327	846668
河　源	8	68	777	393396
梅　州	12	98	1024	581552
惠　州	8	96	1012	933307
汕　尾	6	18	355	161416
东　莞	3	31	370	502947
中　山	3	85	247	6932743
江　门	12	108	902	2763997
阳　江	6	87	618	424618
湛　江	14	108	1105	1113849
茂　名	7	82	876	513454
肇　庆	10	82	1016	736060
清　远	10	89	1644	1032221
潮　州	6	34	527	227084
揭　阳	6	44	434	148693
云　浮	6	59	767	336836

注：本表不包省直数据。

主要统计指标解释

广播(电视)节目套数 是指用固定的频率(频道)自办广播(电视)节目，并编排有整套节目时间表，定期向听众(观众)播放节目名称和播出时间。

广播综合人口覆盖率 是指广播综合覆盖的人口与总人口的比率。

电视综合人口覆盖率 是指电视综合覆盖人口与总人口的比率。

图书 是指不少于 49 页并在“古籍”范围以外的图书。少儿读物、连环画 49 页以上的按图书统计，48 页以下的按小册子统计到“其他”类中。

报刊 报纸是指刊登当前实践的专题或综合新闻，每周至少出版一张并按年、月、日出版的定期或不定期的一种连续出版物。

档案利用卷次 按当年每日提供案卷的数量累计填报。一个利用者上、下午利用同一案卷，按 1 卷次计算；一个利用者连续若干天利用同一案卷，用 1 天计算 1 卷次；一个案卷外借若干天，按 1 卷次计算。

十、社会参与

简要说明

1. 本篇资料主要反映广东省工会、共青团、注册志愿者、妇联、残联、文联、人大、政协、宗教、扶贫等情况。

2. 本篇资料主要包括：

(1)工会数量、会员人数及构成：共青团组织数量、团干部及团员数量；志愿者组织数量及分布、注册志愿者参与状况；妇联组织数量及分布、妇女参与状况；残疾人康复与发展、残疾人就业；省级艺术家会员情况；人大代表和政协委员数量及构成；宗教活动场所、宗教教职人员等。

(2)地区分全省和各地级以上市。

(3)年份主要为当年、近 5 年和 1978 年以来数据。

3. 计资料来源：本篇资料由省总工会、共青团广东省委员会、省妇女联合会、省残疾人联合会、省人民代表大会、中国人民政治协商会议广东省委员会、省民族宗教事务委员会、省文联负责整理、审核、提供。

10-1 工会基层组织建设状况

分组	基层工会(个)	独立基层工会(个)	联合基层工会(个)	基层工会涵盖单位(个)	职工(人)	女性(人)
总 计	**258032**	**245674**	**12358**	**683104**	**31120183**	**13674203**
国有企业(仅指非公司制企业，不包括国有独资公司、国有控股公司)	5606	5453	153	17917	1348019	454026
集体企业	5302	4837	465	18904	661549	273015
股份合作企业	1932	1847	85	8565	388114	160615
联营企业	324	284	40	3310	101779	41231
国有独资公司	1004	973	31	2177	275922	83784
其他有限责任公司	16549	16303	246	21743	1802298	796009
股份有限公司中的国有控股公司	1176	1140	36	2226	581883	215353
其他股份有限公司	2601	2517	84	5892	819567	351843
私营企业	156474	149956	6518	358964	13480130	5873063
其他内资企业	1155	967	188	6300	227774	90646
港澳台商投资企业	13025	12892	133	16385	3271316	1587289
外商投资企业	8851	8770	81	10074	2300226	1096574
财政拨款的事业单位	11746	11136	610	22185	1328709	695665
其他事业单位	7621	6602	1019	52580	1461621	717502
机关	9822	9250	572	22629	1066991	392617
个体经济组织	11811	10778	1033	63311	730306	307572
社会团体	717	303	414	26988	591855	213617
民办非企业单位	967	929	38	1526	117208	63592
基金会						
其他组织	1349	737	612	21428	564916	260190

10-1 续表

			工会			
	农民工 (人)	女性农民工 (人)	会员 (人)	女性 (人)	农民工 (人)	女性农民工 (人)
总 计	**19469504**	**8311432**	**29416422**	**13039665**	**18597579**	**7967912**
国有企业(仅指非公司制企业，不包括国有独资公司、国有控股公司)	408275	111402	1266705	431552	370744	103717
集体企业	383485	157432	636007	264056	374672	154086
股份合作企业	267662	105805	367592	155063	258309	102709
联营企业	61906	24071	94129	38653	55617	21927
国有独资公司	76512	17556	246544	79725	72635	16037
其他有限责任公司	1171753	495781	1700140	759928	1119263	475211
股份有限公司中的国有控股公司	191815	64032	547709	203173	174011	58570
其他股份有限公司	516366	186370	763551	328389	497419	173751
私营企业	9431431	4025045	12765195	5607368	9039504	3867742
其他内资企业	176749	69844	213669	84886	168790	66746
港澳台商投资企业	2578185	1214459	3071966	1497621	2460314	1162999
外商投资企业	1690378	775832	2169555	1044116	1620621	739752
财政拨款的事业单位	240926	83827	1278254	672604	225429	80063
其他事业单位	720464	329525	1408811	694908	703731	323813
机关	273872	118651	1043780	386221	266455	115147
个体经济组织	434525	169319	709608	303357	429438	167105
社会团体	325322	130508	482677	180067	257583	113184
民办非企业单位	68586	33530	105006	56325	62773	30326
基金会						
其他组织	451292	198443	545524	251653	440271	195027

10-2 工会基层组织建设状况

分　　组	专职工会工作人员（人）	专职工会女性（人）	兼职工会工作人员（人）	兼职工会女性（人）	有女职工的工会数
总　计	**56229**	**21461**	**714595**	**281220**	**253145**
国有企业(仅指非公司制企业，不包括国有独资公司、国有控股公司)	3124	1438	26526	10831	5454
集体企业	1142	411	13772	5200	5185
股份合作企业	486	192	6489	2298	1918
联营企业	59	35	1495	426	320
国有独资公司	779	355	5857	2825	998
其他有限责任公司	4235	1669	48370	19804	16420
股份有限公司中的国有控股公司	1244	445	10766	4697	1174
其他股份有限公司	882	395	9329	3962	2568
私营企业	23062	9275	361577	135168	152761
其他内资企业	374	63	4593	1712	1145
港澳台商投资企业	4341	1265	46092	17849	12881
外商投资企业	3419	1300	31175	12556	8729
财政拨款的事业单位	3041	1320	49049	23255	11659
其他事业单位	4531	1018	28600	12230	7488
机关	3553	1338	36902	15185	9755
个体经济组织	663	325	20755	6750	11759
社会团体	454	198	4050	2068	686
民办非企业单位	314	158	3739	2098	918
基金会					
其他组织	526	261	5459	2306	1327

10-2 续表

分组	本级工会建立女职工组织			本级工会女职工工作人员	
	建立女职工委员会	仅设立女职工委员	未建立	专职(人)	兼职(人)
总　计	**190958**	**51461**	**15613**	**14470**	**330760**
国有企业(仅指非公司制企业，不包括国有独资公司、国有控股公司)	3685	1422	499	856	9043
集体企业	3742	1141	419	325	6172
股份合作企业	1465	387	80	97	2779
联营企业	219	77	28	25	409
国有独资公司	669	240	95	182	1938
其他有限责任公司	13011	2983	555	915	23175
股份有限公司中的国有控股公司	852	222	102	178	2807
其他股份有限公司	1928	541	132	272	3913
私营企业	116539	29607	10328	7044	181302
其他内资企业	920	213	22	175	1657
港澳台商投资企业	9727	2815	483	869	19994
外商投资企业	7033	1398	420	927	13459
财政拨款的事业单位	8240	2820	686	657	19601
其他事业单位	5687	1520	414	693	11705
机关	6625	2373	824	675	14167
个体经济组织	8514	3051	246	270	12944
社会团体	526	92	99	70	1501
民办非企业单位	589	295	83	87	1875
基金会					
其他组织	987	264	98	153	2319

10-3 2015-2019年共青团基本统计数据对照表

类　　别	2015年	2016年	2017年	2018年	2019年
基层团委数	12062	10378	9186	9293	9463
基层团工委数	669	561	547	554	656
团总支数	11626	10610	8999	6853	6985
团支部数	185285	177817	192383	231923	221227
团员数	5051944	4747278	4208196	4644880	5375101
专职团干部数	5359	3535	4322	6506	29239
兼职团干部数	256879	192993	227654	364231	307121

注：数据截止时间为2019年12月31日，下同。

10-4　2019年共青团行业领域分布统计(汇总)表

领　　域	团组织				团员			团干部	
	基层团委数	基层团工委数	团总支数	团支部数	团员数	保留团籍的党员数	新发展团员数	专职团干部数	兼职团干部数
全省合计	**9463**	**656**	**6985**	**221227**	**5375101**	**230114**	**301085**	**29239**	**307121**
社会领域合计	5147	628	2415	57692	1574265	139792	6794	6250	97406
机关事业单位	2663	599	771	13672	283129	32805	1748	3666	31531
国有企业、集体企业	1629	4	887	11821	210949	23340	242	964	21742
城市社区	577	12	286	5338	344631	25292	765	315	9363
农村	13		323	19077	623341	46478	3428	595	24928
非公企业	235	7	129	6836	99054	10851	575	598	8725
社会组织	30	6	19	948	13161	1026	36	112	1117
学校领域合计	4228	16	4493	160698	3337617	70868	283855	22736	206001
本科及以上高等院校	737	4	983	47042	1103929	54932	7987	7573	72441
高等职业院校/大专院校	178		564	21649	436032	6466	7603	4222	32291
中等职业学校/中专院校	262	4	395	16736	226599	1204	20625	2323	18662
职业高中	78		63	3157	35065	176	5675	376	3584
普通高中	876	4	786	40601	1111921	3421	98509	4010	42938
初中	1999	4	1471	21578	299652	4105	133991	2543	24866
技工学校	98		231	9935	124419	564	9465	1689	11219
其他	88	12	77	2837	463219	19454	10436	253	3714

注：1.其他项为录入系统时不确定行业类别的数量。
2.此表中的专职团干部，是指由单位正式工作人员担任的、职级待遇根据团的岗位确定、以团的工作为主要任务的团干部。

10−5 2019年各地市机关事业单位、国有企业、集体企业团组织团员统计表

	团组织数		团员数	
	机关事业单位	国有企业、集体企业	机关事业单位	国有企业、集体企业
广　州	55674	46173	34595	27178
深　圳	46645	47784	19403	13418
珠　海	5712	6656	2953	2670
汕　头	7410	1392	11567	5852
佛　山	16450	5627	10526	4022
韶　关	7047	1893	7524	4514
河　源	4104	628	7701	3269
梅　州	6510	1291	13155	8131
惠　州	12388	2460	11221	3719
汕　尾	3406	810	6074	2705
东　莞	14755	5094	10350	3552
中　山	8664	1891	5440	1670
江　门	13420	1975	11909	3324
阳　江	4524	1116	5417	2697
湛　江	9522	6099	14362	9808
茂　名	8091	1944	14898	7681
肇　庆	14723	1269	15033	3513
清　远	7595	1182	8922	3600
潮　州	5926	913	8136	2965
揭　阳	4030	1164	11532	7470
云　浮	4677	629	6013	2083

10-6 2019年各地市学校领域团组织、团员统计表

	团员数						
	本科及以上高等院校	高职院校/大专院校	中职学校/中专学校	职业高中	普通高中	初中	技工学校
广　州	112770	24683	11609	2351	66392	13178	6102
深　圳	46932	13207	1887	1141	44953	10956	1252
珠　海	14137	4274	729	1141	11618	2427	762
汕　头	67778	32911	9594	529	68665	14875	5454
佛　山	52384	13936	3085	3059	38018	8327	984
韶　关	26524	13825	8474	262	33483	7428	3818
河　源	31881	18190	14690	372	47335	10510	5615
梅　州	48959	25907	12138	2561	69822	13217	7052
惠　州	38656	14670	7459	1049	42304	10772	4284
汕　尾	28549	22517	10687	788	38310	7524	5002
东　莞	35127	10803	4695	17	29342	5636	776
中　山	20189	6390	2126	1838	16367	2619	3250
江　门	35911	15089	4664	1562	38448	6673	3189
阳　江	20694	12774	4745	840	30730	7210	3369
湛　江	75174	43936	21525	3741	91208	17647	14699
茂　名	74653	47131	24345	868	128074	24052	12434
肇　庆	33568	23310	14786	660	45720	12961	4734
清　远	28662	18384	9292	372	39271	8425	5079
潮　州	28447	14131	4186	734	31309	5453	2808
揭　阳	67739	31113	16292	1402	80242	17879	7546
云　浮	22022	12881	6619	340	33423	7113	2948

10-6 续表

	团组织数						
	本科及以上高等院校	高职院校/大专院校	中职学校/中专学校	职业高中	普通高中	初中	技工学校
广 州	61268	29689	30236	5387	83522	28633	29269
深 圳	40358	28915	6082	5196	75651	29915	8352
珠 海	68372	25483	2139	3909	18304	4797	1973
汕 头	10173	6640	4662		73778	20164	3558
佛 山	21114	23385	3088	6845	64687	18798	4124
韶 关	19713	7155	7952		33873	9835	4223
河 源		740	17685		41324	11174	2021
梅 州	19049	2052	3811	2200	63730	13051	2060
惠 州	24010	6347	16584	1012	56153	18058	8620
汕 尾	39	6232	3764		32437	7542	755
东 莞	51362	11465	14137		48554	17736	6876
中 山	15721	9307	2376	4424	27973	8551	4950
江 门	15531	19144	5419	1988	43862	10777	3237
阳 江	584	6241	2654	578	29495	8523	535
湛 江	78356	14548	10921	2926	83945	19039	2340
茂 名	15876	24804	16045	94	123536	24113	4238
肇 庆	34248	23308	12297		42487	15182	3083
清 远	270	9347	6563		38740	9767	3371
潮 州	14554	156	2401	729	28836	6889	648
揭 阳	156	6627	5440	81	69604	16042	520
云 浮		7773	5314	5	31144	7210	1198

10—7　2019年各地市团员基本情况分类统计表

	性别分布		年龄分布				
	男	女	14—15岁	16—18岁	19—22岁	23—28岁	28岁以上
广　州	26888	219823	21410	68280	18452	2377	26
深　圳	208156	194804	21504	50581	10839	2794	47
珠　海	91252	69274	4005	11747	6965	533	2
汕　头	114146	75654	12549	40137	9203	596	7
佛　山	136756	106579	14215	39533	9167	1662	23
韶　关	74527	49861	7174	16589	4153	410	10
河　源	69462	43620	8284	21675	3245	310	2
梅　州	99418	70310	9492	26806	4574	441	17
惠　州	113746	82816	14296	31164	6232	690	16
汕　尾	48811	34800	3889	19896	4295	418	4
东　莞	123635	109978	14056	31614	7985	577	11
中　山	65773	50785	4915	17720	3677	292	7
江　门	101521	71842	7678	25335	6218	377	6
阳　江	46911	35690	5711	15263	2524	228	4
湛　江	186003	138224	16038	47744	15270	1416	14
茂　名	169770	136864	18325	57869	17233	1568	52
肇　庆	110258	74103	8263	25268	8800	665	4
清　远	74783	46715	5756	21969	3276	355	7
潮　州	56352	29726	4364	14803	3552	280	2
揭　阳	100199	64946	9572	39382	8999	634	5
云　浮	51613	32806	4672	15888	3687	491	3

10-7 续表

	民族		学历		
	汉族	少数民族	初中	高中或高中同等学力	大专及以上
广 州	108067	2519	820	77535	12715
深 圳	82963	2860	1818	56602	8332
珠 海	22335	940	189	12484	6824
汕 头	62218	294	1139	44611	3384
佛 山	62579	2072	613	43222	7293
韶 关	27834	516	267	17544	3768
河 源	33193	336	391	23031	2008
梅 州	41249	84	571	29154	2151
惠 州	51410	1036	788	33799	4795
汕 尾	28434	75	798	21380	2008
东 莞	52514	1825	761	35315	5609
中 山	25642	987	251	19232	2625
江 门	38176	1481	540	27741	4011
阳 江	23381	371	404	16324	1175
湛 江	79954	562	2198	52574	8634
茂 名	94607	477	1565	66355	7119
肇 庆	42156	866	982	24411	6997
清 远	29159	2209	579	22387	1501
潮 州	22892	111	435	16313	1664
揭 阳	58444	151	1133	42873	2490
云 浮	24574	171	349	16609	1926

10-8　2019年新发展团员情况分类统计表

	性别分布		年龄分布			
	男	女	14-15岁	16-18岁	19-22岁	23-28岁
广州	19123	15088	16270	15253	2586	148
深圳	14716	12407	14626	11394	1110	31
珠海	2715	2319	2283	1909	833	22
汕头	10561	7692	7923	9079	1226	25
佛山	9907	7884	8925	7583	1266	68
韶关	4821	3522	4225	3635	460	27
河源	5137	3285	4586	3545	283	10
梅州	6824	5121	5916	5559	456	18
惠州	8404	6376	8048	5827	750	164
汕尾	4412	3158	2960	4145	451	28
东莞	8776	7427	8436	6813	985	32
中山	5118	3690	4030	4168	611	9
江门	6469	4459	4996	5105	843	24
阳江	3844	3002	3269	3333	232	14
湛江	10583	8553	8352	8617	2075	92
茂名	11831	9930	10438	9512	1769	40
肇庆	6990	4256	5101	5101	1024	28
清远	6022	3942	4422	4923	595	26
潮州	3877	2470	2699	3191	445	12
揭阳	10519	7293	7051	9354	1366	40
云浮	4458	3189	2986	4097	549	18
省属中学	320	385	329	271	107	3
省属高校	2092	2841	139	699	3985	117
省直机关	2133	1922	181	2309	1517	49
其他有关单位	609	613	270	527	343	72
合计	170261	130824	138461	135949	25867	1117

10-8 续表

	民族		学历		
	汉族	少数民族	初中	高中或高中同等学力	大专及以上
广州	33491	769	276	17612	1646
深圳	26248	923	520	12456	751
珠海	4862	189	33	1955	783
汕头	18153	103	415	9407	270
佛山	17245	598	161	8048	947
韶关	8189	158	69	3725	413
河源	8330	94	106	3620	214
梅州	11928	22	157	5949	201
惠州	14473	333	354	6018	626
汕尾	7565	19	297	4395	152
东莞	15695	573	314	7437	660
中山	8467	351	75	4523	456
江门	10488	481	173	5496	584
阳江	6709	140	116	3382	62
湛江	18974	166	269	9274	1377
茂名	21665	97	277	9306	685
肇庆	11060	196	207	4297	925
清远	9122	844	184	4582	296
潮州	6316	31	205	3201	200
揭阳	17751	62	295	9544	361
云浮	7590	60	87	3578	327
省属中学	689	21		309	115
省属高校	4831	109		105	4717
省直机关	3975	81	25	2968	1049
其他有关单位	1105	118	299	668	35
合计	294921	6538	4914	141855	17852

10-9 2019年各地市志愿服务数据情况统计表

地 市	注册志愿者人数（人）	志愿服务组织及团体数（个）	2019年累计服务时长（小时）
广 州	2967601	11549	13893833.42
深 圳	2574166	13775	17207633.25
珠 海	358585	2692	1287831.4
汕 头	900158	4984	6121742.97
佛 山	941219	3380	4768759.95
韶 关	418420	4354	4394679.87
河 源	176432	2065	4021809.83
梅 州	375626	2064	2589724.72
惠 州	281262	2159	1235674.67
汕 尾	298069	3197	4212025.82
东 莞	1119868	7647	3820270.92
中 山	261884	1302	1220730.38
江 门	432753	5993	15222580.42
阳 江	227631	942	831487.3
湛 江	535334	4958	1779277.88
茂 名	502912	4459	4602265.43
肇 庆	641127	2564	2491176.55
清 远	477775	2422	1659173.52
潮 州	188329	1802	1182107.45
揭 阳	585274	2843	3283146.77
云 浮	183314	1757	950138.15

注：系统统计逻辑存在将同一志愿者(或同一志愿服务组织/团体)纳入不同地市的统计数据内的情况，各地市的数据会存在一定的重复，全省累计数据会小于本表中各地市数据相加值。

10-10 2015-2019年全省志愿服务数据对比表

	2015年	2016年	2017年	2018年	2019年
累计注册志愿者人数	5791306	6411605	8604076	10552084	11618729
累计志愿服务组织及团体数	44041	49641	71677	83730	94105
志愿服务组织及团体年平均开展志愿服务活动数	0.75	1.37	2.5	3.6	5.16
注册志愿者年人均服务时长(小时)	4.61	5.04	5.9	5.47	4.48
注册志愿者证申请量	/	/	900088	2087288	3103958

10–11 2019年各地市志愿服务数据分类统计表

地市	性别分布								
	男	女	未知	14岁以下	14–18岁	19–22岁	23–30岁	31–40岁	41–50岁
广州	1322298	1641679	3624	80772	259877	692321	1040200	549667	205301
深圳	1110882	1170220	293064	134474	286357	167390	450109	717807	378774
珠海	159160	199223	202	2808	17918	84081	137357	58784	31535
汕头	436837	463313	8	14668	93318	174968	176299	194217	134132
佛山	451974	445767	43478	14591	89907	185623	311300	170806	99972
韶关	192829	222886	2705	21637	42401	85750	131397	60274	41749
河源	77659	98634	139	2104	20559	54347	49377	28602	15543
梅州	173412	202103	111	38297	37727	76120	105062	53638	39672
惠州	122946	158230	86	13345	63987	89053	63057	28264	16186
汕尾	151954	146091	24	5807	36072	62353	80638	56345	27909
东莞	543559	576192	117	23054	64711	148175	281697	355244	175942
中山	125765	136045	74	9660	64713	78582	69867	23069	10459
江门	221865	210888		15909	46051	72029	106119	64622	48058
阳江	107806	119450	375	4808	39082	54246	62852	47481	13034
湛江	248610	286657	67	10712	53757	201870	200346	33987	20492
茂名	239050	263654	208	4509	64168	160012	146360	55652	45135
肇庆	314664	326457	6	12628	49202	148240	207535	115390	64234
清远	225615	252055	105	6313	49323	100877	161409	79333	41274
潮州	75637	112630	62	5365	29758	48120	69093	18040	11088
揭阳	304534	280655	85	5871	58788	149907	129585	88102	67044
云浮	88463	94482	369	906	11256	36527	63103	30369	18779

10-11 续表

地 市					政治面貌			
	51-60岁	61-70岁	70岁以上	未知	党员	团员	民主党派	其他
广 州	87546	33898	12254	5765	140078	1379679	2903	1444941
深 圳	139331	49776	248181	1967	291499	418651	349	1863667
珠 海	17032	6349	2638	83	17502	145382	318	195383
汕 头	71816	31417	9110	213	83176	204919	1415	610648
佛 山	44736	15552	7901	831	60620	324127	41210	515262
韶 关	27408	6052	1584	168	40122	166044	662	211592
河 源	5155	585	87	73	17559	85873	220	72780
梅 州	19644	4011	1154	301	43883	137740	894	193109
惠 州	6378	818	162	12	17332	160323	382	103225
汕 尾	22222	5648	1037	38	39043	86255	370	172401
东 莞	57099	11106	2797	43	59576	312129	326	747837
中 山	3566	1419	533	16	10153	134146	235	117350
江 门	28312	11179	4951	35523	62734	194797	394	174828
阳 江	4411	1011	547	159	10571	78343	198	138519
湛 江	9304	2902	1929	35	22402	269620	393	242919
茂 名	22876	3710	375	115	49573	270549	538	182252
肇 庆	32913	8388	2524	73	41978	170133	573	428443
清 远	24781	7920	6464	81	24942	133996	236	318601
潮 州	5921	789	129	26	14207	85193	202	88727
揭 阳	55728	23957	6220	72	43604	136135	1751	403784
云 浮	13293	5990	2924	167	6862	53380	58	123014

10-12　广东省妇联组织和主要活动情况

单位：个

项　　目	单位	2014年	2015年	2016年	2017年	2018年	2019
一、妇联组织							
市、县、乡(镇)社区、街道		21	21	21	21	21	21
县妇联		121	119	119	121	142	146
乡(镇)妇联		1131	1139	1139	1143	1142	1143
村妇联(2016年由村妇代会改为村妇联)		16759	18368	17971	19319	19420	19389
街道妇联		448	448	446	468	467	482
社区妇联		5668	1321	1968	6575	6586	6677
团体会员		320	331	344	324	332	315
民主党派妇委会		71	71	71	71	71	71
二、妇女儿童社会活动基本情况							
妇女之家数	(个)	24116	25256	26516	26492	27450	27644
儿童之家数	(个)	2757	9479	12463	17779	20801	26712
家长学校数	(万个)	42130	40985	38883	32743	31800	27468
家长学校培训人次	(万人次)	7852277	11182594	10248606	9529300	5640000	5243730
广东省巾帼志愿者	(万人)	299130	267554	272058	394557	400756	400960
三、妇女儿童权益保护基本情况							
妇联干部任人民陪审员数	(人)	445	468	497	365	397	401
由妇联系统创办的维权服务机构数	(个)	379	159	145	127	132	166
受暴妇女儿童救助(庇护)机构数	(个)	66	100	61	58	70	82
受救助(庇护)的妇女儿童人次数	(人次)	109	156	104	51	388	1373
为妇女儿童提供信访、热线咨询等服务数	(万件次)	31924	30174	26615	2.626	2.725	3.01
为妇女儿童提供法律援助案件数	(件)	1007	1038	1128	1000	1000	1030
四、荣获表彰情况							
三八红旗手标兵	(个)	10		10		10	
三八红旗手	(个)	1529	1346	1484	1774	1731	1948
三八红旗手集体	(个)	720	987	685	798	858	847
巾帼文明岗	(个)	1268	332	656	2278	1803	1729
巾帼建功标兵	(个)	75	170	235	165	75	51
巾帼建功先进集体	(个)	44	70	79	52	4	16
各级揭晓“最美家庭”	(户)	18630	17432	26285	34273	31310	32881

10-13　2019年各市持证残疾人数

市　别	持证残疾人总数（人）	残疾类别						
		视力	听力	言语	肢体	智力	精神	多重
合　计	**1467552**	**125640**	**126715**	**25925**	**672277**	**156332**	**270226**	**90437**
广　州	155128	11555	21236	1350	69391	17178	26873	7545
深　圳	29228	1597	3205	368	11308	3492	7449	1809
珠　海	15176	1368	3036	158	6430	1380	2303	501
汕　头	62159	3533	4680	759	24264	9499	15598	3826
佛　山	61827	4579	9800	914	28011	7038	9315	2170
韶　关	73326	7120	4951	1229	36919	8574	10593	3940
河　源	91587	10372	8402	2841	43064	8272	14426	4210
梅　州	114209	10197	5983	2073	50641	13183	22078	10054
惠　州	39473	2642	2276	380	16449	4981	10127	2618
汕　尾	46521	2657	2387	1003	20430	6799	9656	3589
东　莞	44137	4424	5710	1109	21778	3726	6297	1093
中　山	22748	1123	2739	584	9761	2831	4300	1410
江　门	38207	3467	2526	440	17032	4230	8071	2441
阳　江	56446	4498	3216	945	28626	3965	11579	3617
湛　江	127331	11404	6816	2453	63888	14111	22518	6141
茂　名	129316	11613	7141	2526	64507	11474	23876	8179
肇　庆	103817	12671	17081	2027	42258	8445	15093	6242
清　远	94742	8943	6160	1234	46254	9207	16722	6222
潮　州	34597	2730	1749	768	15168	4374	7370	2438
揭　阳	76981	5598	4410	2177	32299	9391	14341	8765
云　浮	50596	3549	3211	587	23799	4182	11641	3627

注：数据截止至2019年12月31日各市已办证数据。

10－14 残疾人数量情况

项　　目	数量(万人)	比重(%)
合　计	**539.9**	**100.0**
1.按残疾类别分		
视力残疾	75.3	14.0
听力残疾	136.1	25.1
言语残疾	11.5	2.1
肢体残疾	121.6	22.5
智力残疾	27.2	5.0
精神残疾	52.5	9.7
多重残疾	115.7	21.4
2.按性别构成分		
男性	272.2	50.4
女性	267.7	49.6
3.按年龄构成分		
0～14岁	40.1	7.4
15～64岁	220.7	40.9
65岁及以上	279.1	51.7
4.按城乡分布分		
城镇	171.5	31.8
农村	368.4	68.2
5.学龄残疾儿童受教育情况		
不识字	9.5	39.0
未上过学	0.2	0.9
小学程度	13.2	54.4
初中程度	1.4	5.7
6.15岁以上残疾人口的婚姻状况		
未婚	67.8	13.6
在婚有配偶	276	55.2
离婚及丧偶	155.9	31.2

注：1.2006年广东省第二次全国残疾人抽样调查结果显示，全省共有残疾人539.9万，占广东总人口的5.86%。
　　2.学龄残疾儿童指6～14岁学龄残疾儿童。
　　3.5、6、7项为合计数的其中项。

10-15 残疾人口地区分布及构成

市别	残疾现患率(%)	推算的残疾人口数(万人)	各种类别残疾构成(%)						
			视力	听力	言语	肢体	智力	精神	多重
合计	**5.9**	**539.9**	**14.0**	**25.2**	**2.1**	**22.5**	**5.0**	**9.7**	**21.4**
广州	5.3	52.1	11.7	21.7	2.0	23.2	4.9	13.6	22.9
深圳	4.2	36.0	4.1	46.4	1.0	22.7	5.2	8.3	12.4
珠海	5.3	7.9	10.9	27.5	1.7	19.5	5.2	11.6	23.5
汕头	4.4	22.8	19.8	14.9	1.3	24.4	4.9	12.7	22.1
佛山	6.5	19.8	13.7	21.2	2.7	27.0	5.8	10.6	19.0
韶关	5.8	35.1	10.9	29.8	1.9	14.1	2.7	16.5	24.2
河源	6.1	42.6	12.4	18.2	3.1	33.8	3.8	10.2	18.6
梅州	6.7	28.5	11.8	29.5	0.7	20.3	4.0	9.0	24.8
惠州	5.8	35.3	13.8	24.9	2.5	19.7	5.2	7.7	26.1
汕尾	6.3	24.2	15.5	37.1	1.0	20.6	1.5	5.8	18.5
东莞	5.9	22.9	10.3	22.0	3.3	25.2	0.5	5.6	33.2
中山	5.8	25.0	14.4	26.5	5.9	19.8	6.9	7.7	18.8
江门	5.8	16.9	23.3	20.2	1.6	20.4	4.4	9.3	20.9
阳江	7.1	20.6	20.9	21.9	1.6	20.9	7.9	3.2	23.7
湛江	6.5	15.8	4.0	31.7	0.5	24.1	9.4	9.8	20.5
茂名	8.2	30.9	9.2	37.7	1.8	19.1	3.7	11.0	17.5
肇庆	4.0	27.6	13.0	26.8	0.9	23.3	5.1	9.8	21.2
清远	5.7	14.6	8.7	36.2	2.3	5.1	17.4	11.5	18.8
潮州	6.1	16.1	22.9	31.4	0.9	11.7	1.4	6.7	25.1
揭阳	5.2	30.3	13.6	12.6	3.1	34.4	5.8	13.0	17.5
云浮	6.2	15.1	18.5	19.7	1.7	26.4	3.9	7.3	22.5

注：根据2006年广东省第二次全国残疾人抽样调查结果推算。

10-16 残联组织建设情况(2015-2019)

项　　目		2015	2016	2017	2018	2019
省　级						
1.省级残联数	(个)	1	1	1	1	1
2.残联机关工作人员总数	(人)	51	52	52	52	52
#残疾人干部人数	(人)	6	7	7	5	5
3.所属事业单位单位个数	(个)	5	5	5	5	4
工作人员总数	(人)	276	276	276	213	171
#残疾人数	(人)	15	15	15	9	7
4.举办干部培训班	(期)	5	5	5		
#培训人次	(人次)	150	150	150		
5.举办残疾人干部培训班	(期)	1	1	1		
#培训人次	(人次)	30	30	30		
地市级						
1.地市级残联数	(个)	21	21	21	21	21
2.残联机关工作人员总数	(人)	326	332	334	336	344
#残疾人干部人数	(人)	24	21	21	25	29
3.所属事业单位个数	(个)	77	75	76	76	74
工作人员总数	(人)	2521	2595	2672	2784	2954
#残疾人数	(人)	97	102	103	102	100
4.举办干部培训班	(期)	121	122	119	37	14
#培训人次	(人次)	1981	1900	1901	1548	1798
5.举办残疾人干部培训班	(期)	13	12	13	4	5
#培训人次	(人次)	596	498	739	583	566
县市区						
1.县(市、区)残联数	(个)	138	137	137	137	141

10-16 续表

项　　　目		2015	2016	2017	2018	2019
2.残联机关工作人员总数	(人)	1138	1172	1188	1188	1227
#残疾人干部人数	(人)	62	63	55	54	46
3.所属事业单位单位个数	(个)	184	182	180	183	178
工作人员总数	(人)	1099	1098	1100	871	1119
#残疾人数	(人)	54	53	57	58	54
4.举办干部培训班	(期)	219	220	236	195	282
#培训人次	(人次)	8130	8525	9437	5283	9545
乡镇街道						
1.应建残联数	(个)	1637	1640	1648	1649	1649
2.已建残联数	(个)	1624	1634	1640	1644	1645
3.残联机关实有工作人员	(人)	1977	2030	2092	2221	2207
4.专职残联理事长数	(人)	381	412	390	459	445
5.兼职残联理事长数	(人)	651	365	345	282	274
6.残疾人专职委员	(人)	1683	2123	2069	2325	2295
7.举办干部培训班	(期)	859	878	1014	1019	1732
#培训人次(人次)		7659	7543	9954	6917	19959
村(社区)						
1.村(含农村社区)残疾人组织建设						
#应建残协数	(个)	19320	19330	19292	19311	19254
#已建残协数	(个)	18378	18444	18772	18661	18617
#残疾人专职委员数	(人)	19422	19425	18577	17739	18292
2.社区残疾人组织建设						
#应建残协数	(个)	5399	5530	5570	5259	5173
#已建残协数	(个)	4974	5106	5157	4845	4889
#残疾人专职委员数	(人)	3927	4041	4011	3812	3838

10-17 残疾人康复情况(2015-2019)

项　　目		2015	2016	2017	2018	2019
视力残疾康复						
1.视力残疾康复机构	(个)	71	73	72	115	161
2.康复服务	(人)	118528	7992	13144	16916	17812
听力言语残疾康复						
1.听力言语残疾康复机构	(个)	50	65	76	127	152
2.康复服务	(人)	2520	6058	7125	15565	19034
精神残疾康复						
1.精神残疾康复机构数	(个)	264	244	96	191	251
2.康复服务	(人)	54157	45138	63985	113223	118508
孤独症儿童康复						
1.孤独症儿童康复训练机构	(个)	132	136	195	224	268
2.康复服务	(人)	4374	3488	4063	4960	6209
肢体残疾康复						
1.肢体残疾康复机构	(个)	269	261	181	302	374
2.康复服务	(人)	43544	32894	76381	116614	106259
智力残疾康复						
1.智力残疾康复机构	(个)	244	226	201	281	360
2.康复服务	(人)	14747	8625	10699	23394	22956

注：2016年开始，17岁以上各项残疾人康复工作仅统计持证残疾人。

10-18 残疾人扶贫与托养(2015-2019)

项　　目		2015	2016	2017	2018	2019
残疾人扶贫						
1.残疾人扶贫基地	(个)	106	109	103	67	59
2.安置残疾人就业	(人)	3903	3317	3291	2000	1744
3.贫困残疾人危房改造完成	(户)	6118	2106	3656	2195	1546
4.危房改造项目受益残疾人	(人)	6946	2204	3956	2523	1887
残疾人托养						
1.残疾人托养机构总数	(个)	524	606	1017	1169	1354
2.机构托养残疾人数	(人)	17908	20362	41132	36350	38023
3.享受居家托养服务的残疾人数	(人)	15815	15935	14273	8208	7781

注：2017年开始托养机构中新增康园中心为主的日间照料托养机构

10-19 残疾人教育情况(2015-2019)

项　　目		2015	2016	2017	2018	2019
学前康复教育阶段						
1.残疾人事业专项彩票公益金助学项目资助	(人)	613	446	1403	1255	1545
2.其他残疾儿童学前教育助学项目资助	(人)	147	189	119	552	486
义务阶段教育						
1.未入学学龄残疾儿童少年	(人)	3024	7101	5108	2547	2687
视力残疾儿童少年	(人)	90	153	107	31	43
听力残疾儿童少年	(人)	95	207	131	65	144
言语残疾儿童少年	(人)	105	370	261	117	145
肢体残疾儿童少年	(人)	766	2219	1190	689	482
智力残疾儿童少年	(人)	954	1823	1645	872	905
精神残疾儿童少年	(人)	333	755	634	236	371
多重残疾儿童少年	(人)	681	1574	1140	537	597
高中阶段教育						
1.特殊教育普通高中机构数(盲校与聋校)	(个)	10	8	6	6	7
2.特殊教育普通高中的在校学生数	(人)	596	543	462	444	412
3.残疾人中等职业教育机构数	(个)	6	8	10	11	9
4.残疾人中等职业教育在校学生数	(人)	879	1116	1547	1307	1172
高等教育						
1.高等特殊教育学院录取残疾人数	(人)	75	85	76	76	89
本科录取人数	(人)					
专科(高职)	(人)	75	85	76	76	89
2.普通高等院校录取残疾人数	(人)	296	485	550	565	679
本科及以上录取人数	(人)	88	167	185	177	204
专科(高职)录取人数	(人)	208	318	365	387	475

10-20 残疾人宣传与文化活动(2015-2019)

项目		2015		2016		2017	
		省级	地市级	省级	地市级	省级	地市级
宣传							
1.组织新闻发布会	(次)	//	//	25	263	26	230
2.广播电台残疾人专题节目	(个)	1	11	1	11	1	14
3.电视手语栏目	(个)	1	9	1	9	1	11
文化							
1.盲文书架及盲人有声读物图书室	(个)	2	27	1	13	1	17
2.残疾人文化周	(场次)	4	72	3	73	4	76
3.残疾人文化艺术类的比赛及展览	(次)	5	42	5	35	5	39
4.残疾人艺术团队	(个)	1	22	1	22	1	34

10-20 续表

项目		2018		2019	
		省级	地市级	省级	地市级
宣传					
1.组织新闻发布会	(次)	2	32	2	35
2.广播电台残疾人专题节目	(个)	1	14	2	16
3.电视手语栏目	(个)	1	11	1	15
文化					
1.盲文书架及盲人有声读物图书室	(个)	1	17	1	18
2.残疾人文化周	(场次)	3	91	3	93
3.残疾人文化艺术类的比赛及展览	(次)	4	50	4	55
4.残疾人艺术团队	(个)	1	39	1	52

注：2016年与2017年组织新闻发布会(次)数据中包含及媒体播报新闻次数。

10−21 各市未入学学龄残疾儿童少年总数

单位：人

市 别	2015	2016	2017	2018	2019
广东省	**3024**	**7101**	**5108**	**2547**	**2687**
广州市	156	262	349	508	267
韶关市	301	179	151	13	25
深圳市	129	156	193	9	125
珠海市	32	48	50	19	24
汕头市	451	726	672	13	48
佛山市	36		20	3	
江门市	101	93	47	14	20
湛江市	147	502	197	343	144
茂名市	133	592	285	76	93
肇庆市	80	115	145	76	76
惠州市	24	18	50	6	25
梅州市	619	1046	504	33	18
汕尾市	54	727	688	680	216
河源市	69	727	195	220	99
阳江市	108	339	217	16	91
清远市	9	352	283	13	377
东莞市	26	88	78	61	67
中山市	21	21	18	23	52
潮州市	201	18	125	26	23
揭阳市	276	813	718	306	804
云浮市	51	279	123	89	93

10-22 省十三届人民代表大会代表构成情况统计(2019年度)

单位：人，%

代表构成	数量	代表构成	数量
代表总数	**787**	工农	
性别		人数	194
男		比重	24.65
人数	527	解放军	
比重	66.96	人数	28
女		比重	3.56
人数	260	党政领导干部	
比重	33.04	人数	134
民族		比重	17.03
汉族		归侨侨眷	
人数	766	人数	35
比重	97.33	比重	4.45
少数民族		中共党员	
人数	21	人数	506
比重	2.67	比重	64.29

10-23 政协第十二届广东省委员会委员情况(2019年)

单位：人

委员情况	数量	委员情况	数量
委员总数	**789**	学 历	
基本情况		研究生	477
中共党员	305	大学本科	229
非中共党员(其中民主党派)	484(207)	大学专科及以下	83
女	158	年龄	
少数民族	18	35岁及以下	7
宗教人士	11	36～45岁	84
非公有制经济人士	185	46～54岁	299
新社会阶层	5	55～60岁	317
港澳台人士		61～69岁	78
香港人士	100	70岁以上	4
澳门人士	35	**常委人数**	**137**
台籍人士	8	中共党员	49
		非中共党员	88
		女	25

10－24 各市宗教活动场所(2014)

单位：处

市别	寺观教堂					固定处所				
	佛教	道教	伊斯兰教	天主教	基督教	佛教	道教	伊斯兰教	天主教	基督教
合　计	**1083**	**134**	**7**	**315**	**579**	**493**	**95**	**3**	**62**	**208**
广　州	18	8	4	4	15	6			3	22
深　圳	4		1	5	18	2	1		5	12
珠　海	3							1		7
汕　头	197	3		43	67	132	3		5	12
佛　山	8	4		6	11					3
韶　关	15	4		7	13	5				10
河　源	39	20		21	77	19	9			13
梅　州	193	10		33	79	109	13		2	38
惠　州	28	15		7	9	46	23	1	5	28
汕　尾	42	10		68	33	31	6		3	7
东　莞	19	6		1	8	19		1	1	7
中　山	7	1		2	7	1				2
江　门	9	3		11	32	8			1	4
阳　江	10			1	2	2				4
湛　江	197	2		15	32	32	3			5
茂　名	18	22		2	5	18	27			2
肇　庆	8		2	6	8	8	3			4
清　远	11	10		3	25	2				11
潮　州	112			26	52	16				4
揭　阳	126	14		46	73	21	7		37	10
云　浮	10			2	4	16				3
顺　德	8	1		6	7					
省佛协	1									
省道协		1								
省伊协										
省天主教两会										
省基督教两会					2					

10—25 各市宗教活动场所(2015)

单位：处

市别	寺观教堂					固定处所				
	佛教	道教	伊斯兰教	天主教	基督教	佛教	道教	伊斯兰教	天主教	基督教
合计	**1093**	**133**	**7**	**315**	**571**	**519**	**100**	**4**	**63**	**219**
广州	17	6	4	4	15	6	2	1	3	23
深圳	5	1	1	5	11	1			5	19
珠海	2					1		1	1	7
汕头	197	3		43	67	132	3		5	12
佛山	9	4		6	11					3
韶关	15	4		7	13	5				10
河源	39	20		21	77	22	11			14
梅州	200	9		33	78	115	13		2	38
惠州	28	15		7	9	48	24	1	5	28
汕尾	42	10		68	33	34	6		3	7
东莞	19	6		1	8	19		1	1	7
中山	7	1		2	7	1				2
江门	10	3		11	32	8			1	5
阳江	10			1	2	4				4
湛江	193	3		15	33	39	2			4
茂名	18	21		2	5	19	28			2
肇庆	8		2	6	8	9	3			4
清远	11	10		3	25	2				12
潮州	113			27	52	16				4
揭阳	131	14		45	73	22	8		37	10
云浮	10			2	4	16				3
顺德	8	2		6	6					1
省佛协	1									
省道协		1								
省伊协										
省天主教两会										
省基督教两会					2					

10-26 各市宗教活动场所(2016)

单位：处

市别	寺观教堂					固定处所				
	佛教	道教	伊斯兰教	天主教	基督教	佛教	道教	伊斯兰教	天主教	基督教
合　计	**1094**	**131**	**7**	**316**	**565**	**552**	**108**	**3**	**63**	**228**
广　州	17	6	4	5	15	6	3		3	23
深　圳	7		1	5	10		1		5	21
珠　海	2					1		1	1	7
汕　头	197	3		43	64	135	3		5	17
佛　山	17	5		12	17		1			4
#顺　德	8	1		6	6	1	1			1
韶　关	15	4		7	13	5				10
河　源	39	20		21	77	24	11			15
梅　州	200	9		33	78	119	13		2	38
惠　州	28	15		7	9	53	24	1	5	28
汕　尾	42	10		68	33	38	7		3	7
东　莞	19	6		1	8	22		1	1	7
中　山	7	1		2	7	1				2
江　门	11	3		11	32	8			1	4
阳　江	10			1	2	6				4
湛　江	193	3		15	33	39	2			5
茂　名	18	21		2	5	20	31			2
肇　庆	7		2	7	7	11	3			4
清　远	11	10		3	25	2				12
潮　州	113			26	51	20				5
揭　阳	130	14		45	73	25	9		37	10
云　浮	10			2	4	17				3
省佛协	1									
省道协		1								
省伊协										
省天主教两会										
省基督教两会					2					

10—27 各市宗教活动场所(2017)

单位：处

市别	寺观教堂					固定处所				
	佛教	道教	伊斯兰教	天主教	基督教	佛教	道教	伊斯兰教	天主教	基督教
合　计	**1092**	**128**	**7**	**311**	**567**	**574**	**114**	**5**	**70**	**229**
广　州	16	5	4	5	15	19	4	2	4	21
深　圳	4		1	5	11	3	1		5	19
珠　海	2					1		1	1	7
汕　头	197	3		43	64	135	4		5	17
佛　山	17	4		12	17		2			4
韶　关	15	4		7	13	5				10
河　源	39	20		21	77	25	11			15
梅　州	200	9		32	78	119	13		2	38
惠　州	28	15		7	9	53	23	1	5	28
汕　尾	42	10		68	33	41	9		5	7
东　莞	19	6		1	8	24		1	1	8
中　山	7	1		2	7	1				2
江　门	11	3		11	32	8			1	4
阳　江	10			1	2	8				4
湛　江	194	2		11	33	39	5		4	6
茂　名	18	21		2	5	20	30			2
肇　庆	8		2	7	7	8	3			8
清　远	11	10		3	25	2				12
潮　州	113			26	52	21				4
揭　阳	130	14		45	73	25	9		37	10
云　浮	10			2	4	17				3
省佛协	1									
省道协		1								
省伊协										
省天主教两会										
省基督教两会					2					

10−28　各市宗教活动场所(2018)

单位：处

市　别	寺观教堂					固定处所				
	佛教	道教	伊斯兰教	天主教	基督教	佛教	道教	伊斯兰教	天主教	基督教
合　计	**1097**	**130**	**7**	**305**	**563**	**565**	**113**	**3**	**79**	**224**
广　州	15	5	4	4	15	20	4		7	21
深　圳	4		1	5	11	5	1		6	18
珠　海	2							1	1	7
汕　头	211	4		43	71	122	4		4	9
佛　山	16	5		12	17	1	1			4
韶　关	15	4		7	13	5				10
河　源	39	20		21	72	25	12			14
梅　州	200	9		34	78	120	13		3	38
惠　州	28	15		7	9	53	22	1	5	28
汕　尾	36	10		62	28	38	9		10	9
东　莞	19	6		1	8	24		1	1	8
中　山	8	1		2	7	1				2
江　门	11	3		11	32	8			1	4
阳　江	10			1	2	9	1			4
湛　江	194	2		11	32	38	4		4	7
茂　名	18	21		2	5	23	30			4
肇　庆	6		2	6	7	8	3			8
清　远	10	10		3	25	2				12
潮　州	113			26	52	21				4
揭　阳	131	14		45	73	25	9		37	10
云　浮	10			2	4	17				3
省佛协	1									
省道协		1								
省伊协										
省天主教两会										
省基督教两会					2					

10−29　各市宗教活动场所(2019)

单位：处

市　别	寺观教堂					固定处所				
	佛教	道教	伊斯兰教	天主教	基督教	佛教	道教	伊斯兰教	天主教	基督教
合　计	**1086**	**126**	**7**	**302**	**559**	**586**	**124**	**3**	**75**	**230**
广　州	15	6	4	4	17	21	6		4	21
深　圳	7		1	5	13	9	1		6	18
珠　海	2							1	1	7
汕　头	198	3		43	68	138	8		4	12
佛　山	15	4		12	17		2			4
韶　关	15	4		6	12	4				9
河　源	31	20		21	68	33	11			18
梅　州	209	9		32	78	111	13		2	38
惠　州	30	14		6	9	51	24	1	6	28
汕　尾	36	10		62	28	42	9		10	9
东　莞	19	6		1	8	23		1	1	8
中　山	7	1		2	7	1				2
江　门	11	3		11	32	8			1	4
阳　江	10			1	2	10				4
湛　江	192	2		12	32	39	5		3	7
茂　名	18	20		2	5	23	33			4
肇　庆	6		2	6	7	8	3			8
清　远	10	9		3	25	2				12
潮　州	113			26	52	21				4
揭　阳	131	14		45	73	25	9		37	10
云　浮	10			2	4	17				3
省佛协	1									
省道协		1								
省伊协										
省天主教两会										
省基督教两会					2					

10-30 各市宗教教职人员(2014)

单位：人

市别	佛教		道教		伊斯兰教	天主教				基督教			小计
	僧	尼	乾道	坤道	阿訇	主教	神父	执事	修女	牧师	长老	传道	
合　计	**2268**	**2138**	**551**	**184**	**19**	**5**	**58**		**113**	**275**	**154**	**529**	**6294**
广　州	166	29	39		10	1	7		22	27		21	322
深　圳	138	1	9		2					15	7	22	194
珠　海	36				1					6		2	45
汕　头	226	282	2	5		1	3		5	32	13	34	603
佛　山	71	17	21	2			1			5	1	4	122
韶　关	301	134	21	1			1		2	3	8	9	480
河　源	17	6	51	34	1		2			12	26	70	219
梅　州	165	234	75	23		1	7		15	33	44	37	634
惠　州	99	37	95	5	1		5		6	11	3	17	279
汕　尾	146	104	19	36			5		8	5	10	21	354
东　莞	47	33	14	1	1		2		2	6	4	9	119
中　山	46	18	5	1			1			14		12	97
江　门	37	31	17	5		1	2		13	14	1	25	146
阳　江	28	12							2	1		11	54
湛　江	148	811	11	1		1	6		15	13	6	26	1038
茂　名	76	38	113	7						2		4	240
肇　庆	45	3	4		1		1		3	1	1	15	74
清　远	31	13	16	7			1		2	5	4	42	121
潮　州	102	92					4		1	16	10	23	248
揭　阳	194	204	35	51			8		13	35	16	99	655
云　浮	43	14					1		2	3		6	69
顺　德	50	25	4	5			1		2	1		12	100
光孝寺	56												56
圆玄道观													
省伊协					2								2
省天主教两会													
省基督教两会										15		8	23

10−31　各市宗教教职人员(2015)

单位：人

市　别	佛教		道教		伊斯兰教	天主教				基督教			小计
	僧	尼	乾道	坤道	阿訇	主教	神父	执事	修女	牧师	长老	传道	
合　计	**2379**	**2304**	**642**	**292**	**18**	**6**	**82**	**7**	**123**	**264**	**131**	**593**	**6841**
广　州	85	41	39		9	1	10		15	25		37	262
深　圳	120	1			2		9		8	17	8	22	187
珠　海	36				1		1			6		6	50
汕　头	226	282	2	5		1	8		4	30	13	37	608
佛　山	112	72	30	7			2		4	5	2	24	258
韶　关	301	134	21	1			1		2	3	6	12	481
河　源	15	1	51	34	1		2			11	23	71	209
梅　州	313	314	36	21		1	7		19	25	36	89	861
惠　州	96	34	111	9	1	1	4		7	10	1	20	294
汕　尾	164	117	26	38			5		7	5	7	13	382
东　莞	47	33	15	1	1		1		2	7	3	9	119
中　山	26	11	6				1			16		12	72
江　门	40	36	17	5	2	1	2		14	14	1	33	165
阳　江	23	12					1		2	1		9	48
湛　江	189	823	26	1		1	12		25	12		13	1106
茂　名	92	35	170	25			1			2		3	328
肇　庆	58	3	15		1		1		3	1	1	15	98
清　远	32	13	21	7			1			5	4	42	125
潮　州	62	75					3			17	8	35	200
揭　阳	187	196	39	124			8	7	7	31	13	65	677
云　浮	43	14					1		2	3		7	70
顺　德	50	57	4	5			1		2	2	1	11	133
光孝寺	62												62
圆玄道观			13	9									
省伊协													22
省天主教两会													
省基督教两会										16		8	24

10-32 各市宗教教职人员(2016)

单位：人

市别	佛教		道教		伊斯兰教	天主教				基督教			小计
	僧	尼	乾道	坤道	阿訇	主教	神父	执事	修女	牧师	长老	传道	
合计	**2513**	**2390**	**639**	**289**	**36**	**5**	**80**		**120**	**305**	**140**	**670**	**7187**
广州	85	42	39		10	1	12		22	25		37	273
深圳	116	1	10		10		12		8	24	8	24	213
珠海	61				1		1			6		9	78
汕头	226	282	2	5		1	5		4	36	11	34	606
佛山	128	81	31	7			1		1	7	2	21	279
韶关	301	134	21	1			3		2	3	6	12	483
河源	15	2	51	34	1		3		2	12	23	69	212
梅州	313	331	35	21		1	7		12	34	45	132	931
惠州	94	42	111	9	1		4		7	12	2	20	302
汕尾	181	126	26	38			4		7	6	7	23	418
东莞	50	33	14	1	10		2		1	11	3	10	135
中山	28	11	7				2		2	16		10	76
江门	34	37	14	4		1	1		12	14	1	32	150
阳江	29	12							2	1		15	59
湛江	189	823	30	8		1	6		15	12	5	18	1107
茂名	108	38	170	25						2		3	346
肇庆	45	3	14		1		1		3	1		19	87
清远	34	11	20	7			1		2	4	4	54	137
潮州	136	105					4		1	17	9	38	310
揭阳	187	196	40	124			8		15	39	13	65	687
云浮	43	14					1		2	3		7	70
顺德	53	66	4	5			2			3	1	10	144
省佛协	57												57
圆玄道观													
省伊协					2								2
省天主教两会													
省基督教两会										17		8	25

10−33　各市宗教教职人员(2017)

单位：人

市别	佛教		道教		伊斯兰教	天主教				基督教			小计
	僧	尼	乾道	坤道	阿訇	主教	神父	执事	修女	牧师	长老	传道	
合　计	**2443**	**2396**	**653**	**299**	**37**	**5**	**79**	**7**	**114**	**317**	**135**	**654**	**7139**
广　州	126	55	38		11	1	11		22	27		47	338
深　圳	116	1	10		10		12		8	24	8	24	213
珠　海	42				1		1			6		13	63
汕　头	226	282	2	5		1	8		4	36	11	34	609
佛　山	114	82	31	3			2		2	7	2	21	264
韶　关	326	142	21	1			3		2	4	7	10	516
河　源	40	17	51	34	1	1	3			14	23	67	251
梅　州	313	350	34	36			7		14	27	39	114	934
惠　州	104	50	126	9	1		4		8	17	2	23	344
汕　尾	192	120	26	38			4		7	6	7	23	423
东　莞	51	33	15	2	10		2		4	11	3	14	145
中　山	28	11	7				1		2	16		12	77
江　门	58	41	13	4	2	1	1		14	24	1	20	179
阳　江	29	12					1		2	1		15	60
湛　江	189	823	33	10		1	5		14	14	6	13	1108
茂　名	49	41	174	26			1			2		3	296
肇　庆	59	5	16		1		1		2	1		21	106
清　远	40	12	16	7			1			4	4	54	138
潮　州	111	109					2			17	9	46	294
揭　阳	187	196	40	124			8	7	7	39	13	65	686
云　浮	43	14					1		2	3		7	70
省佛协													
圆玄道观													
省伊协													
省天主教两会													
省基督教两会										17		8	25

10-34 各市宗教教职人员(2018)

单位：人

市别	佛教		道教		伊斯兰教	天主教				基督教			小计
	僧	尼	乾道	坤道	阿訇	主教	神父	执事	修女	牧师	长老	传道	
合计	**2635**	**2522**	**680**	**308**	**40**	**5**	**72**	**15**	**123**	**292**	**134**	**672**	**7498**
广州	238	85	51		11	1	14		23	29		48	500
深圳	263	1	8	1	13				10	26	8	46	376
珠海	51				1		1			6		13	72
汕头	235	302	5	8		1	6	1	3	33	10	49	653
佛山	87	99	33	3			2		2	7	2	28	263
韶关	326	142	21	1			3		2	4	7	10	516
河源	41	17	70	40	1		3		2	12	25	68	279
梅州	335	407	13	21		1	6	1	11	19	38	92	944
惠州	120	52	130	9	1		5		8	17	2	25	369
汕尾	156	111	28	39			4		6	6	7	22	379
东莞	58	33	15	13	10			4	5	13	3	15	169
中山	22	10	6	2			1		1	16		18	76
江门	60	36	11	2	1	1	8	2	21	21	1	25	189
阳江	29	12	1						2	2		14	60
湛江	65	823	34	8		1	6		15	14	6	9	981
茂名	87	47	167	24						2		2	329
肇庆	78	4	19		2		1		3	1		20	128
清远	39	14	28	13			1			5	4	53	157
潮州	89	114					2			17	8	43	273
揭阳	187	196	40	124			8	7	7	39	13	65	686
云浮	69	17					1		2	3		7	99

10–35 各市宗教教职人员(2019)

单位：人

市别	佛教		道教		伊斯兰教	天主教				基督教			小计
	僧	尼	乾道	坤道	阿訇	主教	神父	执事	修女	牧师	长老	传道	
合　计	**2755**	**2635**	**741**	**380**	**37**	**6**	**98**	**4**	**135**	**327**	**127**	**707**	**7952**
广　州	178	76	51		11	1	16		25	25		44	427
深　圳	151	4	7	1	12		13		13	27	7	42	277
珠　海	40				1		1			8		12	62
汕　头	267	278	9	9	1	1	6	2	3	44	10	34	664
佛　山	106	88	38	3	1		2		2	7	2	31	280
韶　关	338	168	15	1			6		2	4	7	25	566
河　源	38	18	70	40	1		4		2	12	19	66	270
梅　州	290	380	29	37	1	1	7		15	27	39	137	963
惠　州	149	56	108	9	1		5		8	17	1	20	374
汕　尾	121	115	32	41			5		6	6	7	16	349
东　莞	62	35	11	8	6		4		4	12	3	14	159
中　山	24	10	6	1			1		1	18		17	78
江　门	62	40	11	2	1	1	8	2	20	21	1	27	196
阳　江	41	2	1				1		2	2		14	63
湛　江	214	893	76	19		1	7		14	15	5	12	1256
茂　名	91	46	165	24						2		2	330
肇　庆	78	26	19		1		1		4	1		17	147
清　远	39	14	28	13			1			7	4	55	161
潮　州	126	122					2			18	9	39	316
揭　阳	227	251	45	161		1	7		12	33	13	68	818
云　浮	55	13					1		2	2		5	78
光孝寺	58												58
圆玄道观			20	11									31
省伊协													
省天主教两会													
省基督教两会										19		10	29

注：以上数据为教职人员资格已认定备案数。

10-36 省级艺术家会员情况表

指标名称	计量单位	2017年	2018年	2019年
一、戏剧家协会会员人数	人	2668	2686	2752
其中：男性	人	1764	1776	1816
女性	人	904	910	936
戏剧家协会会员人数性别比	女性为100	195.13	195.16	194.02
二、电视艺术家协会会员人数	人	1354	1365	1403
其中：男性	人	1078	1085	1113
女性	人	276	280	290
电视艺术家协会会员人数性别比	女性为100	390.58	387.5	383.79
三、电影家协会会员人数	人	819	872	937
其中：男性	人	627	663	635
女性	人	192	209	302
电影家协会会员人数性别比	女性为100	326.56	317.22	210.26
四、音乐家协会会员人数	人	4176	4300	4543
其中：男性	人	2403	2520	2654
女性	人	1773	1780	1880
音乐家协会会员人数性别比	女性为100	135.53	141.57	141.17
五、舞蹈家协会会员人数	人	872	911	1407
其中：男性	人	243	255	561
女性	人	629	656	846
舞蹈家协会会员人数性别比	女性为100	38.63	38.87	66.31
六、美术家协会会员人数	人	3796	3902	4230
其中：男性	人	3105	3185	3440
女性	人	691	717	790
美术家协会会员人数性别比	女性为100	449.35	444.21	435.44

10-36 续表

指标名称	计量单位	2017年	2018年	2019年
七、书法家协会会员人数	人	4885	5227	5706
其中：男性	人	4492	4797	4881
女性	人	393	430	825
书法家协会会员人数性别比	女性为100	1143	1115.58	591.64
八、民间文艺家协会会员人数	人	2071	2120	2238
其中：男性	人	1756	1787	1860
女性	人	315	333	378
民间文艺家协会会员人数性别比	女性为100	557.46	536.64	492.06
九、文艺评论家协会会员人数	人	490	513	542
其中：男性	人	366	383	395
女性	人	124	130	147
文艺评论家协会会员人数性别比	女性为100	295.16	294.62	268.7
十、摄影家协会会员人数	人	5507	6126	6449
其中：男性	人	4678	5092	5289
女性	人	829	1034	1160
摄影家协会会员人数性别比	女性为100	564.29	492.46	455.95
十一、杂技家协会会员人数	人	807	827	806
其中：男性	人	425	435	547
女性	人	382	392	259
杂技家协会会员人数性别比	女性为100	111.26	110.97	211.2
十二、曲艺家协会会员人数	人	1313	1333	1424
其中：男性	人	808	821	873
女性	人	505	512	551
曲艺家协会会员人数性别比	女性为100	160	160.35	158.44

主要统计指标解释

基层团组织 是指企业、农村、机关、学校、科研院所、街道社区、社会团体、社会中介组织、人民解放军连队、人民武装警察部队中队和其他基层单位的团组织。

机关事业单位团组织、团干部 含乡镇、街道团组织、团干部。

农村团员 不含学生团员、企业团员、外出务工团员。

企业团员 含外来务工团员。

中专学校列入中职学校类别统计。

专兼职团干部 专职团干部是指在按照“三定”方案单独设置的团组织机构中，有正式编制（或岗位设置）的团干部；兼职团干部是指以团的工作为辅，在团内兼职的团干部。

宗教活动场所 是指信教公民开展集体宗教活动的寺院、宫观、清真寺、教堂（简称寺观教堂）和其他固定宗教活动处所，是非营利性组织。寺观教堂和其他固定宗教活动处所的区分标准由省、自治区、直辖市人民政府宗教事务部门制定，报国务院宗教事务部门备案。其中，寺院包括佛教寺、庙、宫、庵、禅院等；宫观包括道教的宫、观、祠、庙、府、洞等；清真寺，即伊斯兰教信徒进行集体宗教活动的场所；教堂，即天主教、基督教信徒进行集体宗教活动的场所。其他固定宗教活动处所主要是指除寺观教堂以外，供信教公民经常进行集体宗教活动的固定活动场所。

宗教教职人员 是指各宗教专门从事教务活动的人员。宗教教职人员的范围，由各全国性宗教团体依本宗教的教义教规并结合实际情况确定。根据各全国性宗教团体制定的教职人员认定办法，宗教教职人员一般具体指：汉传佛教的比丘、比丘尼，藏传佛教的僧人（含活佛），南传佛教的比库（都、法、召章）、帕希提（吴巴赛）、帕萨米、帕祜巴、帕松列、帕松列尚卡拉扎；道教的全真派和正一派道士；伊斯兰教的阿訇、毛拉等；天主教的主教、助理主教、辅理主教、司铎（神甫）、执事、修女；基督教的主教（或称“监督”）、牧师（包括个别教会传统中相当于牧师的长老）、教师（或称“副牧师”）、长老、传道员（或称“教士”）。

十一、基本公共服务主要指标

简要说明

1. 本篇资料主要反映广东省基本公共服务等情况。

2. 篇资料主要包括：

(1)基本公共教育、劳动就业服务、社会保险、基本社会服务、医疗卫生服务、住房保障、文化体育等。

(2)地区为全省。

(3)年份主要为 2013—2018 年。

3. 统计资料来源：本篇资料由省委宣传部、省卫计委、省教育厅、省财政厅、省人力资源社会保障厅、省住房和城乡建设厅、省文化厅、省民政厅、省广电局、省市场监管局、省药品监管局、省扶贫办负责整理、审核、提供。

11-1 基本公共教育

指 标	单位	2013年	2014年	2015年
九年义务教育				
生师比城乡比	乡村=1	1.22	1.22	1.21
生均教学及辅助用房面积城乡比	乡村=1	0.63	0.63	0.63
义务教育免费住宿学生数	万人			
义务教育学生营养改善计划受益学生数	万人	3.67	10.73	10.73
初中毕业生升学率	%	92.53	90.89	93.49
九年义务教育巩固率	%	91.7	92.8	93.74
高中阶段教育				
普通高中家庭经济困难学生受资助学生数	万人	21.3	21.23	20.91
中等职业教育师生比	教师=1	31	28.36	26.06
中等职业教育双师型教师比重	%	34.11	37.02	40.92
中等职业教育免费学生数	万人	69.92	73.23	73.63
中等职业教育与普通高中在校学生数之比	普通高中=1	0.64	0.6	0.57
学前教育				
公办幼儿园在园幼儿数占全部在园幼儿数比重	%	38.76	36.7	35.1
学前三年毛入园率	%	95.49	95.67	100.97

注：1.2010 年城乡区划分类为城市、县镇、农村，从2011年起重新调整城乡区划分类为城区、镇区和乡村。
2.义务教育学生营养改善计划2016年增加了广州市奖补资金，导致2016年比2015年增加较大。
3.中等职业教育免费学生数由于2012 年调整统计口径，导致2012 年比2011 年增加较大。
4.义务教育免费住宿学生数暂时没有数据。

11-1 续表

指 标	单位	2016年	2017	2018	2019
九年义务教育					
生师比城乡比	乡村=1	1.19	1.16	1.13	1.10
生均教学及辅助用房面积城乡比	乡村=1	0.71	0.75	0.78	0.79
义务教育免费住宿学生数	万人				
义务教育学生营养改善计划受益学生数	万人	21.41	25.58	29.36	27.92
初中毕业生升学率	%	94.33	97.99	97.45	98.86
九年义务教育巩固率	%	94.37	93.42	94.71	95.43
高中阶段教育					
普通高中家庭经济困难学生受资助学生数	万人	20.27	19.7	21.49	20.97
中等职业教育师生比	教师=1	23.8	21.99	19.66	19.52
中等职业教育双师型教师比重	%	41.72	40.94	41.51	41.22
中等职业教育免费学生数	万人	74.04	71.9	67.86	67.79
中等职业教育与普通高中在校学生数之比	普通高中=1	0.54	0.53	0.47	0.47
学前教育					
公办幼儿园在园幼儿数占全部在园幼儿数比重	%	33.58	32.1	30.3	29.6
学前三年毛入园率	%	105	109.08	112.46	111.57

注：1.2010 年城乡区划分类为城市、县镇、农村，从2011年起重新调整城乡区划分类为城区、镇区和乡村。
2.义务教育学生营养改善计划2016年增加了广州市奖补资金，导致2016年比2015年增加较大。
3.中等职业教育免费学生数由于2012 年调整统计口径，导致2012 年比2011 年增加较大。
4.义务教育免费住宿学生数暂时没有数据。

11−2 基本劳动就业服务

指 标	单位	2012 年	2013 年	2014 年	2015 年	2016年	2017年	2018年	2019年
就业服务和管理									
接受职业指导人数	万人						75.8	84.32	79.85
接受创业服务人数	万人						10.68	18.62	13.3
实现就业的就业困难人数	万人	19.6	20.2	18.7	18.4	16.99	17.26	16.8	13.89
本年消除的零就业家庭户数	户	811	649	489	353	201	266	217	140
职业技能培训									
参加职业技能培训人数	万人	730	678	649	675	631.7	635	638	—
职业技能鉴定考核人数	万人	173.99	174.77	165.55	168.38	131.2832	104.54	74.23	70.28
劳动权益保护									
劳动保障监察投诉案件结案率	%	99.85	99.93	99.98	100	100	99.98	99.99	99.92
劳动人事争议仲裁结案率	%	92.3	93.9	94.4	93.9	93.4	93.47	92.63	92.73

注：2019年起，国家实施职业技能提升行动，统一采用“开展补贴性职业技能培训人数”作为统计口径，不再统计“参加职业技能培训人数”。2019年开展补贴性职业技能培训人数为117.8万人。

11−3 基本社会保险

指 标	单位	2013 年	2014 年	2015 年	2016年	2017年	2018年	2019年
基本养老保险								
城镇职工基本养老保险参保人数	万人	4183	4809.5	5086.5	5392.4	5287.1	4919.7	4633.4
城乡居民基本养老保险参保人数	万人	2351.6	2433.7	2499.7	2543.2	2586.7	2656.5	2642.3
企业退休人员月人均基本养老金	元	1934.4	2257.5	2349.3	2431.7	2532.7	2581.7	2710.5
失业、工伤保险								
失业保险参保人数	万人	2705.1	2840.2	2930.1	3020.1	3163.7	3361.7	3500.8
工伤保险参保人数	万人	3057.3	3092.6	3122.7	3246.2	3402	3592.5	3815.8
社会保险服务保障								
社会保障卡持卡人数	万人	8899	9589	9805	9916	10105	10305	10525

11-4　基本社会服务(2014-2019年)

指　　标	单位	2014	2015	2016	2017	2018	2019
社会救助							
城乡居民最低生活保障人数	万人	190.4	183.3	170.6	169.6	141.1	140.4
农村特困人员救助供养人数(农村五保供养人数)	万人	23.9	24.0	23.2	22.6	22.0	21.4
农村五保集中供养平均标准与农村居民	农居家庭人均						
家庭人均消费支出之比	消费支出=1	0.81	0.76	0.77	0.74	0.76	0.78
直接医疗救助补助人次数	万人次						
参保参合医疗救助补助人数	万人						
社会福利							
每千老年人口养老床位数	张	21.6	28.6	30.4	32.9	34.5	34.0
养老服务机构收留抚养老年人数	万人	6.7	6.6	7.1	7.4	7.6	7.9
儿童收养救助服务机构床位数	万张	0.5	0.5	0.6	0.6	0.6	0.6
提供住宿的社会服务机构年末在院(站)儿童数	万人	0.9	0.9	0.9	0.8	0.9	0.8
优抚安置							
享受国家抚恤补助的优抚对象人数	万人						
优抚对象年均抚恤水平	元/人年						
社会服务保障							
每千人口社会服务机构床位数	张	2.07	2.26	3.25	4.01	4.18	4.38
每万人口拥有社会工作专业人才数	人	3.11	3.97	5.39	5.84	7.09	9.45

11−5 基本医疗卫生和人口计划生育

指 标	单位	2014年	2015年	2016年	2017年	2018年	2019年
公共卫生服务							
城乡居民健康档案规范化电子建档率	%	84.1	90.03	89.93	84.56	81.25	83.93
7岁以下儿童健康管理率	%	95.84	95.92	95.5	95.34	94.45	95.18
孕产妇系统管理率	%	90.97	91.84	92.11	92.01	91.87	92.88
甲乙类法定报告传染病发病率	1/10万	360.75	313.19	320.16	346.7	310.94	315.37
人均基本公共卫生服务补助经费	元	35.4	42.3	50.2	56.63	60.17	74.64
医疗服务							
每万人口全科医生数	人	1.34	1.41	1.73	2.12	2.46	2.85
每千人口基层医疗卫生机构执业(助理)医师数	人	0.75	0.78	0.82	0.86	0.93	0.96
每千人口基层医疗卫生机构床位数	张	0.57	0.59	0.6	0.61	0.62	0.62
乡镇卫生院基础设施建设达标率	%						
中医服务							
每千人口中医类别执业(助理)医师数	人	0.28	0.3	0.33	0.36	0.38	0.41
人口和计划生育							
农村部分计划生育家庭奖励扶助人数	万人	11.44	11.48	12.17	12.01	12.34	22.39

注：本表仅包含以妇幼保健院(所、站)为第一名称的机构，不包含与其他类别医院署办公的妇幼保健院。

11-6 基本住房保障

指　　标	单位	2013年	2014年	2015年	2016年	2017年	2018年	2019
公共租赁住房(廉租住房)								
公共租赁住房(廉租住房)新开工套数	万套	5.7566	4.6119	5.2848				
公共租赁住房(廉租住房)实物保障户数(在保)	万户	13.984	20.3316	28.9639	35.8242	46.0382	49.9897	51.3992
住房租赁补贴户数(在保)	万户	3.0577	2.9263	3.06	4.1411	2.994	2.8919	3.1472
棚户区改造								
实际开工的各类棚户区改造住房套数(含货币安置户数)	万套	2.1086	3.6753	8.7865	8.1783	3.8367	3.45	2.7933
农村危房改造								
农村危房改造户数	万户	10	10	12.82	12.0864	7.9607	5.7316	1.1387

注：“农村危房改造户数”2013年和2014年数据为省扶贫办完成的任务数。

11-7 社会领域一般公共预算主要支出

单位：万元

	2019年	2018年	增幅(%)
一般公共预算支出	172,978,532	157,292,571	9.97
教育支出	32,105,114	27,928,969	14.95
文化旅游体育与传媒支出	3,503,340	3,218,398	8.85
文化和旅游	1,732,959	1,545,062	12.16
文物	229,075	199,114	15.05
体育	368,390	368,650	-0.07
新闻出版电影	44,228	223,768	
广播电视	203,591		
社会保障和就业支出	17,034,790	15,080,232	12.96
残疾人事业	700,493	577,243	21.35
卫生健康支出	15,796,015	14,075,069	12.23

11-8 食品药品监管基本情况

	单位	2011年	2012年	2013年	2014年
一、每万人口食品药品监管人员数	人			0.39	0.62
二、食品药品检测检验机构县(市、区)级覆盖率	%			25.6	27.3
三、每百万人口药品不良反应报告数	份	388	401	427	478
四、食品抽检率	批次				
五、食品抽检合格率	%				
六、受理药品投诉	件	3008	4130	3259	4488
七、受理医疗器械投诉	件	346	568	702	1345
八、受理化妆品投诉	件	295	760	1336	3066
九、查处药品案件	件	5022	8002	5636	4532
十、查处医疗器械案件	件	428	818	595	547
十一、查处化妆品案件	件		-	-	564

11-8 续表

	单位	2015年	2016年	2017年	2018年	2019年
一、每万人口食品药品监管人员数	人	0.8	1.14	0.95	1.18	2.68
二、食品药品检测检验机构县(市、区)级覆盖率	%	30.6	32.2	32.2	33.9	35.2
三、每百万人口药品不良反应报告数	份	536	597	693	854	1823
四、食品抽检率	批次		230368	447350	554201	673780
五、食品抽检合格率	%		96.3	97.3	97.6	98
六、受理药品投诉	件	3939	4691	7239	6152	6163
七、受理医疗器械投诉	件	1183	1436	1878	2266	1777
八、受理化妆品投诉	件	7466	8150	8385	11825	10281
九、查处药品案件	件	4245	5950	8332	5438	4155
十、查处医疗器械案件	件	331	614	706	714	542
十一、查处化妆品案件	件	783	1223	1432	1483	1576

注：2014年之前还未开展对违法化妆品案件查处情况统计。

11-9 扶贫情况表

		2013	2014	2015	2016	2017	2018	2019
建档立卡省定贫困村数		2571	2571	2571	2277	2277	2277	2277
建档立卡贫困人口数	（万人）	90.6	90.6	90.6	176.5	176.5	161.5	161.5
其中：建档立卡一般贫困人口	（万人）				58.66	58.66	60.9	60.9
建档立卡低保人口	（万人）				117.87	117.87	81.8	81.8
建档立卡五保人口	（万人）				-	-	18.8	18.8
未脱贫人口数	（万人）						11.5	1.5
贫困发生率	(%)				4.75	4.75	0.3	0.04
当年脱贫人数	（万人）	30	60	90.6	54.75	62.26	33.02	11.47
全省选派驻镇驻村干部人数	（万人）	0.7886	0.7986	0.7986	4.28	4.28	4.54	4.54

十二、分县（区）和
全国各地区部分指标

简要说明

1. 本篇资料主要反映广东省分县区和全国各地区学校、医院等情况。

2. 篇资料主要包括：

(1)学校数、在校生数、专任教师数；各县区医院数、床位数、卫生技术人员数；各县区交通事故、火灾事故。

(2)地区分全省各县区和全国各地区。

(3)年份主要为 2018 年。

3. 统计资料来源：本篇资料由省教育厅、省卫健委、省民政厅负责整理、审核、提供。

12−1 广东省卫生机构、床位、人员数(2019)

地 区	机构数（个）	床位（张）	卫生人员（人）	卫生技术人员（人）	执业(助理)医师（人）	注册护士（人）
广东省	**53928**	**545190**	**964914**	**795132**	**292128**	**356784**
广州市	5093	100080	202725	168056	58671	77812
荔湾区	230	7121	12514	10675	3904	4951
越秀区	401	24777	52538	44710	14252	21135
海珠区	328	10819	21253	17781	6008	8356
天河区	776	13000	33173	26667	9750	12512
白云区	734	21391	30404	24444	8301	11662
黄埔区	368	4360	9044	7141	2557	2813
番禺区	521	6650	15020	12700	4923	5553
花都区	527	4148	10669	9064	3416	4031
南沙区	238	1437	3629	2955	1156	1287
从化区	382	2887	5184	4139	1467	1940
增城区	588	3490	9297	7780	2937	3572
韶关市	2114	19156	27114	22074	7655	10397
武江区	196	5361	7278	5680	1696	3083
浈江区	173	2350	2930	2544	915	1200
曲江区	142	1493	2247	1893	722	821
始兴县	165	901	1488	1238	492	496
仁化县	147	780	1329	1119	418	430
翁源县	262	1771	2994	2397	830	1122
乳源县	137	615	1232	983	350	404
新丰县	188	1042	1682	1313	478	561
乐昌市	358	3281	3176	2660	912	1256
南雄市	346	1562	2758	2247	842	1024

注：本表数据含村卫生室数。

12-1 续表1

地 区	机构数 (个)	床位 (张)	卫生人员 (人)	卫生技术人员 (人)	执业(助理)医师 (人)	注册护士 (人)
深圳市	5010	48145	125142	102831	40338	44289
罗湖区	313	5831	15745	12649	4558	5988
福田区	828	9384	25133	20653	7918	9135
南山区	831	5850	18394	14611	5781	6249
宝安区	1025	8690	22479	18744	7357	7690
龙岗区	1165	9996	23315	19152	7628	8172
盐田区	85	616	1837	1599	694	617
龙华区	367	3076	7629	6437	2725	2563
坪山区	117	2498	4536	3769	1394	1692
光明区	279	2204	6074	5217	2283	2183
珠海市	936	10233	23690	19773	7740	8824
香洲区	580	7268	17418	14556	5718	6409
斗门区	218	1851	3695	3066	1196	1418
金湾区	138	1114	2577	2151	826	997
汕头市	1628	19595	30904	26252	10980	11011
龙湖区	234	1658	3173	2705	1079	1147
金平区	303	9976	13995	12317	4933	5773
濠江区	66	1054	1369	1173	453	518
潮阳区	427	2651	5077	4356	2043	1521
潮南区	233	2629	3644	2937	1246	1107
澄海区	320	1518	3237	2480	1114	854
南澳县	45	109	409	284	112	91
佛山市	2097	38085	68092	58215	20937	27108
禅城区	325	12049	19168	15878	5263	7490
南海区	671	9529	19651	17446	6503	8306
顺德区	716	11588	19715	16980	6264	7927
三水区	233	3006	5947	4912	1717	2121
高明区	152	1913	3611	2999	1190	1264

注：本表数据含村卫生室数。

12-1 续表2

地　　区	机构数 (个)	床位 (张)	卫生人员 (人)	卫生技术人员 (人)	执业(助理)医师 (人)	注册护士 (人)
江门市	1658	24248	37841	32010	10934	15018
蓬江区	203	8495	11409	9702	3282	4786
江海区	98	604	1157	1013	378	473
新会区	271	4589	6888	5758	2016	2624
台山市	377	4170	6621	5829	1898	2704
开平市	243	2849	4823	3938	1253	1809
鹤山市	251	2026	3701	3177	1196	1412
恩平市	215	1515	3242	2593	911	1210
湛江市	3471	38496	51015	40669	13517	18569
赤坎区	238	4248	6739	5576	1920	2431
霞山区	273	7721	10039	8468	2761	4222
坡头区	129	898	1445	1215	455	508
麻章区	342	2287	3450	2708	973	1169
遂溪县	476	3224	4728	3688	1297	1561
徐闻县	207	3129	4220	3222	950	1432
廉江市	724	5534	7832	6155	1984	2881
雷州市	679	7895	7178	5470	1646	2561
吴川市	403	3560	5384	4167	1531	1804
茂名市	4127	36529	41903	34018	13257	15497
茂南区	383	7774	10615	9267	3422	4477
电白区	832	7582	7704	6119	2534	2572
高州市	1129	9404	10465	8532	3324	4109
化州市	633	6092	6767	5232	2001	2277
信宜市	1150	5677	6352	4868	1976	2062

注：本表数据含村卫生室数。

12-1 续表3

地　区	机构数 (个)	床位 (张)	卫生人员 (人)	卫生技术人员 (人)	执业(助理)医师 (人)	注册护士 (人)
肇庆市	3175	18477	32947	25656	8471	11266
端州区	355	6693	9494	7751	2536	3741
鼎湖区	141	642	1190	911	347	343
高要区	575	2256	4716	3635	1354	1468
广宁县	388	1423	3234	2379	776	1049
怀集县	788	3584	5361	3918	1047	1591
封开县	329	903	2219	1696	492	740
德庆县	255	1065	2284	1795	609	804
四会市	344	1911	4449	3571	1310	1530
惠州市	3013	21852	43040	36112	13992	15969
惠城区	999	9808	20533	17367	6600	7833
惠阳区	559	3622	7916	6858	2813	3153
博罗县	609	3895	5859	4815	1987	1992
惠东县	626	3456	6491	5257	1920	2277
龙门县	220	1071	2241	1815	672	714
梅州市	2985	19785	31337	25450	9661	10256
梅江区	258	6145	9354	7962	2572	3693
梅县区	393	2366	3836	3234	1320	1351
大埔县	350	1092	2330	1672	592	646
丰顺县	340	1847	2816	2224	848	797
五华县	548	3986	5618	4542	1923	1522
平远县	178	788	1475	1275	502	532
蕉岭县	162	848	1290	1113	442	425
兴宁市	756	2713	4618	3428	1462	1290

注：本表数据含村卫生室数。

12-1 续表4

地　区	机构数（个）	床位（张）	卫生人员（人）	卫生技术人员（人）	执业(助理)医师（人）	注册护（人）
汕尾市	1596	10231	15687	11668	4760	4396
城 区	243	2192	3741	2990	1168	1289
海丰县	576	4010	4915	3629	1561	1285
陆河县	192	1066	1523	1206	549	424
陆丰市	585	2963	5508	3843	1482	1398
河源市	2033	17255	23458	19059	6593	8426
源城区	297	6093	7678	6523	2134	3201
紫金县	425	2564	3613	2820	1021	1056
龙川县	393	4092	4642	3779	1410	1601
连平县	265	1421	2300	1817	571	727
和平县	308	1380	2635	2120	777	941
东源县	345	1705	2590	2000	680	900
阳江市	1778	15542	21116	16634	5738	7171
江城区	492	6176	8709	7115	2513	3119
阳东区	241	2198	2837	2413	833	1031
阳西县	263	1812	2788	2111	667	851
阳春市	782	5356	6782	4995	1725	2170
清远市	2522	19205	28520	23880	8718	10995
清城区	570	6953	9888	8153	3020	3725
清新区	410	1369	3020	2533	1073	1123
佛冈县	218	1329	2190	1835	708	793
阳山县	291	1461	2342	1910	675	920

注：本表数据含村卫生室数。

12-1 续表5

地 区	机构数(个)	床位(张)	卫生人员(人)	卫生技术人员(人)	执业(助理)医师(人)	注册护士(人)
连山县	85	415	784	637	209	277
连南县	94	453	929	717	227	337
英德市	598	4628	6287	5474	1990	2561
连州市	256	2597	3080	2621	816	1259
东莞市	3055	33041	68014	57332	20818	27096
中山市	986	16124	29171	25398	9321	11892
潮州市	2292	7494	14546	10818	4815	3866
湘桥区	522	3249	6159	4972	1903	2106
潮安区	1115	2819	5331	3942	2064	1145
饶平县	655	1426	3056	1904	848	615
揭阳市	3004	21238	31187	25036	10344	10719
榕城区	654	5684	8063	6584	2596	2981
揭东区	527	3507	4523	3462	1450	1426
揭西县	408	1961	3897	3099	1188	1281
惠来县	535	2342	4110	3208	1300	1300
普宁市	880	7744	10594	8683	3810	3731
云浮市	1355	10379	17465	14191	4868	6207
云城区	292	2362	4344	3727	1255	1737
云安区	207	487	1002	762	351	285
新兴县	181	1829	3477	2878	956	1286
郁南县	215	1386	2329	1938	596	783
罗定市	460	4315	6313	4886	1710	2116

注：本表数据含村卫生室数。

12-2 全国各地区医疗机构床位情况(2019)

单位：张

地区	医疗机构床位数	医院床位数	每千常住人口医疗卫生机构床位数
北京	127777	120240	5.93
天津	68262	60990	4.37
河北	430079	328553	5.66
山西	218441	175047	5.86
内蒙古	161083	128769	6.34
辽宁	313847	267138	7.21
吉林	170332	145128	6.33
黑龙江	262575	219027	7.00
上海	146454	128499	6.03
江苏	516015	407248	6.39
浙江	350191	307128	5.99
安徽	347395	272106	5.46
福建	202211	156264	5.09
江西	267135	189562	5.72
山东	629722	481301	6.25
河南	640147	481174	6.64
湖北	403300	288159	6.80
湖南	506330	365129	7.32
广东	545196	441895	4.73
广西	277357	188283	5.59
海南	49764	40762	5.27
重庆	231806	171092	7.42
四川	631763	469814	7.54
贵州	264986	205789	7.31
云南	311899	241339	6.42
西藏	17063	12748	4.87
陕西	265814	215683	6.86
甘肃	181172	142943	6.84
青海	41443	34573	6.82
宁夏	40971	35427	5.90
新疆	18642	144736	7.39

12-3 2018-2019主要教育综合指标在全国排位

项目	单位	2018			2019		
		全国水平	广东	排位	全国水平	广东	排位
按常住人口计算	**（人）**						
每万人口普通本专科在校生		203.66	175.77	27	217.25	181.03	27
每万人口成人本专科在校生		42.51	67.08	2	47.91	82.10	1
每万人口高中阶段教育在校生		258.19	242.13	20	260.18	237.71	21
#每万人中等职业教育学校在校生		87.31	77.65	18	87.16	75.77	19
每万人口普通高中在校生		170.88	164.49	20	173.02	161.94	21
每万人口普通初中在校生		334.7	333.48	16	345.94	342.88	17
每万人口小学在校生		743.79	884.92	8	756.87	910.83	7
每万人口幼儿园在园儿童		334.98	402.11	7	337.82	409.40	7
按户籍人口计算	**（人）**						
每万人口普通本专科在校生		202.92	210.71	12	215.86	216.16	16
每万人口成人本专科在校生		42.36	80.41	3	47.60	98.03	1
每万人口高中阶段教育在校生		257.25	290.27	7	258.51	283.84	10
#每万人中等职业教育学校在校生		86.99	93.08	12	86.60	90.47	14
每万人口普通高中在校生		170.26	197.18	7	171.91	193.37	7
每万人口普通初中在校生		333.48	399.78	5	343.71	409.41	5
按户籍人口计算	**（人）**						
每万人口小学在校生		741.08	1060.84	2	752.01	1087.58	2
每万人口幼儿园在园儿童		333.75	482.04	2	335.65	488.84	2
小学教师达标率	(%)	99.97	99.99	11	99.97	99.98	19
小学教师专科以上学历的比重	(%)	96.49	98.14	8	97.26	98.55	8
普通初中教师达标	(%)	99.86	99.97	6	99.88	99.98	5
普通高中教师达标	(%)	98.41	99.23	7	98.62	99.35	6
普通高校教师高职称比	(%)	43.2	40.87	18	43.29	40.38	21
普通高校学校数	(所)	2663	152	2	2688	154	2
成人高校学校数	(所)	277	14	5	268	14	5
普通本专科招生数	(人)	7909931	573287	2	9149026	616331	3
成人本专科招生数	(人)	2733119	326377	1	3022088	425138	1
普通本专科在校生数	(人)	28310384	1963170	3	30315262	2053977	3
成人本专科在校生数	(人)	5909878	749161	1	6685603	931474	1
研究生在校生数	(人)	2731257	127260	7	2863712	136154	6

12-4　各地区高等学校普通本、专科学生数(2019)

地　区	学校数(所)	招生数(人)	本　科	专　科	在校学生数(人)	本　科
全　国	**2688**	**9149026**	**4312880**	**4836146**	**30315262**	**17508204**
北　京	93	152239	130851	21388	601545	527417
天　津	56	148877	90245	58632	539366	359897
河　北	122	460879	212885	247994	1473971	822919
山　西	82	229402	122810	106592	802005	515842
内蒙古	53	132428	63245	69183	472033	264901
辽　宁	115	331129	169450	161679	1041144	696797
吉　林	62	203888	120651	83237	700145	493437
黑龙江	81	238738	135686	103052	778160	542083
上　海	64	139847	95721	44126	526585	391302
江　苏	167	522849	274259	248590	1874084	1139878
浙　江	108	300579	151634	148945	1074688	636152
安　徽	120	400798	166050	234748	1241151	679883
福　建	90	281180	128447	152733	861231	518096
江　西	103	359431	145706	213725	1134950	568044
山　东	146	663148	264636	398512	2183944	1101805
河　南	141	696654	287338	409316	2319653	1197185
湖　北	128	435431	217367	218064	1500819	893499
湖　南	125	423249	188797	234452	1407108	748384
广　东	154	616331	288197	328134	2053977	1159808
广　西	78	359824	130049	229775	1076408	522722
海　南	20	68629	31249	37380	207424	118741
重　庆	65	271415	117696	153719	834864	470302
四　川	126	494840	235226	259614	1661737	944177
贵　州	72	250966	94667	156299	765745	371133
云　南	81	243379	108203	135176	864035	470776
西　藏	7	10576	6824	3752	36226	25533
陕　西	95	350990	172015	178975	1121990	693238
甘　肃	49	157239	73042	84197	524948	296982
青　海	12	21419	11107	10312	73182	42130
宁　夏	19	43039	22004	21035	135178	84360
新　疆	54	139633	56823	82810	426966	210781

注：学校数为普通高校数。教育部公布本科不含专科起点本科学生数，专科的招生数不含五年制高职转入学生数。

12-4 续表

地区	专科（人）	毕(结)业生数（人）	本科	专科	授予学位数（个）
全国	**12807058**	**7585298**	**3947157**	**3638141**	**3891750**
北京	74128	147074	121066	26008	120190
天津	179469	137063	79655	57408	77974
河北	651052	357831	174547	183284	173460
山西	286163	211772	121113	90659	119349
内蒙古	207132	124677	60353	64324	58676
辽宁	344347	257106	165262	91844	164001
吉林	206708	171814	116628	55186	115062
黑龙江	236077	194809	122745	72064	121758
上海	135283	131694	85641	46053	84422
江苏	734206	488498	266596	221902	260542
浙江	438536	283396	151734	131662	150481
安徽	561268	321623	157643	163980	156221
福建	343135	200169	121645	78524	121306
江西	566906	303308	122933	180375	122166
山东	1082139	577980	244719	333261	242749
河南	1122468	593363	276666	316697	273111
湖北	607320	383673	207828	175845	203713
湖南	658724	361908	166655	195253	163476
广东	894169	522094	267550	254544	265074
广西	553686	233144	108080	125064	105508
海南	88683	50393	25748	24645	24924
重庆	364562	200819	108837	91982	106851
四川	717560	402922	206829	196093	202911
贵州	394612	169655	67065	102590	64881
云南	393259	196463	101738	94725	99998
西藏	10693	9935	5968	3967	5642
陕西	428752	293496	160501	132995	158835
甘肃	227966	123314	68928	54386	67993
青海	31052	18958	8570	10388	8440
宁夏	50818	31988	17975	14013	17272
新疆	216185	84359	35939	48420	34764

注：学校数为普通高校数。学生数包括成人高校的普通本专科学生数。教育部公布的招生数不含专升本的学生数。

12-5 各地区普通高中基本情况(2019)

地区	学校数(所)	招生数(人)	在校学生数(人)	毕业生数(人)	教职工数(人)	
						专任教师
全国	**13964**	**8394949**	**24143050**	**7892494**	**7184080**	**6389497**
北京	318	51403	152857	50390	91277	71271
天津	187	52243	158561	54368	56241	48173
河北	679	506728	1411999	427550	394332	347695
山西	522	224654	660092	244365	226739	191581
内蒙古	303	130362	406205	144760	135351	107164
辽宁	420	203043	601543	206749	204608	177439
吉林	251	149522	418443	137352	137695	113475
黑龙江	368	190255	551656	185865	177408	150410
上海	258	54236	159445	51624	89952	74450
江苏	580	387603	1050290	313885	384087	344304
浙江	601	273060	784233	254026	261384	234451
安徽	667	378830	1088028	363296	312381	278849
福建	544	221862	639259	210157	187058	167494
江西	496	377216	1055368	326947	237636	226371
山东	640	587874	1672070	551604	536931	493448
河南	889	749785	2158790	679853	580080	520378
湖北	532	301376	852203	274071	256597	223227
湖南	642	437339	1221359	379575	340714	312303
广东	1008	639413	1837399	628523	633195	550707
广西	490	394233	1091029	326975	242390	216558
海南	124	60586	172528	57354	57610	49190
重庆	260	209829	616561	206590	138577	128021
四川	779	484081	1398064	470039	418103	382718
贵州	468	325020	992072	333356	231843	210334
云南	547	330490	909138	272366	224201	206645
西藏	35	23238	65500	19159	18522	17965
陕西	471	212712	683891	252235	200738	175223
甘肃	376	172017	526270	193621	151602	142809
青海	108	42236	126349	41582	34734	32015
宁夏	65	53619	153403	47318	36040	34116
新疆	336	170084	528445	186939	186054	160713

注：教职工数为普通高中和普通初中之和。

12-6 各地区中等职业学校(机构)学生情况(2019)

地区	招生数(人)	应届毕业生	初中毕业生	在校学生数(人)	毕业生数(人)	获得职业资格证书	预计毕业生数
全国	**4574121**	**4165127**	**4054872**	**12161663**	**3950427**	**2839511**	**3919994**
北京	12578	11095	10672	49356	22939	9377	18586
天津	24971	23968	22798	80942	30005	22937	31300
河北	315647	278547	267789	774629	244988	184967	270900
山西	106945	97876	91342	296674	107153	91546	101186
内蒙古	57572	54449	53232	168536	59815	31533	57851
辽宁	86152	79967	76289	265089	99924	50529	99319
吉林	43755	39748	38052	117863	43181	17636	41096
黑龙江	55174	47511	42662	167688	61511	18249	62918
上海	34291	31219	31046	99979	33778	26911	33192
江苏	212812	206781	199327	621530	201787	175617	210132
浙江	199421	194457	194308	542066	172310	161622	171549
安徽	302038	266187	255992	750713	267892	207708	260051
福建	130126	119868	118115	334826	110432	97549	101379
江西	149327	141223	140484	385493	112129	105329	107638
山东	267223	255871	253641	730464	259891	164970	235070
河南	420862	379187	370098	1110637	343875	219728	335370
湖北	144955	140994	139716	391910	116755	83438	118975
湖南	253467	237365	234069	669992	209896	161591	209296
广东	314820	290868	284058	859668	279317	185207	270226
广西	259391	202052	190850	680286	196423	113794	210574
海南	42818	35050	34388	117313	34764	10802	35840
重庆	123645	120180	119253	317203	92141	71461	92972
四川	323855	291058	281976	796091	307889	269076	285895
贵州	154707	138810	135266	438121	142170	94041	146221
云南	194839	165654	163326	513232	148998	101414	155543
西藏	10537	9539	9487	25402	6601	873	6225
陕西	109191	103124	100376	257529	73018	51756	75071
甘肃	76052	71607	70417	186733	59734	47652	54661
青海	31917	21855	21453	81621	20184	11143	21354
宁夏	27933	26702	26615	74640	22966	13766	22759
新疆	87100	82315	77775	255437	67961	37289	76845

注：中等职业学校数据不含技工数。

12-7 各地区普通初中基本情况(2019)

地　区	学校数(所)	招生数(人)	在校学生数(人)	毕业生数(人)	专任教师(人)
全　国	**52415**	**16388487**	**48271362**	**14540936**	**3747429**
北　京	336	117398	308722	73344	37057
天　津	340	99558	303432	76464	28333
河　北	2405	992368	2973099	860418	210644
山　西	1762	377842	1141923	375268	109271
内蒙古	701	222652	663303	194077	59558
辽　宁	1518	345116	1014597	315612	99648
吉　林	1177	210064	654524	214960	66275
黑龙江	1420	250104	913966	269903	88058
上　海	584	132913	450954	86567	43073
江　苏	2224	862163	2424561	693410	200995
浙　江	1744	550411	1636986	512211	130566
安　徽	2846	768682	2188323	676496	162358
福　建	1249	483234	1364564	399462	104637
江　西	2177	768708	2200671	635775	136570
山　东	3151	1173111	3609195	1023992	292845
河　南	4603	1578686	4684765	1411868	327211
湖　北	2080	565300	1653660	499686	133135
湖　南	3368	851250	2482512	769462	181836
广　东	3712	1380301	3890283	1149457	291619
广　西	1753	760083	2204864	681181	142404
海　南	404	126322	369015	105415	26987
重　庆	867	396289	1115764	329956	81196
四　川	3734	943769	2737192	828692	211700
贵　州	2008	561848	1792803	601458	128224
云　南	1689	607343	1845363	618649	133786
西　藏	101	48681	139808	41191	11934
陕　西	1612	392319	1123519	351360	99923
甘　肃	1465	299865	881781	285931	81037
青　海	263	73925	225270	72013	16703
宁　夏	252	100254	298799	91727	20659
新　疆	870	347928	977144	294931	89187

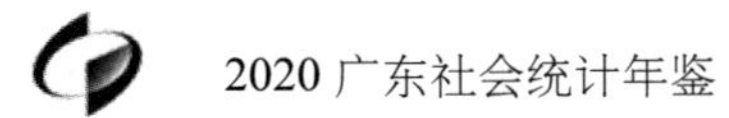

12-8 各地区小学基本情况(2019)

地区	学校数(所)	招生数(人)	在校学生数(人)	毕业生数(人)	专任教师(人)
全国	**160148**	**18690411**	**105612358**	**16479006**	**5486258**
北京	941	182873	941614	138968	55758
天津	877	127827	702004	100815	43253
河北	11604	1189801	6791054	1003465	365313
山西	5312	398696	2293318	386557	149648
内蒙古	1662	245706	1363093	222827	92236
辽宁	2976	339683	1950513	345630	111936
吉林	3740	196696	1185695	212027	89468
黑龙江	1431	214565	1278727	252008	87646
上海	698	184354	826347	145432	46683
江苏	4151	1001249	5726376	876384	288034
浙江	3310	655675	3671067	573232	184174
安徽	7792	795818	4621048	753912	219291
福建	5160	621772	3343976	487873	167025
江西	7330	658488	4114416	765289	209153
山东	9646	1278551	7385622	1177488	385089
河南	18117	1737602	10124818	1581313	510350
湖北	5405	657842	3764794	561501	185132
湖南	7245	895433	5287730	839304	240995
广东	10565	1944213	10334303	1430339	442928
广西	8036	932910	4950349	752393	256065
海南	1376	152354	853075	127744	43852
重庆	2860	340359	2062948	384347	121834
四川	5725	933467	5557731	935545	267989
贵州	6943	687609	3882991	545516	198474
云南	10789	669748	3851042	610568	220392
西藏	821	61760	340952	50998	22881
陕西	4640	510915	2775874	390191	152882
甘肃	5444	352383	1941406	303579	132449
青海	724	90313	498501	74531	23000
宁夏	1188	101798	584149	100626	32144
新疆	3640	529951	2606825	348604	140184

12-9 各地区特殊教育基本情况(2019)

地区	学校数(所)	招生数(人)	在校学生数(人)	毕业生数(人)	教职工数(人)	专任教师
全国	**2192**	**144211**	**794612**	**97587**	**72108**	**62358**
北京	20	1026	6962	1386	1234	993
天津	21	878	4923	510	810	662
河北	163	5733	29459	3010	4054	3530
山西	80	4046	18336	2278	2304	1924
内蒙古	51	2209	13215	1712	1942	1662
辽宁	83	1979	13264	1771	2903	2201
吉林	49	2095	11313	1410	1935	1649
黑龙江	72	2568	15812	1436	2330	1997
上海	31	1322	8122	1440	1752	1385
江苏	104	5182	33083	4235	4188	3654
浙江	86	3521	20913	2909	3121	2852
安徽	73	5395	36941	2759	2044	1873
福建	73	4962	26798	4077	2470	2216
江西	95	6930	37644	7058	1982	1767
山东	150	6333	38986	4618	6248	5517
河南	150	10472	54849	3007	4505	4156
湖北	85	5549	28774	1724	2162	1889
湖南	86	8262	47085	5550	2711	2423
广东	141	10149	52869	5179	6570	5326
广西	82	7077	37730	4701	2138	1823
海南	13	860	4291	387	582	404
重庆	39	4492	25362	3203	1156	1050
四川	129	10914	61072	11408	3391	3094
贵州	77	7876	38942	4297	2183	1922
云南	65	7798	42207	7642	1961	1740
西藏	6	1350	6766	738	307	286
陕西	66	3198	18359	2412	1842	1519
甘肃	44	3771	19294	1997	1249	1083
青海	16	1356	7700	803	278	216
宁夏	14	1212	6976	793	478	427
新疆	28	5696	26565	3137	1278	1118

12-10 各县区中等职业教育基本情况(2019)

地 区	学校数(所)	毕业生数(人)	招生数(人)	在校生数(人)	教职工数(人)	专任教师数(人)
广东省	**426**	**279317**	**314820**	**859668**	**56252**	**44034**
广州市	**82**	**58192**	**63539**	**180990**	**11357**	**7926**
荔湾区	5	3006	2636	8438	655	408
越秀区	10	8182	8457	22491	949	689
海珠区	13	9538	10686	31534	2093	1462
天河区	26	18404	18754	58095	3551	2389
白云区	13	9164	10134	27651	1638	1158
黄埔区	3	1754	1816	5209	259	192
番禺区	3	2599	3332	9354	596	483
花都区	3	1580	2065	4988	468	312
南沙区	1	524	712	1694	111	102
从化区	2	1138	2133	4434	365	243
增城区	3	2303	2814	7102	672	488
韶关市	**14**	**6905**	**11856**	**29730**	**2017**	**1613**
武江区	2	1614	2100	5374	510	283
浈江区	4	2692	3989	10556	571	476
曲江区	1	371	854	1679	137	110
始兴县	1	437	644	1795	113	110
仁化县	1	165	556	1194	84	79
翁源县	1	374	1226	2610	135	131
乳源瑶族自治县	1	271	461	1229	129	106
新丰县	1	192	492	1240	80	73
乐昌市	1	495	768	2209	143	136
南雄市	1	294	766	1844	115	109
深圳市	**15**	**12861**	**13835**	**39442**	**3584**	**2747**
罗湖区	2	2510	2507	6910	539	457
福田区	3	2295	2053	6431	645	569
南山区	1	950	956	2824	269	211
宝安区	4	3023	4097	11153	822	543
龙岗区	3	1825	2081	5821	744	523
盐田区	1	778	812	2229	218	189
龙华区	0	0	0	0	0	0

12－10　续表1

地　区	学校数（所）	毕业生数（人）	招生数（人）	在校生数（人）	教职工数（人）	专任教师数（人）
坪山区	0	0	0	0	0	0
光明区	1	1480	1329	4074	347	255
珠海市	**8**	**7059**	**6744**	**18493**	**1123**	**916**
香洲区	5	5632	5465	15203	936	804
斗门区	3	1298	1063	2792	187	112
金湾区	0	129	216	498	0	0
汕头市	**21**	**10749**	**11021**	**31061**	**2165**	**1744**
龙湖区	8	4707	3542	10860	638	462
金平区	7	2840	3339	9186	787	637
濠江区	1	346	702	1712	153	129
潮阳区	2	1062	1212	3632	264	238
潮南区	1	845	1442	3437	136	129
澄海区	1	931	784	2222	173	138
南澳县	1	18	0	12	14	11
佛山市	**31**	**21167**	**27862**	**64974**	**4625**	**3827**
禅城区	4	2229	2090	5950	449	388
南海区	9	8725	10445	23952	1617	1101
顺德区	13	7889	11914	27469	2049	1936
三水区	3	1687	2476	5540	375	292
高明区	2	637	937	2063	135	110
江门市	**18**	**13228**	**11719**	**33725**	**2274**	**2016**
蓬江区	6	4732	3013	10483	625	517
江海区	1	2335	1326	3816	149	133
新会区	2	1989	1710	5115	352	300
台山市	3	1191	1864	4661	368	335
开平市	2	1342	1411	3758	355	332
鹤山市	2	1199	1670	4137	246	229
恩平市	2	440	725	1755	179	170
湛江市	**42**	**21235**	**22337**	**58386**	**3013**	**2263**
赤坎区	10	5330	7095	21195	822	602

12-10 续表2

地　区	学校数 (所)	毕业生数 (人)	招生数 (人)	在校生数 (人)	教职工数 (人)	专任教师数 (人)
霞山区	7	2356	2437	6360	471	346
坡头区	0	59	0	0	0	0
麻章区	10	9093	7901	20170	964	682
遂溪县	1	919	412	931	58	53
徐闻县	1	370	703	1493	110	103
廉江市	6	1407	1813	3841	242	165
雷州市	1	1001	1285	2436	187	172
吴川市	6	700	691	1960	159	140
茂名市	**17**	**15932**	**23566**	**63120**	**3505**	**3073**
茂南区	3	1941	1353	6175	361	299
电白区	2	2054	1890	5365	452	380
高州市	6	5884	12145	29518	1389	1178
化州市	4	1541	3596	8205	577	520
信宜市	2	4512	4582	13857	726	696
肇庆市	**17**	**18291**	**20496**	**54052**	**3186**	**2590**
端州区	11	14714	16752	44192	2323	1839
鼎湖区	0	0	0	0	0	0
高要区	1	311	0	43	51	43
广宁县	1	829	490	1425	134	111
怀集县	1	641	1154	2609	194	162
封开县	1	670	404	1469	141	124
德庆县	1	202	158	304	55	46
四会市	1	924	1538	4010	288	265
惠州市	**25**	**16611**	**16775**	**48687**	**2674**	**1945**
惠城区	15	12128	9180	30598	1668	1169
惠阳区	4	1340	2573	6054	333	250
博罗县	4	2327	3520	8197	396	298

12-10 续表3

地　区	学校数（所）	毕业生数（人）	招生数（人）	在校生数（人）	教职工数（人）	专任教师数（人）
惠东县	1	537	1055	2873	173	173
龙门县	1	279	447	965	104	55
梅州市	**20**	**9232**	**9282**	**26206**	**1731**	**1408**
梅江区	7	5538	5567	15430	849	653
梅县区	5	839	716	2195	220	197
大埔县	1	671	567	2039	161	144
丰顺县	1	618	531	1039	87	73
五华县	1	213	271	1055	100	100
平远县	1	65	327	873	45	40
蕉岭县	1	298	80	418	86	84
兴宁市	3	990	1223	3157	183	117
汕尾市	**13**	**3118**	**5737**	**13618**	**910**	**805**
城　区	4	1122	1752	4307	297	234
海丰县	2	649	1262	2610	148	131
陆河县	1	512	806	2015	139	135
陆丰市	6	835	1917	4686	326	305
河源市	**13**	**6619**	**8108**	**21202**	**1395**	**1123**
源城区	7	5591	6632	17845	904	747
紫金县	1	645	567	1370	123	110
龙川县	1	165	132	407	66	54
连平县	1	0	0	0	86	74
和平县	1	53	509	984	152	96
东源县	2	165	268	596	64	42
阳江市	**5**	**5061**	**4990**	**13379**	**731**	**586**
江城区	2	2278	2327	5941	377	259
阳东区	1	543	630	1455	100	93
阳西县	1	68	346	693	45	39
阳春市	1	2172	1687	5290	209	195

12-10 续表4

地　区	学校数(所)	毕业生数(人)	招生数(人)	在校生数(人)	教职工数(人)	专任教师数(人)
清远市	**14**	**8880**	**10379**	**28771**	**1879**	**1622**
清城区	4	3076	4017	10717	614	535
清新区	1	1563	1735	5301	264	245
佛冈县	2	196	311	564	189	149
阳山县	1	372	658	1645	131	115
连山壮族瑶族自治县	1	107	86	296	83	61
连南瑶族自治县	1	73	14	125	29	25
英德市	2	2054	1699	5574	391	338
连州市	2	1439	1859	4549	178	154
东莞市	**21**	**18574**	**19515**	**56962**	**4391**	**3030**
东莞市	21	18574	19515	56962	4391	3030
中山市	**11**	**7193**	**8535**	**23847**	**1847**	**1570**
中山市	11	7193	8535	23847	1847	1570
潮州市	**10**	**3129**	**2970**	**8825**	**855**	**744**
湘桥区	4	2203	2315	6808	428	349
潮安区	2	276	184	717	214	188
饶平县	4	650	471	1300	213	207
揭阳市	**16**	**8469**	**9207**	**25980**	**1904**	**1569**
榕城区	4	3360	3484	10206	584	455
揭东区	4	442	340	1012	403	356
揭西县	2	252	106	321	138	125
惠来县	2	192	0	21	97	54
普宁市	4	4223	5277	14420	682	579
云浮市	**13**	**6812**	**6347**	**18218**	**1086**	**917**
云城区	1	1259	1257	2893	179	160
云安区	1	0	0	0	23	22
新兴县	6	2406	2698	7599	375	296
郁南县	1	437	317	1069	135	110
罗定市	4	2710	2075	6657	374	329

12-11 各县区普通高中基本情况(2019)

地 区	学校数(所)	毕业生数(人)	招生数(人)	在校生数(人)	教职工数(人)	专任教师数(人)
广东省	**1008**	**628523**	**639413**	**1837399**	**633195**	**148775**
广州市	**119**	**56484**	**53127**	**159355**	**66235**	**14475**
荔湾区	8	5189	4896	14873	4810	1246
越秀区	16	8555	8419	25685	6055	2278
海珠区	11	4535	4179	12962	4644	1130
天河区	12	4478	4809	14044	6965	1401
白云区	13	5858	4784	15504	7424	1457
黄埔区	8	2355	2641	7668	4260	687
番禺区	14	8521	8253	24242	9561	2087
花都区	9	4795	4150	12424	8571	1137
南沙区	9	2220	2150	6371	2726	622
从化区	8	3925	3692	10234	3322	914
增城区	11	6053	5154	15348	7897	1516
韶关市	**25**	**17115**	**17270**	**50560**	**15516**	**4272**
武江区	5	2743	3087	8674	1972	660
浈江区	2	1924	1881	5239	1803	458
曲江区	3	1689	1808	5380	1367	412
始兴县	2	1204	1197	3579	1091	372
仁化县	2	1298	1096	3385	1318	337
翁源县	3	1556	1500	4519	1500	352
乳源瑶族自治县	1	854	899	2650	903	206
新丰县	1	1321	1200	3713	1003	304
乐昌市	3	2225	2361	6843	2502	597
南雄市	3	2301	2241	6578	2057	574
深圳市	**83**	**41739**	**49206**	**137539**	**81855**	**11930**
罗湖区	8	4072	4512	12647	5219	1178
福田区	13	7757	8396	24474	8183	2103
南山区	9	4700	5056	14757	9201	1307
宝安区	20	9246	10478	30220	19629	2526
龙岗区	17	9404	12847	33574	22527	2809
盐田区	2	985	913	2754	993	237
龙华区	9	2242	3344	8655	8818	886
坪山区	2	1288	1476	3959	2834	340
光明区	3	2045	2184	6499	4451	544

注：高中学校教职工数含初级中学、九年一贯制学校、职业初中、完全中学、高级中学、十二年一贯制学校。

12-11 续表1

地　区	学校数（所）	毕业生数（人）	招生数（人）	在校生数（人）	教职工数（人）	专任教师数（人）
珠海市	**20**	**9670**	**10948**	**31909**	**10444**	**2650**
香洲区	12	5540	5939	16836	6421	1424
斗门区	4	2473	2580	7569	2455	633
金湾区	4	1657	2429	7504	1568	593
汕头市	**95**	**46199**	**47522**	**137056**	**39566**	**10510**
龙湖区	10	5236	4909	15307	3851	1262
金平区	15	6158	7085	19103	4957	1523
濠江区	8	4437	3911	11651	2454	925
潮阳区	29	16101	16334	46905	13350	3496
潮南区	18	9779	10304	30252	10595	2039
澄海区	14	4175	4771	13173	3967	1136
南澳县	1	313	208	665	392	129
佛山市	**60**	**38582**	**42129**	**120734**	**35280**	**9368**
禅城区	11	5640	6330	17904	4535	1457
南海区	19	15108	16300	48143	13783	3225
顺德区	22	13233	14262	40377	11010	3512
三水区	4	2946	3009	8837	3824	718
高明区	4	1655	2228	5473	2128	456
江门市	**48**	**24460**	**28250**	**78321**	**20622**	**5976**
蓬江区	7	3667	4171	11947	3985	884
江海区	2	1031	1122	3192	1248	213
新会区	12	5889	6660	18056	4721	1350
台山市	8	4070	5285	13736	3596	1054
开平市	8	4953	5501	15758	3274	1260
鹤山市	5	2355	2762	8006	2060	631
恩平市	6	2495	2749	7626	1738	584
湛江市	**59**	**50126**	**42050**	**130920**	**38753**	**10864**
赤坎区	7	4621	4011	12366	3355	1062

注：高中学校教职工数含初级中学、九年一贯制学校、职业初中、完全中学、高级中学、十二年一贯制学校。

12-11 续表2

地　区	学校数（所）	毕业生数（人）	招生数（人）	在校生数（人）	教职工数（人）	专任教师数（人）
霞山区	10	7515	6408	19732	5546	1571
坡头区	3	1817	1694	5109	1528	458
麻章区	7	3036	3155	10392	3076	753
遂溪县	4	5192	3793	11857	3779	1116
徐闻县	3	3687	3049	9593	3334	813
廉江市	7	7853	6981	21008	6988	1902
雷州市	10	8069	6681	20923	6799	1692
吴川市	8	8336	6278	19940	4348	1497
茂名市	**65**	**59376**	**53686**	**156727**	**37660**	**12851**
茂南区	6	6018	7308	19875	5736	1508
电白区	14	12882	11707	35517	8503	3013
高州市	16	14443	12417	35641	9710	3444
化州市	17	13596	12131	36376	7209	2558
信宜市	12	12437	10123	29318	6502	2328
肇庆市	**33**	**25754**	**24850**	**70345**	**21139**	**5655**
端州区	8	4013	4679	13283	3381	1033
鼎湖区	4	1026	1376	3522	1105	321
高要区	4	4053	3537	10375	3051	948
广宁县	2	2258	1755	5099	1699	414
怀集县	4	5669	4281	13046	4055	1074
封开县	3	3189	2394	7615	2156	624
德庆县	3	2281	1800	5081	1583	420
四会市	5	3265	5028	12324	4109	821
惠州市	**43**	**30256**	**34029**	**95151**	**35667**	**7062**
惠城区	18	10958	11776	33666	12442	2515
惠阳区	7	6510	7072	19795	8221	1343
博罗县	8	5633	7253	19717	7119	1552

注：高中学校教职工数含初级中学、九年一贯制学校、职业初中、完全中学、高级中学、十二年一贯制学校。

12-11 续表3

地　区	学校数 (所)	毕业生数 (人)	招生数 (人)	在校生数 (人)	教职工数 (人)	专任教师数 (人)
惠东县	7	5521	6123	16819	5953	1240
龙门县	3	1634	1805	5154	1932	412
梅州市	**59**	**30065**	**28794**	**83306**	**23756**	**7454**
梅江区	8	5052	5213	14563	3043	1214
梅县区	9	2794	2823	8006	2717	762
大埔县	8	2405	2605	7487	2099	713
丰顺县	7	3322	3085	9199	2782	772
五华县	11	8709	7764	22321	5428	1856
平远县	3	1228	1018	2892	1195	456
蕉岭县	2	1214	1082	3310	1193	393
兴宁市	11	5341	5204	15528	5299	1288
汕尾市	**37**	**20769**	**18090**	**54116**	**17565**	**4265**
城　区	8	4388	3733	11384	2878	966
海丰县	12	5100	4661	14100	5010	1200
陆河县	5	2754	1940	6201	1961	578
陆丰市	12	8527	7756	22431	7716	1521
河源市	**32**	**20902**	**23203**	**65276**	**22004**	**5414**
源城区	10	3894	5764	14260	5606	1062
紫金县	7	4230	4363	12217	3445	965
龙川县	5	4752	5447	15163	5096	1291
连平县	3	1807	1968	5606	1723	466
和平县	4	2597	2991	8179	3482	721
东源县	3	3622	2670	9851	2652	909
阳江市	**17**	**14979**	**16382**	**45261**	**16067**	**3504**
江城区	6	3979	4335	12117	5758	1028
阳东区	4	3016	3503	9801	3766	654
阳西县	2	2622	2839	7909	2344	666
阳春市	5	5362	5705	15434	4199	1156

注：高中学校教职工数含初级中学、九年一贯制学校、职业初中、完全中学、高级中学、十二年一贯制学校。

12−11 续表4

地　区	学校数 (所)	毕业生数 (人)	招生数 (人)	在校生数 (人)	教职工数 (人)	专任教师数 (人)
清远市	**32**	**23091**	**23337**	**66805**	**20616**	**5371**
清城区	11	7206	7678	21132	6840	1704
清新区	6	3606	3530	10801	2839	822
佛冈县	2	1598	1621	4560	1251	373
阳山县	3	1756	1644	4560	1978	417
连山壮族瑶族自治县	1	531	562	1440	791	146
连南瑶族自治县	1	784	854	2476	850	188
英德市	6	5909	5600	16649	4308	1319
连州市	2	1701	1848	5187	1759	402
东莞市	**42**	**27135**	**30221**	**85561**	**48863**	**6147**
东莞市	42	27135	30221	85561	48863	6147
中山市	**19**	**15401**	**17175**	**47790**	**18841**	**3698**
中山市	19	15401	17175	47790	18841	3698
潮州市	**34**	**16854**	**16879**	**48745**	**13692**	**4441**
湘桥区	7	4969	4896	14280	3337	1152
潮安区	15	6955	6811	19956	5661	1754
饶平县	12	4930	5172	14509	4694	1535
揭阳市	**64**	**44262**	**46411**	**126271**	**36357**	**9383**
榕城区	13	7241	9662	24352	7002	2086
揭东区	11	6933	6575	19121	4837	1481
揭西县	10	5398	4794	14054	4050	1126
惠来县	8	7281	6148	17133	5771	1336
普宁市	22	17409	19232	51611	14697	3354
云浮市	**22**	**15304**	**15854**	**45651**	**12697**	**3485**
云城区	4	2493	2461	6882	1923	532
云安区	2	842	1210	2972	1425	238
新兴县	5	2998	2736	8123	2144	724
郁南县	3	1930	1981	5829	1919	449
罗定市	8	7041	7466	21845	5286	1542

注：高中学校教职工数含初级中学、九年一贯制学校、职业初中、完全中学、高级中学、十二年一贯制学校。

12-12 各县区普通初中基本情况(2019)

地　区	学校数 (所)	毕业生数 (人)	招生数 (人)	在校生数 (人)	专任教师数 (人)
广东省	**3712**	**1149457**	**1380301**	**3890283**	**291619**
广州市	**415**	**107563**	**131578**	**366867**	**29704**
荔湾区	34	7204	9353	25938	2210
越秀区	19	10332	12586	34554	2818
海珠区	27	9699	11003	31438	2472
天河区	39	11333	12955	36689	2895
白云区	57	13813	16564	46743	3648
黄埔区	28	6829	8942	24603	2067
番禺区	57	14450	17738	49509	3892
花都区	72	12862	15960	44797	3341
南沙区	19	5229	6175	17282	1426
从化区	17	5745	7479	20300	1805
增城区	46	10067	12823	35014	3130
韶关市	**126**	**34312**	**35845**	**107503**	**8187**
武江区	8	4601	5085	14870	984
浈江区	13	3417	3949	11391	841
曲江区	11	3144	3587	10676	750
始兴县	10	2515	2410	7216	606
仁化县	13	2272	2312	6968	615
翁源县	16	3907	3567	11514	833
乳源瑶族自治县	7	2311	2396	7574	591
新丰县	10	2323	2605	7508	599
乐昌市	22	5211	5507	16152	1236
南雄市	16	4611	4427	13634	1132
深圳市	**334**	**91131**	**124848**	**339851**	**26431**
罗湖区	22	9741	11809	32635	2404
福田区	23	12528	15510	42345	3329
南山区	34	9915	14905	38536	3061
宝安区	58	20748	27886	76704	5593
龙岗区	106	21749	29237	81648	6617
盐田区	5	1601	2071	5596	509
龙华区	45	8172	12984	33788	2558
坪山区	17	2828	4366	11952	1010
光明区	24	3849	6080	16647	1350

12-12 续表1

地　区	学校数 (所)	毕业生数 (人)	招生数 (人)	在校生数 (人)	专任教师数 (人)
珠海市	**57**	**19694**	**24773**	**68705**	**4897**
香洲区	28	12253	15176	41922	2905
斗门区	20	4881	6052	17216	1260
金湾区	9	2560	3545	9567	732
汕头市	**213**	**70967**	**80053**	**229953**	**18048**
龙湖区	17	6770	8232	22790	1715
金平区	28	10843	11929	34811	2434
濠江区	10	4035	4479	12575	1066
潮阳区	65	23406	24434	72591	6129
潮南区	71	17641	20682	57760	4272
澄海区	19	7992	9918	28260	2194
南澳县	3	280	379	1166	238
佛山市	**152**	**68438**	**83566**	**235575**	**17037**
禅城区	16	8745	10070	29305	1925
南海区	59	24900	32331	89155	6662
顺德区	46	24058	28620	81649	5902
三水区	22	6700	7656	21647	1615
高明区	9	4035	4889	13819	933
江门市	**145**	**43479**	**49560**	**141788**	**10270**
蓬江区	24	8201	9897	27794	1921
江海区	9	2480	2954	8393	559
新会区	30	8750	10035	28848	2357
台山市	29	7392	8046	23141	1763
开平市	23	7758	8199	23992	1635
鹤山市	12	4640	5700	16227	1021
恩平市	18	4258	4729	13393	1014
湛江市	**256**	**83228**	**95900**	**271742**	**20899**
赤坎区	13	5386	7047	18969	1306

12-12 续表2

地 区	学校数 (所)	毕业生数 (人)	招生数 (人)	在校生数 (人)	专任教师数 (人)
霞山区	23	9444	11452	32068	2158
坡头区	13	2248	2734	7366	740
麻章区	18	5263	6467	17797	1407
遂溪县	41	8178	9580	26724	2353
徐闻县	33	7475	8574	24014	2041
廉江市	58	17460	19949	57994	4276
雷州市	34	15691	18288	52247	4053
吴川市	23	12083	11809	34563	2565
茂名市	**198**	**91760**	**97592**	**281404**	**20265**
茂南区	32	13692	14393	41298	3112
电白区	38	19226	19864	57319	4237
高州市	55	21168	23099	67136	5210
化州市	33	21261	22869	65239	4144
信宜市	40	16413	17367	50412	3562
肇庆市	**154**	**49718**	**56675**	**161919**	**10728**
端州区	15	5754	6663	19041	1379
鼎湖区	10	1668	2695	6787	480
高要区	25	7058	9019	24663	1629
广宁县	21	4397	5482	15267	936
怀集县	25	13970	13696	41862	2650
封开县	16	6036	5439	16266	1292
德庆县	12	4350	5202	14908	892
四会市	30	6485	8479	23125	1470
惠州市	**234**	**63259**	**84317**	**232574**	**15791**
惠城区	64	19607	26820	72999	4903
惠阳区	53	14721	19310	53289	3436
博罗县	47	13704	18148	50731	3471

12-12 续表3

地　区	学校数（所）	毕业生数（人）	招生数（人）	在校生数（人）	专任教师数（人）
惠东县	52	12042	15743	43678	3053
龙门县	18	3185	4296	11877	928
梅州市	**173**	**47523**	**53431**	**155353**	**12779**
梅江区	12	5831	6716	19613	1445
梅县区	17	4673	5695	16036	1361
大埔县	20	4185	4511	13325	1109
丰顺县	26	5562	6344	17983	1572
五华县	42	14879	15417	46570	3152
平远县	14	1984	2291	6408	646
蕉岭县	13	1645	1947	5682	664
兴宁市	29	8764	10510	29736	2830
汕尾市	**127**	**37962**	**40535**	**118749**	**8993**
城　区	14	5760	5727	16532	1464
海丰县	29	9607	11678	33170	2371
陆河县	11	3836	3774	11238	1112
陆丰市	73	18759	19356	57809	4046
河源市	**166**	**38614**	**49784**	**137742**	**11109**
源城区	27	8189	13297	34349	2402
紫金县	31	8907	10729	29708	2198
龙川县	37	9195	11129	31605	2816
连平县	21	3370	4160	11573	1030
和平县	22	4560	5869	16762	1428
东源县	28	4393	4600	13745	1235
阳江市	**98**	**27993**	**34935**	**98398**	**7258**
江城区	30	8615	9878	28549	2168
阳东区	28	5015	7149	19200	1579
阳西县	19	4578	4768	15037	1189
阳春市	21	9785	13140	35612	2322

12-12 续表4

地　区	学校数（所）	毕业生数（人）	招生数（人）	在校生数（人）	专任教师数（人）
清远市	**155**	**41876**	**52201**	**143504**	**10490**
清城区	33	10446	14330	38701	2630
清新区	19	7555	8919	24943	1671
佛冈县	12	3404	4490	12139	806
阳山县	22	3179	4737	12194	1099
连山壮族瑶族自治县	9	1018	1128	3146	387
连南瑶族自治县	10	1577	1863	5236	432
英德市	34	10811	12157	33694	2549
连州市	16	3886	4577	13451	916
东莞市	**204**	**69066**	**97821**	**263482**	**16854**
东莞市	204	69066	97821	263482	16854
中山市	**84**	**34633**	**40883**	**117270**	**8066**
中山市	84	34633	40883	117270	8066
潮州市	**106**	**25359**	**29969**	**84057**	**7020**
湘桥区	23	6030	7393	20743	1596
潮安区	54	10832	12929	35679	2719
饶平县	29	8497	9647	27635	2705
揭阳市	**231**	**73931**	**81642**	**237009**	**19226**
榕城区	45	10890	14079	38267	3513
揭东区	44	9570	10160	30194	2525
揭西县	33	8225	8352	24396	2364
惠来县	35	14167	15796	46864	3261
普宁市	74	31079	33255	97288	7563
云浮市	**84**	**28951**	**34393**	**96838**	**7567**
云城区	10	4410	5351	14844	1008
云安区	10	2453	2714	7621	878
新兴县	15	4234	5567	15277	1279
郁南县	21	4159	4858	13689	1236
罗定市	28	13695	15903	45407	3166

12-13 各县区小学基本情况(2019)

地 区	学校数（所）	毕业生数（人）	招生数（人）	在校生数（人）	教职工数（人）	专任教师数（人）
广东省	**10565**	**1430339**	**1944213**	**10334303**	**476110**	**553241**
广州市	**980**	**147700**	**210895**	**1104714**	**52116**	**60035**
荔湾区	51	9274	13045	65866	2739	3383
越秀区	49	11055	11857	71075	3343	3595
海珠区	82	13506	16511	90401	4739	4924
天河区	76	16276	22446	118154	4999	6482
白云区	173	22721	31159	165989	8779	8681
黄埔区	61	8433	14707	72932	3676	4214
番禺区	138	20285	30272	155831	7072	8634
花都区	107	19429	26078	145224	5939	7946
南沙区	62	6222	10389	51156	2338	2666
从化区	68	7021	12323	58050	3328	3029
增城区	113	13478	22108	110036	5164	6481
韶关市	**204**	**35884**	**48233**	**260813**	**13005**	**14419**
武江区	23	4305	6140	32893	1684	1630
浈江区	26	3985	5095	27578	1186	1448
曲江区	19	3829	4335	25091	1480	1536
始兴县	16	2434	3423	17633	964	1024
仁化县	14	2355	3232	18571	909	1138
翁源县	16	3816	6178	31655	1566	1659
乳源瑶族自治县	11	2461	3462	17997	1020	1026
新丰县	15	2664	3444	18403	1140	1110
乐昌市	29	5594	7274	39671	1426	1975
南雄市	35	4441	5650	31321	1630	1873
深圳市	**340**	**139895**	**203957**	**1068992**	**33069**	**58511**
罗湖区	45	12851	16401	87420	4547	4949
福田区	53	15482	21828	111322	5467	6641
南山区	35	14787	21079	107451	3264	6305
宝安区	58	34331	46637	258478	6083	13421
龙岗区	77	33840	49742	261787	6762	14409
盐田区	10	1904	2661	13837	873	885
龙华区	30	14776	27202	132084	3041	6581
坪山区	19	4946	7406	39791	1616	2204
光明区	13	6978	11001	56822	1416	3116

注：小学教职工数只含小学、教学点数，不含九年一贯制和十二年一贯制学校小学部分数据。

12−13 续表1

地　区	学校数 (所)	毕业生数 (人)	招生数 (人)	在校生数 (人)	教职工数 (人)	专任教师数 (人)
珠海市	**131**	**25385**	**34809**	**181989**	**8318**	**9399**
香洲区	71	15963	20879	110552	4883	5672
斗门区	42	6041	8482	44239	1895	2231
金湾区	18	3381	5448	27198	1540	1496
汕头市	**741**	**81173**	**103070**	**564301**	**23808**	**28190**
龙湖区	64	9064	11705	65181	2872	3327
金平区	70	11365	13065	77690	3059	3417
濠江区	37	3308	4335	23110	1121	1296
潮阳区	246	24628	33176	174499	7748	8953
潮南区	213	20720	27714	145262	5044	7194
澄海区	107	11609	12353	74804	3614	3675
南澳县	4	479	722	3755	350	328
佛山市	**417**	**82950**	**117468**	**616570**	**30463**	**32754**
禅城区	75	10958	15352	85682	4834	4812
南海区	137	30247	48536	243600	12365	13439
顺德区	148	28748	36108	197093	9076	9810
三水区	34	7674	10552	54238	2671	2987
高明区	23	5323	6920	35957	1517	1706
江门市	**326**	**50390**	**63474**	**348700**	**15353**	**17259**
蓬江区	47	9717	12013	66996	2834	3506
江海区	19	3379	5150	25708	834	1122
新会区	66	10198	12150	68251	2785	3447
台山市	54	8017	9545	53558	2521	2834
开平市	58	8687	9778	55337	2789	2740
鹤山市	42	5541	7478	40107	1662	1763
恩平市	40	4851	7360	38743	1928	1847
湛江市	**940**	**95264**	**138902**	**715299**	**36239**	**38023**
赤坎区	13	5280	8777	43154	1319	1991

注：小学教职工数只含小学、教学点数，不含九年一贯制和十二年一贯制学校小学部分数据。

12-13 续表2

地 区	学校数（所）	毕业生数（人）	招生数（人）	在校生数（人）	教职工数（人）	专任教师数（人）
霞山区	27	10756	15325	79651	2476	3752
坡头区	20	2978	6665	31141	1755	1876
麻章区	26	5530	9514	47874	1916	2408
遂溪县	254	10284	14858	75269	4455	4341
徐闻县	76	8910	13077	68860	3313	3444
廉江市	208	19639	28548	148186	8205	7916
雷州市	156	19644	24450	131071	7884	7513
吴川市	160	12243	17688	90093	4916	4782
茂名市	**1377**	**95863**	**128529**	**679448**	**35708**	**37208**
茂南区	95	14764	19269	103533	5220	5748
电白区	208	20809	29817	152367	8532	8954
高州市	293	20942	27141	141826	7302	7416
化州市	398	22214	30357	160529	8270	8210
信宜市	383	17134	21945	121193	6384	6880
肇庆市	**233**	**57164**	**72484**	**400466**	**18632**	**20463**
端州区	23	6752	9583	49783	2109	2530
鼎湖区	10	2227	3480	18304	818	943
高要区	48	9034	12033	67802	3029	3182
广宁县	25	5666	6526	38334	2100	2132
怀集县	43	13796	16272	91600	5037	5034
封开县	21	5644	6590	36746	1839	1934
德庆县	28	5327	6053	35684	1704	1705
四会市	35	8718	11947	62213	1996	3003
惠州市	**554**	**86235**	**113801**	**609393**	**24235**	**30587**
惠城区	133	28470	38923	206854	7896	10293
惠阳区	121	18217	25935	131677	4506	6372
博罗县	113	18425	22579	126720	5396	6383

注：小学教职工数只含小学、教学点数，不含九年一贯制和十二年一贯制学校小学部分数据。

12-13 续表3

地　区	学校数（所）	毕业生数（人）	招生数（人）	在校生数（人）	教职工数（人）	专任教师数（人）
惠东县	163	16693	20758	112392	5084	5859
龙门县	24	4430	5606	31750	1353	1680
梅州市	**454**	**52114**	**68412**	**370951**	**20202**	**21316**
梅江区	28	5468	6645	37714	1751	1831
梅县区	37	6111	9465	48682	2483	2654
大埔县	47	4468	5402	31049	1814	1888
丰顺县	81	6369	7923	46190	2688	2846
五华县	160	15040	19070	101516	5480	5641
平远县	19	2234	2850	16027	934	940
蕉岭县	19	1961	2760	14992	950	1023
兴宁市	63	10463	14297	74781	4102	4493
汕尾市	**450**	**40358**	**53850**	**276450**	**15504**	**16268**
城　区	58	5618	7914	41023	2602	2415
海丰县	102	11712	16627	85251	4108	4304
陆河县	79	3737	4646	25252	1674	1574
陆丰市	211	19291	24663	124924	7120	7975
河源市	**364**	**48120**	**53484**	**312719**	**17790**	**20191**
源城区	52	11900	14592	81744	3596	4664
紫金县	78	9915	11232	65161	4412	4432
龙川县	80	10748	10977	65055	4021	4336
连平县	73	4749	5052	30193	1774	1672
和平县	16	5875	6327	40006	1995	2825
东源县	65	4933	5304	30560	1992	2262
阳江市	**154**	**34874**	**46019**	**256665**	**11845**	**14755**
江城区	41	10336	13204	73805	2985	4504
阳东区	33	6707	8763	49596	2392	3302
阳西县	21	4832	7301	39582	2195	2442
阳春市	59	12999	16751	93682	4273	4507

注：小学教职工数只含小学、教学点数，不含九年一贯制和十二年一贯制学校小学部分数据。

12–13 续表4

地区	学校数(所)	毕业生数(人)	招生数(人)	在校生数(人)	教职工数(人)	专任教师数(人)
清远市	**342**	**51351**	**77100**	**394825**	**19535**	**21243**
清城区	63	12936	22078	107342	4395	5385
清新区	63	9267	11882	63771	3412	3414
佛冈县	36	4579	6099	34720	1715	1690
阳山县	29	4832	6727	33071	1923	2160
连山壮族瑶族自治县	8	1127	1769	10092	440	529
连南瑶族自治县	32	1958	2891	15479	821	936
英德市	65	11971	18868	94879	5148	5146
连州市	46	4681	6786	35471	1681	1983
东莞市	**331**	**112400**	**160064**	**837399**	**31699**	**40157**
东莞市	331	112400	160064	837399	31699	40157
中山市	**212**	**44465**	**61802**	**326422**	**13938**	**16668**
中山市	212	44465	61802	326422	13938	16668
潮州市	**596**	**32328**	**36989**	**207118**	**10401**	**10417**
湘桥区	90	7293	8054	47543	2528	2512
潮安区	271	15194	17845	98745	4387	4662
饶平县	235	9841	11090	60830	3486	3243
揭阳市	**1245**	**81786**	**102471**	**542455**	**29412**	**30764**
榕城区	130	14345	17174	93817	4597	5097
揭东区	136	10598	13689	73288	3984	3957
揭西县	222	8633	10612	56603	3768	4166
惠来县	279	16494	19642	103814	6018	6468
普宁市	478	31716	41354	214933	11045	11076
云浮市	**174**	**34640**	**48400**	**258614**	**14838**	**14614**
云城区	28	5607	8688	45198	2502	2455
云安区	22	2760	4253	21647	1223	1371
新兴县	60	5511	7106	39615	2505	2325
郁南县	24	5022	7594	39270	2366	2406
罗定市	40	15740	20759	112884	6242	6057

注：小学教职工数只含小学、教学点数，不含九年一贯制和十二年一贯制学校小学部分数据。

12-14 各县区学前教育基本情况(2019)

地　区	学校数 (所)	毕业生数 (人)	招生数 (人)	在校生数 (人)	教职工数 (人)	专任教师数 (人)
广东省	**19885**	**1783537**	**1808192**	**4645041**	**582390**	**307952**
广州市	**1966**	**172364**	**193130**	**527648**	**79236**	**37912**
荔湾区	109	8733	9573	27406	4030	2000
越秀区	120	10911	12484	31791	4945	2372
海珠区	163	14094	16396	43446	6906	3306
天河区	208	15133	15518	48807	7938	3736
白云区	360	32172	35593	94299	13333	6365
黄埔区	129	10477	14202	36356	5476	2743
番禺区	344	28676	31995	91152	14003	6819
花都区	123	12179	13046	36133	5305	2400
南沙区	123	8579	11509	30731	4607	2230
从化区	90	10346	7554	27220	3535	1679
增城区	197	21064	25260	60307	9158	4262
韶关市	**583**	**46629**	**41256**	**118349**	**14330**	**7188**
武江区	76	4541	4853	14321	1952	976
浈江区	71	4954	4450	13835	2035	1031
曲江区	50	4530	4192	10669	1304	659
始兴县	49	3170	2602	9454	983	492
仁化县	42	3189	2295	7830	1017	496
翁源县	63	6308	6015	16865	1868	963
乳源瑶族自治县	39	3888	3775	8134	965	534
新丰县	41	3198	2753	7921	999	532
乐昌市	88	7006	7099	15746	1752	777
南雄市	64	5845	3222	13574	1455	728
深圳市	**1836**	**185842**	**179844**	**545032**	**82647**	**39912**
罗湖区	147	12741	12742	36287	6067	3095
福田区	155	17220	14776	48113	7807	3873
南山区	218	18796	19688	55581	9288	4385
宝安区	374	43867	29506	127282	18108	8887
龙岗区	504	48660	54891	143041	21839	10423
盐田区	32	2407	2440	6830	1069	505
龙华区	251	25884	29417	77283	11201	5331
坪山区	74	6345	7806	19523	2928	1331
光明区	81	9922	8578	31092	4340	2082

12-14 续表1

地　区	学校数（所）	毕业生数（人）	招生数（人）	在校生数（人）	教职工数（人）	专任教师数（人）
珠海市	**346**	**27826**	**28601**	**81459**	**12934**	**6415**
香洲区	193	15488	15899	46665	7744	3833
斗门区	92	7397	7524	21030	3035	1493
金湾区	61	4941	5178	13764	2155	1089
汕头市	**993**	**73735**	**67795**	**191402**	**24332**	**15664**
龙湖区	133	9376	7888	25441	3580	2043
金平区	177	9134	6624	29436	3686	2394
濠江区	64	3797	2831	11323	1345	910
潮阳区	188	17817	24494	47976	5088	3615
潮南区	204	17465	13233	38741	4980	3301
澄海区	217	15149	11499	36070	5396	3251
南澳县	10	997	1226	2415	257	150
佛山市	**1016**	**110009**	**113278**	**318480**	**46352**	**23408**
禅城区	147	15959	17209	47343	6874	3338
南海区	397	45293	46152	130091	19092	9600
顺德区	350	34395	35134	101601	14785	7727
三水区	77	8651	8320	23426	3422	1601
高明区	45	5711	6463	16019	2179	1142
江门市	**632**	**53103**	**52072**	**143662**	**18560**	**9757**
蓬江区	118	9083	9842	27423	4170	2072
江海区	46	3021	3255	8755	1309	632
新会区	145	9066	8249	24936	3587	1809
台山市	85	9370	8460	23230	2519	1478
开平市	100	9196	8207	25063	2874	1591
鹤山市	89	6869	7110	20331	2693	1351
恩平市	49	6498	6949	13924	1408	824
湛江市	**2163**	**145661**	**139969**	**355463**	**33674**	**20929**
赤坎区	126	8773	6749	18044	2442	1392

12-14 续表2

地 区	学校数（所）	毕业生数（人）	招生数（人）	在校生数（人）	教职工数（人）	专任教师数（人）
霞山区	190	14113	8729	30481	3903	1978
坡头区	63	5904	8782	16247	1451	795
麻章区	163	12049	10113	25245	2557	1441
遂溪县	284	15319	15985	42907	3843	2408
徐闻县	213	12519	13079	33220	3514	2154
廉江市	459	29718	35835	73168	6868	4773
雷州市	392	27365	22702	73269	4606	3333
吴川市	273	19901	17995	42882	4490	2655
茂名市	**1464**	**127041**	**172729**	**334761**	**30790**	**19188**
茂南区	395	16083	19498	47828	6427	3929
电白区	289	32925	39424	76540	7321	4469
高州市	387	30873	34584	73856	6791	4109
化州市	217	25312	49192	76582	5278	3456
信宜市	176	21848	30031	59955	4973	3225
肇庆市	**652**	**68006**	**69017**	**156408**	**18154**	**9390**
端州区	137	8275	9360	27904	4217	2306
鼎湖区	33	2931	3288	8691	1002	525
高要区	128	10950	13042	26739	2991	1506
广宁县	84	6441	5231	14928	1838	934
怀集县	98	16374	15191	28313	2863	1489
封开县	47	6737	6679	13972	1018	454
德庆县	41	6773	6773	12299	1079	649
四会市	84	9525	9453	23562	3146	1527
惠州市	**780**	**97539**	**94644**	**229843**	**28589**	**14632**
惠城区	327	33150	35311	85709	11709	5953
惠阳区	164	19139	14951	48029	6081	3087
博罗县	149	20090	22179	47238	5640	2965

12-14 续表3

地　区	学校数（所）	毕业生数（人）	招生数（人）	在校生数（人）	教职工数（人）	专任教师数（人）
惠东县	101	18724	18749	36600	3881	1976
龙门县	39	6436	3454	12267	1278	651
梅州市	**843**	**69103**	**70747**	**156989**	**15227**	**9085**
梅江区	88	5778	6255	16574	2293	1230
梅县区	128	8657	9135	21638	2643	1452
大埔县	61	5338	4836	12661	1137	733
丰顺县	104	7764	7809	17187	2070	1216
五华县	180	21844	25728	45683	2762	1895
平远县	41	2872	2181	6973	628	429
蕉岭县	59	2768	2467	7215	759	466
兴宁市	182	14082	12336	29058	2935	1664
汕尾市	**495**	**43843**	**50163**	**98430**	**11161**	**6385**
城　区	63	4898	6940	12708	1657	975
海丰县	243	10023	19217	35954	4893	2432
陆河县	32	6235	6298	10102	988	667
陆丰市	157	22687	17708	39666	3623	2311
河源市	**575**	**54394**	**49494**	**119402**	**12917**	**6786**
源城区	130	12334	12104	31997	4199	2164
紫金县	80	12722	12798	23470	2067	1164
龙川县	159	12082	8868	25131	2330	1422
连平县	77	5333	4171	12354	1456	631
和平县	65	6296	6183	13741	1438	735
东源县	64	5627	5370	12709	1427	670
阳江市	**651**	**46611**	**41082**	**104267**	**13181**	**7077**
江城区	193	12778	9467	29335	4252	2226
阳东区	157	8873	9179	21440	2996	1617
阳西县	74	7324	7363	17349	2028	1101
阳春市	227	17636	15073	36143	3905	2133

12-14 续表4

地 区	学校数（所）	毕业生数（人）	招生数（人）	在校生数（人）	教职工数（人）	专任教师数（人）
清远市	**797**	**73071**	**70307**	**172595**	**20249**	**10565**
清城区	193	18915	21227	48843	6343	3172
清新区	120	12285	10994	29375	3206	1751
佛冈县	69	5936	5408	13081	1635	841
阳山县	60	6202	6354	14652	1776	930
连山壮族瑶族自治县	24	1900	1582	4574	479	263
连南瑶族自治县	18	3043	2759	6085	597	306
英德市	248	18145	16333	42321	4454	2409
连州市	65	6645	5650	13664	1759	893
东莞市	**1171**	**134962**	**121328**	**364816**	**52019**	**25443**
东莞市	1171	134962	121328	364816	52019	25443
中山市	**544**	**51681**	**53369**	**147946**	**19038**	**9629**
中山市	544	51681	53369	147946	19038	9629
潮州市	**656**	**36578**	**32320**	**100437**	**12322**	**7332**
湘桥区	133	6975	7832	24870	3059	1885
潮安区	398	17027	11829	50689	7231	4192
饶平县	125	12576	12659	24878	2032	1255
揭阳市	**1256**	**113993**	**114575**	**263554**	**24618**	**14590**
榕城区	303	14370	14367	47286	5677	3269
揭东区	234	13688	14201	38515	4279	2659
揭西县	120	16237	14023	28808	1807	1113
惠来县	238	23118	23785	46113	4280	2675
普宁市	361	46580	48199	102832	8575	4874
云浮市	**466**	**51546**	**52472**	**114098**	**12060**	**6665**
云城区	116	9451	9709	22595	3117	1937
云安区	33	4837	4486	9200	754	412
新兴县	68	6627	6836	18668	2067	1111
郁南县	62	7412	7934	17637	1446	722
罗定市	187	23219	23507	45998	4676	2483

12-15 各省社会组织发展指数(2019)

地区	2019年			2018年			2017年		
	社会组织数（个）	每万人拥有社会组织数量（个/万人）	排名	社会组织数（个）	每万人拥有社会组织数量（个/万人）	排名	社会组织数（个）	每万人拥有社会组织数量（个/万人）	排名
全国	**866335**	**6.19**	—	**817360**	**5.86**	—	**761571**	**5.48**	—
部本级	2295	—	—	2300	—	—	2344	—	—
北京	12849	5.97	12	12530	5.82	12	12164	5.6	12
天津	5614	3.59	29	5148	3.3	30	5048	3.24	29
河北	30026	3.95	27	26427	3.5	29	21928	2.92	30
山西	16875	4.53	26	15535	4.18	26	13652	3.69	26
内蒙古	16998	6.69	10	16677	6.58	10	15116	5.98	10
辽宁	24782	5.69	13	23299	5.34	15	22946	5.25	14
吉林	13422	4.99	23	13066	4.83	24	11112	4.09	24
黑龙江	19731	5.26	20	18698	4.96	21	15839	4.18	23
上海	16880	6.95	9	16208	6.69	9	14929	6.17	9
江苏	97013	12.02	1	93061	11.56	1	87024	10.84	1
浙江	69277	11.84	2	55298	9.64	4	51368	9.08	4
安徽	32320	5.08	22	30777	4.87	23	28067	4.49	22
福建	31691	7.98	7	29457	7.47	7	27959	7.15	7
江西	26140	5.60	15	24921	5.36	14	22610	4.89	19
山东	56022	5.56	16	51269	5.1	19	48727	4.87	20

12-15 续表1

地区	2019年			2018年			2017年		
	社会组织数(个)	每万人拥有社会组织数量(个/万人)	排名	社会组织数(个)	每万人拥有社会组织数量(个/万人)	排名	社会组织数(个)	每万人拥有社会组织数量(个/万人)	排名
河　南	44012	4.57	25	40270	4.19	25	33378	3.49	28
湖　北	31031	5.24	21	29933	5.06	20	29469	4.99	17
湖　南	36876	5.33	19	35561	5.15	18	33611	4.9	18
广　东	**70860**	**6.15**	**11**	**67940**	**5.99**	**11**	**63784**	**5.71**	**11**
广　西	27118	5.47	17	25935	5.26	16	24567	5.03	16
海　南	7888	8.35	6	7287	7.8	6	6873	7.42	6
重　庆	17553	5.62	14	17343	5.59	13	16824	5.47	13
四　川	44932	5.37	18	43835	5.26	17	42282	5.09	15
贵　州	13753	3.80	28	13413	3.73	27	12700	3.55	27
云　南	23640	4.87	24	23723	4.91	22	23184	4.83	21
西　藏	536	1.53	31	612	1.78	31	604	1.79	31
陕　西	30548	7.88	8	28410	7.35	8	24725	6.45	8
甘　肃	24644	9.31	4	27028	10.25	2	27079	10.31	2
青　海	6084	10.01	3	6028	9.99	3	5291	8.85	5
宁　夏	6083	8.76	5	6300	9.16	5	6548	9.6	3
新　疆	8842	3.50	30	9071	3.65	28	9819	4.02	25

12－15 续表2

地 区	2016年			2015年			2014年		
	社会组织数（个）	每万人拥有社会组织数量（个/万人）	排名	社会组织数（个）	每万人拥有社会组织数量（个/万人）	排名	社会组织数（个）	每万人拥有社会组织数量（个/万人）	排名
全 国	**702405**	**5.07**	—	**662425**	**4.82**	—	**606047**	**4.43**	—
部本级	2339	—	—	2316	—	—	2251	—	—
北 京	10754	4.95	13	9721	4.48	17	9083	4.22	17
天 津	5062	3.24	28	5137	3.32	27	4729	3.12	27
河 北	20916	2.8	30	19328	2.6	30	17642	2.39	30
山 西	13004	3.53	25	12511	3.41	25	12330	3.38	24
内蒙古	13664	5.42	10	13248	5.28	9	11790	4.71	11
辽 宁	21039	4.81	16	20669	4.72	15	20137	4.59	13
吉 林	10669	3.9	23	10606	3.85	23	10521	3.82	21
黑龙江	14401	3.79	24	13567	3.56	24	12479	3.26	25
上 海	14181	5.86	8	13355	5.53	8	12365	5.1	8
江 苏	84094	10.51	1	80385	10.08	1	71571	8.99	1
浙 江	47536	8.5	4	43784	7.9	2	39844	7.23	2
安 徽	25708	4.15	21	24630	4.01	22	22549	3.71	22
福 建	26154	6.75	6	23956	6.24	5	21357	5.61	5
江 西	15813	3.44	26	15358	3.36	26	14236	3.13	26
山 东	45963	4.62	19	43411	4.41	19	41165	4.21	18

12-15 续表3

地区	2016年			2015年			2014年		
	社会组织数（个）	每万人拥有社会组织数量（个/万人）	排名	社会组织数（个）	每万人拥有社会组织数量（个/万人）	排名	社会组织数（个）	每万人拥有社会组织数量（个/万人）	排名
河　南	29328	3.08	29	29472	3.11	28	27572	2.92	28
湖　北	28498	4.84	15	27605	4.72	14	26560	4.57	14
湖　南	30361	4.45	20	27766	4.09	20	24011	3.56	23
广　东	**59455**	**5.41**	**11**	**53958**	**4.97**	**12**	**47680**	**4.45**	**16**
广　西	23928	4.95	14	22196	4.63	16	20321	4.27	18
海　南	6293	6.86	5	5357	5.88	7	4847	5.37	8
重　庆	16199	5.31	12	15360	5.09	11	14387	4.81	10
四　川	39448	4.77	17	40011	4.88	13	37800	4.64	13
贵　州	11848	3.33	27	10533	2.98	29	9424	2.69	29
云　南	22552	4.73	18	21128	4.46	18	19207	4.07	20
西　藏	627	1.9	31	572	1.77	31	600	1.89	31
陕　西	20758	5.44	9	19699	5.19	10	18050	4.78	11
甘　肃	22763	8.72	2	18730	7.2	3	14400	5.56	6
青　海	3658	6.16	7	3633	6.18	6	3362	5.77	5
宁　夏	5751	8.52	3	4857	7.06	4	4324	6.53	3
新　疆	9641	4.02	22	9566	4.05	21	9453	4.11	19

12−16　各省社工发展指数(2019年)

地　　区	2019年			2018年			2017年		
	持证社工人数（人）	每万人中社工人数（人/万人）	排名	持证社工人数（人）	每万人中社工人数（人/万人）	排名	持证社工人数（人）	每万人中社工人数（人/万人）	排名
全　　国	533695	3.81	—	439266	3.15	—	327013	2.35	—
北　　京	36336	16.87	1	32296	14.99	1	26841	12.37	1
天　　津	10752	6.88	6	9104	5.84	6	7240	4.65	6
河　　北	8073	1.06	26	6537	0.87	27	5044	0.67	26
山　　西	6413	1.72	20	5161	1.39	19	3734	1.01	20
内 蒙 古	5402	2.13	17	3975	1.57	18	2533	1	21
辽　　宁	18728	4.30	7	16534	3.79	8	12433	2.85	8
吉　　林	10832	4.03	10	9137	3.38	10	6353	2.34	10
黑 龙 江	8189	2.18	16	6718	1.78	16	5026	1.33	17
上　　海	26189	10.79	3	22605	9.33	2	16912	6.99	2
江　　苏	65894	8.17	5	55683	6.92	5	42656	5.31	4
浙　　江	65244	11.15	2	48276	8.41	3	26414	4.67	5
安　　徽	13106	2.06	18	10779	1.7	17	8463	1.35	16
福　　建	17072	4.30	8	13512	3.43	9	10358	2.65	9
江　　西	5147	1.10	24	4292	0.92	24	3491	0.76	23
山　　东	28283	2.81	13	21227	2.11	14	15393	1.54	14
河　　南	9778	1.01	28	8343	0.87	26	6459	0.68	11
湖　　北	16459	2.78	14	12922	2.18	13	9384	1.59	5
湖　　南	12341	1.78	19	9548	1.38	20	7040	1.03	8
广　　东	**97803**	**8.49**	**4**	**82160**	**7.24**	**4**	**65275**	**5.84**	**1**
广　　西	5400	1.09	25	4665	0.95	23	3889	0.80	9
海　　南	893	0.95	29	692	0.74	29	468	0.51	14
重　　庆	11331	3.63	11	9170	2.96	11	6459	2.10	3
四　　川	22373	2.67	15	17120	2.05	15	11850	1.43	6
贵　　州	2533	0.70	30	2009	0.56	30	1334	0.37	15
云　　南	5152	1.06	27	4138	0.86	28	3139	0.65	13
西　　藏	60	0.17	31	46	0.13	31	32	0.09	16
陕　　西	16282	4.20	9	15056	3.90	7	12780	3.33	2
甘　　肃	3661	1.38	21	2806	1.06	22	1783	0.68	10
青　　海	685	1.13	23	537	0.89	25	401	0.67	12
宁　　夏	2153	3.10	12	1726	2.51	12	1150	1.69	4
新　　疆	2871	1.14	22	3119	1.25	21	2679	1.10	7

12-16 续表

地区	2016年			2015年			2014年		
	持证社工人数（人）	每万人中社工人数（人/万人）	排名	持证社工人数（人）	每万人中社工人数（人/万人）	排名	持证社工人数（人）	每万人中社工人数（人/万人）	排名
全国	**288185**	**2.08**	—	**206183**	**1.50**	—	**158954**	**1.16**	—
北京	25082	11.54	1	20723	9.55	1	17964	8.35	1
天津	6566	4.20	5	4754	3.07	5	3370	2.22	6
河北	4566	0.61	24	3652	0.49	24	2950	0.40	24
山西	3143	0.85	20	2149	0.59	20	1633	0.45	23
内蒙古	2012	0.80	21	1178	0.47	26	794	0.32	26
辽宁	10823	2.47	8	6993	1.60	8	5393	1.23	8
吉林	5882	2.15	10	4185	1.52	9	3067	1.11	9
黑龙江	4495	1.18	17	3457	0.91	15	2779	0.73	11
上海	14569	6.02	2	9412	3.90	3	7388	3.05	3
江苏	37590	4.70	4	27830	3.49	4	21155	2.66	4
浙江	22456	4.02	6	16134	2.91	6	12753	2.32	5
安徽	7517	1.21	16	5606	0.91	14	4229	0.70	15
福建	9109	2.35	9	6523	1.70	7	4929	1.30	7
江西	3151	0.69	23	2488	0.54	22	2085	0.46	22
山东	12943	1.30	14	9078	0.92	13	6948	0.71	13
河南	5734	0.60	26	4454	0.47	25	3719	0.39	26
湖北	7954	1.35	13	5450	0.93	12	4140	0.71	14
湖南	6172	0.90	19	4471	0.66	18	3390	0.50	20
广东	**59224**	**5.38**	**3**	**43100**	**3.97**	**2**	**33359**	**3.11**	**4**
广西	3545	0.73	22	2674	0.56	21	2184	0.46	25
海南	410	0.45	29	299	0.33	29	207	0.23	29
重庆	5683	1.86	11	3594	1.19	11	2468	0.83	13
四川	10412	1.26	15	6931	0.84	16	4968	0.61	16
贵州	1147	0.32	30	818	0.23	30	627	0.18	30
云南	2766	0.58	27	1851	0.39	27	1252	0.27	28
西藏	25	0.08	31	17	0.05	31	10	0.03	31
陕西	10014	2.63	7	5068	1.34	10	2666	0.71	15
甘肃	1484	0.57	28	980	0.38	28	742	0.29	27
青海	360	0.61	25	290	0.49	23	268	0.46	24
宁夏	920	1.36	12	443	0.64	19	322	0.49	22
新疆	2431	1.01	18	1581	0.67	17	1195	0.52	19

12-17 各省民政事业费支出水平(2019)

地 区	2019年			2018年		
	民政事业费支出(亿元)	每万人民政事业费支出(万元/万人)	排名	民政事业费支出(亿元)	每万人民政事业费支出(万元/万人)	排名
全 国	**4279.24**	**305.65**	—	**4076.93**	**292.17**	—
部本级	12.14	—	—	12.87	—	—
北 京	163.83	760.73	1	141.08	654.93	2
天 津	69.73	446.48	9	72.36	464.00	8
河 北	145.11	191.14	30	126.73	167.72	30
山 西	106.84	286.52	21	96.54	259.66	24
内蒙古	124.26	489.31	6	122.90	485.03	6
辽 宁	113.61	261.07	24	134.59	308.75	17
吉 林	86.53	321.60	14	83.31	308.08	18
黑龙江	93.95	250.45	25	101.67	269.45	21
上 海	163.94	675.17	3	144.04	594.27	4
江 苏	251.20	311.27	16	254.17	315.71	15
浙 江	161.08	275.36	22	142.34	248.11	25
安 徽	190.71	299.58	19	165.42	261.60	23
福 建	89.64	225.61	28	81.30	206.28	28
江 西	143.42	307.37	17	143.63	309.05	16
山 东	169.10	167.92	31	157.06	156.32	31
河 南	197.94	205.34	29	176.23	183.48	29
湖 北	184.99	312.11	15	177.69	300.30	19
湖 南	173.07	250.16	26	170.70	247.44	26
广 东	282.65	245.33	27	263.11	231.89	27
广 西	143.75	289.81	20	130.12	264.16	22
海 南	25.92	274.40	23	30.00	321.07	14
重 庆	107.15	342.97	13	109.18	351.99	13
四 川	251.20	299.94	18	248.98	298.50	20
贵 州	144.51	398.86	10	136.32	378.66	10
云 南	186.56	384.02	11	179.99	372.68	11
西 藏	20.10	573.35	4	22.12	643.32	3
陕 西	148.36	382.73	12	138.56	358.55	12
甘 肃	128.37	484.90	7	125.45	475.66	7
青 海	45.91	755.31	2	40.49	671.28	1
宁 夏	38.67	556.72	5	37.57	546.04	5
新 疆	114.99	455.72	8	110.39	443.92	9

注：1.全国数据包括中国人民解放军现役军人数，但不包括香港、澳门特别行政区和台湾地区数据；分省数据中未包括中国人民解放军现役军人数。
2.数据根据年度人口抽样调查推算。

12-17 续表

地区	2017年			2016年		
	民政事业费支出(亿元)	每万人民政事业费支出(万元/万人)	排名	民政事业费支出(亿元)	每万人民政事业费支出(万元/万人)	排名
全　国	**5932.68**	**426.79**	—	**5440.15**	**393.44**	—
部本级	26.93	—	—	16.57	—	—
北　京	283.04	1303.90	1	255.89	1177.66	1
天　津	97.61	626.91	5	89.51	572.98	8
河　北	249.10	331.28	28	211.53	283.17	28
山　西	142.80	385.73	22	129.15	350.77	22
内蒙古	153.01	605.04	7	140.05	555.74	9
辽　宁	200.04	457.86	14	184.55	421.55	15
吉　林	122.94	452.50	15	104.13	380.99	19
黑龙江	162.17	428.03	18	152.68	401.86	17
上　海	177.40	733.67	4	153.23	633.25	4
江　苏	325.23	405.05	19	287.23	359.09	21
浙　江	210.02	371.26	23	189.94	339.79	23
安　徽	220.58	352.64	25	197.05	318.06	26
福　建	103.86	265.56	31	104.17	268.90	30
江　西	186.88	404.32	20	171.73	373.95	20
山　东	339.46	339.26	26	304.88	306.52	27
河　南	260.69	272.72	30	246.96	259.09	31
湖　北	256.41	434.45	17	242.33	411.77	16
湖　南	275.91	402.19	21	271.64	398.18	18
广　东	372.35	333.38	27	305.67	277.91	29
广　西	178.54	365.48	24	157.80	326.16	25
海　南	29.96	323.58	29	30.07	327.91	24
重　庆	156.33	508.39	11	129.97	426.35	13
四　川	366.36	441.29	16	348.64	421.98	14
贵　州	173.40	484.37	13	160.27	450.82	12
云　南	240.44	500.82	12	234.88	492.37	11
西　藏	27.33	811.09	3	23.58	713.45	3
陕　西	209.91	547.35	10	202.07	530.00	10
甘　肃	149.01	567.44	8	163.13	625.03	5
青　海	57.76	965.85	2	49.23	829.55	2
宁　夏	42.64	625.23	6	42.09	623.61	6
新　疆	134.57	550.38	9	139.53	581.85	7

注：1.全国数据包括中国人民解放军现役军人数，但不包括香港、澳门特别行政区和台湾地区数据；分省数据中未包括中国人民解放军现役军人数。
2.数据根据年度人口抽样调查推算。